国家社科基金资助项目（11XGJ001）
"中国（新疆）与中亚资本流动的金融安全研究"阶段性研究成果
新疆财经大学金融学院优秀学术著作出版基金资助出版

中国与中亚资本流动金融安全研究

周丽华　张文中　著

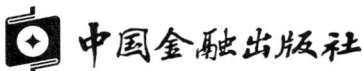

责任编辑：赵晨子
责任校对：潘　洁
责任印制：丁淮宾

图书在版编目（CIP）数据

中国与中亚资本流动金融安全研究（Zhongguo yu Zhongya Ziben Liudong Jinrong Anquan Yanjiu）/周丽华，张文中著．—北京：中国金融出版社，2018.9

ISBN 978-7-5049-9646-6

Ⅰ.①中… Ⅱ.①周…②张… Ⅲ.①资本流动—金融风险—风险管理—研究—中国②资本流动—金融风险—风险管理—研究—中亚 Ⅳ.①F832.1②F833.601

中国版本图书馆 CIP 数据核字（2018）第 151967 号

出版发行　中国金融出版社

社址　北京市丰台区益泽路 2 号
市场开发部　（010）63266347，63805472，63439533（传真）
网上书店　http://www.chinafph.com
　　　　　（010）63286832，63365686（传真）
读者服务部　（010）66070833，62568380
邮编　100071
经销　新华书店
印刷　保利达印务有限公司
尺寸　169 毫米 × 239 毫米
印张　23.25
字数　306 千
版次　2018 年 9 月第 1 版
印次　2018 年 9 月第 1 次印刷
定价　66.00 元
ISBN 978-7-5049-9646-6
如出现印装错误本社负责调换　联系电话（010）63263947

前　　言

　　资本流动的金融安全是一个国家、一个地区乃至全球经济与金融稳定、持续、协调发展的关键因素。无数事实证明风险性国家资本结构及国际投机资本是影响一国资本流动金融安全、诱发金融危机的重要因素，而国际投机者利用证券及金融衍生工具交易，通过交易风险——银行风险——金融市场风险机制所制造的金融风险或金融危机对一个国家或一个地区，乃至全球经济、金融的破坏性最强。

　　由于中国与中亚五国的资本流动中，无论是中国的资本流出，还是中亚五国的资本流入，都是以直接投资为主要形式进行的，中国对中亚五国的直接投资占中国对中亚资本流出的91.04%，中亚五国对中国的直接投资占中亚对中国资本流入的82.18%，而中国与中亚以证券投资形式引起的资本流动规模极小，占其资本流出入的比重四舍五入后为零，以及中国与中亚没有在金融衍生工具项目下的资本流动，因此，从资本流动的项目结构特征分析可以得出中国与中亚五国资本流动处于安全状态的结论。

　　然而，中亚五国单一的经济结构、落后的经济发展水平、长期依赖资源和外债的经济发展战略、对俄罗斯很强的经济依赖性等现实问题，极易遭受国际经济金融环境变化的影响，由此带来的银行重组、货币贬值、外债负担沉重、政局不稳、社会动荡等问题，成为制约中国与中亚五国深化经济务实合作、顺利实现"一带一路"倡议的最大难点，如何防范规避中亚国家存在的金融安全隐患，最大限度的降低中国与中亚国家经济合作中可能出现的经济损失，正是基于以上思考而进行中国与中亚资本流动金融安全的研究。

本书由六章内容构成：第一章主要分析本书写作的重要意义，并对本书的研究内容、研究方法、研究框架和创新之处进行介绍。本书认为中国与中亚资本流动的金融安全是深化中国与中亚经济务实合作的基本前提，是实现"一带一路"倡议的重要保障。第二章主要对国内外有关国际资本流动、金融安全及国际资本流动的金融安全相关理论研究进行了分析，对本书关于中国与中亚资本流动的金融安全研究进行了相关界定。第三章主要对中国与中亚五国1999年至2015年期间的资本流动发展状况进行了详细的分析，归纳总结了中国与中亚资本流动的规模、结构、特征，得出中国与中亚资本流动金融安全状态的结论。第四章主要对中国的银行、股市、人民币和外债发展状况进行深入分析，研究得出中国金融风险总体可控，金融处于安全状态的结论。第五章主要对中亚五国——哈萨克斯坦、吉尔吉斯斯坦、塔吉克斯坦、土库曼斯坦和乌兹别克斯坦的银行、股市、货币和外债情况进行深入的调查研究，得出中亚国家在不同领域存在不同程度的金融安全隐患。第六章结合中国与中亚五国经济发展的实际情况，提出及时防范、合理规避和有效处置中亚五国金融风险的对策建议。

本书是在国家社科基金项目《中国（新疆）与中亚资本流动的金融安全研究》（项目编号11XGJ001）基础上完成的，非常感谢课题组成员陈小昆、刘文翠、段秀芳、蒋晓萍、王新平和鲁素英各位专家教授的大力支持。

由于时间仓促和研究能力有限，很多问题还有待于进一步深入研究。对本书中出现的缺陷和疏漏之处，敬请广大读者不吝赐教。

目 录

第一章 引言 …………………………………………………………… 1

  第一节 研究背景及意义 ………………………………………… 3

    一、研究背景 …………………………………………………… 3

    二、研究意义 …………………………………………………… 4

  第二节 研究内容及方法 ………………………………………… 7

    一、研究内容 …………………………………………………… 7

    二、研究方法 …………………………………………………… 8

  第三节 结构安排及创新之处 …………………………………… 9

    一、结构安排 …………………………………………………… 9

    二、创新之处 …………………………………………………… 9

第二章 国际资本流动金融安全理论研究 ………………………… 12

  第一节 国际资本流动相关研究 ………………………………… 13

    一、国际资本流动的含义 ……………………………………… 13

    二、国际资本流动的类型 ……………………………………… 14

三、国际资本流动的特征 ………………………………………… 16
第二节 金融安全相关研究 ………………………………………… 19
一、金融安全的含义 ………………………………………… 19
二、金融安全的分类 ………………………………………… 21
三、金融安全与金融风险、金融危机、金融稳定的关系 …… 23
四、金融危机传染机制 ……………………………………… 24
第三节 国际资本流动金融安全相关研究 ………………………… 25
一、国内外学者关于国际资本流动金融安全的研究 ……… 25
二、中国与中亚资本流动金融安全相关研究 ……………… 27
第四节 中国与中亚资本流动金融安全的相关界定 ……………… 28
一、中国与中亚资本流动的界定 …………………………… 28
二、中国、中亚金融安全的界定 …………………………… 29
三、中国与中亚资本流动金融安全的界定 ………………… 29

第三章 中国与中亚资本流动的发展现状 ……………………… 32
第一节 中国与中亚资本流动的规模 ……………………………… 33
一、中国从中亚五国的资本流入规模 ……………………… 34
二、中国对中亚五国的资本流出规模 ……………………… 39
三、中国与中亚五国资本流动差额 ………………………… 45
第二节 中国与中亚资本流动的结构 ……………………………… 48
一、中国从中亚五国的资本流入结构 ……………………… 48
二、中国对中亚五国的资本流出结构 ……………………… 51
第三节 中国与中亚资本流动的特征 ……………………………… 54
一、流量特征 ………………………………………………… 54
二、流向特征 ………………………………………………… 55
三、国别特征 ………………………………………………… 56
四、项目特征 ………………………………………………… 60

五、领域特征 …… 62

第四节　中国与中亚资本流动安全性分析 …… 66

一、中国从中亚五国资本流入的安全性分析 …… 67

二、中国对中亚五国资本流出的安全性分析 …… 69

第四章　中国的金融安全分析 …… 74

第一节　中国的银行安全分析 …… 75

一、中国银行业的发展现状 …… 75

二、中国银行业的经营状况 …… 77

三、中国银行业的国际排名 …… 86

四、中国银行业面临的风险 …… 87

五、中国政府处置银行风险的能力很强 …… 91

六、中国银行安全的分析结论 …… 93

第二节　中国的股市安全分析 …… 94

一、中国股票市场的发展 …… 94

二、中国股票市场的风险 …… 96

三、中国股票市场的特征 …… 100

四、中国股市安全的分析结论 …… 109

第三节　人民币的安全性分析 …… 109

一、人民币对内价值保持平稳 …… 109

二、人民币对外升值多于贬值 …… 110

三、近年来人民币贬值的原因分析 …… 111

四、人民币汇率走势的基本判断 …… 114

五、中国政府有足够的经验和实力保障人民币币值稳定 …… 115

六、人民币安全性的分析结论 …… 121

第四节　中国的外债安全分析 …… 122

一、中国外债的发展现状 …… 122

二、中国政府有足够的实力保障偿还外债本息 …………… 123
三、中国外债的使用效率很高 ………………………………… 129
四、中国外债的结构特征 ……………………………………… 131
五、中国外债安全的分析结论 ………………………………… 133

第五章 中亚五国的金融安全分析 ……………………………… 136
第一节 中亚五国的银行安全分析 …………………………… 137
一、哈萨克斯坦的银行安全分析 ……………………………… 137
二、吉尔吉斯斯坦的银行安全分析 …………………………… 178
三、塔吉克斯坦的银行安全分析 ……………………………… 181
四、土库曼斯坦的银行安全分析 ……………………………… 185
五、乌兹别克斯坦的银行安全分析 …………………………… 190

第二节 中亚五国的股市安全分析 …………………………… 200
一、哈萨克斯坦的股市安全分析 ……………………………… 200
二、吉尔吉斯斯坦的股市安全分析 …………………………… 209
三、塔吉克斯坦的股市安全分析 ……………………………… 211
四、土库曼斯坦的股市安全分析 ……………………………… 213
五、乌兹别克斯坦的股市安全分析 …………………………… 213

第三节 中亚五国的货币安全分析 …………………………… 217
一、坚戈的安全性分析 ………………………………………… 217
二、索姆的安全性分析 ………………………………………… 227
三、索莫尼的安全性分析 ……………………………………… 235
四、玛纳特的安全性分析 ……………………………………… 247
五、苏姆的安全性分析 ………………………………………… 259

第四节 中亚五国的外债安全分析 …………………………… 267
一、哈萨克斯坦的外债安全分析 ……………………………… 267
二、吉尔吉斯斯坦的外债安全分析 …………………………… 277

三、塔吉克斯坦的外债安全分析 ……………………………………… 288

四、土库曼斯坦的外债安全分析 ……………………………………… 297

五、乌兹别克斯坦的外债安全分析 …………………………………… 298

第六章　研究结论及对策建议 …………………………………… 302

第一节　研究结论 …………………………………………………… 303

一、中国与中亚资本流动研究结论 …………………………………… 303

二、中国的金融安全分析结论 ………………………………………… 306

三、中亚五国的金融安全分析结论 …………………………………… 308

第二节　对策建议 …………………………………………………… 314

一、中亚国家银行风险的影响及对策建议 …………………………… 315

二、中亚国家汇率风险的影响及对策建议 …………………………… 316

三、中亚国家政治风险的影响及对策建议 …………………………… 323

四、中亚国家经济风险的影响及对策建议 …………………………… 327

五、中亚国家外债风险的影响及对策建议 …………………………… 329

参考文献 ……………………………………………………………… 331

第一章 引言

第一节 研究背景及意义

一、研究背景

为了应对世界政治复杂多变,国际金融危机影响加深,世界经济发展分化,国际贸易投资格局和多边投资贸易规则深刻调整的全球发展形势,积极发展与沿线国家的经济合作伙伴关系,共同打造政治互信、经济融合、文化包容的利益共同体、命运共同体和责任共同体,2013年9月和10月,习近平总书记分别提出建设"新丝绸之路经济带"和"21世纪海上丝绸之路"的合作倡议,2015年3月28日,国家发改委、外交部、商务部联合发布了《推动共建丝绸之路经济带和21世纪海上丝绸之路的愿景与行动》,致力于实现亚欧非大陆及附近海洋的互联互通,建立和加强沿线各国的互联互通伙伴关系,构建全方位、多层次、复合型的互联互通网络,实现沿线各国多元、自主、平衡、可持续的发展,建立政策沟通、设施联通、贸易畅通、资金融通、民心相通的互助合作关系,为顺利实现"一带一路"倡议规划了发展蓝图。

中亚五国(哈萨克斯坦、吉尔吉斯斯坦、塔吉克斯坦、土库曼斯坦和乌兹别克斯坦)因其在整个丝绸之路经济带中具有极其重要的地缘位置,而成为在丝绸之路经济带沿线50多个国家中具有核心区地位的国家,是丝绸之路经济带重点畅通的重要国家。

中国与哈萨克斯坦、吉尔吉斯斯坦、塔吉克斯坦、土库曼斯坦和乌兹别克斯坦建交20多年来,经济贸易活动不断深入发展,特别是"一带一路"倡议实施以来,不断满足各国共同利益和共同需求,经济贸易合作的空间不断拓展，中国与中亚五国经济务实合作保持了快速稳定健康的发展势头，中国与中亚贸易往来呈现勃勃生机，双边投资项目实现飞跃式发展，中国已经成为中亚五国重要的贸易伙伴国和投资国，双边交流和合作取得了积极的成果。

由于中亚五国依赖资源的经济发展战略容易遭受国际经济金融环境变化的影响，由此带来的银行重组、货币贬值、外债负担沉重、政局不稳、社会动荡等问题，成为制约中国与中亚五国深化经济务实合作、顺利实现"一带一路"倡议的最大难点，如何防范规避中亚国家存在的金融安全隐患，最大限度地降低中国与中亚国家经济合作中可能出现的经济损失，正是基于以上思考而进行中国与中亚资本流动金融安全的研究。

二、研究意义

（一）保障中国涉外经济主体权益的安全

国际资本流动的金融安全是保障涉外经济主体投资权益的基本前提。投资者是否进行跨国投资？能不能进行跨国投资？在进行跨国投资的可行性调查时，其中一个非常重要的环节就是要对东道国的金融安全进行考察和评估。如果决定进行跨国投资，那么投资者或许将面临东道国或发生银行危机、或发生股市危机、或发生货币危机、或发生外债危机的可能性。在投资过程中，如果遭遇了东道国的银行危机、股市危机、货币危机和外债危机的话，势必造成投资者权益的损失，那么，如何规避跨国投资中所面临的东道国的银行危机、股市危机、货币危机及外债危机，如何采取积极的措施控制银行危机、股市危机、货币危机及外债危机所引起的金融风险，如何有效地处置因为金融风险造成的经济损失，最大限度地保障跨国投资者的权益不受损害或少受损害，这是政府、银行、跨国企业等涉外经济主体必须认真研究的课题。

事实上，2008年的国际金融危机、2014年的国际油价大跌、2015年的俄罗斯经济金融危机都在不同程度上影响了哈萨克斯坦、吉尔吉斯斯坦、塔吉克斯坦、土库曼斯坦和乌兹别克斯坦的经济发展和金融稳定，2008年国际金融危机对哈萨克斯坦银行业的冲击，2014年国际油价大跌对哈萨克斯坦、乌兹别克斯坦、土库曼斯坦外汇收入带来的巨大影响，2015年俄罗斯经济金融危机使哈萨克斯坦、吉尔吉斯斯坦、塔吉克斯坦、土库曼斯坦和乌兹别克斯坦的货币竞相贬值，这一系列金融风险的发生对中国在中亚五国开展经济活动的主体带来了一定的影响和损失，那么，如何客观、全面、深刻地认识中亚五国潜在的或已经发生的金融风险，如何帮助中国在中亚五国开展经济活动的主体有效规避所面临的金融风险、如何有效控制中亚五国金融风险所带来的损失、如何合理处置中亚国家金融风险带来的损失是必须重点研究的内容。

通过对中国的银行业、股票市场、人民币币值及外债情况的深入分析，通过对中亚五国独立至今的银行体系、股票市场、货币币值变化和外债规模等方面进行系统、全面、深入地调查研究，从而得出中国、哈萨克斯坦、吉尔吉斯斯坦、塔吉克斯坦、土库曼斯坦和乌兹别克斯坦在银行、股市、货币和外债四个方面存在哪些潜在的风险隐患，目的在于为在中亚五国进行贸易和投资的中国企业诸如中国路桥工程公司、中工国际工程公司、华为技术有限公司、中吉纸业股份有限公司、楚河禽业有限公司、大唐商品分拨中心、中国黄金集团公司、中色股份、中国有色、神舟矿业、河南灵宝、新疆广汇、特变电工、华凌集团、新疆野马集团、新疆国际实业股份有限公司、紫金矿业集团西北有限公司等跨国企业，以及承担重任的国家开发银行等跨国发放贷款的银行提供有力的有关哈萨克斯坦、吉尔吉斯斯坦、塔吉克斯坦、土库曼斯坦和乌兹别克斯坦的金融安全隐患证据，警示中国在中亚五国贸易和投资的企业及发放贷款的银行提高防范金融风险意识,掌握金融风险防范的办法和对策,最大限度地降低在中亚五国各种贸易和投资活动中的风险损失,以保障中国在中亚五国投资者的权益安全。

(二) 保障中国"丝绸之路经济带"倡议的顺利实施

"丝绸之路经济带"的建设应该是一个循序渐进的过程,从地理范畴的角度可以将"丝绸之路经济带"沿线的 50 多个国家划分为:核心区经济带——由中国和中亚五国组成;拓展区经济带——由环中亚经济圈组成;辐射区经济带——由欧盟、西亚、日韩、欧亚经济共同体的其他国家组成。

中亚五国是内陆国家,位于欧亚大陆腹地的核心,扼守欧亚大陆的心脏地带,是欧亚大陆的结合部,成为连接亚洲与欧洲、亚洲与非洲的重要通道,是缩短欧洲经济圈和亚洲经济圈的重要枢纽,是中国通往欧洲的重要桥梁,因其在整个"丝绸之路经济带"中具有极其重要的地缘位置,而成为在"丝绸之路经济带"沿线 50 多个国家中具有核心区地位的重要国家,由此可见,中亚五国在整个"丝绸之路经济带"中的地缘位置极其重要,是中国通往欧洲的枢纽地区,扼守欧亚大陆的心脏。如此重要的地缘优势,却因其都没有出海口、远离海洋、缺少与其他国家的海运联系,而制约了中亚五国的经济发展。"丝绸之路经济带"的建设首先就是要实现中国与中亚五国的道路连通,要实现中国与中亚五国的道路连通,就必须打通新疆作为中国与中亚陆地接壤的唯一通道,这个通道的建成,不仅打通了中国向中亚、南亚、西亚、中东、东欧、西欧的经济通道,而且也打通了中亚五国与欧洲、非洲的经济通道,通过中亚五国的交通线可以大大缩短太平洋与印度洋,太平洋与大西洋之间的运输距离,进而加强亚洲与欧洲或亚洲与非洲的经济联系,"丝绸之路经济带"会使中亚国家从内陆国转变为连接欧洲经济圈和快速发展的亚洲经济圈的最短桥梁。

因此，中亚五国作为"丝绸之路经济带"国外建设的核心区域和重要区域，在中国实现"丝绸之路经济带"建设的过程中具有非常重要的典型意义，如果中国与中亚五国"丝绸之路经济带"建设不成功，那么必将拖累中国"丝绸之路经济带"建设的进程，甚至会影响到中国"一带一路"倡议的实现。与此同时，中亚五国的国家安全稳定、经济增长、金融发展与金融安全又是顺利实现"丝绸之路经济带"建设的必要条件，而中国与中亚五国的各种经济活动中所引起的资本流动的金融安全成为决定"丝绸之路经济带"建设持续稳定发展的关键环节。

因而，中国与中亚资本流动的金融安全研究，就是要对中国和中亚五国的银行安全、股市安全、货币安全和外债安全进行深入的调查研究，在充分调查研究的基础上，对中国和中亚五国是否存在银行危机、股市危机、货币危机和外债危机进行评估。与此同时，不仅针对中亚五国存在的银行安全隐患、股市安全隐患、货币安全隐患和外债安全隐患给中国投资中亚五国的经济主体所带来的风险损失，提出规避、处置的有效对策，而且为中国政府及相关决策部门提出中亚五国金融风险预警防范机制，以确保中国与中亚五国经济务实合作的深入发展，确保中国"一带一路"倡议的顺利实施。

第二节 研究内容及方法

一、研究内容

中国与中亚资本流动的金融安全研究由六章内容构成，其主要内容为：

第一章主要分析本书写作的重要意义，并对本书的研究内容、研究方法、研究框架和创新之处进行介绍。本书认为中国与中亚资本流动的金融安全是深化中国与中亚经济务实合作的基本前提，是实现"一带一路"倡议的重要保障。

第二章主要对国内外有关国际资本流动、金融安全及国际资本流动的金融安全相关理论研究进行了分析，对本书关于中国与中亚资本流动的金融安全研究进行了相关界定。

第三章主要对中国与中亚五国1999—2015年的资本流动发展状况进行了详细的分析，归纳总结了中国与中亚资本流动的规模、结构、特征，得出中国与中亚资本流动金融安全状态的结论。

第四章主要对中国的银行、股市、人民币和外债发展状况进行深入分析，研究得出中国金融风险总体可控，金融处于安全状态的结论。

第五章主要对中亚五国——哈萨克斯坦、吉尔吉斯斯坦、塔吉克斯坦、土库曼斯坦和乌兹别克斯坦的银行、股市、货币和外债情况进行深入的调查研究，得出中亚国家在不同领域存在不同程度的金融安全隐患。

第六章结合中国与中亚五国经济发展的实际情况，提出及时防范、合理规避和有效处置中亚五国金融风险的对策建议。

二、研究方法

第一，将定性分析和定量分析结合起来进行研究，在定性分析的基础上，给予定量分析的论证。

第二，采取实证和规范相结合的分析方法，运用实证方法对中国、哈萨克斯坦、吉尔吉斯斯坦、塔吉克斯坦、土库曼斯坦和乌兹别克斯坦的银行、股市、货币和外债情况进行深入调查分析，并得出研究结论。

第三节 结构安排及创新之处

一、结构安排

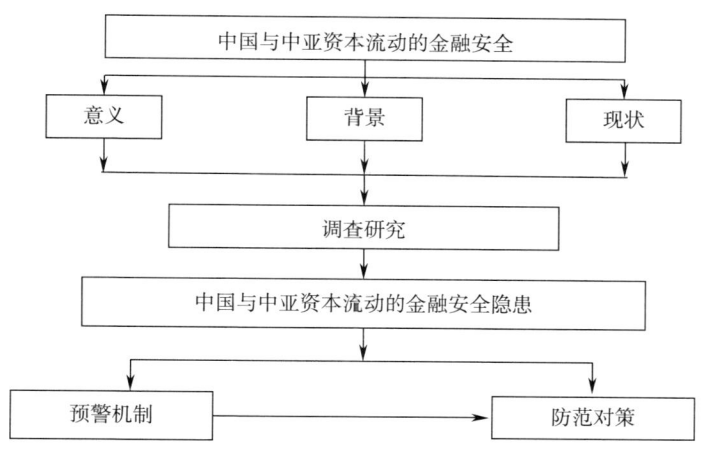

图1-1 本书结构

基本思路：以反映中国和中亚资本流动及金融安全的第一手资料和三项调查为基础，进行中国与中亚资本流动的特征分析，力图揭示中国与中亚资本流动中存在的金融安全隐患及传导途径，构建资本流动的金融安全隐患预警机制，探求有效防范金融风险、金融危机发生的对策。

二、创新之处

第一，探求中国与中亚五国资本流动的特征，得出中国与中亚五国资本流动安全状况的分析结论。

第二，全面深入地调查中亚五国的银行、股市、货币及外债发展现状，揭示中亚五国存在的金融安全隐患。

第三，构建适宜中国与中亚资本流动的金融风险防范预警机制。

第二章

国际资本流动
金融安全理论研究

第一节 国际资本流动相关研究

一、国际资本流动的含义

国内关于国际资本流动（International Capital Flows）含义具有代表性的研究结论有：

陈雨露在《国际金融》中对国际资本流动的定义是：资本在国际间的流动即为国际资本流动，包括资本在居民与非居民之间、非居民与非居民之间的流动①。

姜波克在《国际金融》中对国际资本流动的定义是：国际资本流动是以使用权的转让为特征，以盈利或平衡国际收支为目的的转移②。

刘仁伍在《国际短期资本流动监管理论与实证》中对国际资本流动的定义是：国际资本流动是指当一国居民（资本输出者）向另一国居民（资本输入者）提供贷款，或者购买财产所有权时，形成的资本③。

杨海珍在《国际资本流动研究》中对国际资本流动的定义是：国际资本流动是指一国"居民"资本的跨境流出入，或者"非居民"资本对该国的流出入，即资金的跨境流动，或者资本在不同国家或地区间的流动④。

杨胜刚在《国际金融》中对国际资本流动的定义是：国际资本流动是指资本从一个国家或地区转移到另一个国家或地区，包括资本流出

---

① 陈雨露. 国际金融 [M]. 北京：中国人民大学出版社，2001.
② 姜波克. 国际金融 [M]. 上海：复旦大学出版社，2008.
③ 刘仁伍. 国际短期资本流动监管理论与实证 [M]. 北京：社会科学文献出版社，2008.
④ 杨海珍. 国际资本流动研究 [M]. 北京：中国金融出版社，2011.

和资本流入两个方面①。

二、国际资本流动的类型

国内外有关国际资本流动类型划分具有代表性的研究结论有以下几点：

罗德里克和维拉斯克认为：国际短期资本和长期资本的划分依据是外国资本在本国的存续期与投资项目完成时间，若是存续期比项目完成时间短则视为短期资本，反之则视为长期资本②。

克来森指出，随着金融市场的发展和金融工具的创新，长期和短期资本的时间界限日益模糊，根据期限划分长期和短期资本流动的意义已经不是十分显著③。

陈雨露在《国际金融》中对国际资本流动类型的划分是：按照周转时间的长短将国际资本流动划分为长期资本流动和短期资本流动④。

杨胜刚在《国际金融》中对国际资本流动类型的划分是：按照国际资本的使用期限长短不同分为长期资本流动和短期资本流动⑤。

翁东玲在《国际资本流动与中国资本账户开放》中对国际资本流动类型的划分是：由于最早期的国际资本流动是作为商品流动的对应物出现的，服务于或从属于开放的实物经济。但是随着资本跨越国界流动的方向、方式的转化，国际资本流动产生了两类既相互联系又显著区别的资本，一类是与贸易、生产等实物经济直接相联系的资本流动，如贸易结算、贸易信贷、国际直接投资等。另一类是与实物经济没有直接联

---

① 杨胜刚. 国际金融 [M]. 北京：高等教育出版社，2016.
② Rodrik, Dani and Andre Velasco. 1999. "Short-term Capital Flows." NBER Working Paper No7346, http://www.nber.org.
③ Claessens. 1993. "Alternatives Forms of External Finance: A Survey." The World Bank Research Observer. Vol. 8, No. 1.
④ 陈雨露. 国际金融 [M]. 北京：中国人民大学出版社，2001.
⑤ 杨胜刚. 国际金融 [M]. 北京：高等教育出版社，2016.

系的资本流动，如证券投资、投机性的外汇买卖、金融衍生品的交易等。这两类国际资本流动均反映在一国的国际收支平衡表的资本与金融项目中①。

长期以来，国际货币基金组织在《国际收支手册》第一版至第四版中，将借贷或投资期限在一年以上的资本定义为长期资本，具体包括：直接投资、一年以上的证券投资和国际贷款；将借贷或投资期限在一年以下（包括一年）的资本定义为短期资本，具体包括短期证券投资、贷款、保值性资本流动、投机性资本流动和贸易资金融通。

由于国际金融市场的发展和金融工具的创新，长期和短期资本的时间界限日益模糊，有鉴于此，国际货币基金组织在《国际收支手册》第五版中强调，根据一年或不足一年以上的合同期限划分长短期资产和负债的方法，仅限于时间界限比较固定的"其他投资"（包括贸易信贷、贷款、货币和存款以及各种应收款和应付款），而将金融项目改按投资类型、信用主体和投资主体进行划分②。

因此，国际货币基金组织在《国际收支手册》第五版中明确规定，资本与金融账户（capital and financial account）反映一国的国际资本流动规模，借方数据反映一国国际资本的流出规模，贷方数据反映一国国际资本的流入规模。资本与金融账户由资本账户和金融账户组成，资本账户包括资本转移和非生产、非金融资产的收买与放弃；金融账户由直接投资、证券投资、金融衍生工具和其他投资组成③。

杨海珍在《国际资本流动研究》中对国际资本流动考察的基本数据来源，均来自于一国的国际收支平衡表（Balance of Payments，BOP）中资本与金融账户④。

综上所述，国际资本流动是指资本在居民与非居民之间、非居民与

---

① 翁东玲. 国际资本流动与中国资本账户开放 [M]. 北京：中国经济出版社，2010.
② 刘仁伍. 国际短期资本流动监管管理理论与实证 [M]. 北京：社会科学文献出版社，2008.
③ 陈雨露. 国际金融 [M]. 北京：中国人民大学出版社，2001.
④ 杨海珍. 国际资本流动研究 [M]. 北京：中国金融出版社，2011.

非居民之间的流动与转移,专指国际货币基金组织在《国际收支手册》第五版中规定的资本与金融账户,资本账户包括资本转移和非生产、非金融资产的收买与放弃;金融账户由直接投资、证券投资、金融衍生工具和其他投资组成,结合一国国际收支平衡表中资本与金融账户数据来反映一国国际资本流出入的规模,其中,借方数据反映一国国际资本的流出规模,贷方数据反映一国国际资本的流入规模。

三、国际资本流动的特征

(一)规模特征

自20世纪90年代以来,国际资本流动总体呈现规模保持持续增加态势,其间经历了两次负增长,一次是2001年由于美国网络经济泡沫破灭导致全球经济危机影响全球资本净流动突然回落降幅达16%;另一次是2009年的国际金融危机使得全球资本净流动降幅高达40%。全球资本流动在2010年出现短暂回升后,2011年再次出现规模下降的态势,较2010年下降20%,2012年是继2001年和2009年后第三个表现为负增长的年份,总体规模降至1.47万亿美元。2015年全球资本流动的规模1.33万亿美元,较2014年减少0.14万亿美元,同比下降0.17%,2016年全球资本流动规模将会出现小幅增长,预计达到1.5万亿美元[①]。

(二)流向特征

20世纪90年代发达国家不仅是资本输出国,同时也是重要的资本输入国。2008年国际金融危机后,全球资本流动规模大幅缩水,发达

---

① 杨海珍. 全球经济艰难复苏背景下国际资本流动新趋势[J]. 中国金融,2016(1):46-49.

国家经常账户规模明显减少，2011年仍未见好转。2012年发达国家经常项目逆差进一步缩小，促使发达国家资本流出规模减少①。近年来，随着发达国家的经济复苏，发达国家延续资本净流出态势，资本净输出规模继续增加，增速上升，2015年发达国家资本净输出2 301.1亿美元，较2014年增加406亿美元，同比增长21.4%。

20世纪90年代，发展中国家主要是全球资本的输入国，进入21世纪以来，随着新兴市场和发展中经济体的不断发展，改变了过去以资本输入为主的资本流动特征，而成为全球资本净输出国，2015年以来新兴市场和发展中经济体改变了长达16年资本净输出的状态，由资本净流出转变为资本净流入。

总体而言，全球50%以上的资本仍然输入到了美国、英国和巴西，中国、德国和日本的资本输出占全球资本输出额的50%，是全球最大的三个资本输出国②。

（三）国别特征

美国自20世纪90年代以来，由于经常项目持续逆差，从而保持了全球最大的资本净流入的纪录，其资本净流入占全球资本净流入的70%左右，这种状态持续到了2008年，2009年资本流入大幅度下降，2010—2014年保持平稳发展状态，2015年净流入4 606亿美元，较2014年有所增加。

日本一直保持了较高的国际资本净流出纪录，始终为全球提供着20%左右的资金供给。但是2010—2014年呈现资本净流出逐年递减的状态，2015年打破这一局面回升至1 243.4亿美元，同比增长409%。

2015年，欧元区呈现自1999年以来的资本净输出状态，由2014年

---

① 杨海珍. 国际资本流动特点与趋势［J］. 中国金融，2012（2）：64-66.
② 杨海珍. 全球经济艰难复苏背景下国际资本流动新趋势［J］. 中国金融，2016（1）：46-49.

的115.9亿美元的资本净流入转变为783.8亿美元的资本净流出。

德国进入21世纪以来,得益于强劲的出口,资本净流出规模迅速增加,2015年成为居中国之后的第二大资本输出国。

20世纪90年代以来,中国一直是资本净输入国,在经历了2010年、2011年和2013年规模高达2 000亿~3 000亿美元的资本净流入后,2014年资本净流入出现了大规模的减少,仅有382亿美元的净流入,较2013年的3 262亿美元减少2 880亿美元,2012年和2015年中国出现了资本净流出,特别是2015年的资本净流出规模创历史纪录,高达1 424亿美元,中国成为全球第一大资本净流出国①。

(四) 项目特征

长期以来,发展中国家一直是外国直接投资的净流入国,近年来外国直接投资流入发展中国家的规模增长缓慢。2015年全球的外国直接投资规模达到了1.37万亿美元,同比增长11.4%。受发达国家经济复苏的影响,流入发达国家的外国直接投资的规模实现了6 340亿美元,同比增长20%,由于新兴市场和发展中经济体经济增长放缓,流入新兴市场和发展中经济体的外国直接投资规模实现了7 070亿美元,同比增长3.3%。

发达经济体自1999年以来一直是证券资本的净流入国,2008年国际金融危机后,证券资本净流入规模呈现下降趋势,2014年发达经济体的证券资本净流入规模为1 527亿美元,2015年为1 377亿美元。新兴市场和发展中经济体证券资本净流入规模自2009年国际金融危机复苏以来处于上下波动之中,2015年净流入规模缩减至543亿美元,低于2009—2014年的历史水平,同比下降57%,其中俄罗斯、阿根廷、巴西将面临证券资本的流出。

自2013年起,发达经济体、新兴市场和发展中经济体的其他项目

---

① 周丽华. 资本外流与人民币贬值[J]. 市场周刊, 2016 (7): 75-76.

资本均为净流出状态且规模不断上升,新兴市场的增长规模更大。2015年发达经济体的其他项目资本净流出 2 434 亿美元,同比增长 23.8%,新兴市场和发展中经济体其他项目资本净流出 8 521 亿美元,同比增长 117.9%,主要流向美国、日本、加拿大和法国[①]。

第二节 金融安全相关研究

一、金融安全的含义

国内关于金融安全含义具有代表性的研究结论有以下几点:

王元龙在《中国金融安全论》中对于金融安全的论述是:金融安全就是货币资金融通的安全,凡是与货币流通以及信用直接相关的经济活动、一国国际收支和资本流动的各个方面均属于金融安全范畴,其状况直接影响和决定经济安全的状况[②]。

刘锡良在《中国经济转轨时期金融安全问题研究》中认为:金融安全概念涉及整个金融体系和金融运行的安全,既涉及内部金融安全,也涉及外部金融安全。若经济体能独立地制定执行货币金融政策,国内金融体系能保持稳定、健康,经济能够正常运转,金融体系国家影响力在稳定的前提下不断提高,世界大多数国家对该国的金融实力预期良好,并愿意接受该国金融企业信用,那么该国金融就是安全的,具体表现为在保证国内金融功能顺利发挥的基础上,银行传统业务的国际贸易活动正常发展,同国外业务密切联系的新型国际经济活动良性运行,投

---

① 杨海珍. 全球经济艰难复苏背景下国际资本流动新趋势 [J]. 中国金融,2016 (1):46–49.

② 王元龙. 中国金融安全论 [M]. 北京:中国金融出版社,2003.

资性资本在国际间正常流动,已有实物资产国际价值相对稳定,能对投机资本等国际冲击实施有效监管以及面临外来冲击时具有自我防御和消化能力①。

戴小平在《金融风险与防范》中认为:金融安全是指在某一区域的某一时期没有出现金融危机并引致金融经济的紊乱。金融安全是相对金融风险而言的,金融风险来源于金融自身的脆弱性②。

梁勇在《开放的难题:发展中国家的金融安全》中认为:金融安全是对"核心金融价值"的维护,表现为金融财富安全、金融制度的维持和金融体系的稳定、正常运行与发展;表现为国家的经济、政治和军事等领域的安全受金融因素影响程度;表现为控制金融体系的力量,保持对国内金融运行和金融发展的控制③。

李光荣在《中国金融风险与经济安全论纲》中指出:金融安全是指一国金融利益不受侵犯,金融体系正常运转不受破坏和威胁,金融体系能抵御各种金融危机对其的侵害。反之,一国金融利益受到侵犯,金融体系不能正常运转,面对各种各样的金融危机毫无抵抗能力,就是金融不安全④。

许文彬在《全球化背景下金融风险跨国分摊研究》中指出:金融安全是指金融领域能够通过利用各种手段抵御和消除来自内部及外部的各种威胁和侵害,以确保正常的金融功能和金融秩序⑤。

唐庆国指出,金融安全主要包括三个因素:一是国家的金融竞争力;二是国家的金融系统抵御国内外各种干扰、冲击、侵袭和破坏的能力;三是国家的金融得以存在并不断发展的国内、国外环境。

陆凯旋指出:金融安全是指在保持一国金融体系高效运转的前提

---

① 刘锡良. 中国经济转轨时期金融安全问题研究 [M]. 北京:中国金融出版社,2004.
② 戴小平. 金融风险与防范 [M]. 成都:西南财经大学出版社,1998.
③ 梁勇. 开放的难题:发展中国家的金融安全 [M]. 北京:高等教育出版社,1999.
④ 李光荣. 中国金融风险与经济安全论纲 [M]. 北京:中国社会科学出版社,2010.
⑤ 许文彬. 全球化背景下金融风险跨国分摊研究 [M]. 北京:中国金融出版社,2010.

下，能够采取各种手段抵御来自国内、国外的各种威胁和侵害，确保金融主权不受侵害，金融体系保持稳定运行，并以此促进经济快速、健康的发展。

汤凌霄在《中国金融安全报告》中指出：金融安全是一国在经济全球化进程中，面临国内外各种因素的侵袭和威胁，尚且能够凭借各种手段将金融风险控制在引致金融危机的临界状态之下，维护这种态势和能力的信心与主观感觉，以及由这种态势和能力所获得的政治、军事与经济安全。金融安全包括金融机构的安全，即金融机构能够持续经营并清偿其债务，保证金融功能的正常发挥；金融市场安全，即交易双方踊跃成交，交易价格反映基本经济因素变化，且当这些因素未发生明显变化时，交易价格不出现剧烈波动；由金融机构与金融市场共同构成的金融体系是安全的，即个别金融机构或市场的问题不至于演变为系统性金融风险；金融管理部门能有效维护金融体系的稳定与安全，并有能力保护投资者与存款人的利益；金融调控部门能保持币值稳定，维护公众信心，促进经济可持续发展[①]。

二、金融安全的分类

国内外对于金融安全分类具有代表性的划分标准是按照业务性质分类的，将金融安全分为银行安全、股市安全、货币安全和外债安全四类。

银行安全是指银行能够凭借各种手段保证本期和预期的偿付能力以及银行正常功能和经营秩序的状态。具体而言，银行资本与流动性足以抵御或化解来自国内、国外的各种实际或潜在的挤兑威胁与侵害；能够有效地管理风险，使其控制在具有偿付能力的范围内；银行预期收入的现值足以清偿债务，且有现金支付本期债务等状态。单个银行安全是银

---

① 汤凌霄. 中国金融安全报告：预警与风险化解[M]. 北京：红旗出版社，2009.

行体系安全的基础,但银行体系的安全并不一定是每家银行都处于安全状况。银行体系安全是一国维护金融安全的重点。因为金融不安全往往是从银行系统脆弱、不稳健开始的。如果一国银行各项风险指标均在安全区内,无明显风险,银行运行有序,银行监管有效,银行业稳健发展,就表明该国银行处于安全状态。如果一国金融信号基本正常,银行整体具有轻度风险,运行基本平稳,部分指标接近预警值;不良资产占总资产比重低于10%;有正常的金融机构倒闭,但所占比重很小,就表明该国银行处于基本安全状态。如果一国处于严重的信用风险状态,大部分指标恶化;大多数金融机构具有程度不同的不良资产,不良资产占总资产的比重超过10%;有较多的金融机构倒闭,就表明该国银行处于不安全状态。如果一国出现大批金融机构倒闭,金融崩溃,经济倒退,社会动荡,就表明该国银行出现了危机。

股市安全是指以股票为代表的金融资产价格在短期内不发生大幅、剧烈的波动,即股市上股票价格波动基本与经济发展变化相适应,且波动幅度控制在引起股市危机的零界状态之下。相反,股市危机或证券市场危机,表现为资本市场金融资产价格剧烈波动,无论是股票市场,还是债券市场、基金市场、衍生金融市场的价格均发生急剧、短暂的暴跌。

货币安全是指一国在面临国内外各种根本性威胁和侵害时,能够凭借各种手段将汇率和外汇储备控制在可能引致货币危机的临界状态之下,从而确保该国货币正常功能发挥和外汇市场正常秩序的状态。相反,货币危机是指对一国货币的投机导致该国货币贬值或迫使该国货币当局通过急剧提高利率或耗费大量国际储备都无法保卫货币币值稳定的状态。

外债安全是指一国对外负债小于对外资产,能够凭借各种手段抵御和消除来自国内外的各种威胁和侵害,把外债控制在发生债务危机的临界状态以下,确保一国正常的金融功能和金融秩序。相反,外债危机是指一国政府或私人不能按期偿还其对外债务，所引起的国内社会动荡、经济衰退及金融危机的状态。

三、金融安全与金融风险、金融危机、金融稳定的关系

国内外研究发现金融安全与金融风险、金融危机之间存在着密切的相关关系。

金融安全就是指没有金融风险的状态，而金融不安全就是存在金融风险的状态[1]。金融风险是指金融机构在进行金融交易的过程中，金融行为的实际结果偏离预期结果的可能性，即金融资产损失和盈利的不确定性。金融风险包括信用风险、市场风险、操作风险、国家风险等形式。凡是存在金融活动的领域均存在一定的金融风险，对金融风险控制得好，在广泛的金融风险中就能够实现金融安全，因此，金融风险不一定会导致金融的不安全。然而，只要存在金融风险，就有可能构成对金融安全的威胁，当金融风险积累和爆发时就必然会造成对金融安全的损害。因此，对金融风险的防范就是对金融安全的维护。

金融安全的反面就是金融危机。金融危机是指全部或大部分金融指标——短期利率、资产（证券、房地产、土地）价格、商业银行破产数和金融机构倒闭数的急剧、短暂和超周期的恶化[2]。

金融危机的表现有，货币急剧贬值、金融市场动荡、金融机构破产倒闭、外债危机等。当金融不安全因素累积越过临界点后，就会爆发金融危机。金融危机的爆发必然破坏金融安全，它是对金融不安全状态的一种强制性调整过程。在危机爆发过程中，大量积累的风险得以释放，使得金融向其实际价值回归。因此，金融危机是造成金融安全问题的总根源，是金融不安全的最终表现和集中体现。金融危机的严重程度与金

---

[1] 汤凌霄. 中国金融安全报告：预警与风险化解 [M]. 北京：红旗出版社，2009.
[2] 伊特韦尔约. 新帕尔格雷夫经济学大辞典 [M]. 英国：麦克米伦出版公司，1987.

融不安全的严重程度成正比。

金融安全是特定意义上的金融稳定。金融稳定是指金融体系能够有效地发挥其诸如资源配置、风险分散和支付清算等关键作用，而且在出现冲击、遭遇压力和发生严重的结构变化时仍能够实现其预定目标。当一国的金融体系具备以下特征时就是实现了金融稳定的状态，即能够促进经济资源在空间和时间上的有效分配，并促进经济活动的有效性；能够恰当地评估、定价、分配和管理金融风险；能够通过自我纠正机制保障以上作用的正常发挥，即使受到外部冲击或失衡不断累积也不例外。而典型的金融不稳定有两种状态：一是金融膨胀或金融繁荣，指金融体系各部门的服务或交易都出现超越常态的、过于快速的数量增长和价格上涨的状态；二是金融紧缩或金融衰退，指金融体系各部门的服务或交易都出现严重的数量缩水和价格下跌的状态，其极端情况就是金融危机。

四、金融危机传染机制

国际货币基金组织在《国际收支手册》第四版中指出：金融危机的传染是指一个国家的危机所导致的债权人对其他国家的基本面进行重新评估后进行资产组合调整，由于"羊群效应"和信息不对称引起其他国家出现危机的现象[①]。

阿格纳、阿兹曼在其发表的《金融危机对经济的影响》文章中指出：金融危机的传染是指金融冲击的易变性对实体经济的损害[②]。

苏同华在《银行危机论》中指出：金融危机的传染是指在一定时期内一系列不同类型的金融危机在不同国家和地区先后出现的现象。金融危机通过横向传染，即国内不同类型危机之间相互转化，包括国内银行危机、股市危机、货币危机与外债危机之间的相互传染；金融危机通

---

① 国际货币基金组织. 国际收支手册 [M]. 美国：国际货币基金组织. 1995.
② 阿格纳、阿兹曼. 金融危机对经济的影响 [J]. 国际金融研究，1998 (6)：23-33.

过纵向传染，即同一类金融危机在不同国家或地区的传染；金融危机通过交叉传染，即不同类型的金融危机在不同国家或地区之间的交叉传染。总之，金融危机的传染是指金融危机的跨国蔓延或不同类型金融危机之间的传递[①]。

第三节　国际资本流动金融安全相关研究

一、国内外学者关于国际资本流动金融安全的研究

国内外学者关于国际资本流动金融安全的研究绝大多数是从国际资本流动过程中引起的金融不安全的角度加以研究的，研究重点在于揭示国际资本流动的金融风险现象、原因及危害。

Karl Max（1867）指出："资本流出对金融危机的爆发起到了一个加速器的作用。"MsaShall（1923）指出："资本流动的不稳定性——资本逆转往往是因为资本流入国的信用发生变动甚至恶化。"Krugman（1979）和 Flood and Garcar（1986）提出国际收支危机模型，指出"扩张性财政政策和货币政策将导致危机和资本逆转。"Krugman（1998）揭示了财政赤子、信贷扩张、道德风险和过度投资是导致亚洲银行危机、资本逆转和金融危机发生的根源。M. Obstfeld（1994、1995）提出了货币危机预期模型，强调即使政策适当，投机性冲击依然会发生。投机性冲击取决于私人投机行为，而不是政府对私人投机行为的政策反应。实证表明，投资者对币值预期的投机活动是国际资本流动逆转引致金融危机的诱因之一。Diamond and Dybvig（1983）研究表明，金融市场"羊群效应"加剧资本逆转，加深危机的破坏性。Radelet and Sachs（1998）

---

① 苏同华. 银行危机论［M］. 北京：中国金融出版社，2000.

验证了1997年亚洲金融危机、金融恐慌及"羊群效应"是加强资本流动逆转的灾难性结论。Calvo（2000）理性传染与证券市场全球化的内生流动性冲击模型，Masson（2000）的多重均衡、唤醒效应模型，Brazen（2001）的政治影响传染效应模型从不同角度揭示了资本流动冲击引致的金融危机。A. Eichengreen（2007）、Reinhart and Rogoff（2008）、罗纳德·麦金农（2009）和史蒂芬·罗奇（2009）揭示次贷危机由金融交易风险影响银行、票据市场引发金融危机到实体经济衰退的机理。史蒂芬·赫斯特德和迈克尔·梅格（2011）指出：开放经济条件下宏观经济均衡是产品市场、货币市场和国际收支的内外均衡。其中，外部均衡在很大程度上取决于资本流动，国际资本的非稳定性流动会引发各种金融风险，进而造成经济的外部失衡，而经济的外部失衡会传染内部经济，引发宏观经济的总体失衡[①]。

国内学者陈雨露（1997）指出，风险性国家资本结构促使金融和经济危机的发生。姜波克（1999）提出有序开放资本项目可以避免金融风险和危机的发生。王一萱（2001）借鉴 KLR 方法构造资本流动—国际收支危机预警机制。张元萍（2003）借鉴 STV 模型和 KLR 信号法，实证得出国际投机资本诱发金融危机的结论。王信（2005）实证分析资产收益率是吸引资本流入我国的重要因素。王育宝（2003）基于四代投机性货币危机预警模型，建立我国宏观、中观和微观金融安全预警体系。聂富强（2005）借鉴信号萃取法构建金融危机预警体系，探讨金融危机预警风险程度的度量及预警级别。孙亚静（2006）从国家、外汇、利率和外部金融环境等风险角度构建我国宏观金融安全监测体系。李成（2006）基于 IS – LM – BP 模型，阐述资本流动导致经济非均衡的生成机制，揭示资本流入规模及结构、外汇储备及经常项目是影响一国资本流动金融安全的重要因素。葛奇（2008）、王志峰（2009）

---

① 史蒂芬·赫斯特德，迈克尔·梅格，黄春媛编译. 国际经济学 [M]. 北京：机械工业出版社，2011.

揭示次贷危机通过国际资本投资者联动效应迅速蔓延并引发全球金融危机的机理。汤凌霄（2009）论证中国金融安全现状、问题并构建金融风险预警机制。

李成、郝俊香（2006）结合国内外相关研究成果，将国际资本流动运行的金融安全态势定义为安全、关注、风险和危机四种。资本流动的安全状态是指国际资本流动中存在较低的金融风险；资本流动的关注状态是指国际资本流动中存在金融风险，但在合理的控制范围之内；资本流动的风险状态是指国际资本流动的金融风险日益累积，不得化解；资本流动的危机状态是指国际资本流动的金融风险恶化以致金融危机的爆发。当一国资本流动处于风险和危机状态时，其国际资本的流动就是金融不安全，其中，风险状态是潜在的金融不安全，危机状态就是实际的金融不安全[①]。

二、中国与中亚资本流动金融安全相关研究

中亚各国自 1992 年相继独立以来，学术界对中国与中亚国家关系的研究成果逐渐增加，主要集中在政治博弈、宗教和反恐合作、能源合作、经济合作等领域的研究。比较有代表性的研究成果有：潘志平（2003）重点研究中国与中亚政治博弈、宗教和反恐合作。赵常庆（2004）、孙壮志（2005）重点研究中亚国家政治、经济、社会等关系变化对中国特别是西部地区稳定的影响。邢广程（2006、2008、2009）重点研究中国与中亚国家关系发展及中亚的国家风险。高志刚（2005、2007）重点研究中国企业参与中亚合作模式及建立次区域经贸合作问题。秦放鸣（2006、2007）重点研究中国与中亚区域经济合作发展路径。麦勇、刘文翠（2008）重点研究资本流动与中亚区域证券监管问题。保健运（2009）重

---

① 李成，郝俊香. 基于金融安全的资本流动：理论解读与中国实证［J］. 国际金融研究，2006（8）：35－46.

点研究中国与中亚进出口贸易问题。朱显平、张建政（2007）、何剑、陈文新（2010）重点研究中国与中亚金融合作问题。王军（2009）论证了乌鲁木齐具备建设中亚金融中心的基本条件和建设中亚金融中心所面临的困境。王海燕（2010）重点研究中国与中亚国家参与周边经济区域合作问题。段秀芳（2010）分析研究中国对中亚国家直接投资中面临政策不稳定、投资限制、社会动荡等问题。孙庆刚、秦放鸣（2012）论证了中亚次区域金融中心建设的必要性、目标定位、推进举措和重点建设领域。张春贤（2014）明确提出将新疆建设成区域性交通枢纽、商贸物流、金融、文化科技和医疗服务五大中心。张文中（2014）提出了建设以乌鲁木齐金融聚集为中心，以喀什、霍尔果斯及乌鲁木齐为"金三角"的中亚区域国际金融中心设想。王全新（2014）提出乌鲁木齐建设中亚区域国际金融中心三段式发展目标。朱苏荣（2015）提出了新疆实现丝绸之路核心区金融中心建设的"三大工程"和"四大体系"。秦放鸣（2017）重点研究中国与中亚国家金融合作现状、中国与中亚能源金融合作、乌鲁木齐次区域金融中心建设等问题。以上分析发现，国内对于中国与中亚资本流动金融安全的系统性研究非常缺乏，本书从中国与中亚五国经济、贸易、资本流动的实际情况出发，对中国与中亚资本流动金融安全问题进行全面系统的研究，为中国与中亚资本流动金融安全研究领域提供符合现实情况的分析结论。

第四节　中国与中亚资本流动金融安全的相关界定

一、中国与中亚资本流动的界定

由于国际资本流动的界定是以国际货币基金组织《国际收支手册》

第五版为标准,即国际收支平衡表中的资本与金融账户是用来反映一国的国际资本流动规模状况的指标,借方反映一国国际资本的流出规模,贷方反映一国国际资本的流入规模。而资本与金融账户是由资本账户和金融账户组成的,其中,资本账户包括资本转移和非生产、非金融资产的收买与放弃;金融账户由直接投资、证券投资、金融衍生工具和其他投资组成。鉴于此,中国与中亚的资本流动是以国际货币基金组织网站提供的1999—2015年中国与中亚五国(哈萨克斯坦、吉尔吉斯斯坦、塔吉克斯坦、土库曼斯坦和乌兹别克斯坦)的国际收支平衡表中的资本与金融账户数据作为分析的依据,进行中国与哈萨克斯坦、吉尔吉斯斯坦、塔吉克斯坦、土库曼斯坦和乌兹别克斯坦之间资本流出与流入的规模、结构、特征及安全状态分析。

二、中国、中亚金融安全的界定

基于国内外相关理论的分析结论,鉴于金融安全围绕银行、股市、货币和外债的安全范畴界定,以中国、哈萨克斯坦、吉尔吉斯斯坦、塔吉克斯坦、土库曼斯坦和乌兹别克斯坦的银行、股市、货币和外债的发展状况,进行中国、哈萨克斯坦、吉尔吉斯斯坦、塔吉克斯坦、土库曼斯坦和乌兹别克斯坦的金融安全情况的分析。

三、中国与中亚资本流动金融安全的界定

中国与中亚资本流动金融安全的界定注重强调中国与中亚五国(哈萨克斯坦、吉尔吉斯斯坦、塔吉克斯坦、土库曼斯坦和乌兹别克斯坦)资本流动中的金融安全分析,分别考察中国、哈萨克斯坦、吉尔吉斯斯坦、塔吉克斯坦、土库曼斯坦和乌兹别克斯坦的内部金融安全和外部金融安全,通过深入调查,分析研究中国、哈萨克斯坦、吉尔吉斯

斯坦、塔吉克斯坦、土库曼斯坦和乌兹别克斯坦各自的银行、股票市场、货币及外债现状，对其银行安全、股市安全、货币安全及外债安全实际情况进行分析，从而得出中国、哈萨克斯坦、吉尔吉斯斯坦、塔吉克斯坦、土库曼斯坦和乌兹别克斯坦存在资本流动金融安全或金融不安全状态的结论。

第三章

中国与中亚资本流动的发展现状

第一节 中国与中亚资本流动的规模

国际货币基金组织《国际收支手册》第五版对国际资本流动的界定是：国际收支平衡表中的资本与金融账户是用来反映一国国际资本流动规模状况的指标，借方反映一国国际资本的流出规模，贷方反映一国国际资本的流入规模。而资本与金融账户是由资本账户和金融账户组成的，其中，资本账户包括资本转移和非生产、非金融资产的收买与放弃；金融账户由直接投资、证券投资、金融衍生工具和其他投资组成。其中，直接投资是一国居民到另一个国家或地区，或建立新的企业，或收购非居民原有企业，或收购非居民原有企业股份在25%以上，或进行利润再投资，包括直接投资者和直接投资企业之间的所有交易；证券投资（间接投资）是一国居民购买另一国居民发行的股票和债券的投资，即居民与非居民之间股票和债券的交易；金融衍生工具投资是一国居民购买另一国居民出售的远期合约、期权合约、期货合约和互换合约的投资，即居民与非居民之间金融衍生工具的交易；其他投资是一国居民与另一国居民之间因为贸易信贷、银行信贷、货币和存款以及其他类型的应收款项和应付款项所引起的资本流动。

鉴于此，中国与中亚的资本流动是以国际货币基金组织网站提供的1999—2015年中国与哈萨克斯坦、吉尔吉斯斯坦、塔吉克斯坦、土库曼斯坦和乌兹别克斯坦五国的国际收支平衡表中的资本与金融账户数据（统计数据口径为非银行金融机构之间的资本流动）作为现实依据，分析中国与哈萨克斯坦、吉尔吉斯斯坦、塔吉克斯坦、土库曼斯坦和乌兹别克斯坦之间资本流出与流入的规模、结构、特征及安全状况。

一、中国从中亚五国的资本流入规模

1999—2015 年,中国从中亚五国的资本流入总额为 58.05 亿美元,其中,0.01 亿美元是中亚五国通过资本账户向中国流入的资本,占资本流入总额的 0.01%;58.04 亿美元是中亚五国通过金融账户向中国流入的资本,占资本流入总额的 99.99%。在金融账户项下的资本流入中,47.7 亿美元是中亚五国对中国的直接投资规模,占金融账户流入总额的 82.19%;10.34 亿美元是中亚五国对中国的其他投资规模,占金融账户流入总额的 17.81%,详情见表 3-1。

表 3-1　中国从中亚资本流入项目分类情况（1999—2015 年）

单位:亿美元

项目＼国别	哈萨克斯坦	吉尔吉斯斯坦	塔吉克斯坦	土库曼斯坦	乌兹别克斯坦	五国合计
资本和金融账户	31.10	9.71	2.34	6.30	8.59	58.05
资本账户	0.01	0.00	0.00	0.00	0.00	0.01
金融账户	31.10	9.71	2.34	6.30	8.59	58.04
直接投资	23.40	7.70	2.22	6.10	8.28	47.70
证券投资	0.00	0.00	0.00	0.00	0.00	0.00
衍生品投资	0.00	0.00	0.00	0.00	0.00	0.00
其他投资	7.70	2.01	0.12	0.20	0.31	10.34

资料来源:根据国际货币基金组织网站统计数据整理。

中国从中亚五国的资本流入始于 1999 年哈萨克斯坦、乌兹别克斯坦对中国的直接投资和其他投资,其规模由 1999 年的 81.98 万美元发展到 2015 年的 19.37 亿美元,累计流入 58.05 亿美元,呈现缓"W"形发展状态,其资本流入规模:1999—2003 年在 19 万~910 万美元;2004—2005 年在 2 700 万~6 400 万美元;2006—2013 年在 1.36 亿~8.48 亿美元;2014—2015 年突破 10 亿美元,在 10.22 亿~19.37 亿美元（见表 3-2,图 3-1）。

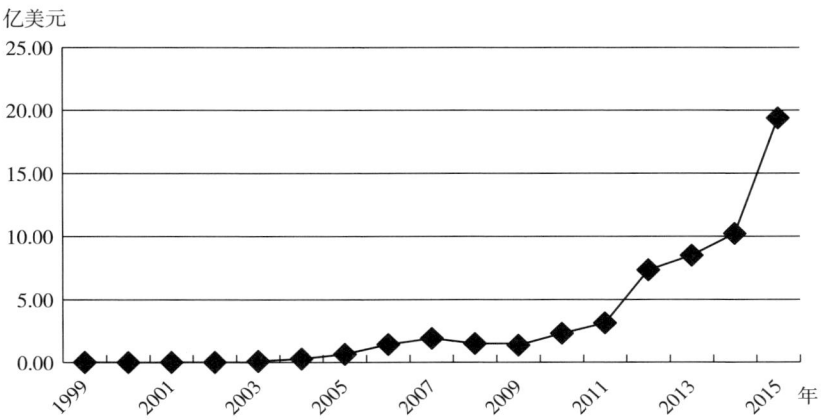

资料来源：根据国际货币基金组织网站统计数据整理。

图 3-1 中国从中亚五国资本流入规模（1999—2015 年）

（一）中国从哈萨克斯坦资本流入规模

中国从哈萨克斯坦的资本流入始于 1999 年哈萨克斯坦对中国的直接投资和其他投资，其规模由 1999 年的 15.24 万美元发展到 2015 年的 9.17 亿美元，累计流入 31.01 亿美元，呈现"W"形发展状态，其资本流入规模：1999—2003 年在 5 万～650 万美元；2004—2006 年在 1 100 万～4 620 万美元；2007 年达到 1.02 亿美元；2008—2009 年在 8 100 万～9 400 万美元；2010—2015 年在 6 000 万～9.17 亿美元（见表 3-2，图 3-2）。

（二）中国从吉尔吉斯斯坦资本流入规模

中国从吉尔吉斯斯坦的资本流入始于 2001 年吉尔吉斯斯坦对中国的其他投资，其规模由 2001 年的 5 000 万美元发展到 2015 年的 3.09 亿美元，累计流入 9.71 亿美元，呈现缓"J"形发展状态，其资本流入规模：2001—2004 年在 5 000 万～390 万美元；2005—2009 年在 1 200 万～8 700 万美元；2010 年突然减少为 519.63 万美元；2011—2013 年

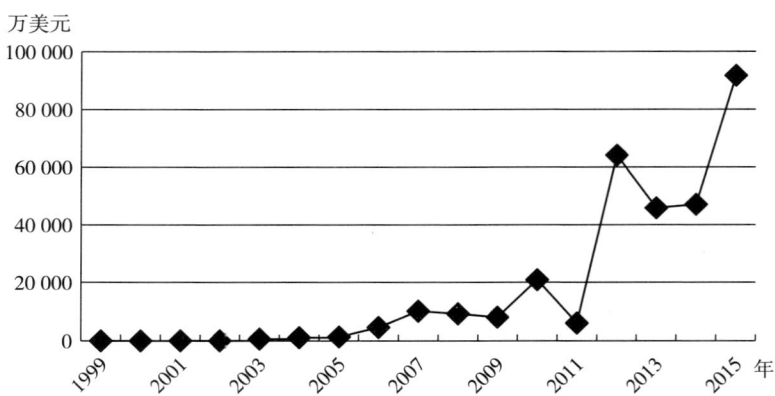

资料来源：根据国际货币基金组织网站统计数据整理。

图3-2 中国从哈萨克斯坦资本流入规模（1999—2015年）

在4 400万~8 200万美元；2014—2015年在2.14亿~3.09亿美元（见表3-2，图3-3）。

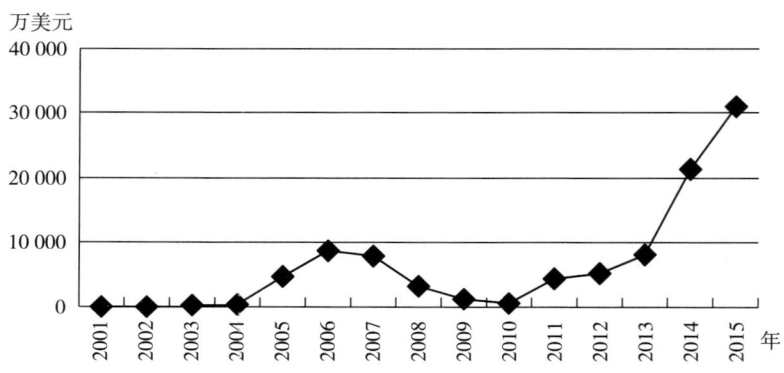

资料来源：根据国际货币基金组织网站统计数据整理。

图3-3 中国从吉尔吉斯斯坦资本流入规模（2001—2015年）

（三）中国从塔吉克斯坦资本流入规模

中国从塔吉克斯坦的资本流入始于2002年塔吉克斯坦对中国的直接投资和其他投资，其规模由2002年的11.65万美元发展到2015年的

6 731.69 万美元，累计流入 2.34 亿美元，呈现双"W"形发展状态，其资本流入规模：2002—2006 年在 5 万~100 万美元；2007—2010 年在 120 万~690 万美元；2011—2015 年在 2 500 万~6 800 万美元（见表 3-2，图 3-4）。

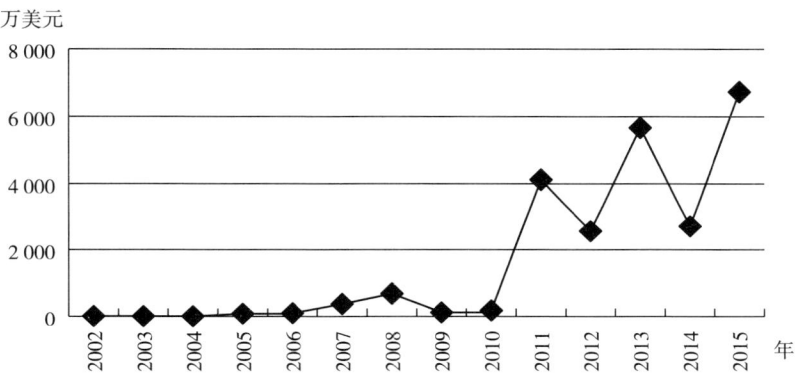

资料来源：根据国际货币基金组织网站统计数据整理。

图 3-4　中国从塔吉克斯坦资本流入规模（2002—2015 年）

（四）中国从土库曼斯坦资本流入规模

中国从土库曼斯坦的资本流入始于 2002 年土库曼斯坦对中国的其他投资，其规模由 2002 年的 1.07 万美元发展到 2015 年的 3.37 亿美元，累计流入 6.3 亿美元，呈现倒"L"形发展状态，其资本流入规模：2002—2008 年在 1 万~930 万美元；2009 年突破千万美元至 1 331.01 万美元；2010—2012 年急剧下降至 0.4 万~152 万美元；2013 年急剧增加到 7 883.38 万美元；2014—2015 年突破亿美元，在 1.86 亿~3.37 亿美元（见表 3-2，图 3-5）。

（五）中国从乌兹别克斯坦资本流入规模

中国从乌兹别克斯坦的资本流入始于 1999 年乌兹别克斯坦对中国的直接投资和其他投资，其规模由 1999 年的 66.74 万美元发展到 2015

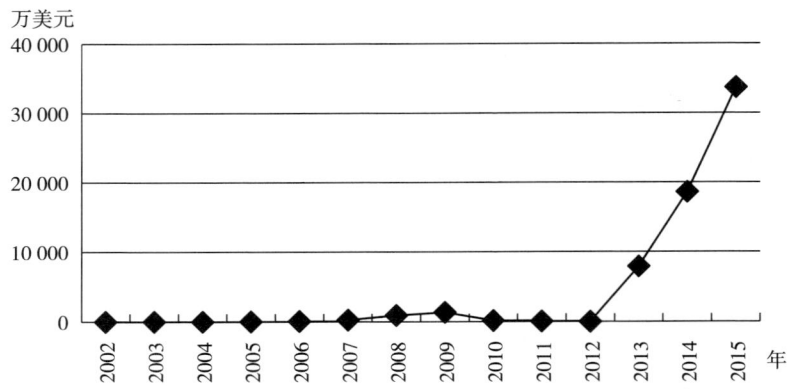

资料来源：根据国际货币基金组织网站统计数据整理。

图 3-5 中国从土库曼斯坦资本流入规模（2002—2015 年）

年的 3.07 亿美元，累计流入 8.59 亿美元，呈现"W+J"形发展状态，其资本流入规模：1999—2003 年在 1 万~67 万美元；2004 年突破千万美元至 1 225.17 万美元；2005—2008 年在 78 万~800 万美元；2009—2010 年再次突破千万美元，在 1 200 万~2 800 万美元；2011 年破亿至 1.67 亿美元；2012 年急剧减少至 1 357.96 万美元；2013—2015 年再次回归亿美元，在 1.25 亿~3.07 亿美元（见表 3-2，图 3-6）。

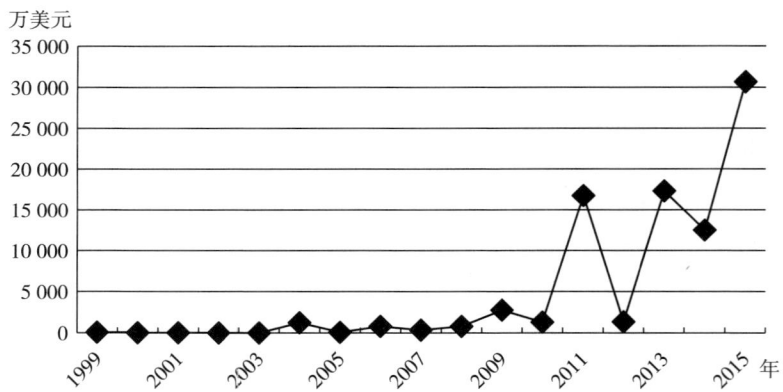

资料来源：根据国际货币基金组织网站统计数据整理。

图 3-6 中国从乌兹别克斯坦资本流入规模（1999—2015 年）

表 3-2　　中国从中亚资本流入规模情况（1999—2015 年）　单位：万美元

国别 年份	哈萨克斯坦	吉尔吉斯斯坦	塔吉克斯坦	土库曼斯坦	乌兹别克斯坦	五国合计
1999	15.24	0.00	0.00	0.00	66.74	81.98
2000	5.31	0.00	0.00	0.00	14.04	19.35
2001	25.61	0.50	0.00	0.00	15.68	41.79
2002	42.51	0.00	11.65	1.07	4.15	59.37
2003	646.88	245.34	5.09	8.62	1.80	907.73
2004	1 105.87	388.40	7.66	2.24	1 225.17	2 729.34
2005	1 384.36	4 741.78	83.34	40.73	78.02	6 328.23
2006	4 613.90	8 678.97	99.32	96.48	796.59	14 285.27
2007	10 171.59	7 873.83	379.71	250.92	341.68	19 017.73
2008	9 310.98	3 247.64	688.60	921.37	790.25	14 958.83
2009	8 107.45	1 264.44	120.34	1 331.01	2 759.85	13 583.09
2010	20 895.77	591.63	179.95	151.09	1 293.92	23 112.37
2011	6 097.25	4 425.85	4 121.04	53.05	16 730.59	31 427.79
2012	64 099.23	5 261.24	2 559.88	0.40	1 357.96	73 278.71
2013	45 783.27	8 115.69	5 671.61	7 883.38	17 292.53	84 746.48
2014	47 017.92	21 378.78	2 709.26	18 604.45	12 493.78	102 204.19
2015	91 717.04	30 925.70	6 731.69	33 673.48	30 663.43	193 711.33
合计	311 040.19	97 139.78	23 369.16	63 018.28	85 926.18	580 493.58

资料来源：根据国际货币基金组织网站统计数据整理。

二、中国对中亚五国的资本流出规模

1999—2015 年，中国对中亚五国的资本流出总额为 51.9 亿美元，其中，仅有 4.18 万美元是中国通过资本账户向中亚五国流出的资本，其余全部是中国通过金融账户向中亚五国流出的资本，几乎占资本流出总额的 100%。在金融账户项下的资本流出中，中国对中亚五国的直接投资规模达 47.25 亿美元，占金融账户流出总额的 91.04%；中国对中亚五国的其他投资规模 4.65 亿美元，占金融账户流出总额的 8.96%（见表 3-3）。

表 3-3　中国对中亚资本流出项目分类情况（1999—2015 年）

单位：亿美元

项目＼国别	哈萨克斯坦	吉尔吉斯斯坦	塔吉克斯坦	土库曼斯坦	乌兹别克斯坦	五国合计
资本和金融账户	18.83	10.83	8.05	12.82	1.38	51.90
资本账户	0.00	0.00	0.00	0.00	0.00	0.00
金融账户	18.83	10.83	8.05	12.82	1.38	51.90
直接投资	15.88	9.79	7.85	12.71	1.02	47.25
证券投资	0.00	0.00	0.00	0.00	0.00	0.00
衍生品投资	0.00	0.00	0.00	0.00	0.00	0.00
其他投资	2.95	1.04	0.20	0.10	0.35	4.65

资料来源：根据国际货币基金组织网站统计数据整理。

中国对中亚五国的资本流出始于 1999 年中国对哈萨克斯坦、塔吉克斯坦和乌兹别克斯坦的资本转移、直接投资和其他投资，其规模由 1999 年的 854.1 万美元发展到 2015 年的 8.71 亿美元，累计流出 51.9 亿美元，呈现"M+W"形发展状态，其资本流出规模：1999—2003 年在 120 万~910 万美元；2004—2007 年在 3 900 万~6 700 万美元；2008—2011 年在 1.93 亿~4.65 亿美元；2012 年急剧增加到 11.83 亿美元；2013—2015 年在 6.57 亿~8.71 亿美元（见表 3-4，图 3-7）。

（一）中国对哈萨克斯坦资本流出规模

中国对哈萨克斯坦的资本流出始于 1999 年中国对哈萨克斯坦的资本转移、直接投资和其他投资，其规模由 1999 年的 587.76 万美元发展到 2015 年的 3.66 亿美元，累计流出 18.83 亿美元，呈现"M+W+L"形发展状态，其资本流出规模：1999—2003 年在 7 万~590 万美元；2004 年猛增到 5 611 万美元；2005 年急剧减少至 710 万美元；2006—2007 年在 1 000 万~2 040 万美元；2008 年急剧增加至 2.43 亿美元；

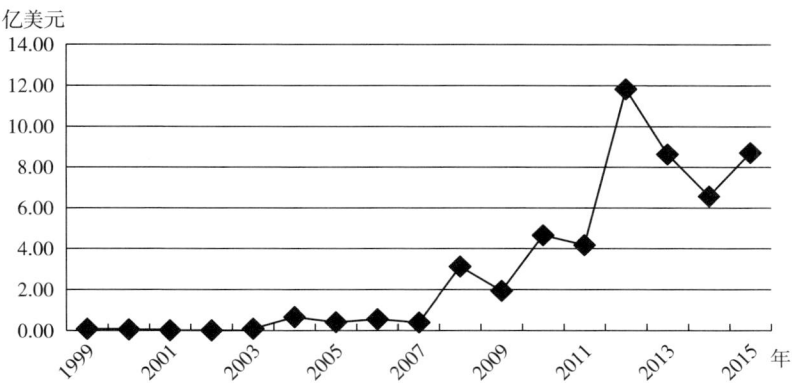

资料来源：根据国际货币基金组织网站统计数据整理。

图 3-7 中国对中亚五国资本流出规模（1999—2015 年）

2009 年急剧减少至 734 万美元；2010 年猛增至 1.56 亿美元；2011 年减少至 5 730 万美元；2012 年达到历史最高水平至 5.51 亿美元；2013—2015 年在 1.87 亿~3.66 亿美元（见表 3-4，图 3-8）。

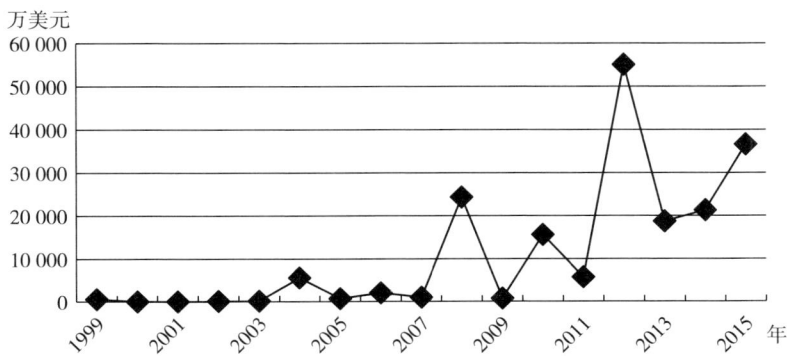

资料来源：根据国际货币基金组织网站统计数据整理。

图 3-8 中国对哈萨克斯坦资本流出规模（1999—2015 年）

（二）中国对吉尔吉斯斯坦资本流出规模

中国对吉尔吉斯斯坦的资本流出始于 2000 年中国对吉尔吉斯斯坦

的直接投资和其他投资,其规模由 2000 年的 453.37 万美元发展到 2015 年的 1.75 亿美元,累计流出 10.83 亿美元,呈现双"W"形发展状态,其资本流出规模:2000—2004 年在 9 500 万~454 万美元;2005—2010 年在 700 万~9 500 万美元;2011—2015 年在 1 亿~1.91 亿美元(见表 3-4,图 3-9)。

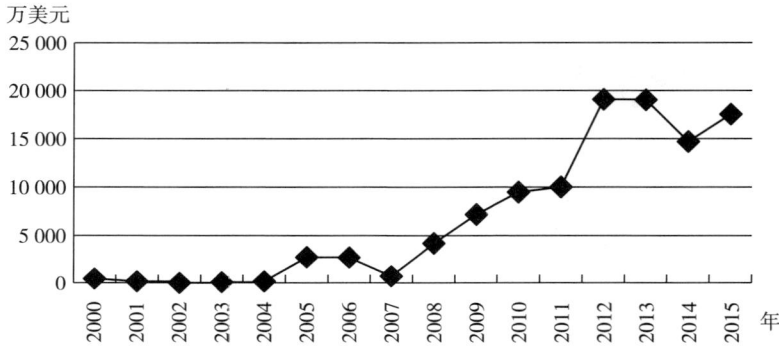

资料来源:根据国际货币基金组织网站统计数据整理。

图 3-9 中国对吉尔吉斯斯坦资本流出规模(2000—2015 年)

(三)中国对塔吉克斯坦资本流出规模

中国对塔吉克斯坦的资本流出始于 1999 年中国对塔吉克斯坦的其他投资,其规模由 1999 年的 265.41 万美元发展到 2015 年的 1.72 亿美元,累计流出 8.05 亿美元,呈现明显的双"W"形发展状态,其资本流出规模:1999—2006 年的在 2 万~510 万美元;2007—2010 年在 1 660万~9 770 万美元;2011—2013 年在 1.18 亿~1.37 亿美元;2014 年急剧减少至 7 008 万美元,2015 年急剧增加至 1.72 亿美元,创历史最高水平(见表 3-4,图 3-10)。

(四)中国对土库曼斯坦资本流出规模

中国对土库曼斯坦的资本流出始于 2002 年中国对土库曼斯坦的其

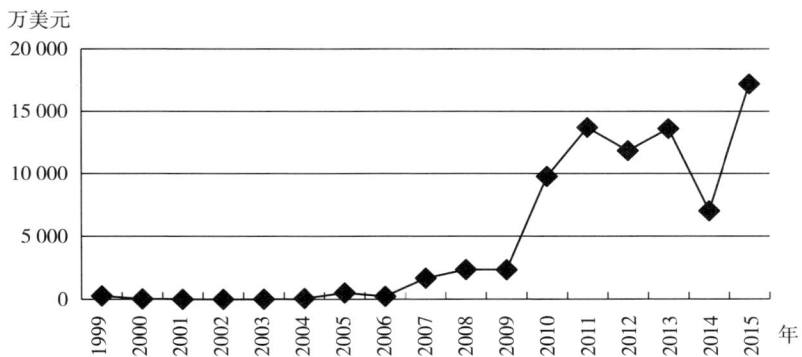

资料来源：根据国际货币基金组织网站统计数据整理。

图3-10 中国对塔吉克斯坦资本流出规模（1999—2015年）

他投资，其规模由2002年的9 000美元发展到2015年的1.33亿美元，累计流出12.82亿美元，呈现"M"形发展状态，其资本流出规模：2000—2008年在9 000～363万美元；2009年突破千万美元至7 900万美元；2010—2015年在1.05亿～3.35亿美元（见表3-4，图3-11）。

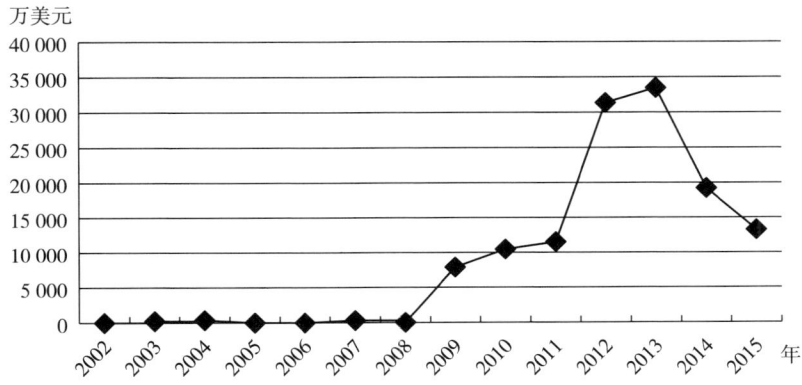

资料来源：根据国际货币基金组织网站统计数据整理。

图3-11 中国对土库曼斯坦资本流出规模（1999—2015年）

(五) 中国对乌兹别克斯坦资本流出规模

中国对乌兹别克斯坦的资本流出始于1999年中国对乌兹别克斯坦的直接投资，其规模由1999年的9 300美元发展到2015年的2 474.96万美元，累计流出1.38亿美元，呈现双"M"形发展状态，其资本流出规模：1999—2008年在9 300～590万美元；2009—2010年在1 145万～1 233万美元；2011—2012年迅速减少至755万～938万美元；2013—2015年在1 484万～3 500万美元（见表3-4，图3-12）。

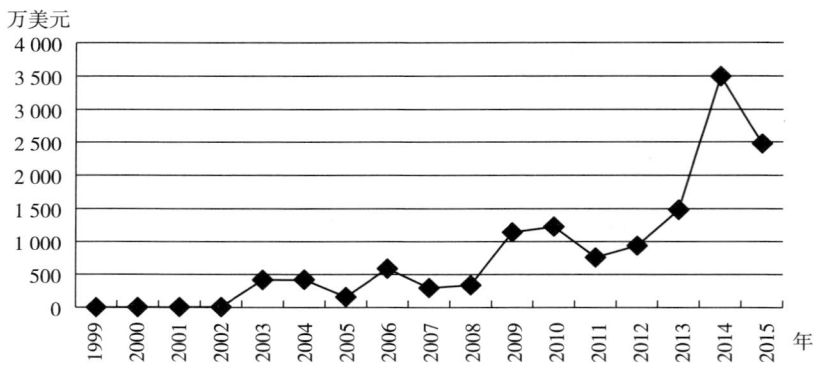

资料来源：根据国际货币基金组织网站统计数据整理。

图3-12 中国对乌兹别克斯坦资本流出规模（1999—2015年）

表3-4 中国对中亚资本流出规模情况（1999—2015年）

单位：万美元

国别 年份	哈萨克斯坦	吉尔吉斯斯坦	塔吉克斯坦	土库曼斯坦	乌兹别克斯坦	合计
1999	587.76	0.00	265.41	0.00	0.93	854.10
2000	12.27	453.37	31.60	0.00	4.00	501.24
2001	7.77	152.82	0.00	0.00	6.21	166.80
2002	108.37	0.95	2.43	0.90	7.64	120.29
2003	157.04	79.30	10.45	241.64	416.78	905.21
2004	5 610.46	152.56	77.52	362.55	422.67	6625.76

续表

国别 年份	哈萨克斯坦	吉尔吉斯斯坦	塔吉克斯坦	土库曼斯坦	乌兹别克斯坦	合计
2005	710.31	2 749.76	507.60	3.30	159.06	4 130.02
2006	2 040.29	2 723.88	224.23	6.57	587.76	5 582.74
2007	1 010.85	715.18	1 667.62	306.24	297.32	3 997.22
2008	24 314.77	4 208.25	2 350.05	26.86	336.85	31 236.78
2009	734.00	7 186.61	2 326.73	7 889.30	1 145.75	19 282.40
2010	15 599.46	9 480.33	9 767.22	10 466.26	1 232.21	46 545.48
2011	5 729.74	10 009.82	13 690.20	11 522.57	755.58	41 707.91
2012	55 063.42	19 075.73	11 824.59	31 365.00	937.25	118 265.99
2013	18 715.68	19 042.24	13 594.06	33 487.73	1 484.47	86 324.17
2014	21 289.76	14 691.30	7 007.64	19 222.83	3 496.29	65 707.82
2015	36 590.41	17 539.43	17 193.91	13 270.00	2 474.96	87 068.70
合计	188 282.37	108 261.53	80 541.25	128 171.75	13 765.73	519 022.63

资料来源：根据国际货币基金组织网站统计数据整理。

三、中国与中亚五国资本流动差额

1999—2015 年，中国从中亚五国的资本流入大于中国对中亚五国的资本流出，表现为中亚五国对中国的资本净流入，资本与金融项目顺差规模累计实现 6.15 亿美元。其中，有 11 年的资本流动是中国对中亚五国资本的净流出，规模在 60.92 万～4.5 亿美元；有 6 年的资本流动是中国从中亚五国资本的净流入，规模在 2.52 万～10.66 亿美元。总体而言，在 1999—2015 年的 17 年间，中国对中亚五国的资本流出小于中国从中亚五国的资本流入（见表 3-5）。

（一）中国与哈萨克斯坦资本流动差额

在 1999—2015 年的 17 年间，中国对哈萨克斯坦资本净流出的年份仅有 5 年，中国从哈萨克斯坦资本净流入的年份有 12 年，且中国从哈萨克斯坦资本净流入规模远远大于对其资本净流出的规模。总体而言，在 1999—2015 年的 17 年间，中国对哈萨克斯坦的资本流出小于中国从哈萨克斯坦的资本流入，其资本净流入的规模为 12.28 亿美元（见表 3-5）。

表 3-5　　中国与中亚资本流出入差额情况（1999—2015 年）

单位：万美元

国别 年份	哈萨克斯坦	吉尔吉斯斯坦	塔吉克斯坦	土库曼斯坦	乌兹别克斯坦	合计
1999	-572.52	0.00	-265.41	0.00	65.81	-772.12
2000	-6.96	-453.37	-31.60	0.00	10.04	-481.89
2001	17.84	-152.32	0.00	0.00	9.47	-125.01
2002	-65.86	-0.95	9.22	0.17	-3.49	-60.92
2003	489.84	166.04	-5.36	-233.02	-414.98	2.52
2004	-4 504.59	235.84	-69.86	-360.31	802.51	-3 896.42
2005	674.04	1 992.02	-424.25	37.44	-81.04	2 198.21
2006	2 573.61	5 955.09	-124.91	89.91	208.83	8 702.53
2007	9 160.73	7 158.65	-1 287.90	-55.33	44.36	15 020.51
2008	-15 003.79	-960.62	-1 661.45	894.50	453.41	-16 277.94
2009	7 373.45	-5 922.17	-2 206.39	-6 558.29	1 614.10	-5 699.31
2010	5 296.31	-8 888.70	-9 587.27	-10 315.17	61.71	-23 433.11
2011	367.51	-5 583.97	-9 569.15	-11 469.52	15 975.01	-10 280.12
2012	9 035.81	-13 814.50	-9 264.71	-31 364.60	420.71	-44 987.28
2013	27 067.59	-10 926.55	-7 922.44	-25 604.35	15 808.06	-1 577.69
2014	25 728.16	6 687.49	-4 298.38	-618.38	8 997.49	36 496.37
2015	55 126.63	13 386.27	-10 462.22	20 403.48	28 188.47	106 642.63
合计	122 757.82	-11 121.75	-57 172.10	-65 153.47	72 160.46	61 470.95

资料来源：根据国际货币基金组织网站统计数据整理。

（二）中国与吉尔吉斯斯坦资本流动差额

在 2000—2015 年的 16 年间，中国对吉尔吉斯斯坦资本净流出的年份有9年，中国从吉尔吉斯斯坦资本净流入的年份有7年，且中国对吉尔吉斯斯坦资本净流出规模远远大于从其资本净流入的规模，总体而言，在2000—2015年的16年间，中国对吉尔吉斯斯坦的资本流出大于中国从吉尔吉斯斯坦的资本流入，其资本净流出的规模为1.11亿美元（见表3-5）。

（三）中国与塔吉克斯坦资本流动差额

在1999—2015年的17年间，除去2001年中塔两国没有发生资本流动，仅有2002年为塔吉克斯坦资本净流入到中国以外，其余15年均为中国对塔吉克斯坦的资本净流出，且中国对塔吉克斯坦资本流出规模远远大于中国从塔吉克斯坦的资本流入规模。总体而言，在1999—2015年的17年间，中国对塔吉克斯坦的资本净流出的规模为5.72亿美元（见表3-5）。

（四）中国与土库曼斯坦资本流动差额

2002—2015年的14年间，中国对土库曼斯坦资本净流出的年份有9年，中国从土库曼斯坦资本净流入的年份有5年，且中国对土库曼斯坦流出的资本远远大于中国从土库曼斯坦流入的资本。总体而言，在2002—2015年的14年间，中国对土库曼斯坦的资本净流出规模为6.52亿美元（见表3-5）。

（五）中国与乌兹别克斯坦资本流动差额

1999—2015年的17年间，有14年是中国从乌兹别克斯坦的资本净流入，仅有3年是中国对乌兹别克斯坦的资本净流出。总体而言，在1999—2015年的17年间，中国对乌兹别克斯坦的资本流出小于中国从乌兹别克斯坦的资本流入，其资本净流入规模为7.22亿美元（见表3-5）。

第二节 中国与中亚资本流动的结构

1999—2015 年的 17 年间,直接投资和其他投资成为中国与中亚五国资本流动的主要途径,而证券投资的规模很小,仅发生在 2001 年、2004 年和 2013 年哈萨克斯坦对中国进行的共计 19.29 万美元的股权投资和 2013 年中国对塔吉克斯坦的 4 657.99 美元的股权投资;中国与中亚五国之间从来没有发生过因金融衍生工具投资所引起的资本流动,因此,对于中国与中亚五国资本流动的结构分析,主要集中在资本账户、金融账户占资本与金融账户的比重,直接投资、其他投资占金融账户的比重的结构分析上。

一、中国从中亚五国的资本流入结构

1999—2015 年的 17 年间,中国从中亚五国的资本流入中,资本账户占资本与金融账户的比重仅有 0.01%,金融账户占资本与金融账户的比重高达 99.99%,这一结构说明,金融账户项下的资本流入是中国从中亚五国资本流入的主要途径。

而在中国从中亚五国金融账户项下的资本流入中,直接投资占金融账户的比重高达 82.19%,其他投资占金融账户的比重仅有 17.81%,这一结构说明,中亚五国对中国的直接投资是中国从中亚五国资本流入的重要途径(见图 3-13)。

(一)中国从哈萨克斯坦资本流入结构

1999—2015 年的 17 年间,中国从哈萨克斯坦的资本流入中,仅在 2009 年、2010 年、2011 年和 2012 年出现了少量的在资本账户项下的资

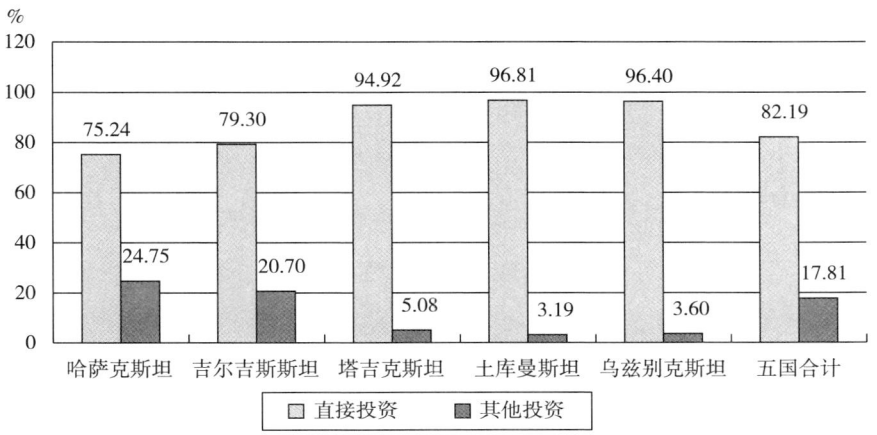

资料来源：根据国际货币基金组织网站统计数据整理。

图3-13 中国从中亚金融账户资本流入结构（1999—2015年）

本转移，资本账户占资本与金融账户的比重仅有0.02%，其余年份都是通过金融账户项下的资本流入实现的，金融账户占资本与金融账户的比重高达99.98%。显然，金融账户项下的资本流入是中国从哈萨克斯坦资本流入的最主要途径。

而在中国从哈萨克斯坦金融账户项下的资本流入中，哈萨克斯坦对中国的直接投资占金融账户的比重为75.24%，哈萨克斯坦对中国的其他投资占其金融账户的比重为24.75%，这一结构表明，哈萨克斯坦对中国的直接投资是中国从哈萨克斯坦资本流入的重要途径（见图3-13）。

（二）中国从吉尔吉斯斯坦资本流入结构

2001—2015年的15年间，中国从吉尔吉斯斯坦资本账户项下的资本流入仅有2 390美元，其余全部为金融账户项下的资本流入，中国从吉尔吉斯斯坦的资本流入几乎100%是依靠金融账户项下的资本流入实现的，显然，金融账户项下的资本流入是中国从吉尔吉斯斯坦资本流入的最主要途径。

而在中国从吉尔吉斯斯坦金融账户项下的资本流入中,吉尔吉斯斯坦对中国的直接投资占金融账户的比重为79.3%,吉尔吉斯斯坦对中国的其他投资占金融账户的比重为20.7%,这一结构说明,吉尔吉斯斯坦对中国的直接投资是中国从吉尔吉斯斯坦资本流入的重要途径(见图3-13)。

(三) 中国从塔吉克斯坦资本流入结构

2002—2015年的14年间,中国从塔吉克斯坦的资本流入中,仅在2008年出现了14 995美元在资本账户项下的资本转移,资本账户占资本与金融账户的比重仅有0.01%,其余年份都是通过金融账户项下的资本流入实现的,金融账户占资本与金融账户的比重均为100%,这一结构说明,金融账户项下的资本流入是中国从塔吉克斯坦资本流入的最主要途径。

而在中国从塔吉克斯坦金融账户项下的资本流入中,塔吉克斯坦对中国的直接投资占金融账户的比重高达94.94%,塔吉克斯坦对中国的其他投资占金融账户的比重仅为5.08%,显然,塔吉克斯坦对中国的直接投资是中国从塔吉克斯坦资本流入的重要途径(见图3-13)。

(四) 中国从土库曼斯坦资本流入结构

2002—2015年的14年间,中国从土库曼斯坦的资本流入中100%是通过金融账户项下的资本流入实现的,这一结构说明,金融账户项下的资本流入是中国从土库曼斯坦资本流入的唯一途径。

而在中国从土库曼斯坦金融账户项下的资本流入中,土库曼斯坦对中国的直接投资占金融账户的比重高达96.81%,土库曼斯坦对中国的其他投资占金融账户的比重仅为3.19%,显然,土库曼斯坦对中国的直接投资是中国从土库曼斯坦资本流入的最重要途径(见图3-13)。

(五) 中国从乌兹别克斯坦资本流入结构

1999—2015 年的 17 年间,中国从乌兹别克斯坦的资本流入中,仅在 2010 年发生了 30 056 美元资本账户项下的资本转移,其余年份都是通过金融账户项下的资本流入实现的,金融账户占资本与金融账户的比重均为 100%,这一结构说明,金融账户项下的资本流入是中国从乌兹别克斯坦资本流入的最主要途径。

而在中国从乌兹别克斯坦金融账户项下的资本流入中,乌兹别克斯坦对中国的直接投资占金融账户的比重高达 96.4%,乌兹别克斯坦对中国的其他投资占金融账户的比重仅为 3.6%,这一结构说明,乌兹别克斯坦对中国的直接投资是中国从乌兹别克斯坦资本流入的最重要途径(见图 3-13)。

二、中国对中亚五国的资本流出结构

1999—2015 年的 17 年间,中国对中亚五国的资本流出中,资本转移引起资本账户项下的资本流出总额仅有 41 774 美元,几乎所有的资本都是通过金融账户项下流出的,金融账户占资本与金融账户的比重几乎为 100%。这一结构说明,金融账户项下的资本流出是中国对中亚五国资本流出的最主要途径。

而在中国对中亚五国金融账户项下的资本流出中,直接投资占金融账户的比重高达 91.04%,其他投资占金融账户的比重仅有 8.96%,显然,中国对中亚五国的直接投资是中国对中亚五国资本流出的重要途径(见图 3-14)。

(一) 中国对哈萨克斯坦资本流出结构

1999—2015 年的 17 年间,中国对哈萨克斯坦的资本流出中,仅有

4年发生了37 300美元在资本账户项下的资本转移，其余年份都是通过金融账户项下的资本流出实现的，金融账户占资本与金融账户的比重均为100%，这一结构说明，金融账户项下的资本流出是中国对哈萨克斯坦资本流出的最主要途径。

而在中国对哈萨克斯坦金融账户项下的资本流出中，中国对哈萨克斯坦的直接投资占金融账户的比重高达84.34%，中国对哈萨克斯坦的其他投资占金融账户的比重为15.66%，显然，中国对哈萨克斯坦的直接投资是中国对哈萨克斯坦资本流出的重要途径（见图3－14）。

（二）中国对吉尔吉斯斯坦资本流出结构

2000—2015年的16年间，中国对吉尔吉斯斯坦的资本流出中，仅在2007年发生了1 000美元的资本账户项下的资本转移，资本账户占资本与金融账户的比重仅有0.04%，其余年份都是通过金融账户项下的资本流出实现的，金融账户占资本与金融账户的比重均为100%，这一结构说明，金融账户项下的资本流出是中国对吉尔吉斯斯坦资本流出的最主要途径。

而在中国对吉尔吉斯斯坦金融账户项下的资本流出中，中国对吉尔吉斯斯坦的直接投资占金融账户的比重高达90.41%，中国对吉尔吉斯斯坦的其他投资占金融账户的比重为9.59%，显然，中国对吉尔吉斯斯坦的直接投资是中国对吉尔吉斯斯坦资本流出的重要途径（见图3－14）。

（三）中国对塔吉克斯坦资本流出结构

1999—2015年的17年间，中国对塔吉克斯坦的资本流出中，仅在2014年发生了80美元的资本账户项下的资本转移，其余年份都是100%地通过金融账户项下的资本流出实现的。

而在中国对塔吉克斯坦金融账户项下的资本流出中，中国对塔吉克斯坦的直接投资占金融账户的比重高达97.46%，中国对塔吉克斯坦的其他投资占金融账户的比重仅为2.54%，显然，中国对塔吉克斯坦的直接投资是中国对塔吉克斯坦资本流出的最重要途径（见图3-14）。

（四）中国对土库曼斯坦资本流出结构

2002—2015年的14年间，中国对土库曼斯坦的资本流出中，金融账户项下的资本流出是中国对土库曼斯坦资本流出的唯一途径。

而在中国对土库曼斯坦金融账户项下的资本流出中，中国对土库曼斯坦的直接投资占金融账户的比重高达99.18%，中国对土库曼斯坦的其他投资占金融账户的比重仅为0.82%，显然，中国对土库曼斯坦的直接投资是中国对土库曼斯坦资本流出的最重要途径（见图3-14）。

（五）中国对乌兹别克斯坦资本流出结构

1999—2015年的17年间，中国对乌兹别克斯坦的资本流出中，仅有2007年和2010年发生了2 732美元在资本账户项下的资本转移，资本账户占资本与金融账户的比重仅有0.36%，其余年份都是通过金融账户项下的资本流出实现的，金融账户占资本与金融账户的比重均为100%，这一结构说明，金融账户项下的资本流出是中国对乌兹别克斯坦资本流出的最主要途径。

而在中国对乌兹别克斯坦金融账户项下的资本流出中，中国对乌兹别克斯坦的直接投资占金融账户的比重为74.3%，中国对乌兹别克斯坦的其他投资占金融账户的比重为25.7%，显然，中国对乌兹别克斯坦的直接投资是中国对乌兹别克斯坦资本流出的重要途径（见图3-14）。

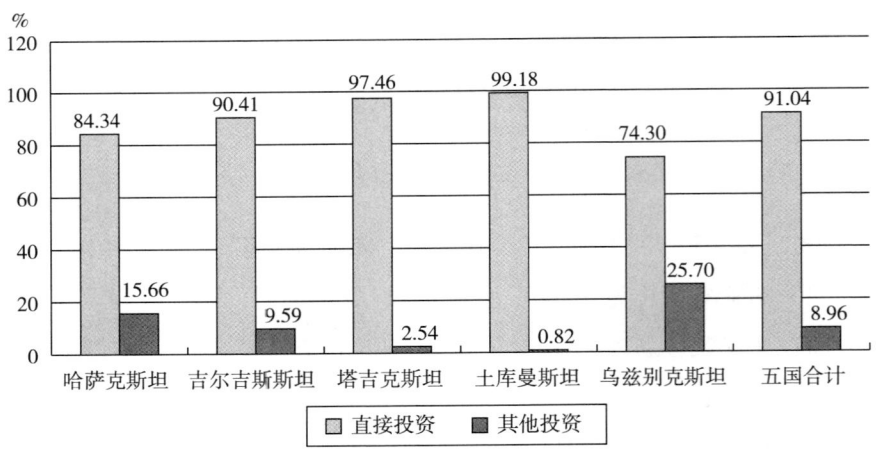

资料来源:根据国际货币基金组织网站统计数据整理。

图3-14 中国对中亚资本流出金融账户结构(1999—2015年)

第三节 中国与中亚资本流动的特征

一、流量特征

中国与中亚五国的资本流动规模占中国与世界各国的资本流动规模的比重呈现流量极小的特征。1999—2015年的17年间,中国与中亚五国的资本流动规模占中国与世界各国的资本流动规模的比重不到1%。

1999—2015年的17年间,中国从中亚五国流入的资本占中国从世界各国流入的资本比重仅为0.18%(表3-6资本与金融账户收入占比)。

1999—2015年的17年间,中国对中亚五国流出的资本占中国对世界各国流出的资本比重仅为 0.26%（表 3-6 资本与金融账户支出占比）。

表 3-6　　中国与中亚五国占中国与
世界各国资本流动比重情况（1999—2015 年）　　单位：%

收支\项目	资本与金融账户	资本账户	金融账户	直接投资	证券投资	其他投资
收入	0.18	0.01	0.18	0.26	—	0.08
支出	0.26	0.00	0.26	0.67	—	0.04

资料来源：根据国际货币基金组织网站提供的数据整理。

1999—2015 年的 17 年间，中国从中亚五国流入的资本占中国从世界各国流入资本中比重，通过资本账户流入所占比重为 0.01%，通过金融账户流入所占比重为 0.18%，通过直接投资流入所占比重为 0.26%，通过其他投资流入所占比重为 0.08%（见表 3-6）。

1999—2015 年 17 年间，中国对中亚五国流出的资本占中国对世界各国流出资本中比重，通过资本账户流出的资本规模仅有 4.18 万美元，所占比重几乎为零，通过金融账户流出所占比重为 0.26%，通过直接投资流出所占比重为 0.67%，通过其他投资流出所占比重为 0.04%（见表 3-6）。

二、流向特征

中国与中亚五国资本流动呈现出中国对中亚五国的资本流出小于中国从中亚五国的资本流入的流向特征。

1999—2015 年，中国对中亚五国资本流出规模为 51.9 亿美元，中国从中亚五国资本流入规模为 58.05 亿美元，中国与中亚五国的资本净流入规模为 6.15 亿美元（见表 3-7 资本与金融账户）。

表3-7　中国与中亚五国资本流动情况（1999—2015年）　　　单位：万美元

项目＼收支	收入合计	支出合计	收入与支出差额
资本账户	71.22	4.18	67.04
直接投资	477 021.84	472 520.51	4 501.33
证券投资	19.29	0.47	18.82
其他投资	103 381.23	46 497.47	56 883.76
金融账户	580 422.35	519 018.44	61 403.91
资本与金融账户	580 493.58	519 022.63	61 470.95

资料来源：根据国际货币基金组织网站统计数据整理。

1999—2015年，中国与中亚五国在资本账户项下的资本净流入规模为67.04万美元，表明中亚五国对中国有形资产和无形资产的所有权放弃与转移大于中国对中亚五国有形资产和无形资产的所有权放弃与转移（见表3-7）。

1999—2015年，中国与中亚五国在直接投资项下的资本净流入为4 501.33万美元，表明中国对中亚五国的直接投资小于中亚五国对中国的直接投资（见表3-7）。

1999—2015年，中国与中亚五国在证券投资项下的资本净流入规模为18.82万美元，表明中亚五国对中国的股权、债权投资规模大于中国对中亚五国的股权、债权投资规模（见表3-7）。

1999—2015年，中国与中亚五国在其他投资项下的资本净流入规模为5.69亿美元，表明中亚五国对中国的各项贷款等债权规模大于中国对中亚五国的各项贷款等债权规模（见表3-7）。

三、国别特征

1999—2015年，中国从中亚五国的资本流入中：哈萨克斯坦规模最大（占比53.58%），吉尔吉斯斯坦位居第二（占比16.73%），乌兹别克斯坦位居第三（占比14.80%），土库曼斯坦位居第四（占比

10.86%），塔吉克斯坦位居第五（占比4.03%）（见图3－15）。

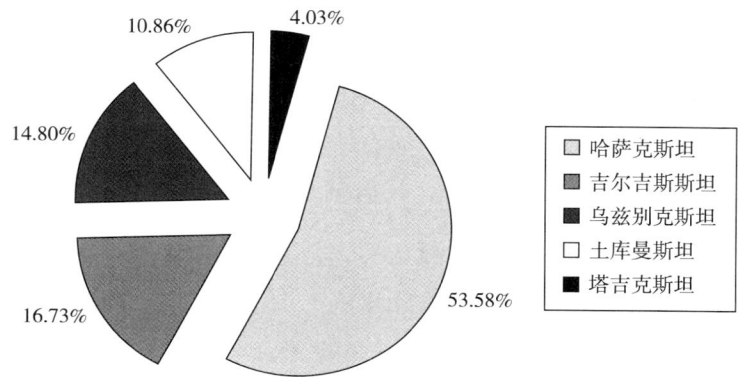

资料来源：根据国际货币基金组织网站统计数据整理。

图3－15　中国从中亚五国资本流入国别结构（1999—2015年）

1999—2015年，中国对中亚五国的资本流出中：哈萨克斯坦规模最大（占比36.28%），土库曼斯坦位居第二（占比24.69%），吉尔吉斯斯坦位居第三（占比20.86%），塔吉克斯坦位居第四（占比15.52%），乌兹别克斯坦位居第五（占比2.65%）（见图3－16）。

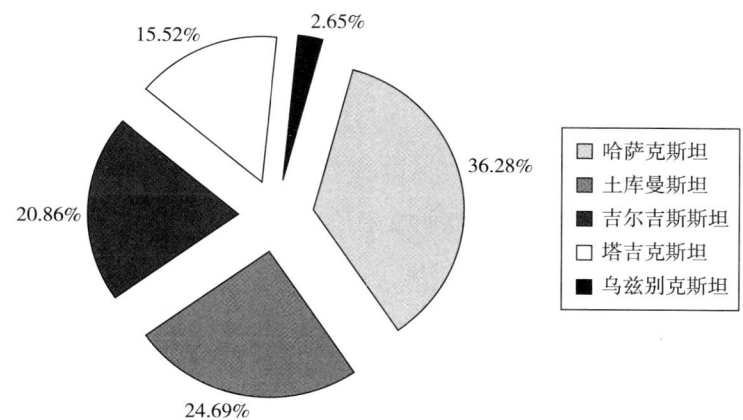

资料来源：根据国际货币基金组织网站统计数据整理。

图3－16　中国对中亚五国资本流出国别结构（1999—2015年）

哈萨克斯坦是中国与中亚五国中资本流出入规模最大的国家。1999—2015 年，哈萨克斯坦对中国的资本流入占中亚五国的 53.58%（位居第一），通过资本账户流入占中亚五国的 93.33%（位居第一），通过金融账户流入占中亚五国的 53.58%（位居第一），通过直接投资流入占中亚五国的 49.05%（位居第一），通过证券投资流入占中亚五国的 100%（位居第一），通过其他投资流入占中亚五国的 74.46%（位居第一）（见表 3-8）；中国对哈萨克斯坦的资本流出占中亚五国的 36.28%（位居第一），通过资本账户流出占中亚五国的 90.89%（位居第一），通过金融账户流出占中亚五国的 36.28%（位居第一），通过直接投资流出占中亚五国的 33.61%（位居第一），通过其他投资流出占中亚五国的 63.41%（位居第一）（见表 3-9）。

吉尔吉斯斯坦是中国与中亚五国中资本流入规模的第二大国，资本流出的第三大国。1999—2015 年，吉尔吉斯斯坦对中国的资本流入占中亚五国的 16.73%（位居第二），通过资本账户流入占中亚五国的 0.34%（位居第四），通过金融账户流入占中亚五国的 16.74%（位居第二），通过直接投资流入占中亚五国的 16.15%（位居第三），通过其他投资流入占中亚五国的 19.45%（位居第二）（见表 3-8）；中国对吉尔吉斯斯坦的资本流出占中亚五国的 20.86%（位居第三），通过资本账户流出占中亚五国的 2.39%（位居第三），通过金融账户流出占中亚五国的 20.86%（位居第三），通过直接投资流出占中亚五国的 20.71%（位居第三），通过其他投资流出占中亚五国的 22.34%（位居第二）（见表 3-9）。

表 3-8　中国从中亚资本流入占比情况表（1999—2015 年）　　单位：%

项目 \ 国别	哈萨克斯坦	吉尔吉斯斯坦	塔吉克斯坦	土库曼斯坦	乌兹别克斯坦	中亚五国
资本账户	93.33	0.34	2.11	—	4.23	100.00
直接投资	49.05	16.15	4.65	12.79	17.36	100.00
证券投资	100.00	—	—	—	—	100.00

续表

项目 \ 国别	哈萨克斯坦	吉尔吉斯斯坦	塔吉克斯坦	土库曼斯坦	乌兹别克斯坦	中亚五国
金融衍生工具投资	—	—	—	—	—	—
其他投资	74.46	19.45	1.15	1.94	2.99	100.00
金融账户	53.58	16.74	4.03	10.86	14.80	100.00
资本与金融账户	53.58	16.73	4.03	10.86	14.80	100.00

资料来源：根据国际货币基金组织网站统计数据整理。

塔吉克斯坦是中国与中亚五国中资本流入规模最小的国家，资本流出的第四大国。1999—2015年，塔吉克斯坦对中国的资本流入占中亚五国的4.03%（位居第五），通过资本账户流入占中亚五国的2.11%（位居第三），通过金融账户流入占中亚五国的4.03%（位居第五），通过直接投资流入占中亚五国的4.65%（位居第五），通过其他投资流入占中亚五国的1.15%（位居第五）（见表3-8）；中国对塔吉克斯坦的资本流出占中亚五国的15.52%（位居第四），通过资本账户流出占中亚五国的0.19%（位居第四），通过金融账户流出占中亚五国的15.52%（位居第四），通过直接投资流出占中亚五国的16.61%（位居第四），通过证券投资流出占中亚五国的100%（位居第一），通过其他投资流出占中亚五国的4.39%（位居第四）（见表3-9）。

土库曼斯坦是中国与中亚五国中资本流入规模的第四大国，资本流出的第二大国。1999—2015年，中土两国没有发生资本账户项下和证券投资项下的资本流出入。通过金融账户流入占中亚五国的10.86%（位居第四），通过直接投资流入占中亚五国的12.79%（位居第四），通过其他投资流入占中亚五国的1.94%（位居第四）（见表3-8）；中国对土库曼斯坦的资本流出占中亚五国的24.69%（位居第二），通过金融账户流出占中亚五国的24.7%（位居第二），通过直接投资流出占中亚五国的26.9%（位居第二），通过其他投资流出占中亚五国的2.25%（位居第五）（见表3-9）。

乌兹别克斯坦是中国与中亚五国中资本流入规模的第三大国，资本流出规模最小的国家。1999—2015 年，乌兹别克斯坦对中国的资本流入占中亚五国的 14.80%（位居第三），通过资本账户流入占中亚五国的 4.23%（位居第二），通过金融账户流入占中亚五国的 14.80%（位居第三），通过直接投资流入占中亚五国的 17.36%（位居第二），通过其他投资流入占中亚五国的 2.99%（位居第三）（见表 3-8）；中国对乌兹别克斯坦的资本流出占中亚五国的 2.65%（位居第五），通过资本账户流出占中亚五国的 6.53%（位居第二），通过金融账户流出占中亚五国的 2.65%（位居第五），通过直接投资流出占中亚五国的 2.16%（位居第五），通过其他投资流出占中亚五国的 7.61%（位居第三）（见表 3-9）。

表 3-9　中国对中亚资本流出占比情况（1999—2015 年）　　　单位：%

项目＼国别	哈萨克斯坦	吉尔吉斯斯坦	塔吉克斯坦	土库曼斯坦	乌兹别克斯坦	中亚五国
资本账户	90.89	2.39	0.19	0.00	6.53	100.00
直接投资	33.62	20.71	16.61	26.90	2.16	100.00
证券投资	—	—	100.00	—	—	100.00
金融衍生工具投资	—	—	—	—	—	—
其他投资	63.41	22.34	4.39	2.25	7.61	100.00
金融账户	36.28	20.86	15.52	24.70	2.65	100.00
资本与金融账户	36.28	20.86	15.52	24.69	2.65	100.00

资料来源：根据国际货币基金组织网站统计数据整理。

四、项目特征

从中国自中亚五国的资本流入项目构成分析发现，1999—2015 年，中国从中亚五国的资本流入呈现出：以直接投资为主，直接投资占中国从中亚五国资本流入的 82.18%；其他投资为辅，其他投资占中国从中亚五国资本流入的 17.81%；资本转移很少，资本转移占中国从中亚五国资本流入的 0.01%；证券投资仅有 19.29 万美元，同 58.05 亿美元的资本流入规模相比，证券投资占中国从中亚五国资本流入的比重为 0.0033%，四舍五入后占比为零；没有发生以金融衍生工具投资流入的资本项目结构特征（见图 3-17）。

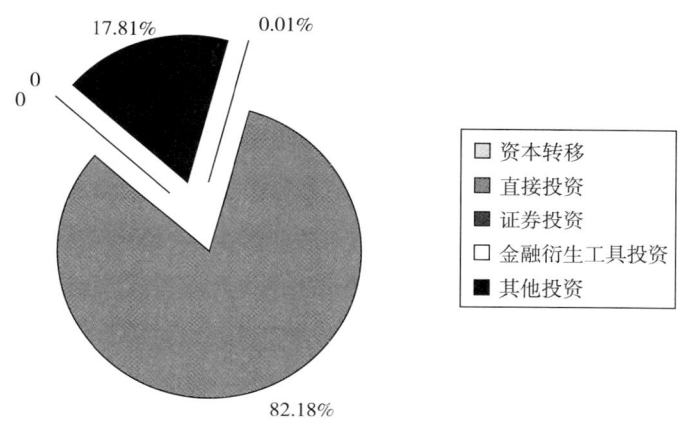

资料来源：根据国际货币基金组织网站统计数据整理。

图 3-17 中国从中亚五国资本流入项目结构（1999—2015 年）

从中国对中亚五国的资本流出项目构成分析发现，1999—2015 年，中国对中亚五国的资本流出呈现出：以直接投资为主，直接投资占中国对中亚五国资本流出的 91.04%；其他投资为辅，其他投资占中国对中亚五国资本流出的 8.96%；资本转移仅有 4.19 万美元，同 51.9 亿美元的资本流出规模相比，资本转移占中国对中亚五国资本流出的比重为 0.000806%，四舍五入后占比为零；证券投资仅有 4 658 美元，同 51.9 亿美元的资本流出规模相比，证券投资占中国对中亚五国资本流出的比重为 0.0000897%，四舍五入后占比为零；没有发生以金融衍生工具投资流出的资本项目结构特征（见图 3-18）。

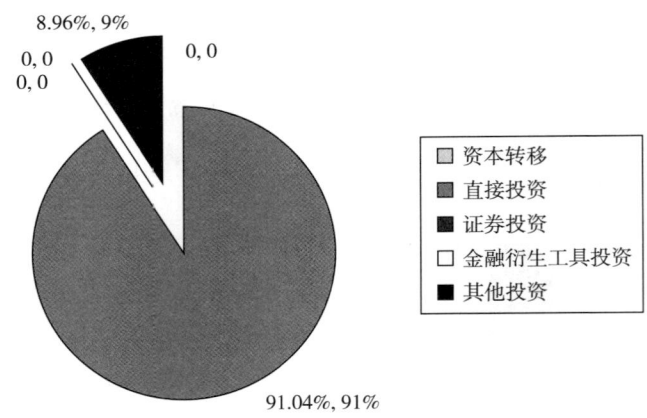

资料来源:根据国际货币基金组织网站统计数据整理。

图3-18 中国对中亚五国资本流出项目结构(1999—2015年)

五、领域特征

中国对中亚五国的投资领域最早主要以商贸经营为主,后来,随着中国与中亚五国经济务实合作的不断深入,带动了中国一些著名的企业到哈萨克斯坦、吉尔吉斯斯坦、塔吉克斯坦、土库曼斯坦和乌兹别克斯坦进行投资,根据各个国家经济发展的实际需要不同,中国对中亚五国的投资领域各不相同。

中国与哈萨克斯坦建交25年来,两国在各领域合作取得了丰硕的成果,截至2015年末,中国在哈萨克斯坦各类投资累计达到136.2亿美元,有2 500多家中国企业拥有哈萨克斯坦企业的股权[①]。在哈萨克斯坦2 500家中资企业中,有特变电工、新疆三宝、野马集团、新疆金风科技、新疆恒安丰、中石油新疆油田公司、新疆新康、新疆广汇、新

---

① 驻哈萨克斯坦使馆召开在哈中国企业座谈会[EB/OL]. 中国驻哈萨克斯坦使馆经商参赞处,2016-03-01.

疆准东石油、新疆吉安、新疆阿拉山口金玉贸易有限公司、新疆国际经济合作公司等企业，这些中国企业到哈萨克斯坦主要投资于电力、风机发电、水电、油气资源开发、农产品加工、水泥、制砖、石材加工、番茄酱加工、钾盐矿资产开采与加工、铜矿开采及加工、造纸等领域①。

中国与吉尔吉斯斯坦建交25年来，两国在政治、经济、文化、人道主义救援及安全等领域开展了良好的互利合作，特别是近年来，中吉两国在许多领域展开了务实合作，经贸、交通、能源、采矿、铁路、基础设施建设等领域合作项目不断增多②。2006年，中国在吉尔吉斯斯坦注册的独资企业共617家，与吉合资的企业有156家③，2010年4月，中国在吉尔吉斯斯坦注册的企业减少到了200家④。自2013年起，中国已经连续四年成为吉尔吉斯斯坦的第一大投资来源国，直接投资占吉尔吉斯斯坦投资总额的31%，贷款额占吉尔吉斯斯坦外债总额的35.9%。中国路桥工程公司、中工国际工程公司、华为技术有限公司、中吉纸业股份有限公司、楚河禽业有限公司、大唐商品分拨中心、中国黄金集团公司、中色股份、中国有色、神舟矿业、河南灵宝、新疆广汇、特变电工、华凌集团、新疆野马集团、新疆国际实业股份有限公司、新疆美林资源公司、新疆凯迪矿业公司、新疆有色地勘局、新疆大得实业公司、新疆野林外贸有限公司、紫金矿业集团西北有限公司、萨尔肯—乌苏啤酒股份公司等中国企业在吉尔吉斯斯坦进行了农业、农业种植（蔬菜、水稻）、养猪、养鸡、农副产品、面粉加工、饼干、方便面、番茄酱、高酸度野苹果浓缩汁等生产及加工、水泥、制砖、塑钢等建材生产、轻工、商品分拨、物流、宾馆、餐饮等服务贸易、家具生产、水电、输变

---

① 和宜明. 稳中求进科学跨越推动新疆商务事业持续较快发展[EB/OL]. 新疆商务厅，2012 – 05 – 09.
② 侯丽军，李硕. 吉尔吉斯斯坦驻华大使：中国是亲密可靠的朋友[EB/OL]. 新华网，2011 – 08 – 31.
③ 吉媒体积极报道吉总统访华[EB/OL]. 中国驻吉尔吉斯斯坦使馆经商参赞处，2006 – 06 – 15.
④ 国际问题专家赵鸣文谈吉尔吉斯斯坦骚乱[EB/OL]. 中国宁波网，2010 – 04 – 10.

电、金矿、铜矿、铁矿等有色金属的开发与开采、油气、石油勘探、石油石化产业、交通运输、基础设施、电信和通讯等方面的生产投资。

中国与塔吉克斯坦建交 25 年来，在中塔两国政府的推动下，中国有 40 多家企业在塔吉克斯坦进行了工程项目承包、电信设备供应、网络运营、矿产资源勘探开发、电站设备改造、农业生产等领域的合作①，参与了 50 个具有地区及国家级意义联合项目的投资，中国是塔吉克斯坦经济的主要投资者之一②，中国的投资者与企业家在投资于塔国最具发展前景项目的众多外国合作伙伴中名列前茅③。2015 年，中国是塔吉克斯坦第一大贷款国和第一大直接投资国，中国对塔吉克斯坦的投资超过几十亿美元，以项目合作为主进行投资，投资领域主要集中在天然气生产、水泥厂和纺织厂建设、通讯、农业、公路改造、输变电等领域的大型项目投资。

最早来塔吉克斯坦投资的中国企业是新疆喀什边贸公司的几个维吾尔族商人，2002 年，这几个维吾尔族商人自行投资在塔吉克斯坦成立了企业，主要从事废钢加工、贸易和经营中餐馆。1997 年，新疆喀什农垦进出口公司在塔吉克斯坦注册独资企业主要进行进出口贸易，2003 年 5 月起在塔吉克斯坦开始生产和经营纯净水。2004 年，新疆天业集团在塔吉克斯坦注册独资企业——友谊农业开发公司，主要执行中国政府援助塔吉克斯坦棉花膜下滴灌技术的推广与普及任务④。多年来，塔城国际资源公司在塔吉克斯坦设立的塔中矿业公司、新疆特变电工等中国新疆一批有实力的企业进入塔吉克斯坦，参与塔吉克斯坦电力、交通、能源现代化方面的开发建设。特别是以特变电工承担的塔吉克斯坦

---

① 与中国驻塔吉克斯坦大使馆经商参赞处李越访谈 [EB/OL]. 中国国情网，2011 - 10 - 24.
② 俄媒：中国参与塔吉克斯坦 50 个大型项目投资 [EB/OL]. 中国经济网，2011 - 08 - 24.
③ 塔吉克斯坦共和国总统拉赫蒙：塔中经济合作仍有巨大发展潜力 [EB/OL]. 新华网，2012 - 06 - 05.
④ 中塔建交以来双边经贸发展回顾 [EB/OL]. 中国驻塔吉克斯坦使馆经商参赞处，2004 - 02 - 24.

南北"输变电线"为代表的一批具有重大意义项目的顺利实施，使中国（新疆）成为推动中国与塔吉克斯坦经贸等领域关系发展的非常直接、重要和巨大的力量①，新疆企业在塔吉克斯坦主要投资于塔吉克斯坦的农业、交通、电力和贸易等领域②。

中国与土库曼斯坦建交 25 年来，两国关系始终保持快速稳定健康发展势头。特别是近年来，两国务实合作突飞猛进，中国已经成为土库曼斯坦第一大贸易伙伴国。中土双方在油气、交通、纺织等领域的合作不断取得进展，双方建立了互为重要的能源战略合作伙伴关系。中国自 1992 年 1 月与土库曼斯坦建交到 2006 年 4 月，中土双方共签订了 36 个政府间文件，中国在土国共有 37 个投资项目，13 家中资企业，中国对土国累计投资 4.27 亿美元，项目涉及油气、运输、电信、纺织及建筑等领域③。2007 年 11 月，中国在土库曼斯坦注册的中资企业发展到了 17 家，中方参与土方投资项目增加到了 46 个，合同金额 11 亿美元，项目主要涉及油气、化工、交通、电信、纺织、建筑等领域④。在土库曼斯坦的中资企业包括中石油（土库曼斯坦）阿姆河天然气公司、中石化胜利油田土库曼分公司、中石油川庆钻探工程公司、中油工程建设公司、中油技术开发公司、中石化胜利石油管理局修井公司、中国石油天然气集团公司（共 9 家中石油公司）、山西中旭国际贸易公司、华为技术有限公司、联想集团、首创龙基科技有限公司、中兴通讯公司、凤凰公司（民营企业）和国家开发银行驻土库曼斯坦工作组等 19 家⑤，

---

① 王乐泉率领中国新疆代表团访问塔吉克斯坦共和国［EB/OL］. 新疆日报, 2009 - 06 - 07.
② 中塔贸易新疆占 72% 张春贤与塔总统详谈深化合作［EB/OL］. 新疆维吾尔自治区人民政府网站, 2011 - 08 - 26.
③ 我对土库曼斯坦投资逾 4 亿美元［EB/OL］. 土库曼斯坦国家统计局, 2006 - 04 - 11.
④ 我企业在土参与的投资项目总额逾 11 亿美元［EB/OL］. 土库曼斯坦国家统计局, 2007 - 11 - 08.
⑤ 驻土库曼斯坦使馆经商参赞处举办中资企业迎新联谊会［EB/OL］. 驻土库曼斯坦使馆经商参赞处, 2011 - 12 - 27.

2012年，中国共有37家企业在土库曼斯坦注册登记，投资项目达66个[①]，主要涉及油气、化工、交通、电信、纺织和建筑领域。

中国与乌兹别克斯坦建交25年来，中乌关系发展非常顺利，两国关系得到了健康、快速、全面、深入的发展。随着两国关系的不断发展，双方经贸往来与务实合作呈现出勃勃生机，取得了可喜的成就，双边贸易额连续实现跨越式增长，中国已成为乌兹别克斯坦第二大贸易伙伴国和第一大投资国。中乌两国建立了战略合作的伙伴关系，双方再次签订了总价值超过50亿美元的经贸和投资合作文件[②]。中国驻乌兹别斯坦的中资企业由2005年的83家增加到2012年5月的360家，增加了277家。这些企业活跃在乌国的各个领域，其中，中信集团、中石油、中国广东核电集团、中国机械工业集团有限公司、华为公司、上海贝尔、新疆野马国际、新疆八钢、新疆阿布萨黑、新疆米兰、新疆银隆、特变电工、新疆天业、新疆天山格冉特、奎屯新西兰、米勒正义种业、百海华民、乌鲁木齐虹联等65家大型企业在乌国设立了代表处。一批有代表性的项目如昆格勒碱厂、德赫卡纳巴德钾肥厂、锡尔河州的鹏盛工业园等已经陆续交付使用。投资领域由能源资源向非资源领域拓展，进行食品、干鲜蔬菜、化工、工程机械、电子产品、光源美化、生物科技、纺织、烟花爆竹、节能滴灌、石油化工机械等投资与合作，已经建成的昆格勒碱厂、锡尔河州的建材合资企业等已成为中乌双方务实合作的典范。

第四节　中国与中亚资本流动安全性分析

资本流动的金融安全是一个国家、一个地区乃至全球经济与金融稳

[①] 肖清华. 中国土库曼斯坦务实合作全方位发展 [EB/OL]. 中国网, 2012-01-21.
[②] 谢霞. 乌兹别克斯坦经济领域期待中国投资者——专访乌兹别克斯坦驻华商务参赞卡西莫夫·伊利左特 [EB/OL]. 亚心网, 2012-09-18.

定、持续、协调发展的关键因素。无数事实证明，风险性国家资本结构及国际投机资本是影响一国资本流动金融安全、诱发金融危机的重要因素，而国际投机者利用证券及金融衍生工具交易，通过交易风险—银行风险—金融市场风险机制所制造的金融风险或金融危机对一个国家或一个地区，乃至全球经济、金融的破坏性最强。

由于中国与中亚五国的资本流动中，无论是中国的资本流出，还是中亚五国的资本流入，都是以直接投资为主要形式进行的，中国对中亚五国的直接投资占其资本流出的91.04%，中亚五国对中国的直接投资占其资本流入的82.18%，而中国与中亚以证券投资形式引起的资本流动规模极小，占其资本流出入的比重四舍五入后为零，以及中国与中亚没有在金融衍生工具项目下的资本流动，因此，从资本流动的项目结构特征分析可以得出中国与中亚五国资本流动处于安全状态的结论。

相对而言，中亚五国在中国的投资更加安全，中国在中亚五国的投资面临的政治风险、经济风险及金融风险较高。

一、中国从中亚五国资本流入的安全性分析

由于中亚五国对中国的资本流入中82.18%是以中亚五国对中国的直接投资实现的，因此，中亚五国对中国直接投资的安全程度高低取决于中国国内投资环境的安全与否。

长期以来，中国政府不断化解和消除国家安全面临的风险和威胁，中国国家安全总体向好态势持续增强，安全状态持续巩固，安全能力持续提升，为国内外投资者提供了安全稳定的投资环境。

新中国成立以来，确立了中国共产党的核心地位，确立了中国共产党是中国工人阶级和中华民族的先锋队，代表中国先进生产力的发展要求，代表中国先进文化的前进方向，代表中国最广大人民的根本利益。特别是中国共产党十九大召开以来，在习近平新时代中国特色社会主义

思想指引下,全面加强中国共产党的领导和建设,坚决维护党中央权威和集中统一领导,全面推进党的政治建设、思想建设、组织建设、作风建设、纪律建设,全面从严治党,执政为民,不断完善社会主义民主制度,夯实政权的制度基础,不断提高执政能力,不断提供执政制度保障,为中国经济持续发展和人民幸福生活提供了强大的政党保护。

新中国成立以来,中国经济发生了翻天覆地的变化,从新中国成立初期的百废待兴,到如今繁荣昌盛的不断发展,中国的综合国力和国际影响力显著提升,国内生产总值由1952年的679亿美元发展到2016年的74.41万亿美元,人均GDP从建国初期的23美元提高到2016年的8 865.99美元,经济保持中高速稳定增长、就业物价形势稳定,中国不仅是全球第二大经济体,而且是全球第一大贸易国和第一大外汇储备国及全球制造业第一大国,中国正在从全面实现小康社会向建设富强民主文明和谐美丽的社会主义现代化强国迈进。

新中国成立后,特别是改革开放以来,中国不仅实现了经济持续稳定健康发展,而且在保障社会和谐稳定、人民安居乐业方面取得了巨大成就,人民幸福感和安全感不断提升,"平安中国"、"法制中国"不断推进,中国已被公认为是全世界最安全的国家之一。国际SOS发布的"2018世界差旅风险地图",中国安全度排名世界第4位,是"旅游低风险国家"之一。2017年全球125个国家各国犯罪指数和安全指数排名中,中国安全指数(66.1)排名34位,比2016年上升4位,且优于欧美主要国家。

中国作为一个拥有13亿多人口、幅员辽阔的发展中大国,在中国共产党坚定正确的领导下,在治国理政、经济发展、社会治理方面积累了丰富的历史经验,体现了中国特色社会主义的制度优势,中国令世界瞩目的在高度政治稳定中所取得的经济繁荣发展和长期保持社会大局稳定的一系列成果表明,中国的政局稳定、经济发展、社会和谐,为国内外投资者提供了优良的投资环境。

二、中国对中亚五国资本流出的安全性分析

由于中国对中亚五国的资本流出中91.04%是以中国对中亚五国的直接投资实现的，因此，中国对中亚五国直接投资的安全程度高低直接影响着中国对中亚五国资本流出的安全性，中亚五国投资环境的安全性直接影响着中国对中亚五国资本流出的安全性。

自1999年以来，中亚五国的经济连续保持强劲的增长势头，经济增长率保持在8%以上，随着各种法律法规的建立健全，中亚五国增强了防范经济风险，维护经济安全的各项措施，增强了应付危机的能力，为国内外投资者提供了相对稳定的政治、经济环境，中亚五国的经济改革，带动了这些国家经济步入良性经济增长循环，为了吸引外资，中亚五国出台了投资、税收、外汇等各项有利于外国投资者的优惠政策。

但是，中亚五国在政治、经济环境方面的风险依然很高。2017年1月5日中国人民大学国家发展与战略研究院能源与资源战略研究中心发布了《2017年"一带一路"能源资源投资政治风险指数和评估报告》，政治风险指数分值在40以内的处于风险最高级别，40~60处于风险较高级别、60~70处于风险中级级别、70~80处于风险较低级别、80以上处于风险最低级别。

根据中国人民大学公布的2017年"一带一路"沿线65个国家政治风险指数，对居于中国新疆西部的50个国家的政治风险指数情况进行整理得到：中亚5个国家的政治风险指数在11.96~38.89，西亚19个国家的政治风险指数在1.41~72.93，南亚7个国家的政治风险指数在21.52~66.33，欧洲19个国家的政治风险指数在26.28~82.45（见表3-10）。

以上结果表明：中亚五国整体的政治风险指数值最低，政治风险隐患最为突出。民族分裂主义、宗教极端主义、国际恐怖主义、领导人更

替、政局不稳、社会动荡、大国博弈、地缘政治等因素是导致中亚国家政治风险突出的根源所在。

表3-10　"一带一路"50个国家政治风险指数分组情况

区域（国家个数）	政治风险指数范围
中亚（5国）	11.96~38.89
西亚（19国）	1.41~72.93
南亚（7国）	21.52~66.33
欧洲（19国）	26.28~82.45

资料来源：中国人民大学《2017年"一带一路"能源资源投资政治风险指数和评估报告》。

根据中国人民大学公布的2017年"一带一路"65个沿线国家经济基础风险指数，对居于中国新疆西部50个国家的经济基础风险指数整理得到：中亚5个国家的经济基础风险指数在36.05~49.91，西亚19个国家的经济基础风险指数在31.34~62.87，南亚7个国家的经济基础风险指数在34.30~53.96，欧洲19个国家的经济基础风险指数在32.81~61.05，以上结果表明：中亚五国整体的经济基础薄弱，其中，乌兹别克斯坦和塔吉克斯坦经济基础处于高风险状态（经济基础风险指数分别是36.05和39.45），吉尔吉斯斯坦、哈萨克斯坦和土库曼斯坦经济基础处于中等风险状态（经济基础风险指数分别是44.94、45.37和49.91）（见表3-11）。

表3-11　"一带一路"50个国家经济风险指数分组情况

区域（国家个数）	经济风险指数范围
中亚（5国）	36.05~49.91
西亚（19国）	31.34~62.87
南亚（7国）	34.30~53.96
欧洲（19国）	32.81~61.05

资料来源：中国人民大学《2017年"一带一路"能源资源投资政治风险指数和评估报告》。

中亚五国的经济风险增高源于其经济基础薄弱、经济结构单一、过度依赖国际能源市场、国际黄金市场、国际粮食市场、过度依赖俄罗斯经济，中亚国家经济发展极易遭受国际环境及俄罗斯经济变化的影响，经济发展的脆弱性非常突出。不仅如此，哈萨克斯坦、吉尔吉斯斯坦等国家的外债负担沉重、财政赤字较多、资金短缺严重、资本外逃现象时有发生，受此影响，中国在中亚国家的投资安全也遭受着巨大的挑战。

第四章

中国的金融安全分析

第一节 中国的银行安全分析

一、中国银行业的发展现状

1949年中华人民共和国成立的同时，成立了中国人民银行，形成了以中国人民银行为核心，中国银行、中国建设银行、中国农业银行三家专业银行为辅，农村信用合作社并存的银行体系。

1953—1978年在高度集中的计划经济背景下，建立了"大一统"的银行体系，即中国人民银行是唯一的国家银行，中国银行是中国人民银行办理国际业务的一个部门，中国建设银行在财政部领导下负责全国基本建设结算和贷款工作，中国农业银行是中国人民银行办理农村金融业务的一个部门，农村信用合作社成为中国人民银行分支机构在农村的基层机构。这一时期全国只有一家银行——中国人民银行，按照行政区划原则，在全国各省、自治区、直辖市设立分支机构，各级分支机构按照总行统一指令和计划开展业务活动，中国人民银行既是一个银行行政管理机构，又是一个具体经营银行业务的经济实体[①]。

1979—1998年在经济体制全面改革的背景下，建立了以中国人民银行为核心，国家开发银行、中国进出口银行和中国农业发展银行三家政策性银行；中国银行、中国建设银行、中国农业银行和中国工商银行四家国有专业银行；一家股份制银行——交通银行；以中央政府、地方政府和国有企业集团或公司注资的中小型股份制商业银行：招商银行、中信银行、中国光大银行、华夏银行、广东发展银行、深圳发展银行、上海浦东发展银行、兴业银行、中国民生银行、恒丰银行、浙商银行等

---

① 黄达. 金融学 [M]. 北京：中国人民大学出版社，2009.

多家股份制银行为主，多家农村信用合作社、城市信用合作社及多家外资银行并存的银行体系[①]。

1998年至今，在经济体制全面深化改革的背景下，1998年11月，中国人民银行分支机构设置按照经济区划原则，撤销原有的按照行政区划设立的全国31家中国人民银行省级分行，重新设立了9家跨省区分行，两家直属营业部。2003年以来，对中国银行、中国建设银行、中国工商银行、交通银行和中国农业银行按照财务重组、成立股份公司、引进境外战略投资者和在境内进行IPO的原则，进行股份制改造。与此同时，对全国农村信用社进行股份制改造，将符合条件的一部分农村信用合作社改制为农村商业银行。1995—2012年在全国地级城市信用社的基础上不断进行城市商业银行的组建，形成了以所在城市命名的城市商业银行，2006年开始在农村地区建立村镇银行[②]。

经过60多年的发展，中国银行业已经形成了多层次、广覆盖、商业性、开发性、合作性金融合理分工、相互补充的银行业金融机构体系，包括政策性银行、国有控股大银行、全国性股份制商业银行、数量众多地域分布广泛的城市商业银行和农村中小金融机构，截至2015年底，全国共有法人银行金融机构4 262家，银行业境内机构网点22万个，小微支行、社区支行5 000多家，从业人员380万人。

截至2015年末，全国有3家政策性银行——国家开发银行、中国进出口银行和中国农业发展银行；5家大型商业银行——中国工商银行、中国农业银行、中国银行、中国建设银行和交通银行；1家中国邮政储蓄银行；12家股份制银行——招商银行、中信银行、中国光大银行、华夏银行、广东发展银行、平安银行（原深圳发展银行）、上海浦东发展银行、兴业银行、中国民生银行、恒丰银行、浙商银行和渤海银行；133家城市商业银行——北京银行、深圳银行、上海银行、南京银

---

① 黄达. 金融学 [M]. 北京：中国人民大学出版社，2009.
② 黄达. 金融学 [M]. 北京：中国人民大学出版社，2009.

行、乌鲁木齐银行等;859 家农村商业银行——北京农商行、上海农商行、重庆农商行、天山农商行等;5 家民营银行——深圳前海微众银行、浙江网商银行、天津金城银行、温州民商银行和上海华瑞银行;71 家农村合作银行——杭州联合银行、天津农村合作银行、浙江萧山农村合作银行等;1 373 家农村信用社——遍布全国各省;40 家外资法人金融机构——花旗银行、渣打银行、汇丰银行、德意志银行等;1 家中德住房储蓄银行;4 家金融资产管理公司——信达、长城、东方和华融;224 家企业集团财务公司;68 家信托公司;47 家金融租赁公司;5 家货币经纪公司;25 家汽车金融公司;12 家消费金融公司;1 311 家村镇银行;14 家贷款公司;48 家农村资金互助社[①]。

截至 2015 年底,在全国银行业金融机构从业人员 380 万人中,大型商业银行从业人员 173.03 万人,占总人数的 45.53%;政策性银行从业人员 6.30 万人,占总人数的 1.66%;股份制商业银行从业人员 40.24 万人,占总人数的 10.59%;城市商业银行从业人员 37.02 万人,占总人数的 9.74%;民营银行从业人员 0.16 万人,占总人数的 0.04%;农村信用社从业人员 36.94 万人,占总人数的 9.72%[②]。

二、中国银行业的经营状况

(一) 资产、负债及所有者权益规模快速增长

自中国银行业金融机构体系建立以来,其资产规模不断增加,改革开放以来,中国银行业的资产规模呈现快速发展状态,特别是中国银行业进行股份制改造以来,其资产规模增长速度大幅度提高,由 2003 年

[①] 中国银行业监督管理委员会 2015 年年报 [EB/OL]. 中国银行业监督管理委员会,2016 – 06 – 05.

[②] 中国银行业监督管理委员会 2015 年年报 [EB/OL]. 中国银行业监督管理委员会,2016 – 06 – 05.

的27.66万亿元,增加到2015年底的199.35万亿元,增加171.69万亿元,增长620.72%(见图4-1)。

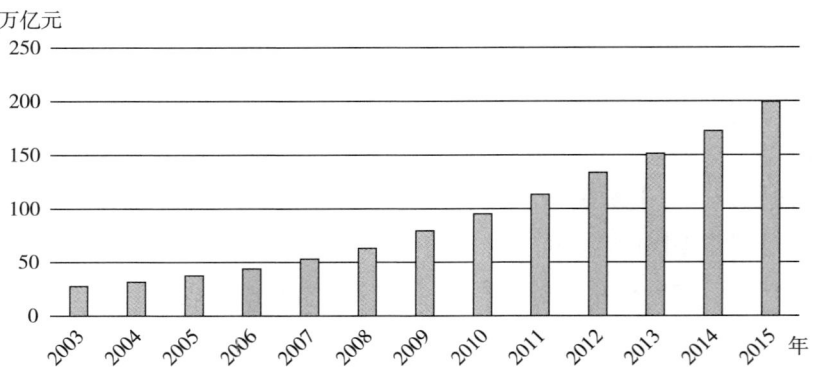

资料来源:中国银行业监督管理委员会2015年年报。

图4-1 中国银行业金融机构总资产(2003—2015年)

随着中国银行业金融机构体系的建立,其负债业务规模不断增加,改革开放以来,中国银行业的负债规模呈现快速发展状态,特别是中国银行业进行股份制改造以来,其负债规模增长速度大幅度提高,由2003年的26.59万亿元,增加到2015年底的184.14万亿元,增加了157.55万亿元,增长592.52%(见图4-2)。

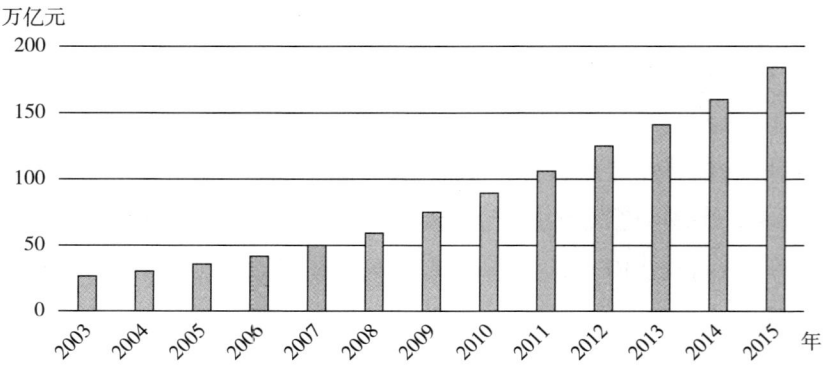

资料来源:中国银行业监督管理委员会2015年年报。

图4-2 中国银行业金融机构总负债(2003—2015年)

中国银行业进行股份制改造以来,其所有者权益规模迅速增加,由2003年的1.06万亿元,增加到2015年底的15.21万亿元,增加了14.15万亿元,增长1 334.91%(见图4-3)。

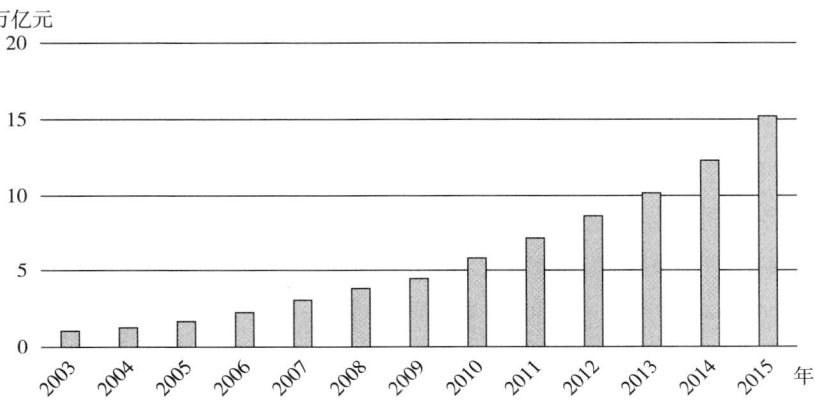

资料来源:中国银行业监督管理委员会2015年年报。

图4-3 中国银行业金融机构所有者权益(2003—2015年)

(二)存款贷款规模增长迅速

中国银行业进行股份制改造以来,其存款规模迅速增加,由2003年的22.04万亿元,增加到2015年底的139.78万亿元,增加117.74万亿元,增长534.21%(见图4-4)。

中国银行业进行股份制改造以来,其贷款规模迅速增加,由2003年的16.98万亿元,增加到2015年底的99.35万亿元,增加82.37万亿元,增长485.11%(见图4-5)。

(三)资本充足

中国银行业进行股份制改造以来,商业银行的资本充足率大幅度提高,特别是在2010—2015年,商业银行的资本充足率保持在12.2%~

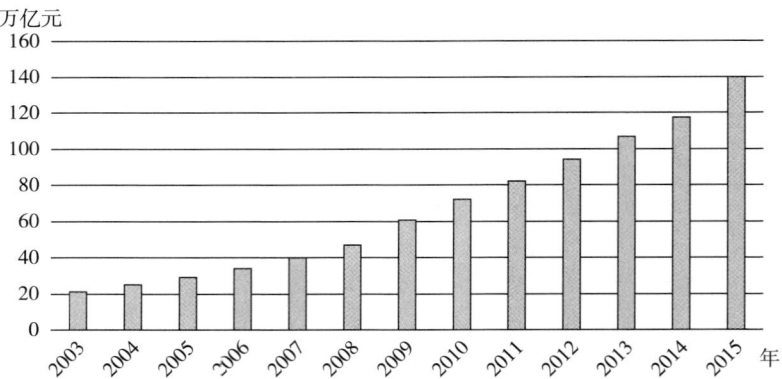

资料来源:中国银行业监督管理委员会2015年年报。

图 4-4 中国银行业金融机构存款（2003—2015 年）

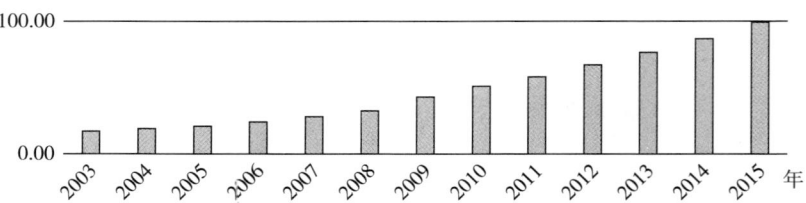

资料来源:中国银行业监督管理委员会2015年年报。

图 4-5 中国银行业金融机构贷款（2003—2015 年）

13.5%, 2014 年和 2015 年两年的商业银行资本充足率较 2013 年提高 1~1.5 个百分点（见表 4-1）。

表 4-1　　　中国商业银行资本充足率情况（2010—2015 年）　　单位: %

年份	项目	资本充足率	核心资本充足率
2010		12.2	10.1
2011		12.7	10.2

续表

年份	项目	资本充足率	核心资本充足率
2012		13.3	10.6
2013		12.2	9.9
2014		13.2	10.8
2015		13.5	11.3

资料来源：中国银行业监督管理委员会 2015 年年报。

与此同时，商业银行的核心资本充足率也在提高，2010—2015 年商业银行的核心资本充足率保持在 9.9%～11.3%，2014—2015 年两年的商业银行资本充足率较 2013 年提高 0.9～1.4 个百分点（见表 4-1）。

（四）资产质量保持稳定

中国银行业进行股份制改造以来，严格控制银行资产质量，银行业金融机构不良贷款规模增长缓慢，由 2010 年的 1.24 万亿元，增加到了 2015 年的 1.96 万亿元，增加 0.72 万亿元，增长 58.06%，在 2011—2013 年，银行业金融机构不良贷款余额较 2010 年有所减少，2011 年较 2010 年减少 0.19 万亿元，2012 年较 2010 年减少 0.17 万亿元，2013 年较 2010 年减少 0.06 万亿元（见表 4-2）。

表 4-2　中国银行业金融机构不良贷款情况（2010—2015 年）

单位：万亿元、%

年份	项目	不良贷款余额	不良贷款率	次级类	可疑类	损失类
2010		1.24	2.4	1.1	1.0	0.3
2011		1.05	1.8	0.8	0.7	0.2
2012		1.07	1.6	0.8	0.6	0.2
2013		1.18	1.5	0.7	0.6	0.2
2014		1.43	1.6	0.8	0.6	0.2
2015		1.96	1.9	1.0	0.8	0.2

资料来源：中国银行业监督管理委员会 2015 年年报。

银行业金融机构不良贷款率，由 2010 年的 2.4%，降低到了 2015 年的 1.9%，降低了 0.5 个百分点；次级率由 2010 年的 1.1%，降低到了 2015 年的 1.0%，降低了 0.1 个百分点；可疑率由 2010 年的 1.0%，降低到了 2015 年的 0.8%，降低了 0.2 个百分点；损失率由 2010 年的 0.3%，降低到了 2015 年的 0.2%，降低了 0.1 个百分点（见表 4 - 2）。

同银行业金融机构相比，中国商业银行的不良贷款规模经历了由多到少，再由少到多的过程，同 2007 年不良贷款余额 1.27 万亿元相比，2008—2014 年商业银行不良贷款规模在大幅度减少，保持在 0.43 万～0.84 万亿元，2015 年增加至 1.27 万亿元，与 2007 年水平相同（见表 4 - 3）。

表 4 - 3　　中国商业银行不良贷款情况（2007—2015 年）

单位：万亿元、%

项目 年份	不良贷款余额	不良贷款率	次级类	可疑类	损失类
2007	1.27	6.1	1.0	2.2	2.8
2008	0.56	2.4	1.1	1.0	0.2
2009	0.51	1.6	0.7	0.7	0.2
2010	0.43	1.1	0.4	0.5	0.2
2011	0.43	1.0	0.4	0.4	0.2
2012	0.49	1.0	0.4	0.4	0.1
2013	0.59	1.0	0.4	0.4	0.1
2014	0.84	1.2	0.6	0.5	0.1
2015	1.27	1.7	0.8	0.7	0.2

资料来源：中国银行业监督管理委员会 2015 年年报。

同银行业金融机构相比，中国商业银行的不良贷款率的降低速度很快，由 2007 年的 6.1% 降低至 2015 年的 1.7%，2009—2014 年保持在 1.0%～1.6%；次级率由 2007 年的 1.1%，降低到了 2015 年的 0.8%，降低了 0.2 个百分点；可疑率由 2007 年的 2.2%，降低到了 2015 年的 0.7%，降低了 1.5 个百分点；损失率由 2007 年的 2.8%，降低到了

2015年的0.2%，降低了2.6个百分点（见表4-3）。

（五）风险抵补能力很强

中国银行业进行股份制改造以来，风险抵补能力大大提高，商业银行拨备覆盖率由2007年的41.4%，提高到了2015年的181.2%，增加了139.8个百分点，中国商业银行的拨备覆盖率从2008年开始大幅度提高，由2007年的41.4%，增加到了2008年的116.6%，增加到了2009年的153.2%，增加到了2010年的217.7%，增加到了2011年的278.1%，增加到了2012年的295.5%，2013—2015年商业银行拨备覆盖率较2010—2013年有所减少，2013年商业银行拨备覆盖率为282.7%，较2012年减少12.8个百分点，2014年商业银行拨备覆盖率为232.1%，较2013年减少50.6个百分点，2015年商业银行拨备覆盖率为181.2%，较2014年减少50.9个百分点，虽然近三年来商业银行的拨备覆盖率有所下降，但是其风险抵补能力依然很强，抗风险能力依然很高（见表4-4）。

表4-4　中国商业银行拨备覆盖率情况（2007—2015年）　　单位：%

年份	拨备覆盖率	年份	拨备覆盖率	年份	拨备覆盖率
2007	41.4	2010	217.7	2013	282.7
2008	116.6	2011	278.1	2014	232.1
2009	153.2	2012	295.5	2015	181.2

资料来源：中国银行业监督管理委员会2015年年报。

（六）净利润逐渐增长

中国银行业金融机构税后利润逐渐增长，由2007年的0.45万亿元，增加到2015年的1.97万亿元，增加了1.52万亿元，累计增长率337.78%，中国银行业金融机构税后利润2007—2010年保持在0.45万~0.9万亿元；2011—2015年保持在1.25万~1.97万亿元，见图4-6。

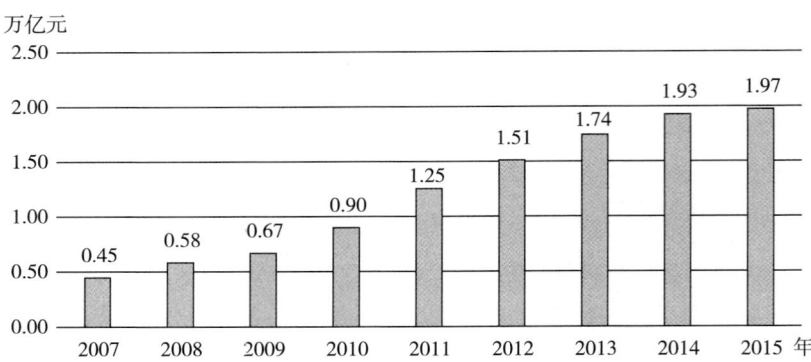

资料来源:中国银行业监督管理委员会2015年年报。

图4-6 中国银行业金融机构税后利润(2007—2015年)

中国银行业金融机构资产利润率由2007年的0.9%,提高到了2015年的1.1%,提高了0.2个百分点,2011—2014年的资本利润率保持在1.2%。中国银行业金融机构资本利润率由2007年的16.7%,降低到了2015年的14.3%,降低了2.4个百分点,2007—2014年资本利润率保持在16.2%~19.2%(见表4-5)。

中国商业银行资产利润率由2007年的0.9%,提高到了2015年的1.1%,提高了0.2个百分点,2011—2013年的资本利润率保持在1.3%。中国商业银行资本利润率由2007年的16.7%,降低到了2015年的15.0%,降低了1.7个百分点,2007—2014年的资本利润率保持在16.7%~20.4%(见表4-5)。

表4-5 中国银行业金融机构及商业银行利润率情况(2007—2015年) 单位:%

项目 年份	银行业金融机构		商业银行	
	资产利润率	资本利润率	资产利润率	资本利润率
2007	0.9	16.7	0.9	16.7
2008	1.0	17.1	1.1	19.5
2009	0.9	16.2	1.0	18.0

续表

项目 年份	银行业金融机构		商业银行	
	资产利润率	资本利润率	资产利润率	资本利润率
2010	1.0	17.5	1.1	19.2
2011	1.2	19.2	1.3	20.4
2012	1.2	19.0	1.3	19.8
2013	1.2	18.5	1.3	19.2
2014	1.2	17.1	1.2	17.6
2015	1.1	14.3	1.1	15.0

资料来源：中国银行业监督管理委员会2015年年报。

（七）流动性充足

中国银行业金融机构流动性比例由2007年的40.3%，提高到了2015年的49.3%，提高了9个百分点，2007—2015年银行业金融机构流动性比例保持在40.3%~49.8%（见表4-6）。

中国商业银行流动性比例由2007年的37.7%，提高到了2015年的48%，提高了10.7个百分点，2007—2015年商业银行流动性比例保持在37.7%~48%（见表4-6）。

表4-6　　　　中国银行业金融机构及商业银行
流动性比例情况（2007—2015年）　　　单位：%

项目 年份	银行业金融机构	商业银行	项目 年份	银行业金融机构	商业银行
2007	40.3	37.7	2012	47.8	45.8
2008	49.8	46.1	2013	46.0	44.0
2009	45.7	42.4	2014	48.4	46.4
2010	43.7	42.2	2015	49.3	48.0
2011	44.7	43.2			

资料来源：中国银行业监督管理委员会2015年年报。

三、中国银行业的国际排名

经过 60 多年的发展,特别是自"十二五"以来,中国银行业在国际上的影响力大大提升,不仅中国银行业资产及资本规模迅速上升,而且在风险控制、盈利能力、品牌价值方面的质量也大幅度提升。

截至 2016 年底,中国银行业总资产达到了 33 万亿美元,超过了欧洲银行业 31 万亿美元、美国银行业 16 万亿美元、日本银行业 7 万亿美元的规模,成为全球银行资产规模最大的银行。1996 年全球银行资产规模前 20 位大银行中,仅有中国工商银行入选,资产规模 3 736 亿美元,居第十位,是资产排名第一大银行——德意志银行的 74%,2016 年全球银行资产规模前 20 位大银行中,中国工商银行、中国农业银行、中国银行、中国建设银行居前 5 位,中国工商银行资产规模 3.42 万亿美元,成为全球资产规模最大的银行,是德意志银行的 1.9 倍。英国《银行家》杂志按照一级资本排名的全球 1 000 强银行榜单中,1996 年前 20 名中没有一家中资银行,中国银行仅排在第 26 位,2016 年中国有 119 家银行入围,其中 17 家跻身前 100 名,在前 20 家银行中,中国有 5 家银行,中国工商银行、中国建设银行、中国银行和中国农业银行位居前 5 名①。

2016 年 11 月 21 日在 BIS(国际清算银行金融稳定委员会)发布 G – SIBS——全球系统重要性 30 家银行中,中国工商银行、中国建设银行、中国银行和中国农业银行位居其中,中国工商银行级别由 1 级提高至 2 级,中国建设银行、中国银行和中国农业银行均为 1 级②。

2016 年全球最赚钱的前 20 家银行中,中资银行入选 9 家,9 家中

---

① 李静瑕. 中国银行业总资产独霸全球 风险暴露企稳[EB/OL]. 第一财经日报,2017 – 3 – 17,第 A05 版.

② 同①。

资银行利润占全球银行业利润总额的54%,中国工商银行是全球赚钱最多的银行,中国银行利润为356.8亿美元,是汇丰银行的1.9倍。而1996年全球最赚钱的前20家银行中,仅有中国银行一家入选,居第17位,中国银行的利润为18.6亿美元,是当年56.9亿美元、利润最多的汇丰银行的1/3,在前20家最赚钱的银行中,中资银行的利润仅占3.2%①。

中国银行业品牌价值全球领先,Brand Finance 与《银行家》杂志发布2017年全球银行品牌价值500强中,有43家中资银行入选,有12家进入50强,中资银行的品牌价值高达2 580亿美元,成为全球第一②。

四、中国银行业面临的风险

中国银行业经过多年的实践,正在逐步发展成为资本充足、产权明晰、治理健全、内控严密的现代银行体系,应对了国际上两次大的金融危机,并在中国经济增长方式变化中表现出良好的经营效率和稳健发展的态势,中国银行业系统性风险总体可控③。

但是,改革开放以来,"人口红利"、"出口红利"和"楼市红利"成为支持中国经济发展的三大动力,由于国际、国内环境的变化,曾经支持中国经济增长50%以上的人口红利因素变成了人口负债;曾经以每年20%~30%出口增长拉动中国经济10%增长的出口红利时代,因美国金融危机、欧债危机等国际环境的变化而弱化;曾经支持中国经济

---

① 李静瑕. 中国银行业总资产独霸全球 风险暴露企稳 [EB/OL]. 第一财经日报,2017-3-17,第A05版.
② 同①.
③ 曹力水. 银监会主席尚福林称商业银行要严控四类风险 [EB/OL]. 经济日报,2016-12-14,第07版.

增长 20%～30% 的楼市红利，因供求关系发生历史性逆转将走向消退①。

与此同时，中国经济面临着"产能过剩"——中国实体经济平均高达 60% 的严重的产能过剩；"债务高企"——中国居民负债、企业负债和地方政府负债接近 GDP 的 300%；"资产泡沫"——股市泡沫和楼市泡沫严重的三大问题②，不仅如此，在解决国内经济三大问题的过程中，中国银行业不仅面临着债务风险和泡沫风险，同时还存在着自身因为资产管理问题而产生的交叉风险。

（一）债务风险

三十年来，中国以高投资、高出口取得年均 GDP10% 的高速增长，与中国高投资、高增长相伴的是中国银行业主导的金融体系下的高信贷，中国企业外部融资主要依靠银行信贷，而银行信贷作为债务融资工具，必然导致企业债务杠杆率的提高，使得中国企业的债务杠杆率高居世界之首，2014 年中国企业部门杠杆率达 123%，2015 年提高到了 150%，国际清算银行的统计数据是 170%③。高杠杆率在经济高速发展的条件下，可以大大提高企业的资本回报率，但是，一旦经济增速下降，高杠杆率就会大大侵蚀企业经营利润，使得企业陷入流动性危机，2008 年以来，中国企业部门的杠杆率快速提高，在中国经济新常态发展的背景下，传统行业的资本边际产出下降严重，2014 年以来，随着中国经济进入"新常态"，钢铁、建材、煤炭等领域出现了极为严重的产能过剩就是最好的例证。

中国产能过剩企业存在经营困难，产能过剩中相当一部分对应的是银行信贷，因此导致信用风险上升，2013—2016 年中国银行业协会通报

---

① 赵晓．当前经济形势及"供给侧改革"的提出［EB/OL］．人民网，2016－01－05.
② 赵晓．当前经济形势及"供给侧改革"的提出［EB/OL］．人民网，2016－01－05.
③ 张一，郝伟．去杠杆化过程中的政策选择［J］．银行家，2016（11）：38－41.

中国700多家逃废债企业,给银行造成了上千亿元的贷款损失①。2015年中国商业银行不良贷款率为1.7%,创2009年以来最高纪录,较2008—2014年中国商业银行不良贷款率1%~1.2%高出0.5~0.7个百分点。

(二) 泡沫风险

改革开放以来,随着住房货币化制度的改革,中国房地产市场得到了迅速发展,成为拉动我国经济增长、提高财政税收的重要动力,而银行业成为支持中国房地产市场迅速发展的重要力量,中国银行业对房地产市场的贷款规模几乎占到银行贷款总额的60%左右,截至2016年底,银行新增信贷12.65万亿元,近一半流向房地产市场②。而中国房地产市场的发展也是中国银行业资产及利润增长的重要来源之一。

近年来,针对一线、二线城市房价过高、投机严重,泡沫过大,三线、四线城市房地产库存积压严重问题,中国政府实施分类房地产金融调控政策,在挤压房地产泡沫、严控炒房投机行为的过程中,必然引起房地产市场的波动,中国银行业投放房地产市场的贷款风险隐患也随之显现。

(三) 交叉风险

近年来,随着我国金融业混业经营业务的开展,商业银行、基金公司、信托公司、保险公司,证券公司、私募基金等众多金融机构参与资产管理市场,形成了跨市场、跨区域、跨行业的金融业务交叉,以"银行+信托"、"银行+证券"、"银行+信托+证券"、"基金+信托"互为通道、交叉嵌套等形式进行跨界融合,银行理财以证券、保险等机构的投资管理计划作为"通道"进入股市,扩大投资范围等现象普遍

---

① 郭子源. 银监会回应市场关注热点——银行业系统性风险总体可控将更主动支持和参与供给测结构性改革 [EB/OL]. 经济日报, 2017-3-3, 第03版.
② 刘丽. 郭树清"首秀"剑指金融风险 [EB/OL]. 经济参考报, 2017-3-3, 第03版.

存在①，造成了不同市场之间的联结加深，机构之间的业务关联性增强，金融风险跨行业、跨市场传染的可能性增大，交叉性金融风险问题突出。

中国银行业资产管理的本质就是银行业开展的各种表外业务，除了银行资产管理业务规模不断增加以外，银行体系之外的部分资产管理其实质就是银行业务的延伸，银行利用资产管理名义开展信用业务，使得银行业表外业务以及银行与其他金融子行业的合作中出现"影子银行"。银行、信托、保险、基金等子行业发展迅速的同时，出现了跨界融合的特征②。《中国金融稳定报告》的数据显示，截至 2011 年末，银行业金融机构表外业务（含委托贷款和委托投资）的余额是 39.16 万亿元，表外业务规模为表内总资产的 35.1%，而 2015 年末，银行业金融机构表外业务（含委托贷款和委托投资）的余额是 82.36 万亿元，较 2014 年末增长 24.48%，表外业务规模为表内总资产的 42.41%③，截至 2016 年底，全国银行业理财资金账面余额近 30 万亿元④，相同产品资金流向所受监管存在差异，滋生了套利空间⑤。

银监会主席郭树清说："部分交叉性金融产品层层嵌套，底层资金看不见底，最终流向无人知晓"。由于监管主体、法律规章不同，出现了"牛栏里关猫"的金融乱象，部分资金"脱实向虚"，"影子银行"问题突出，快速增长的资产管理行业暗藏风险⑥。而这个风险主要来自资产管理领域中存在的非标准产品盛行和表外业务信用化两大风险。

企业"去杠杆"和房地产价格下降，加剧银行不良贷款增加，利率市场化使得利差收益占银行总收入的比重下降至 75%，"影子银行"

---

① 刘彦. 将金融创新置于严格监管之下 [EB/OL]. 21 世纪经济报道，2017 - 03 - 03，第 06 版.
② 郑联盛，张明. 资产管理监管笃近举远 [J]. 银行家，2017（4）：15 - 17.
③ 中国金融稳定报告 [EB/OL]. 中国银行业监督管理委员会，2017 - 02 - 05.
④ 欧阳洁. 银监会负责人回应银行业热点——防跨市场风险 统一监管标准优先 [EB/OL]. 人民日报，2017 - 3 - 3，第 06 版.
⑤ 刘丽. 郭树清"首秀"剑指金融风险 [EB/OL]. 经济参考报，2017 - 3 - 3，第 03 版.
⑥ 刘丽. 郭树清"首秀"剑指金融风险 [EB/OL]. 经济参考报，2017 - 3 - 3，第 03 版.

之间的竞争,使得银行业整体融资成本上升,导致中国银行业资产收益率下降,商业银行拨备覆盖率由过去的300%下降到了160%~170%,银行风险压力增强①。

五、中国政府处置银行风险的能力很强

2014年以来,随着中国经济进入"新常态",针对产能过剩、楼市库存过大、债务高企等问题,2015年12月18日的中央经济工作会议提出了"去产能"、"去库存"、"去杠杆"、"降成本"和"补短板"五大任务及以此为核心的供给侧经济改革。针对传统制造业产能普遍过剩,特别是钢铁、水泥、电解铝等高能耗、高污染、高排放行业极其严重的产能过剩问题,提出了"消化一批、转移一批、整合一批、淘汰一批","多兼并重组,少破产清算"的思路,提出了由银行、企业和政府共同参与解决产能过剩企业债务成立债委会和"债转股"方案。首先在全国成立了由最大贷款银行牵头组成的债权人委员会,截至2016年底,全国已经成立债委会12 836家,涉及信用金额约14.85万亿元。同时采取由银行和债务企业通过市场化方式独立自主进行债务转股权置换,截至2016年底,市场化债转股签约金额已达4 300多亿元,实施金额400多亿元。与此同时,对于多家银行同时给一家企业发放贷款无法收回的债务风险,通过债委会及市场化债转股方式进行债务风险化解的同时,还在企业结构调整、风险处置等问题上保持统一部署、统一行动,避免了由于信息不对称所造成的恐慌,减少单方面行为给企业经营、银行经营产生的负面影响,在化解企业和银行债务风险、降低债务杠杆率的同时,最大限度地保证了企业、银行和政府的权益。不仅如此,银监会要求银行业严控信贷风险,扎实开展存量信贷风险防控工

---

① 武岩. 金融风险与金融创新——2016年第一财经峰会暨中国国际金融学会年会金融创新与银行业发展会议综述 [J]. 国际金融, 2017 (1): 18–20.

作，摸清"僵尸企业"融资情况，加快不良贷款处置，充分利用债权人委员会机制，统一行动，统一步调，坚决维护自身债权，防止债权悬空和逃废债，并将票据融资、债券投资、非标投资等非信贷业务及表外业务纳入统一授信和风险管理体系，真实评估风险敞口，严控期限错配和杠杆过高等问题。

针对中国房地产市场中一线、二线热点城市房价过高、投机盛行、泡沫严重和三线、四线城市房地产库存积压严重的分化问题，紧紧把握"房子是用来住的、不是用来炒的"的定位，实施分类房地产金融调控，在房地产信贷政策方面，银监会采取差别化政策，对有泡沫、投机性的房地产信贷需求加以限制；对库存过大的三四线城市综合考虑；对在城市化过程中产生的住房需求，特别是基本的住房刚性需求，改善老百姓居住条件的信贷需求，给予信贷支持，在打击房地产市场投机活动、挤出房地产市场泡沫，有效推进房地产去库存，促进房地产市场平稳健康发展的同时，确保了银行信贷资产的安全。

针对银行业资产管理中存在的监管套利、隐匿、转嫁和放大风险等问题，银监会从政策层面和技术层面两个方面进行治理整顿。从政策层面先后出台了《商业银行押品管理指引》[①]《衍生工具交易对手违约风险资产计量规则（征求意见稿）》[②]《商业银行表外业务风险管理指引》（银监发〔2011〕31号）[③]和《关于规范金融机构资产管理业务的指导意见（征求意见稿）》[④]等，将商业银行押品管理、商业银行衍生品交易对手信用风险、商业银行表外业务及商业银行资产管理业务纳入全面

---

① 郭子源. 押品管理纳入全面风险管理体系 [EB/OL]. 经济日报，2016 – 11 – 28，第007版.

② 李延霞. 银监会要求商业银行将交易对手信用风险纳入全面风险管理 [EB/OL]. 新华社，2016 – 11 – 28.

③ 郭子源. 银监会发布商业银行表外业务新指引 [EB/OL]. 经济日报，2016 – 11 – 24，第007版.

④ 王增武，欧明刚. 资产管理市场统一监管的要义或在"意见之外" [J]. 银行家，2017（4）：11 – 14.

风险管理体系。从技术层面，银监会要求商业银行等金融机构按照"透明、隔离、可控"的原则，从交易对手、交易产品和交易集中度三个方面加强金融产品管理，对于信用风险、市场风险、操作风险、流动性风险、声誉风险及其他风险进行及时识别、计量、评估、监测、报告、控制和处置，并建立业务、风险、自办相关联的管理机制，严格控制超出相关政策制度规定的任何表外业务，未经总行授权，分支机构不得销售任何第三方产品等规定，政策的出台，技术的指导，对于有效防范和化解银行风险发挥了重要的作用。

六、中国银行安全的分析结论

近年来，针对中国金融业面临或有风险隐患，防范和化解金融风险成为中央经济工作屡次、重点提到的"更加重要"和"坚决处置"的大事。习近平总书记多次在中央经济领导小组会议上指出，防控金融风险必须加快建立监管协调机制，加强宏观审慎监管，强化统筹协调，防范和化解系统性金融风险的发生。

经过一年多的治理整顿，重点领域风险管控得到了加强，银行业总体保持稳健运行，资产和负债规模稳步增长。截至2016年末，银行业金融机构本外币资产总额232万亿元，较2015年增长15.8%，本外币负债总额215万亿元，较2015年增长16.0%；银行业信贷资产质量总体平稳，截至2016年末，商业银行不良贷款余额1.5万亿元，较2015年新增2 300亿元，不良贷款率1.74%，较2015年增加0.04个百分点，全年不良贷款率基本保持平稳；银行业风险抵补能力较强，2016年商业银行实现净利润1.65万亿元，较2015年增长3.54%，平均资产利润率0.98%，平均资本利润率13.38%，盈利能力较强。2016年末，商业银行贷款损失准备金余额2.67万亿元，拨备覆盖率176.4%，贷款拨备率3.08%，资产充足率13.28%，处于国际同业良好水平，有较强的风险抵补能力；银行业流动性水平稳健，2016年末，商业银行流动性比例为47.55%，与2015年持平，人民币超额备付金率2.33%，较上季度末上升0.62个百分点。

总体而言，中国银行业金融机构的资产、负债规模稳定增长，利润规模保持稳定、资产利润率和资本利润率不断提高，信贷资产质量总体可控，针对信用风险计提的减值准备较为充足，流动性水平比较充裕，在国际同行业中具有良好水平，中国银行业系统性风险总体可控。

第二节 中国的股市安全分析

一、中国股票市场的发展

中国股票市场从1984年7月中国人民银行批准北京天桥股份有限公司和上海飞乐音响股份有限公司发行股票开始，到1984年10月中共十二届三中全会《关于经济体制改革的决定》中确定股份制正式试点；到1986年9月26日中国第一个证券交易柜台——上海静安证券业务部开张并在此交易新中国第一只股票——上海飞乐音响股份有限公司股票；到1990年12月1日新中国第一家证券交易所——深圳证券交易所和1990年12月19日上海证券交易所的成立；到2009年10月23日创业板建立；到2010年4月股指期货的推出，经过26年的发展，中国股票市场经历了从无到有、从小到大、不断发展壮大的过程。

中国股票发行量由1987年的10亿股，增加到2016年的55 820.5亿股。股票筹资额由1987年的10亿元，增加到了2016年的1.5万亿元，其中，A股筹资额由1987年的10亿元，增加到了2016年的1.3万亿元。

境内上市公司由 1990 年的 13 家，发展到 2016 年的 3 052 家，增加 3 039 家，是 1990 年上市公司个数的 235 倍。其中，境内上市公司由 1990 年的 13 家（A 股），增加到了 2016 年的 2 709 家，是 1990 年 A 股上市公司个数的 208 倍；境内上市公司外资股（B 股）由 1992 年的 18 家，发展到了 2016 年的 100 家，是 1992 年 B 股上市公司个数的 6 倍；境外上市公司（H 股）由 1993 年的 6 家，发展到了 2016 年的 241 家，是 1993 年 H 股上市公司个数的 40 倍。

股票市价总值由 1992 年的 1 048.15 亿元，增加到了 2016 年的 50.83 万亿元；股票成交额由 1992 年的 683.04 亿元，增加到了 2016 年的 9.83 万亿元；日均股票成交额由 1992 年的 2.67 亿元，增加到了 2016 年的 4 467.64 亿元；股票流通市值由 1993 年的 86.16 亿元，增加到了 2016 年的 39.33 万亿元。

上证综合指数由 1992 年的 780.39 点（收盘价），上升至 2016 年的 3 103.64 点（收盘价）；深证综合指数由 1992 年的收盘价 241.21 点上升至 2016 年的收盘价 1 969.11 点（见图 4-7）。

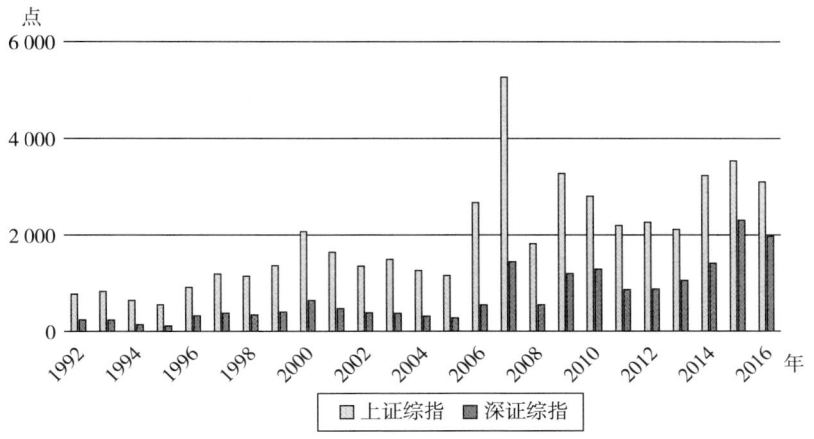

资料来源：2016 年中国证券期货统计年鉴，百家出版社。

图 4-7　沪深两市股票收盘价（1992—2016 年）

二、中国股票市场的风险

股票市场风险是指投资者投资股票不能获得预期收益而造成的损失,从股票价格指数大起大落的变化,可以判断一国股票市场风险大小。

(一) 沪深两市股价上涨幅度高于下跌幅度

从1992—2016年的25年来中国上证综指和深证综指的股票收盘价变化来看,上证综指和深证综指上涨和下跌的年份各有12年,总体来看,上证综指上涨的幅度高于下跌的幅度,上证综指的涨幅在3.17%~130.44%,涨幅主要集中在20%以内和50%以上两个区域,其中有5年的上涨率在20%以内,有6年的上涨率在50%以上;上证综指的跌幅在3.97%~65.39%;跌幅主要集中在30%以内的区域,有11年的下跌率在30%以内(见表4-7和表4-8)。

表4-7　　沪深两市股价上涨区间年度分组(1992—2016年)　　单位:年

上涨率分组	上证综指	深证综指	上涨率分组	上证综指	深证综指
1%~10%	3	2	100%~110%		
10%~20%	2	2	110%~120%		1
20%~30%		1	120%~130%		
30%~40%	1	1	130%~140%	1	
40%~50%			140%~150%		
50%~60%	2		150%~160%		
60%~70%	1	2	160%~170%		1
70%~80%	1		170%~180%		
80%~90%			180%~190%		1
90%~100%	1	1			

资料来源:2016年中国证券期货统计年鉴,百家出版社。

深证综指上涨的幅度高于下跌的幅度,深证综指的涨幅在1.67%~189.04%,涨幅主要集中在30%以内和60%以上两个区域,有5年的上涨率在30%以内,有6年的上涨率在60%以上,其中2006年97.52%,1996年、2007年和2009年这三年都超过了100%;深证综指的跌幅在1.21%~61.76%,跌幅主要集中在30%以内的区域,有9年的下跌率在30%以内(见表4-7和表4-8)。

表4-8　　沪深两市股价下跌区间年度分组(1992—2016年)　　单位:年

下跌率分组	上证综指	深证综指	下跌率分组	上证综指	深证综指
1%~10%	3	3	40%~50%		1
10%~20%	5	5	50%~60%		
20%~30%	3	1	60%~70%	1	1
30%~40%		1	70%~80%		

资料来源:2016年中国证券期货统计年鉴,百家出版社。

(二)上证综指股价波动较大

1992—2016年上证综指每年最高价与最低价的波动幅度在26.17%~388.12%,其中,最高价和最低价之间波动率在26.17%~48.18%的年份有11年,分别是1998年、2001—2005年、2010—2013年和2016年;波动率在56.16%~86.30%的年份有7年,分别是1995年、1997年、1999年、2000年、2009年、2014年和2015年;波动率在107.73%~388.12%的年份有7年,分别是1992年、1993年、1994年、1996年、2006年、2007年和2008年(见表4-9)。

表4-9　　　　　上证综指股价波动率(1992—2016年)　　　　单位:%

年份	波动率	年份	波动率	年份	波动率	年份	波动率
1992	388.12	1999	67.60	2006	132.28	2013	32.15
1993	107.73	2000	56.16	2007	134.41	2014	64.10
1994	223.10	2001	48.18	2008	222.14	2015	81.63
1995	76.65	2002	30.59	2009	86.30	2016	33.23
1996	145.44	2003	26.17	2010	42.53		
1997	73.55	2004	41.57	2011	43.74		
1998	36.43	2005	33.09	2012	27.10		

资料来源:2016年中国证券期货统计年鉴,百家出版社。

（三）上证综指大起大落、股民损失严重

在1992—2016年的25年中，上证综指呈现"M"形走势，其中，最低点发生在1992年，最高点发生在2007年，其间经历了2007年和2015年两次高峰。从1992年的最低价292.76点，到2007年的最高价6 124.04点，上涨5 831.28点，16年累计涨幅1 991.83%，从2005年的最低价998.23点，到2007年的最高价6 124.04点，上涨5 125.81点，短短三年时间涨幅达513.49%，从2007年的最高价6 124.04点，到2008年的最低价1 707点，下跌4 417.04点，跌幅达72.13%。从2013年最低价1 850.01点，到2015年的最高价5 178.81点，上涨3 328点，三年累计涨幅为179.89%，从2015年的最高价5 178.81点，到2016年的最低价2 656.01点，下跌2 522点，跌幅达48.71%（见图4-8）。

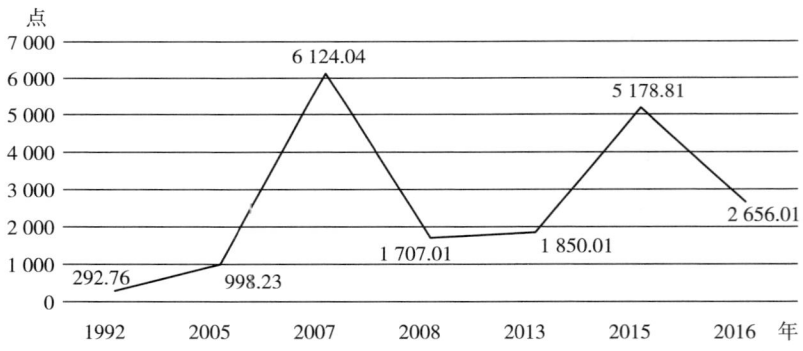

资料来源：2016年中国证券期货统计年鉴，百家出版社。

图4-8 上证综合指数最高价与最低价（1992—2016年）

中国股票市场股价变化非常迅速，亿万股民深刻体验了中国股市的跌宕起伏，上证综指从2007年1月4日的2 728点，上涨到2007年10月16日的6 124点，涨幅高达125%，连破3 000点、4 000点、5 000点、6 000点，而4 000点到5 000点用了三个月时间，5 000点到6 000

点仅用了一个半月的时间,创中国股市历史最高纪录;2015年6月15日中国股市在经历了长达半年的"杠杆牛市"后,A股股指急速走低,之后20天里出现9次千股跌停,从5月30日暴跌,到10月暴涨,再到11月暴跌,一年中经历两次千点大调整。

  股票市场流动性间接性枯竭,恐慌情绪蔓延,融资功能中断,交易功能部分冻结,给资本市场投资者和发行者造成伤害①。大起大落的中国股票市场,给投资者带来了很大的不确定性,股票市场风险很高,特别是股市大跌,给广大股民带来了巨大的损失。2008年10月15日沪深两市股票总市值12.8万亿元,较2007年10月16日沪深两市总市值33.62万亿元,减少20.82万亿元,沪深两市总市值蒸发超过20万亿元,相当于中国2007年75%的GDP被蒸发②。2015年6月20日上证综指创5 100点,之后一周沪深股市连续暴跌,上证综指下跌到6月19日的4 478.36点,单周跌幅13.32%,创7年来最大单周跌幅,创下千股跌停纪录,一周内股市市值蒸发近9万亿元,仅有5%的股民盈利,95%股民亏损,股民人均损失10万元③。2015年6月15日至7月3日,半个月上证综指从5 178点下跌至3 500点,下跌32%,市值蒸发2.36万亿美元,相当于希腊2014年GDP的10倍,股民平均损失42.03万元④。2016年1月4日中国证监会启动首次熔断机制以后,创下了4天4次熔断纪录,在两个交易日内进行4次熔断,并伴随股市下跌,两个交易日股市市值蒸发6.7万亿元,股民人均亏损10万元⑤。2016年1月13日沪深两市股市市值42.89万亿元较2015年末沪深两市股市市值

---

  ① 赵海英. 要深刻反思资本市场发展历程[J]. 国际融资. 2016(4):36-37.
  ② 中国股市一年来总市值蒸发超过20万亿元[EB/OL]. 中国经济网,2008-10-15.
  ③ 沪深股市连续大跌 股民本周人均损失10万元[EB/OL]. 新民晚报,2015-06-20,第02版.
  ④ 中国股市3周跌掉10个希腊GDP 市值蒸发2.3万亿美元[EB/OL]. 天下财经. 2015-07-03,第03版.
  ⑤ 曹卫. 熔断致股市蒸发6.7亿元 股民人均浮亏10万元[EB/OL]. 天下财经. 2016-01-08,第03版.

52.92 万亿元减少 10 万亿元，股民人均亏损 19.94 万元。

三、中国股票市场的特征

（一）政策市

中国股票市场建立初期的主要任务是为了实现国有企业的股份制改革，由此奠定了政府在股市构建、基本财产权保护、股票发行与股票交易程序透明度、保护投资者信心等方面的中心地位，在政府和市场共同推进的过程中，政府既是股票市场的培育者，又是股票市场的监管者，这使得我国股市运行中具有显著的政策特征[①]。

中国股票发行经历了政府审批和政府核准两种发行制度。1990 年至 2001 年 2 月实行严格的行政审批制度，实行额度管理和指标管理；2001 年 3 月至今实行政府核准制下的通道制和保荐制。特别是额度管理时期，由于采用不透明的政府公开摇号发放认股证方式，导致寻租现象、新股破发、新股高发行价、高市盈率、高超级募集、IPO 抑价问题严重，为股票市场投机、股价波动提供了制度基础。

长期以来，影响中国股市的政策有许多，但是对股市影响非常突出的、引起股价大起大落的政策主要有四个：一是股权分置的改革；二是主要行业的经济改革；三是股市"去杠杆"政策的实施；四是股市熔断机制的实行。

2002 年至 2006 年 11 月中国股市低迷，上证综指在 1 000 点到 1 900 点之间波动，这一时期股市低迷的主要原因是实行股权分置制度，虽然股权分置在当时是推进中国经济体制改革和实现公司上市的一个理性选择，但是这一制度的安排，随着股市发展弊端的显现，大量的国有股不

---

① 饶明，何德旭. 中国股票市场改革与创新发展的逻辑 [J]. 当代经济科学，2015（6）：1－8.

能流通，使得同股不同权问题突出，不仅降低股票市场的运行效率，而且影响股票市场进一步的发展。2004 年 1 月证监会等部门联合进行股权分置改革，随着股权分置改革的进行，一大批公司成功上市，带动了 2006 年末到 2007 年初股市的快速回升，上证综指由 2006 年 11 月 17 日的 1 971.79 点快速上升至 2007 年 5 月 29 日的 4 334.92 点，涨幅高达 119.8%，鉴于股价过快增长，2007 年 5 月 29 日晚，财政部突然发布将印花税由 1‰上调至 3‰的决定，决定出台后的第二天，即 2007 年 5 月 30 日上证综指跌至 4 053.09 点，跌幅达 6.5%，决定出台后的第四天，即 2007 年 6 月 4 日上证综指跌破 4 000 点至 3 670.40 点，与 2007 年 5 月 29 日的 4 334.92 点相差 665 点，跌幅达 15%。对此，中央采取多种措施救市，股民的投资热情进一步提高，新开户股民增加 2 000 万户，是 2006 年的 4 倍，在多种力量的作用下，A 股继续上涨，上证综指在 2007 年 10 月 16 日创下历史最高纪录 6 124.04 点，针对缺乏上市公司业绩支撑的股票在投资者非理性疯狂炒作下股价翻倍增长、股市泡沫巨大、风险剧增的情况下，证监会等部门批准中国银行、工商银行、中石油、中石化等上市公司开始大规模发行股票，在很短的时间内股票市场的供给被急剧放大，中国银行、工商银行、中石油、中石化等上市公司融资后再次导致股市大盘快速下挫，上证综指不到一年时间，从 2007 年 10 月 16 日的 6 124.04 点，下跌至 2008 年 11 月 4 日的 1 706.70 点，相差 4 417 点，跌幅高达 72%。

2014—2015 年中国对主要行业和领域进行了重大改革，这一轮改革政策的出台，极大地影响了相关行业股价的增长，2014 年 7 月中国银行业改革，使得该行业股票上涨 55%；2014 年 8 月中国铁路行业改革，使得该行业股票上涨 96%；2014 年 9 月中国水利行业改革，使得该行业股票上涨 121%；2014 年 9 月中国航空领域改革，使得该行业股票上涨 81%；2014 年 11 月中国证券领域改革，使得 A 股市场上涨 163%；2015 年 3 月 9 日中国电力行业改革，使得该行业股票上涨

38%；2015 年 3 月 25 日"中国制造"概念的提出，使得飞机股价上涨 33%；2015 年 3 月 28 日"一带一路"倡议的提出，使得高铁股价上涨 107%。

2015 年面对中国经济下行压力增大、进出口贸易不振、企业直接融资规模较小等现状，中国政府希望通过振兴股票市场的发展，来支持实体经济实现扩大资金融通规模，以促进实体经济的发展。时任证监会主席的肖钢，在多种场合发表有关股票市场"改革牛理论"、"市场不差钱"的言论，官方主流媒体也不断释放中国股市进入"牛市"的信号，新华社在年初连续发表关于股市进入"牛市"的八篇评论，2015 年 4 月 22 日，人民日报发表"4 000 点才是 A 股牛市开端，不存在泡沫"的文章等，与此同时，证监会推出百家发行计划等措施，在证监会精神的指导下，银行、信托公司、配资公司、券商等机构联合起来对股市进行大规模的配资，银行通过向客户发行回报率在 6% ~ 8% 理财产品的方式筹集社会闲散资金，然后以抵押贷款的形式发放贷款给信托公司，信托公司再将这笔资金以杠杆伞形信托的形式借给配资公司，配资公司通过信托和 P2P 互联网平台，按照 15% ~ 20% 的价格，以 1:2 或 1:3 的杠杆为股市投资者进行配资，并通过 HOMS 系统为客户开户，客户通过 HOMS 系统实现高杠杆的融资，配资公司通过 HOMS 系统顺利实现与券商的对接，将以资金杠杆形成的、巨大的资金通过券商投入股市，巨大规模的杠杆资金进入股市后，迅速增加了股票市场的交易规模，2015 年 5 月 31 日一天的成交量达到 2.11 万亿元，是全世界股票成交量的总和，融资融券余额一周突破 2.03 万亿元[①]。杠杆资金过度运用导致股市疯涨，股市泡沫急剧放大，股市风险加剧，针对杠杆"牛市"的巨大风险，证监会于 2015 年 6 月 6 日向券商发布通知，严禁券商通过网上证券交易接口为任何机构和个人开展场外配资，坚决制止为非法

---

① 单日成交量及融资融券余额均突破 2 万亿元 [EB/OL]. 中国证券报. 2015 – 05 – 31，第 03 版.

证券业务提供便利等措施，证监会"紧两融、清配资、限期指"政策的突然出台，导致通过配资的股民和机构合力进行大规模的股票抛售，通过场外配资的投资者急于将由银行理财集聚资金—信托公司抵押贷款—配资公司杠杆伞形信托资金的配资资金抽出股市，导致同一时间大量抛售股票的行为发生，导致 A 股股价不断下跌，在 A 股股价连续跌停的同时，接连触发了十倍高杠杆资金的强制平仓底线、八倍杠杆资金的强制平仓底线、伞形资金的强制平仓底线和融资融券的强制平仓底线，众多散户在恐慌情绪的影响下，不断抛售股票，导致股价继续大跌，而机构投资者在无法卖出持有的大量股票的情况下，通过股指期货对冲风险，股指期货市场又反作用于现货市场，导致股价进一步下跌。监管层在三个月内完成了"紧两融、清配资、限期指"的措施，在股市快速"去杠杆"的同时，也经历了股价的暴涨超跌，形成了杠杆资金过度运用导致股市疯涨，上证综指从 2014 年的最低价上涨到 2015 年的 5 178 点，杠杆资金收缩导致千股跌停，20 天里出现 9 次千股跌停，上证综指从 2015 年的 5 178 点跌到 2016 年的 2 656 点的局面，市场流动性间接性枯竭，恐慌情绪蔓延，融资功能中断，交易功能部分冻结，给资本市场投资者和发行者造成了极大的伤害[①]。

针对 2015 年 A 股上半年飞速上涨，6 月千股跌停，杠杆资金过度运用导致股市的疯涨与衰退、散户巨额亏损、市场信心受挫、股票价格大起大落的现状，在证监会的引导下，2015 年 12 月 4 日上交所、深交所、中金所正式发布股票指数熔断机制相关规定，以沪深 300 指数为基准，采用 5%、7% 两档阈值，并在 2016 年 1 月 1 日起正式实行。2016 年 1 月 4 日 13 点 13 分，上证股指下跌到 5% 时，阈值启动，在停盘 15 分钟后于 13 点 25 分恢复交易，开始交易后股价就持续下跌，在 13 点 33 分上证股指下跌到 7% 时，阈值再次启动并停止交易。2016 年 1 月 7 日 9 点 42 分，上证股指下跌 5% 时，阈值启动，在停盘 15 分钟后于 9

---

① 赵海英. 要深刻反思资本市场发展历程 [J]. 国际融资，2016（4）：36 - 37.

点 57 分恢复交易,上证股指继续下跌到 7% 时,阈值再次启动并停止交易,开市与闭市时间不到一个小时,创中国与全球股票市场交易时间最短的历史纪录。熔断机制的实行不仅没有起到稳定股票市场的作用,反而在国内造成了极大的市场恐慌效应。2016 年 1 月 8 日,中国证监会、上交所宣布暂停股票指数熔断机制。自 2016 年 1 月 4 日中国证监会启动首次熔断机制以后,创下了在两个交易日内进行 4 次熔断的世界纪录,股市大跌,造成了两个交易日内股市市值蒸发 6.7 万亿元,股民人均亏损 10 万元的结果①。

政府通过政策或机制对股票发行、上市、流通等进行调控,由于政府安排与股市内在运行规律之间存在一定的差异,政府对股市的过度干预或不当干预,会扭曲市场本身的机制,降低股市的运行效率②的现实在中国股市得到了验证。

(二) 消息市

长期以来,中国的上市公司在资产重组、利润分配、股权转让、盈余预测等相关事件的处理中,由于上市公司、证券公司、基金公司、政府部门、证监会等相关人员拥有信息的明显优势,相关人员利用上市公司信息公告之前获得的内幕消息进行股票交易从而获取高额利润的内幕交易行为时有发生,从 20 世纪 90 年代开始,中国以琼民源 (1996)、众城实业 (1997)、延中实业 (1998)、蓝田股份 (2001)、天山股份 (2004)、大成股份 (2006)、中山公用 (2007)、中关村 (2007)、深康佳 (2008)、大元股份 (2009)、佛塑股份 (2009)、兰生股份 (2009)、佛山照明 (2010)、盐田港 (2011)、厦门建发 (2011)、ST 兴业 (2011)、领先科技 (2012)、

---

① 曹卫. 熔断致股市蒸发 6.7 亿 股民人均浮亏 10 万 [EB/OL]. 天下财经. 2016 – 01 – 08, 第 03 版.
② 饶明, 何德旭. 中国股票市场改革与创新发展的逻辑 [J]. 当代经济科学, 2015 (6): 1 – 8.

四川圣达（2012）、科学城（2012）、向日葵（2012）、冠豪高新（2012）、恒顺电气（2013）、益盛药业（2013）、新潮实业（2014）、宏达新材（2014）、宏大股份（2014）、ST金瑞（2014）、东方铁塔（2014）、黄河旋风（2015）、神雾环保（2015）、盛运股份（2015）、国发股份（2015）、京能置业（2015）、平潭发展（2015）、海润光伏（2015）、薄云新材（2016）等为代表的近160家上市公司涉及内幕交易。

参与内幕交易的有上市公司董事长及家属。1996年琼民源董事长马玉和发布虚假消息，2004年天山股份原总经理陈建良参与天山股份与中材公司股权转让内幕交易，2006年大成股份原董事长耿佃杰参与大成股份与中化集团资产重组内幕交易，2007年原中山公用事业集团股份有限公司董事长谭庆中参与中山公用事业内幕交易，2007年国美电器法人黄光裕参与中关村、ST金泰内幕交易，2009年兰生股份董事长汤建华参与内幕交易，2010年佛山照明原副总经理邹建平参与新能源项目内幕交易，2012年四川圣达董事施再麟参与四川圣达资产重组内幕交易，2012年向日葵董事、总经理丁国军参与内幕交易，2013年恒顺电气原董事长贾全臣参与资产重组内幕交易，2014年宏达新材原董事长朱德洪参与内幕交易。

参与内幕交易的有上市公司管理人员。2008年深康佳集团股份有限公司财务中心总经理原助理李建兴参与深康佳内幕交易，2009年佛塑股份蔡伟甫等5名中层干部参与土地资产出售和对外投资内幕交易，2011年盐田港中层干部李弘参与资产重组内幕交易，2013年益盛药业董事长秘书李铁军参与益盛药业内幕交易，2014年ST金瑞原董事长秘书刘丹参与华升股份内幕交易，2014年新潮实业会计李彩霞参与新潮实业海外收购内幕交易，2016年薄云新材股东高创投总经理谢暄参与收购伟徽新材内幕交易。

参与内幕交易的有大股东。2009年以来，大元股份大股东39次参与操纵股价内幕交易，2012年科学城大股东、副总裁韩学高参与中国银泰内幕交易。

参与内幕交易的有政府官员。2007年广东省中山市原市长李启红参与"中山公用事业"内幕交易。

参与内幕交易的有证监会工作人员。2015年证监会原发行处处长刘书帆参与内幕交易。

参与内幕交易的有证券公司、保荐人、私募基金工作人员。2011年中信证券投行部原总经理谢风华参与厦门建发、ST兴业、万好万家内幕交易。2013年、2014年和2015年新时代证券总经理助理罗向阳参与"东方铁塔"、"黄河旋风"的内幕交易，2015年中信证券原总经理程博明泄露内幕消息，参与内幕交易。2015年泽熙投资管理有限公司总经理徐翔参与内幕交易。

参与内幕交易的有独立董事、大学教授。2014年、2015年人民大学教授、担任多家独立董事的宋常参与"神雾环保"、"盛运股份"、"国发股份"、"京能置业"内幕交易。

参与内幕交易的上市公司董事长及其配偶、家属和亲戚，上市公司高管，证券公司管理人员、基金经理，政府官员，证监会工作人员，独立董事及名校教授等人员拥有绝对信息优势，可以在短短的时间内获取高额利润，例如中山公用原董事长谭庆中将中山公用进行资产重组的重大消息提前告知原中山市市长李启红，李启红又将此消息告知家人，2007年6月李启红及家人买进236.5万元中山公用股票，到2007年9月中山公用股价由每股8.18元上涨至每股31.1元时，李启红及家人全部卖出，账面资产达1 983万元。内幕消息成为内幕交易者操纵股价、获取高额利润的重要途径，同内幕交易人员拥有信息绝对优势相比，众多的中小投资者明显处于信息劣势，成为内幕交易的受害者。

（三）投机市

中国股市融资性强、投资性弱、散户为主、机构为辅的市场结构促使了投机市场的形成。中国股票市场在相当长的时间里仅仅是作为上市公司融资脱困的一个重要场所，许多上市公司形成了高市盈率和低成长性的鲜明对比，违法违规活动盛行[①]，且违规成本极其低廉，上市公司、证券公司、基金公司、证券监管部门的高管及工作人员等利用职务便利获取各种买卖股票的信息优势，在资产重组、发行上市等方面谋取暴利，加上绝大多数上市公司不给股东分红的做法，打破了股票市场正常的运行秩序，对于以80%散户为主，且83%的散户投资额在10万元以内的众多的散户投资者而言，因为处于拥有信息劣势地位，得不到长期投资获得股息红利的收益，加上中国股票市场缺乏保护投资者机制，尤其是保护中小投资者的有效机制，为了获取利润，散户投资者大多采取顺势操作及快进快出的操作方式，而追求"稳准狠"、"短平快"、顺势操作、快进快出等买卖股票操作方式的本质就是一种过度投机的行为。

著名经济学家吴敬琏早在2010年10月接受中央电视台采访时就指出："中国的股市从一开始就很不规范，不能成为投资者一个良好的投资场所。股市上盛行的违规、违法活动使得投资者得不到回报，股市成为了一个投机的天堂。在中国的股市里，坐庄、炒作、操纵股价者数不胜数。许多人根据股市的涨落，作出各种各样奇奇怪怪的分析，希望在炒作中得到回报，而在炒作过程中，挣钱的人挣的是谁的钱呢？他不是在生产发展中创造财富得来的钱，而是将别人口袋里的钱转到他的口袋里，通过这一炒作过程赚的钱[②]。"

---

① 吴敬琏. 寻求助力，克服阻力——发展证券市场，建设现代市场经济 [J]. 财经界，2001（3）：19.

② 吴敬琏：中国股市很像一个赌场 而且很不规范 [EB/OL]. 中央电视台，对话，2002 - 01 - 13.

中国股票发行市场制度缺陷为股市投机奠定了基础,一是新股抑价过高——IPO发行定价低于二级市场价格(A股抑价率为100%,远远高于发达国家溢价率的15%和新兴市场国家溢价率的50%),凡是购买到新股的投资者都能获得无风险收益,IPO发行第一天的抛售比率通常在70%~90%,新股上市后在非常短的时间内就被卖出,新股投资者经常频繁的交易造成新股价格急剧波动,暴炒新股的投机行为浓厚。二是股票发行核准制度实施后,存在权力寻租、上市公司信息披露失真、经营业绩差的公司上市等问题,上市公司提供虚假信息带来高的市盈率和高价股票,引起市场投机。

中国股票市场以散户为主、机构为辅的投资者结构,使得不少机构投资者的交易也出现散户化倾向,在利益驱动下,庄家操纵市场、炒作市场的行为,影响散户投资者的投资取向,众多的散户投资者不是依据上市公司经营状况和个股收益率等指标进行投资决策,而是根据庄家的投资行为及股票价格走势进行投资,在中国只要股价上涨,众多散户就跟风买入,只要股价下跌就恐慌抛售,产生非理性投资的"羊群效应",众多散户盲目跟庄和跟风的行为,往往被庄家利用,促使股市投机性增强,加剧了股市的巨大波动[1]。与此同时,众多散户在追求购买股票获得高额回报的心理作用下,热衷于那些上市公司经营状况差、亏损严重的ST板块和无业绩、濒临退市的壳公司的投机炒作,造成了ST板块和壳公司股票价格高于蓝筹股的局面,投机氛围浓厚,2014年以来股票市场转变成散户投资加10倍杠杆投资的市场,投机行为也被成倍放大。

2014年瑞士信贷(Credit Suisse)对全球股市换手率的计算结果显示,中国居于全球第一,超过所有发达国家[2]。全球第一的股票换手率,频繁的股票买卖,标志着中国股市投资者持有股票的目的就是在较

---

[1] 巫梦怡. 论熔断机制在中国股市的适用性[J]. 财经论坛, 2016(3): 176 – 188.
[2] 松风. 中国股市成交活跃全球第一 远超美国[EB/OL]. 新浪财经, 2014 – 07 – 15.

短时间内获取投机利益,买卖股票与长期投资关系不大,投机行为给中国股票市场带来很大的不稳定性,中国股市的投机性非常明显和典型①。

四、中国股市安全的分析结论

中国股市经过20多年的发展,经历了从无到有、从小到大不断壮大的过程,无论是上市公司,还是股票发行规模、股票交易规模、股票总市值等各项指标都发生了翻天覆地的变化,对于中国经济的发展,特别是国有企业股份制改造,中国现代企业制度的建立发挥了至关重要的作用,但是由于中国股票市场存在的政策市、消息市和投机市的特征,导致中国股票价格波动频繁,股市大起大落、跌宕起伏的现象时有发生,给广大股民带来了很大的不确定性,对广大股民的投资带来了一定的影响,德国商报评论称中国股市是世界上投资者损失最大的股市,中国股市的安全性较弱。

第三节 人民币的安全性分析

1948年12月1日人民币的发行标志着中华人民共和国货币制度的正式建立,随着新中国的成立,人民币货币制度逐渐完善,人民币对内和对外价值在绝大多数年份都保持着稳定状态。

一、人民币对内价值保持平稳

改革开放前,中国实行严格的计划经济,物价水平很低,长期处于

---

① 曹凤岐. 中国股市年换手率全球第一 [EB/OL]. 凤凰财经, 2010-05-29.

隐蔽性通货膨胀状态，在全国实行严格的、绝对排斥市场机制的、单一的价格行政管理体制，中央政府不仅对生产企业的定价进行管制，而且对销货企业的销价也实行管制，国内积累了难以消除的过度需求压力，商品价格很低，但是商品供不应求的现象普遍存在。

改革开放后，随着全国价格管理体制的改革，国内价格水平也发生了很大的变化，但是，人民币对内价值保持基本稳定状态。30年来，人民币对内贬值幅度最大的年份有过两次，一次是发生在1988年和1989年，国内居民消费价格水平——CPI分别高达18.8%和18%；另一次是发生在1993年、1994年和1995年，国内居民消费价格水平——CPI分别高达14.7%、24.1%和17.1%，其余年份的CPI均保持在一位数增长，水平在0.2%~8.3%，1998年、1999年和2009年CPI出现负增长，分别为-0.8%、-1.4%和-0.7%，特别是1997年以来的近20年间，中国政府对物价水平的间接干预能力很强，CPI控制在-1.4%~5.9%，仅有2008年和2011年CPI分别为5.9%和5.4%，其余年份都在-1.4%~3.9%，控制在国内货币政策制定的目标值以内，人民币在国内从来没有发生过恶性的通货膨胀，对内价值稳定安全。

二、人民币对外升值多于贬值

自1994年人民币汇率制度改革以来，人民币兑换美元汇率由1994年的1美元兑换8.6191元人民币发展到2016年的1美元兑换6.6777元人民币，人民币累计升值29%（见图4-9）。

1994—2016年的23年间，人民币汇率走势呈现缓"V"形状态（见图4-9），其间经历了从1994年开始到2014年持续不断升值的状态，21年间人民币汇率由1994年的1美元兑换8.6191元人民币，升值到2014年的1美元兑换6.1421元人民币，人民币累计升值40.33%，然而，从2014年末开始人民币对美元出现贬值，2014年末人民币汇率中间价为 1 美元兑换 6.1190 元人民币，较 2013 年末贬值 221 个点，贬值幅度 0.36%，2015 年末人民币汇率中间价为 1 美元兑换 6.4936 元人民币，较 2014 年末贬值 3 746 个点，贬值 5.72%，2016 年末人民币汇率中间价为 1 美元兑换 6.9370 元人民币，较 2015 年末贬值 4 434 个点，贬值 6.39%，2017 年 3 月末人民币汇率中间价为 1 美元兑换 6.9526 元人民币，较 2015 年末贬值 156 个点，贬值 0.22%。2014—2016 年，人民币对美元累计贬值 8.02%。

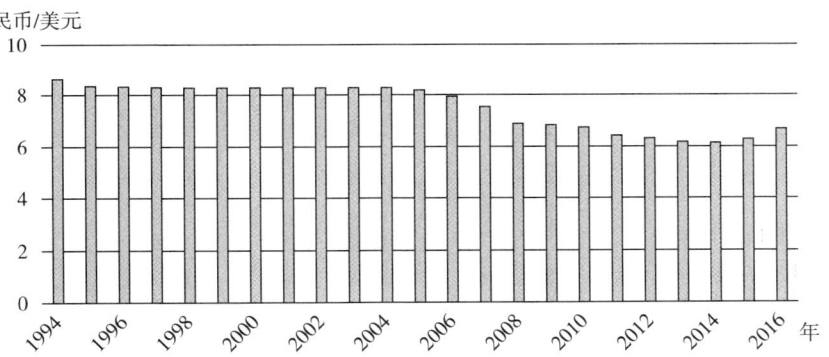

资料来源：中国国家外汇管理局网站。

图 4-9　人民币兑换美元中间价（1994—2016 年）

三、近年来人民币贬值的原因分析

自 2014 年末以来，人民币兑换美元呈现不断贬值的状态，究其原因有以下六个方面。

（一）国际收支顺差规模减少是造成人民币贬值的重要因素

近年来，我国的国际收支差额发生了很大的变化，由 2013 年的顺差 4 943 亿美元减少到 2014 年的 2 260 亿美元，不仅国际收支顺差的规模在大幅度的减少，而且从 2015 年开始国际收支差额由顺差转为逆差，且逆差规模在不断扩大，由 2015 年的逆差 1 547 亿美元扩大到 2016 年的逆差 2 206 亿美元，我国国际收支差额由顺差转为逆差，且规模不断增加的现实为人民币持续贬值奠定了重要的经济基础（见表 4－10）。

从我国国际收支结构的变化不难发现，形成 2015 年和 2016 年我国国际收支逆差的主要原因来自资本与金融项目的逆差，不仅如此，2016 年经常项目顺差规模较 2014 年减少 810 亿美元，较 2015 年减少 1 342 亿美元（见表 4－10），一方面资本与金融项目的逆差在增加，另一方面经常项目的顺差在减少，国际收支两大项目的共同作用使得人民币贬值成为了必然。

表 4－10　　　　中国国际收支状况统计表（2013—2016 年）　　单位：亿美元

项目＼年份	2013	2014	2015	2016
国际收支差额	4 943	2 260	－1 547	－2 206
经常项目差额	1 482	2 774	3 306	1 964
资本与金融项目差额	3 461	－514	－4 853	－4 170

资料来源：历年中国国家外汇管理局国际收支报告。

（二）利率差异不是造成人民币贬值的主要因素

近三年来，虽然美国提高了联邦基金利率水平，但是同我国人民银行制定的商业银行存贷款基准利率相比，美元利率水平比人民币利率水平要低，从中国银行 2017 年 3 月 31 日报出的人民币兑换美元远期汇率水平来看（见表 4－11），人民币对美元远期贴水，美元对人民币远期升水，即人民币利率水平高于美元利率水平，这个结果符合人民币和美元利率水平的实际情况，从这个角度来说，人民币应该相对美元升值，然而，由于中国企业"走出去"规模逐渐加大，加上国际游资的流出等因素，致使资本与金融项目逆差逐渐扩大，因此对冲了人民币利率高于美元利率，促进了人民币升值的空间，因此，人民币利率水平高低变化对人民币升值的影响作用不明显。

表 4-11   2017 年 3 月 31 日中国银行人民币远期汇率

单位：人民币/1 美元

价格＼时间	7 天	1 个月	3 个月	6 个月	9 个月	12 个月
买入价	6.8801	6.8889	6.9166	6.9475	6.9737	7.0000
卖出价	6.9377	6.9483	6.9765	7.0074	7.0356	7.0629

资料来源：中国银行网站。

（三）通货膨胀是造成人民币贬值的基本因素

2016 年我国的 CPI 为 2%，美国的 CPI 为 1.6%，2017 年 2 月我国的 CPI 为 1.7%，美国的 CPI 为 0.1%，从中美两国 CPI 物价水平来看，无论是 2016 年，还是 2017 年 2 月，我国的通货膨胀水平都高于美国的通货膨胀水平，从购买力平价理论解释人民币对美元贬值是一个必然结果。

（四）货币供给量增加是造成人民币贬值的基本条件

虽然，长期以来我国实施稳健的货币政策，但是人民币的供给量规模却在不断增长，广义货币 M_2 的供给量每年以 12% 左右的速度增长，M_2 由 2013 年的 110.7 万亿元，增长到 2014 年的 122.8 万亿元，增长到 2015 年的 139.2 万亿元，增长到 2016 年的 155 万亿元，人民币供给量的增加是导致人民币对美元贬值的基本条件。

（五）投机资本是造成人民币贬值的外在因素

2003 年以来，随着我国资本项目管制的放松，国际投机资本以虚假的国际贸易、直接投资、贸易信贷、地下钱庄等途径进入我国，国际投机资本流入我国的规模不断增加，由 2003 年的 337 亿美元，增加到 2009 年的 1 428 亿美元。近年来，随着我国经济形势的变化，国内对房地产市场和股票市场价格泡沫的挤压，使得国际投机资本开始大量流出,国际投机资本净流出规模由 2013 年的 776 亿美元,增加到 2014 年的 1 401 亿美元,增加到 2015 年的 1 882 亿美元,增加到 2016 年的 2 227 亿美元,国际投机资本的净流出,对人民币贬值造成了一定的压力,是人民币对美元贬值的外在条件。

(六)经济增长趋缓是造成人民币贬值的根本因素

近年来,国内经济发展呈现"经济结构调整阵痛期"、"GDP 增速换挡期"和"前期刺激政策消化期"三期叠加的"新常态",GDP 的增长率由 2013 年的 7.8%,降低到 2014 年的 7.3%,降低到 2015 年的 6.9%,降低到 2016 年的 6.7%,2017 年预期增长 6.5%。显然,GDP 的增长呈现不断下降的状态,与此同时,我国的外汇储备规模也在不断减少,由 2014 年的 3.8 万亿美元,减少到 2015 年的 3.3 万亿美元,减少到 2016 年的 3 万亿美元,GDP 增速的下降,外汇储备规模的减少是人民币对美元贬值的根本原因。

四、人民币汇率走势的基本判断

随着我国经济结构调整的不断优化,国际收支失衡状况的趋缓,未来人民币汇率的变化将更加具有灵活性,原因在于:2017 年我国将保持一定规模的经常项目顺差,随着全球经济增长率提高 3.4%,发达经济体经济增长回升 0.3 个百分点,以及在"一带一路"倡议推动下,我国的出口将会不断增加,进口将会保持一定的规模,但是进出口贸易依然保持较大规模的顺差;随着居民跨境旅游、出国留学等消费需求增长速度的下降,服务项目逆差规模将会呈现减少趋势;随着我国境外直接投资规模增加,境外投资利润汇回国内的规模随之上升,投资收益项目的顺差将会呈现增长趋势。

2017 年由于美国特朗普政府政策调整、英国后续脱欧谈判、欧洲主要国家大选结果等政治经济事件尚不明朗，美联储货币政策干扰因素增多，主要经济体货币政策分化，地缘政治冲突等一系列国际环境不稳定导致的不确定因素的增多，会引起我国跨境资本流动呈现阶段性的波动。尽管如此，在我国政府出台的一系列积极利用外资政策的影响下，国外长期资本流入我国的积极性会提高，国际中长期资本流入我国的规模将会增加，与此同时，随着我国金融市场对外开放程度的提高，将会加速国际资本流入我国股票、债券市场，由此可以带动国际资本流入规模的增加。

以上分析结果表明，随着人民币汇率形成机制市场化程度的提高，人民币汇率弹性将进一步增强，资本流动呈现有进有出，双向波动局面，人民币兑美元汇率也将呈现上升或下跌的状态。

五、中国政府有足够的经验和实力保障人民币币值稳定

（一）控制物价水平在目标区以内

改革开放以来，随着中国经济体制的变革，中国人民银行从长期使用行政手段改变货币供给量进而影响物价水平的做法，改变为行政手段和经济手段同时并举，不断增强经济手段调节货币供给量，进而影响物价水平。除改革开放前的 20 世纪 50 年代、1988 年和 1989 年、1993—1995 年出现过很高的通货膨胀之外，其余年份的通货膨胀率均控制在目标区以内。

在高度集中的计划经济体制下，中国的货币政策目标是保证国民经济计划的实现，指令性信贷计划是唯一的货币政策工具，现金发行是重要的控制指标。这一时期，中国人民银行只是中央财政的出纳机构，财政经济工作的总方针是"发展经济、保障供给"，金融货币工作围绕保障和监督国民经济计划完成的总目标进行，即对完成和超额完成计划所需

要的货币资金保证供给，保证满足执行计划中对现金的需求，满足实现计划目标所提出的货币需求，货币供给是监督计划执行情况的重要指标。

1958年国民经济实行"大跃进"期间，为了保障"大跃进"的资金需求，造成了过度的信用膨胀，过多的货币充斥在流通领域，总体而言，坚持货币供给必须遵循财政、信贷和物资的综合平衡要求，要求货币供应与生产及流通的计划相适应，没有把货币供给作为重要的经济手段进行经济活动的调节。这一时期的货币政策工具就只有一条信贷渠道，没有严格意义上的货币政策和政策工具，货币政策的中介指标就是按照年度分季的信贷计划增长额，货币供给包括现金加存款货币，国务院下达信贷计划指标，人民银行严格按照计划额度层层分配执行，不得突破，执行效果极好。

改革开放初期，中国人民银行主要依靠行政手段，即通过直接对商业银行贷款规模进行管理，直接调节货币供给量规模，影响物价水平，进而实现对经济失衡的调节，利率对微观经济的调节作用十分有限。

20世纪末，随着中国经济体制改革的不断深入，中国人民银行在以行政手段为主对货币供给量调节的基础上，开始使用经济手段——存款准备金制度间接调节货币供给量，影响国内物价水平。1995年随着我国银行间同业拆借利率市场化、国债利率市场化、银行间债券市场利率市场化后，中国人民银行开始实行以M_1、M_2和同业拆借利率作为货币政策中介指标，影响国内物价水平，货币供给量对经济的影响十分直接和有力，但是效应却往往与政策意图不一致，甚至出现偏差。1989—1991年紧缩货币供给、抑制通货膨胀结果的同时也紧缩了市场供给，1989年下半年实施的严峻的、紧缩的货币政策的结果致使经济出现了大幅度下滑，由于市场供给不足，导致需求过大而引发通胀，通过缩减货币供给量，市场需求得到抑制的同时，社会供给也随之减少，紧缩前的供给缺口，不因紧缩而扩大，反而供给缺口更大，出现了货币政策效应的"复归"。

针对1989年紧缩后经济出现滑坡的现象，人民银行决定扩大货币供给以增加供给和需求，刺激经济增长，但经济增长并没有因为货币供给量的增加而增长，1990年再次扩大货币供给，依然没有收到应有的效果，投放的货币并未引出激发经济活力的投资行为，而由追加投放货币所维系的生产，有相当一部分是生产大量的滞销品，启动经济的货币投放并未形成有效的市场需求，经济呈现了"启而不动"的局面。

1993年起，中国人民银行在传统货币政策工具的基础上，大力开发创新货币政策工具，形成了以经济手段为主、行政手段为辅调节货币供给量的格局，根据我国针对经济发展需要，采取"有保有压"的货币政策，不仅保住了"三农"、保住了民生、保住了国家重点领域、重点行业的经济发展，而且控制了高能耗、高污染、高排放、产能过剩企业的发展，与此同时，成功地将国内物价水平控制在了目标区以内，特别是自2012年以来，国内物价指数实际值都比目标值低0.4%~1.6%，国内通货膨胀得到了较好的控制（见图4-10）。

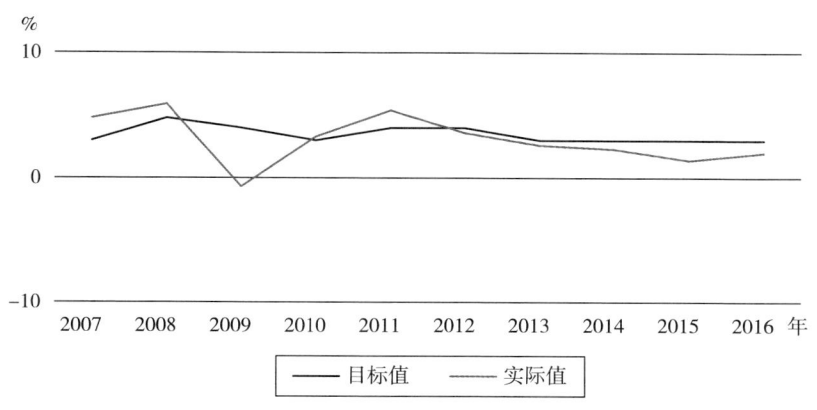

资料来源：中国人民银行货币政策执行报告。

图4-10 中国CPI目标值与实际值（2007—2016年）

(二) 人民币汇率由官方定价向市场定价转变

长期以来,人民币兑换美元汇率是由国务院授权国家外汇管理局统一制定、调整和管理。国家外汇管理局按照"奖励出口,兼顾进口,照顾侨汇"的原则,根据出口物资理论比价、进口物资理论比价和侨汇购买力比价确定人民币兑换美元的中间价,并根据我国国内经济发展及进出口贸易的需要不断调整人民币兑换美元的汇率。

新中国成立初期到改革开放以前,人民币对外价值主要体现为两大类:一是人民币兑换苏联卢布的汇率;二是人民币兑换美元的汇率。无论是人民币与卢布之间的比价,还是人民币与美元之间的比价,都表现为人民币的高估状态。

改革开放以来,人民币对外价值主要以人民币兑换美元汇率为主,1981 年 1 月 1 日至 1984 年 12 月 31 日,我国实行人民币官方牌价和贸易内部结算价同时并存的汇率制度,官方牌价保持在 1 美元兑换 1.53 元人民币,而贸易结算价 1 美元兑换 2.8 元人民币,是在官方牌价的基础上,对出口商采取出口换汇成本价加 10% 利润,对进口商采取进口换汇加成 80% 的办法确定进出口贸易的人民币与美元的汇率,这一阶段人民币官方牌价被高估。

1985 年 1 月 1 日至 1993 年 12 月 31 日,我国实行人民币官方牌价、贸易内部结算价和调剂价格同时并存的汇率制度,官方牌价 1 美元兑换人民币,由 1985 年的 3.2 元,提高到 1986 年的 3.7 元,提高到 1989 年的 4.7 元,提高到 1990 年的 4.72 元,提高到 1993 年的 5.8 元。贸易结算价随着官方牌价的变化而变化,依然对出口商采取出口换汇成本价加 10% 利润,对进口商采取进口换汇加成 80% 的方法制定,1987 年全国建立外汇调剂市场,外汇调剂价 1 美元兑换 8.7 元人民币,同时允许进出口企业在国家外汇管理局公布的人民币外汇调剂价格的基础上,根据外汇市场供求关系,采用公开竞价方式买卖外汇,这一阶段人民币官方牌价依然被高估。

1994年1月1日至2005年7月21日，人民币汇率制度进行了重大变革，采取以市场供求为基础的、单一的、有管理的浮动汇率制度，这个市场是指银行间外汇买卖的市场，单一汇率是指取消贸易内部结算价、取消外汇调剂价，一律实行国家外汇管理局公布的人民币兑换美元的官方牌价。这一时期实质上实行的是人民币盯住美元单一的、有管理的固定汇率制度，汇率水平由国家外汇管理局根据市场供求、国内经济发展的需要进行定价，人民币兑换美元价格保持在1美元兑换8.27~8.7元人民币。

2005年至今，2005年7月21日，人民币汇率制度再次进行重大改革，人民币不再实行盯住美元的单一固定汇率制度，而改为参考一篮子货币的BBC模式。随着外汇做市商制度的建立，国家外汇管理局不仅公布人民币与美元的中心汇率，而且公布各外汇银行买卖美元的汇率波动界限，且不断扩大波动区间，人民币与美元中心汇率波动的幅度由2005年7月的0.3%上下，扩大到2007年6月的0.5%上下，扩大到2012年4月的1%上下，扩大到2014年4月的2%上下，这一制度的实施，表明人民币兑换美元汇率的市场化程度在不断的提高。

2006年1月4日，在我国外汇交易中心引进了人民币兑换美元的OTC询价交易方式和做市商制度。

OTC询价交易方式是在我国银行间即期外汇交易采取双边授信、双边询价、双边清算、交易双方协商定价的交易方式。

2006年1月，我国外汇交易中心首先引进了第一批13家外汇做市商，其中，8家国内银行，5家国外银行；第二批新增8家外汇做市商；2011年增至34家外汇做市商；2015年增至35家外汇做市商，其中20家中资银行，包括：中国银行、中国建设银行、中国农业银行、中国工商银行、交通银行、中信银行、国家开发银行、浦发银行、光大银行、华夏银行、兴业银行、招商银行、宁波银行、民生银行、广发银行、平安银行、中国邮政储蓄银行、北京银行、上海银行和南京银行；15家外资银行，包括：花旗银行、渣打银行、汇丰银行、德意志银行、三井住友银行、三菱东京日联银行、苏格兰皇家银行、东方汇理银行、蒙特利尔银行、法国巴黎银行、瑞穗实业银行、星展银行、摩根大通银行、美国银行上海分行、法国兴业银行。

自引入外汇做市商以后，人民币兑换美元的中间价就由外汇交易中心在每天外汇市场开盘前向各家做市商询价，各家做市商根据市场供求状况向外汇交易中心报出人民币与美元的买入价和卖出价，外汇交易中心根据各家做市商报出的人民币与美元买入价和卖出价，按照取掉一个最低价和取掉一个最高价的原则，并根据各家做市商交易权重进行加权平均最终形成人民币兑换美元的中间价。显然自2006年1月4日起，国家外汇管理局不再制定人民币与美元的中间价，而改由做市商报价，与此同时，随着外汇做市商由13家，增加到21家，增加到34家，增加到35家，人民币与美元中间价的市场化程度也在不断提高，不仅如此，全国经营外汇交易的商业银行在外汇交易中心报出人民币与美元中间价的基础上，按照国家外汇管理局公布的汇率波动界限（2005年7月0.3%上下，2007年6月0.5%上下，2012年4月1%上下和2014年4月2%上下）制定人民币与美元的买入价和卖出价。

自2016年2月起，中国人民银行开始实行"收盘汇率+一揽子货币汇率变化"的人民币兑换美元汇率中间价的形成机制，这一机制的实行可以兼顾市场供求指向、一篮子货币基本稳定和稳定市场预期三者之间的关系，增强了汇率形成机制的规则性、透明性和市场化水平，人民币对美元双边汇率弹性进一步增强，双向浮动的特征更加显著，汇率预期更加平稳。与此同时，随着外汇做市商制度的建立，国家外汇管理局主要根据国家经济发展的需要、国际收支顺差的状况及外汇市场的供求关系调节人民币与美元汇率的波动区间，人民币与美元的定价权由交易市场做市商制定，中国人民银行通过公开市场业务等方式对人民币汇率的变化进行间接的市场干预。

六、人民币安全性的分析结论

自人民币发行以来，除了个别年份发生了较高的通货膨胀以外，人民币对内价值保持基本稳定，国内物价水平基本上控制在目标区以内。改革开放以前，人民币对外价值基本处于高估状态，1994—2005年人民币实行盯住美元单一的、固定汇率制度，这一阶段人民币兑换美元的汇率基本保持在1美元兑换8.27~8.7元人民币的固定状态，2005年7月21日以后，人民币对美元开始逐渐升值，由1美元兑换8.27元人民币，升值到了2014年的1美元兑换6.1421元人民币，人民币累计升值40.33%，虽然从2014年末至2016年末开始人民币兑美元出现贬值趋势，但是，在这一时期，人民币对美元双边汇率弹性进一步增强，双向浮动的特征更加显著。相对而言，2014—2016年人民币对美元累计贬值8.02%的幅度远远低于2005—2014年人民币兑美元升值40.33%的幅度。

最为关键的是，中国政府具有抵御国际金融危机的能力和成功的经验，平稳地度过了发生在20世纪90年代以来的两次大的区域性、全球性金融危机。

1997年东南亚金融危机时期，中国政府向全世界宣布，保证人民币不贬值，这与东南亚各国货币竞相贬值形成了鲜明的对照，在这场区域性金融危机中，中国不仅实现了人民币不贬值的承诺，而且保证了经济的快速发展，对于稳定国内经济金融秩序，对于帮助东南亚各国摆脱危机作出了应有的贡献。

针对2008年国际金融危机对我国实体经济，特别是出口企业的冲击，中国政府通过中央财政向实体经济拨款4万亿元，通过信贷渠道向实体经济投放了10万亿元贷款，成功地阻止了这场国际金融危机、经济危机对中国经济和金融的影响,不仅实现了较高的经济增长,而且保证了人民币汇率的稳定,人民币不仅没有贬值,反而从 2007 年 7 月 21 日起出现升值,不仅国内经济金融秩序稳定并快速发展,而且拉动了全球经济的发展,对于全球经济复苏作出了应有的贡献。

中国政府应对国际金融危机的能力和经验,加上我国 3 万亿美元的外汇储备,以及不断增加的国际收支顺差,成为人民币兑换美元汇率保持稳定状态的坚强保证,同中亚五国货币相比,人民币对外价值坚挺,货币处于安全状态。

第四节 中国的外债安全分析

一、中国外债的发展现状

新中国成立之初,中国在奉行"自力更生为主,争取外援为辅"的方针指导下,仅在 20 世纪 50 年代向苏联借款 76 亿卢布,苏联在贷款资金、技术设备和专家人才等方面给予新中国支持和帮助,新中国经济得以恢复和发展。1959 年苏联单方面撕毁合同,逼迫中国提前还债,使得中国 40 个部门和 250 个企业、事业单位陷入瘫痪状态,毛泽东主席号召全国人民在偿还苏联外债的同时,也还清了国内公债,从此,中国成为世界上唯一一个"既无外债,也无内债"的国家[①]。

20 世纪 80 年代改革开放以来,为了拯救处于崩溃边缘的国民经济,中国政府开始重视利用国际国内两个市场、两种资源发展经济,改变"既无外债,也无内债"的方针,倡导利用外债发展国民经济的思

---

① 李超,马昀. 中国的外债管理问题[J]. 金融研究,2012(4):84 – 97.

路，开始大量举借外债，外债余额由 1979 年的 22 亿美元[①]，发展到了 2015 年的 14 162 亿美元，是 1979 年的 644 倍。其中，1979—1983 年外债余额不到 100 亿美元，在 22 亿~96 亿美元；1984—1994 年外债余额不到 1 000 亿美元，在 130 亿~930 亿美元；1995—2009 年的外债余额不到 5 000 亿美元，在 1 000 亿~4 300 亿美元；2010—2013 年外债余额不到 1 万亿美元，在 5 400 亿~8 700 亿美元，2014 年外债余额突破 1 万亿美元，达到了 17 799 亿美元，是新中国成立以来外债规模最大的年份，2015 年外债余额达到了 14 162 亿美元（见图 4-11）。

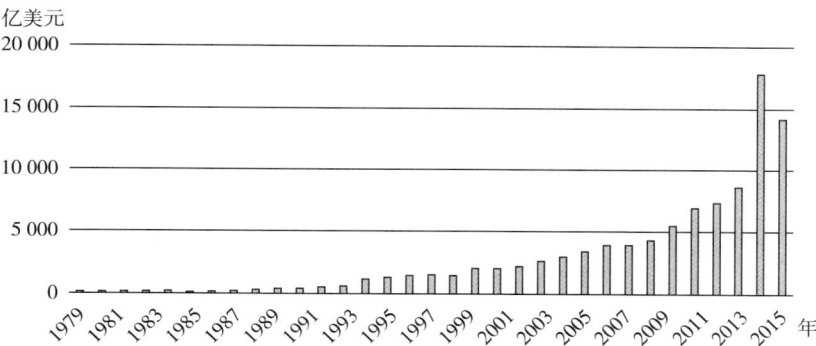

资料来源：中国国家外汇管理局网站。

图 4-11 中国外债余额（1979—2015 年）

二、中国政府有足够的实力保障偿还外债本息

自 1985 年以来，中国的偿债率、债务率和负债率三项指标都在国际警戒线的范围以内，说明中国具有很强的偿还外债的能力。

1985 年以来，中国的偿债率指标呈现由高到低，再由低到高的"M"形走势，但是总体水平呈现逐渐下降的趋势。1986 年的偿债率最

---

① 中国外债发展报告［EB/OL］. 国家外汇管理局，1997 - 01 - 05.

高为15.4%，2013年的偿债率最低为1.57%。偿债率超过10%以上的年份有三年（1986年15.4%、1998年10.9%、1999年11.2%），其余年份的偿债率都在10%以内，特别是2010年以来（除2015年的5%以外），其他年份的偿债率都在2%以内（2010年1.63%、2011年1.72%、2012年1.62%、2013年1.57%、2014年1.91%）（见表4-12和图4-12）。中国31年保持偿债率低于20%国际警戒线的结果表明，中国具有很强的外债偿还能力，由于中国每年创造的货物与服务贸易出口收入远远高于其当年用于还本付息的外债规模，特别是2010年以来，中国每年创造的货物与服务贸易出口收入每100美元中仅有不到2美元用于偿还外债本息，2015年每100美元的货物与服务贸易出口收入中仅需要5美元用于偿还外债本息，因此，中国有足够的外汇收入来保障到期外债本息的偿还需要。

1985年以来，中国的债务率指标呈现由高到低，再由低到高的"M"形走势，但是总体水平呈现逐渐下降的趋势。其中，1993年的债务率最高为96.5%，2008年的债务率最低为24.7%。20世纪80年代后五年的债务率在56%~87%，20世纪90年代前五年的债务率在78%~97%，是改革开放以来债务率水平的最高时期，20世纪90年代的后五年至21世纪的前三年债务率在52%~72%，2003—2013年十年间债务率在24%~46%，是改革开放以来债务率水平的最低时期，2014年债务率高达69.9%接近1999年的水平，2015年的债务率为58.3%，较2014年减少11.6个百分点，接近2002年的水平（见表4-12和图4-12）。中国31年保持债务率低于100%国际警戒线的结果表明，中国每年创造的货物和服务贸易出口收入完全可以覆盖当年所有的外债余额，虽然2014年和2015年中国的外债规模急剧增长，债务率回升到了69.9%和58.3%，但是中国每100美元的货物与服务贸易出口收入中用于负担所有外债本息的开支在69.9~58.3美元，每100美元货物与服务贸易出口收入中扣除外债还本付息后依然留有30.1~41.7美元的结余，债务率仍然控制在100%的国际警戒线以内，因此，中国有足够的外汇收入来保障全部外债本息的偿还需要。

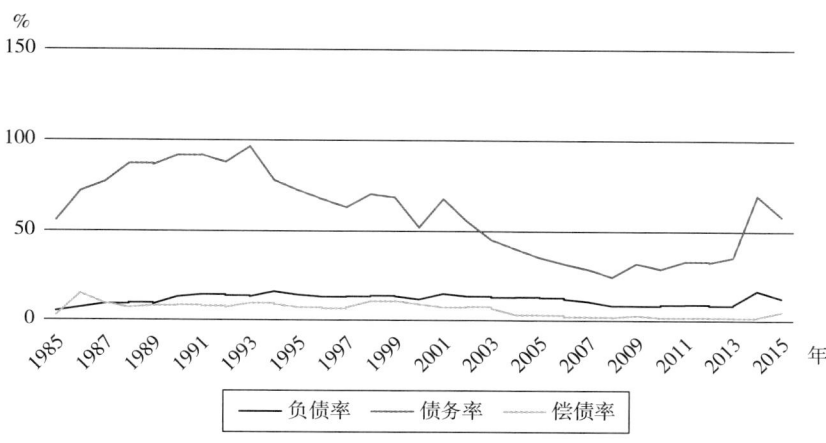

资料来源：中国国家外汇管理局网站。

图4-12 中国的偿债率、债务率、负债率（1985—2015年）

1985年以来，中国的负债率指标波动不大，其中，负债率最高的是2014年的17.2%，负债率最低的是1985年的5.1%，负债率在10%~20%的年份共有20年（1990—1999年的连续十年、2000—2007年的连续八年、2014年、2015年），负债率在5%~10%的年份有11年（1985—1989年的连续五年、2008—2013年的连续六年）（见表4-12和图4-12）。中国31年保持负债率低于国际警戒线20%的结果表明，改革开放以来，虽然中国利用外资大力促进了经济的发展，但是，中国在国内生产总值的创造中，对外债的依赖程度是被严格控制在国际警戒线的范围之内的，在1990—1999年的连续十年、2000—2007年的连续八年、2014年和2015年的这20年里，中国每创造100美元的国内生产总值，其中有11~17.2美元是通过依赖外债实现的，在1985—1989年的连续五年、2008—2013年的连续六年的这11年中，中国每创造100美元的国内生产总值，其中有5.1~9.9美元是通过依赖外债实现的。

相对而言，20世纪80年代和21世纪的2008—2013年，中国经济发展中对外债的依赖程度较低，20世纪90年代、21世纪初和2014年、2015年，中国经济发展中对外债的依赖程度较高，特别是2014年创改革开放以来最高纪录达到了17.2%。2015年中国政府及时地处理了经济发展中对外债依赖高企的问题，负债率被控制在了13%，较2014年降低了4.2个百分点（见表4-12和图4-12）。

表4-12　　　　　中国外债情况（1985—2015年）　　　　单位：%

项目 年份	负债率	债务率	偿债率	短期外债/外债余额	短期外债/外汇储备额
1985	5.10	56.00	2.50	15.60	9.34
1986	7.20	72.10	15.40	16.80	17.42
1987	9.30	77.10	9.60	18.90	19.53
1988	9.90	87.10	7.10	18.30	21.71
1989	9.10	86.40	8.20	10.30	7.66
1990	13.40	91.60	8.50	12.90	6.11
1991	14.70	91.90	8.00	17.00	4.74
1992	14.10	87.90	7.30	15.60	5.56
1993	13.60	96.50	9.70	16.20	6.39
1994	16.50	78.00	9.10	11.20	2.01
1995	14.60	72.40	7.30	11.18	16.20
1996	13.50	67.70	6.70	12.13	13.43
1997	13.70	63.2	7.30	13.85	12.97
1998	14.20	70.40	10.90	11.87	11.96
1999	13.90	68.70	11.20	10.00	9.81
2000	12.10	52.10	9.18	8.98	7.90
2001	15.30	67.90	7.48	41.21	39.48
2002	13.90	55.50	7.86	42.97	30.40
2003	13.30	45.20	6.89	46.85	25.49
2004	13.50	40.20	3.17	52.74	22.74
2005	13.10	35.40	3.07	57.88	20.96
2006	12.40	31.9	2.09	58.84	18.68

续表

项目 年份	负债率	债务率	偿债率	短期外债/外债余额	短期外债/外汇储备额
2007	11.00	29.00	1.98	60.55	15.42
2008	8.60	24.70	1.78	58.00	11.63
2009	8.50	32.20	2.87	60.48	10.81
2010	9.10	29.20	1.63	68.44	13.19
2011	9.30	33.30	1.72	72.07	15.75
2012	8.7	32.80	1.62	73.40	16.33
2013	9.10	35.60	1.57	78.39	17.71
2014	17.20	69.90	1.91	72.94	33.78
2015	13.00	58.30	5.00	65.01	28.00

资料来源：中国国家外汇管理局网站。

1985年以来，中国短期外债占外债余额的比重呈现由多到少，再由少到多的"J"形走势，总体水平呈现上升的趋势。其中，短期外债占外债余额的比重最高的年份是2013年的78.39%，最低的年份是2000年的8.98%。1985—2000年的16年间，中国短期外债占外债余额的比重在8.98%~18.9%，严格控制在25%的国际警戒线以内，2001年以来，中国短期外债占外债总额的比重均超过25%的国际警戒线，且呈现不断增长的态势，2001—2015年的15年间，中国短期外债占外债余额的比重在40%~80%。2014年以来，中国政府重视对短期外债规模的控制，所占比重由2013年的78.39%，下降到了2014年的72.94%和2015年的65.01%，分别比2013年降低5.45个百分点和13.38个百分点（见表4-12和图4-13）。

自2001年以来，中国短期外债占外债余额的比重高于国际警戒线25%的结果表明，短期外债占外债余额的比重太高，还本付息的压力较大，容易造成不能按期归还外债本息的债务危机，但是由于中国政府拥有充足的外汇储备资产，即使是短期外债占外债余额的比重过高，中国政府也有足够的能力保证按期归还外债本息。

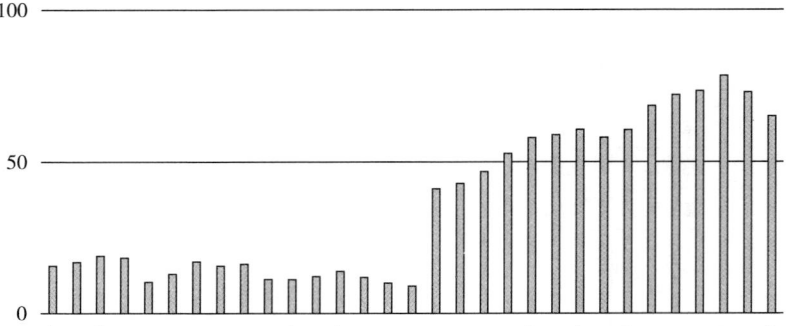

资料来源：中国国家外汇管理局网站。

图 4-13 中国短期外债占外债余额比重

1985 年以来，中国短期外债余额占外汇储备余额的比重呈现双"M"形，从 1985 年的 9.34%，到 1988 年的 21.71%，到 1994 年的 2.01%，到 1995 年的 16.2%，到 2000 年的 7.9%，到 2001 年的 39.48%，到 2009 年的 10.81%，到 2014 年的 33.78%，到 2015 年的 28%，总体水平呈现上升趋势，其中，短期外债余额占外汇储备余额比重最高的年份是 2001 年的 39.48%，最低的年份是 1994 年的 2.01%（见表 4-12 和图 4-14）。

中国 31 年来保持短期外债余额占外汇储备余额比重低于 100% 国际警戒线的结果表明，中国拥有充足的外汇储备，有足够的能力保证偿还还本付息期限在一年以内的全部外债。1985—2000 年这 16 年间，中国人民银行持有的每 100 美元外汇储备中，只需要动用最低 2.01 美元至最高 21.71 美元来归还一年期的短期外债本息，2001—2015 年的 15 年间，中国人民银行持有的每 100 美元外汇储备中，需要动用最低 10.81 美元至最高 39.48 美元来归还一年期的短期外债本息，2015 年短期外债余额占外汇储备的比重为 28%，较 2014 年减少了 5.78 个百分点，2015 年每 100 美元外汇储备中扣除 28 美元归还一年期的短期外债

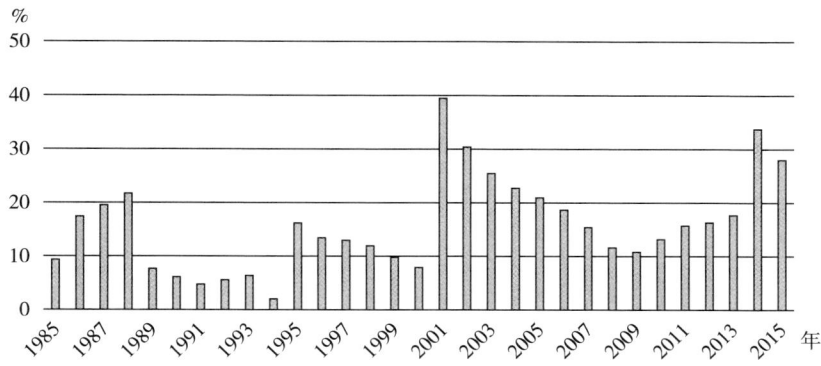

资料来源：中国国家外汇管理局网站。

图 4-14　中国短期外债占外汇储备比重（1985—2015 年）

本息后，仍有 72 美元的外汇储备结余，说明中国的外汇储备完全能够覆盖和保障偿还短期外债本息，不会发生因为短期债务危机而引发的外债危机风险。

三、中国外债的使用效率很高

改革开放初期，中国外债使用的主体以国有企业为主，国有企业的外债是通过中国政府使用国际金融组织、外国政府贷款及国际商业银行等外汇转贷款形成的，这一时期，中国外债的使用效率较低，原因有以下几点：一是国有企业的经营管理水平落后，产品技术含量不高，市场竞争力缺乏，企业经营效益差、投资利润率低而造成不能按期偿还外债本息，外债转贷款的资产使用效率不高。二是外债投向基础产业的比重过高，投资规模大，建设周期长，投资回收期慢、投资利润率低，项目本身不直接创汇[①]。三是外债项目管理落后，外债项目可行性研究不够科学严谨，配套的人民币资金不能及时到位，项目

---

① 黄婉红. 论中国外债问题 [J]. 经济研究导刊，2013（25）：119-120.

建设周期加长，外债资金浪费严重，投资决策失误，缺乏对外债投资风险的规避与控制①。

针对外债使用效率不高，国有企业偿还外债本息困难，国家财政、计委及转贷款的商业银行大量垫付国有企业外债本息的现实，中国政府开始进一步加强对外债规模及风险的管理，在"统一管理、分工负责、加强管理、严格控制"的外债管理原则下，一是调整了外债的投向结构，优化了外债的投资结构，其中投向制造业的占22%左右；投向交通运输、仓储和邮政业的占13%左右；投向电力、煤气、水生产及供应业的占8%左右；投向房地产的占5%左右；投向信息技术服务业的占4%左右。二是利用外债进口外国先进的机器设备、先进的生产工艺、先进的生产技术，实现生产设备的更新换代与升级并达到国际领先水平，极大地提高了企业的生产能力，出口产品实现了由初级产品向工业制成品的转化，企业出口创汇能力大大增强。三是中国出口的增加，拉动了中国制造业和服务业规模的增加，提高了国际市场份额，创造了更多的外汇收入。四是中国出口创汇能力和生产能力的提高，增强了中国的经济实力。

中国把举借外债当作本国经济发展的外在借用力量，成功地将政府、企业家、劳动者和土地资源等生产要素卓有成效地结合在一起发挥其最大的综合效能。事实证明中国有效地利用外债，提高了生产力，发展了经济，推动了GDP的增长，创造了大量的出口收入，实现了巨大的贸易顺差，积累了巨额的外汇储备，形成了按期归还外债本息各环节相互促进的良性循环，实现了由落后的农业国家向发达的工业制造国家的根本转变②。

---

① 谭义. 中国外债存在的问题及解决的方案 [J]. 华南金融研究, 2003 (5): 75 - 77.
② 杨惠, 孙涵. 中国与希腊外债使用效果对比分析 [J]. 税务与经济, 2015 (4): 27 - 34.

四、中国外债的结构特征

(一) 外债期限结构不断优化

改革开放以来,中国外债期限结构发生了很大的变化,1985—2000年短期外债占外债余额的比重控制在25%国际警戒线以内,2001年以后短期外债占外债余额的比重超过了40%以上,特别是2011—2014年短期外债占外债余额的比重超过70%,2013年创改革开放以来的历史最高水平78.39%,对此,中国国家外汇管理局要求企业、银行控制短期外债的举借规模,2014年短期外债占外债余额的比重减少到了72.94%,较2013年减少了5.45个百分点,2015年短期外债占外债余额的比重减少到了65.01%,较2013年减少了13.38个百分点,较2014年减少了7.93个百分点。短期外债余额占外债余额的比重由2015年末的65%下降到了2016年末的61%,中长期外债占外债余额的比重由2015年末的35%提高到了2016年末的39%,外债期限结构明显改善。

总体而言,中国短期外债占外债余额的比重依然很高,而且超过了25%的国际警戒线,由于中国50%的短期外债是因为短期贸易信贷形成的,是以真实的商品交易为基础所建立的贸易信贷,在对外支付中是以货物贸易货款的收付进行结算清算的,因此并不涉及实际短期资金的借贷,基本上没有利息支付,因而,不会形成相应的外债偿付风险而引发的短期债务危机。

(二) 商业贷款占比过高

21世纪以来,中国外债中以全球性国际金融组织、区域性国际金融组织及外国政府发放的优惠贷款占比开始大幅度下降,由2001年的25.22%下降到2014年3.67%,而国际商业银行贷款,特别是国际贸易信贷等商业贷款占比大幅度提高，由 2001 年的 74.78% 上升到 2014 年的 96.33%（见表 4-13）。由于国际商业银行贷款的利息高、期限短、宽限期少或者没有宽限期等特点，中国外债中国际商业贷款比重的大幅度提高，意味着中国归还外债本息的负担加重。

表 4-13　　　　中国外债优惠贷款与商业贷款结构　　　　单位：%

年份 \ 项目	优惠贷款	商业贷款	年份 \ 项目	优惠贷款	商业贷款
2001	25.22	74.78	2008	15.26	84.74
2002	25.72	74.28	2009	15.93	84.07
2003	23.66	76.3	2010	12.32	87.68
2004	21.79	78.21	2011	9.83	90.17
2005	18.21	81.79	2012	8.84	91.16
2006	16.39	83.61	2013	6.93	93.07
2007	15.01	84.99	2014	3.67	96.33

资料来源：中国国家外汇管理局网站。

（三）外债币种结构不尽合理

2010 年以来，中国外债中美元比重超过了 70%，特别是 2014 年和 2015 年两年美元外债占比提高到了 80%（见表 4-14），随着美联储加息和美元不断升值，给中国归还美元外债本息增加了额外负担。

表 4-14　　　　　　中国外债币种结构　　　　　　单位：%

年份 \ 项目	美元占比	日元占比	欧元占比	其他占比
2006	69.70	10.90	7.30	12.10
2007	67.80	11.10	7.20	13.90
2008	68.20	11.80	6.10	13.90
2009	67.80	11.90	6.30	14.00
2010	70.40	8.60	4.30	16.70
2011	75.90	8.10	7.50	8.50
2012	77.80	7.40	6.60	8.20
2013	79.60	5.02	5.54	9.84
2014	80.00	4.00	6.00	10.00
2015	80.00	4.00	7.00	9.00

资料来源：中国国家外汇管理局网站。

五、中国外债安全的分析结论

尽管 2001 年以来,中国外债发展中存在规模大幅度增长、短期外债占比过高、美元外债规模较大、优惠贷款占比过小等问题,但是综观中国外债余额变动,外债结构的变化,外债偿还的潜在风险,外债的偿还能力和外债的承受能力,以及深入分析全球主要经济体的发展情况后得出,中国外债各项指标均在国际警戒线以内,优于很多发达国家和经济规模较大的发展中国家的外债风险指标,特别是 2015 年起中国外债规模呈现减少状态,同中国庞大的经济体量和外汇储备规模相比,外债规模合理、外债水平不高,中国外债风险处于总体可控的安全状态[①],在中国经济转型升级向好的基础上,外债与中国经济的良性互动进一步加深,IMF 中国研究部主管詹姆斯·丹尼尔认为:中国在外部再平衡、内部再平衡、环境再平衡及收入分配再平衡等方面都取得了进展,中国经济增速令人赞赏,说明中国决策者积极推动改革的成果,国际社会对中国经济发展和外债偿还能力信心十足[②]。

自 2017 年起国家外汇管理局将根据中国外债数据变动趋势,实施全口径跨境融资宏观审慎管理政策,不断完善外债和资本流动管理体系,加强对外债、资本流动事中、事后监测分析,加强外债风险管理,确保中国外债安全有效运行。

[①] 王俊岭. 国家外汇管理局:中国外债风险总体可控 [EB/OL]. 人民日报海外版,2016 - 07 - 03.

[②] 王俊岭. "中国外债危机论"缺乏依据 [EB/OL]. 人民日报海外版,2016 - 08 - 26.

第五章

中亚五国的金融安全分析

第五章 中亚五国的金融安全分析

第一节 中亚五国的银行安全分析

一、哈萨克斯坦的银行安全分析

（一）哈萨克斯坦银行业的发展

自哈萨克斯坦独立以来，随着哈萨克斯坦的经济发展，金融体系的不断建立，哈萨克斯坦的商业银行也经历了一个从少到多、从弱到强逐步发展的过程，由独立初期不到10家的二级商业银行，发展到2015年6月末的38家二级商业银行。受2008年国际金融危机及2014年以来国际油价大跌、俄罗斯经济金融危机的影响，哈萨克斯坦的商业银行进行了重大的重组与兼并，截至2016年6月末哈萨克斯坦二级商业银行减少到了35家，不仅哈萨克斯坦二级商业银行的数量有所减少，而且在其业务经营活动、创造盈利价值等方面也出现了一定程度的萎缩。

哈萨克斯坦35家二级商业银行是由哈萨克斯坦人民银行、哈萨克斯坦商业银行、BTA银行、俄罗斯储蓄银行、采斯纳银行、贷款中心银行、联合银行、ATФ银行、住房建设储蓄银行、家庭贷款银行、亚洲贷款银行、铁米尔银行、努尔银行、花旗银行哈萨克斯坦分行、阿尔法银行、Delta银行、Kaspi银行、中国银行哈萨克斯坦分行、欧亚银行、RBK银行、PNB银行、巴基斯坦银行哈萨克斯坦分行、扎曼银行、伊斯坦阿尔希拉尔银行、КЗИ银行、新韩银行哈萨克斯坦分行、Позитив银行、Capital银行、进出口银行、RBS银行、中国工商银行哈萨克斯坦分行、ForteBank银行、阿斯塔纳金融银行、KassaNova银行、哈萨克斯坦投资银行和QazaqBanki银行组成。

(二) 哈萨克斯坦银行业的经营状况堪忧

长期以来,哈萨克斯坦主要依靠吸引外国资金实现经济发展,从而形成了相当程度的外债规模,哈萨克斯坦的外债负担沉重,外债占GDP的比重连续数年超过了90%以上,其中50%是因为哈萨克斯坦银行业资产的快速扩张而造成的,哈萨克斯坦的负债率远远超过了20%的国际警戒线,人均负债高达6 000美元以上[1]。由于哈萨克斯坦的国际化程度较高,因此成为受国际金融危机影响最严重的中亚国家,在国际金融形势恶化的背景下,哈萨克斯坦银行业面临着较大的风险和危机。面对危机哈萨克斯坦政府及中央银行在维持国内经济和金融稳定方面开展了大量的工作,特别是在提高银行贷款质量、减少对外借债方面作出了积极的努力。2012年4月,哈萨克斯坦总统纳扎巴耶夫在"央行2011年工作报告"中指出:"虽然过去的一年国际市场风云变幻,但是对于哈萨克斯坦却是成功的"[2]。

2009年哈萨克斯坦银行业因为大量举借外债、居民储蓄率较低、个人存款占银行业负债比例较小的融资结构特征而惨遭国际金融危机的冲击,2014年以来,受国际油价大跌、国际原材料市场环境变化、俄罗斯经济金融危机的发生、哈萨克斯坦经济发展增速的放缓、坚戈大幅度地贬值导致居民购买力和借款人贷款能力下降等因素的影响,给哈萨克斯坦银行业持续稳定的发展带来了负面影响,极大地制约了哈萨克斯坦银行业的发展,哈萨克斯坦银行业存在着资产收益率下降、不良贷款增加、资金来源不稳定、贷款规模大幅度下降的问题。

近年来,虽然哈萨克斯坦银行业的资产规模在不断增加,但是其资产收益率却呈现不断下降的状态。2012年哈萨克斯坦银行业资产规模

---

[1] 孙壮志. 哈萨克斯坦有信心应对国际金融危机——哈总统纳扎巴耶夫2009年国情咨文评述 [J]. 俄罗斯中亚东欧市场, 2009 (6): 20 - 30.
[2] 哈萨克斯坦央行临"危'不惧 [EB/OL]. 中国驻哈萨克斯坦使馆经商参赞处, 2012 - 05 - 14.

较2011年增长8.2%，净资产比率从2011年的10.2%增长到了2012年的14.4%①，2013年哈萨克斯坦银行业实现资产规模849.31亿美元，较2012年的762.39亿美元增长11.4%，然而，自2012年以来，哈萨克斯坦银行业的资产收益率却不断下降，由2012年的2.9%，下降到了2013年的1.3%②，下降到了2015年的1.05%，创哈萨克斯坦银行业资产收益率近年来的最低水平。

与此同时，哈萨克斯坦银行业面临着历史积累的不良贷款消化和货币贷款因坚戈贬值所引起的贷款风险上升的问题。2008年国际金融危机爆发后，哈萨克斯坦银行业的不良贷款规模剧烈增加，由危机前2008年的不良贷款4 760亿坚戈，猛增到2009年的2万亿坚戈，增加了1.5万亿坚戈，增长了220%③；2012年末不良贷款累计达4.3万亿坚戈，较2009年增加2.3万亿坚戈，增长了115%，较2008年增长3.8万亿坚戈，增长了803.36%④。

虽然，2013年哈萨克斯坦银行业的不良贷款为4.2万亿坚戈，较2012年的4.3万亿坚戈减少了1 000亿坚戈⑤，但是，哈萨克斯坦银行业的不良贷款率却居高不下，其不良贷款率由危机前2008年的5.2%，提高到了2009年的21.2%，增加了16个百分点⑥；提高到了2012年的

---

① 李硕.2012年哈萨克斯坦银行业概况［EB/OL］.中国驻哈萨克斯坦使馆经商参赞处，2013 – 04 – 07.
② 李硕.2013年哈商业银行资产增长11.4% ［EB/OL］.中国驻哈萨克斯坦使馆经商参赞处，2014 – 03 – 24.
③ 刘琰.截至7月1日哈萨克斯坦银行系统不良贷款比率为13%［EB/OL］.中国驻哈萨克斯坦使馆经商参赞处，2015 – 07 – 02.
④ 刘琰.2012年哈萨克斯坦银行业概况［EB/OL］.中国驻哈萨克斯坦使馆经商参赞处，2013 – 04 – 07.
⑤ 刘琰.截至7月1日哈萨克斯坦银行系统不良贷款比率为13%［EB/OL］.中国驻哈萨克斯坦使馆经商参赞处，2015 – 07 – 02.
⑥ 刘琰.截至7月1日哈萨克斯坦银行系统不良贷款比率为13%［EB/OL］.中国驻哈萨克斯坦使馆经商参赞处，2015 – 07 – 02.

44.5%，增加了39.3个百分点①。虽然，随着对哈萨克斯坦银行业不良贷款和坏账的清理，自2013年以来，哈萨克斯坦银行业的不良贷款率较2012年出现大幅度的下降，2013年为31.2%，较2012年减少了13.3个百分点，2014年为35%，较2012年减少了11.5个百分点，2015年不良贷款比率继续下降②。然而，受国际油价大跌、俄罗斯经济金融危机、卢布大跌、哈萨克斯坦经济下滑、坚戈大幅度贬值的影响，哈萨克斯坦银行业面临着美元存贷款汇兑的风险，因为哈萨克斯坦商业银行吸收的存款中绝大多数是美元存款，其中，自然人存款中的美元存款占70%左右，法人存款中的美元存款占67%左右，以美元发放贷款的比率接近30%，坚戈大幅度地贬值直接造成哈萨克斯坦银行业美元存贷款业务的汇兑风险，成为影响哈萨克斯坦银行业资产质量新的风险因素。

与此同时，哈萨克斯坦中型银行和小型银行存在吸收坚戈本币存款困难，资金来源缺乏稳定保障的困境。哈萨克斯坦存款中美元化问题相当严重，哈萨克斯坦绝大多数的自然人偏好将美元存放于人民银行、商业银行、采斯纳等大型银行，致使哈萨克斯坦中型银行和小型银行缺乏本币坚戈存款的资金来源。

不仅如此，长期以来，由于哈萨克斯坦政府只注重对大型银行的资金支持，哈萨克斯坦国家不良贷款基金主要用于大型银行不良贷款的重组和整合，哈萨克斯坦国家统一养老储蓄基金74%的对外投资用来购买哈萨克斯坦八家大型银行发行的有价证券，哈萨克斯坦中央银行通过"达姆"企业发展基金扶持中小企业发展的73%的资金都是通过大型银行发放的，而众多的中型银行和小型银行是很难得到国家政策资金的扶持的，众多的中型银行和小型银行因此而缺少本币坚戈稳定的资金

---

① 刘琰. 2012年哈萨克斯坦银行业概况［EB/OL］. 中国驻哈萨克斯坦使馆经商参赞处，2013 – 04 – 07.

② 刘琰. 截至7月1日哈萨克斯坦银行系统不良贷款比率为13%［EB/OL］. 中国驻哈萨克斯坦使馆经商参赞处，2015 – 07 – 02.

来源。

更有甚者,因为哈萨克斯坦大型银行 BTA 经营不善、不良贷款率高达 88.3% 等原因,于 2015 年将哈萨克斯坦商业银行与 BTA 银行进行合并,而使得哈萨克斯坦银行业的整体信贷量减少了近 11%,加上哈萨克斯坦的经济萧条、企业贷款需求减少以及借款人还款能力下降等原因,使得哈萨克斯坦银行业的贷款速度出现了大幅度的下降,其贷款增长率由 2013 年的 13.5%,减少到 2014 年的 6%,2015 年上半年出现了历史性的负增长,贷款增长率为 -5%。

(三)哈萨克斯坦"大型银行"风险隐患凸显

经过哈萨克斯坦政府等多方的努力,哈萨克斯坦银行业避免了因 2008 年国际金融危机所引发的银行业系统性危机的发生,但是,哈萨克斯坦银行业的发展很不平衡,在中型银行和小型银行的债务减少、利润增加、扭亏为盈等经营状况不断得到改善的同时,大型银行存在的问题却依然突出。

哈萨克"资产最大、债务缠身"的银行——哈萨克斯坦商业银行

哈萨克斯坦商业银行是哈萨克斯坦资产规模最大的银行,其资产在哈萨克斯坦银行业的排名由 2008 年的第 2 名,提高到 2011 年的第 1 名[1],并保持连续六年稳居资产排名第一的地位,是中亚地区资产规模最大的银行之一。

哈萨克斯坦商业银行在应对 2008 年国际金融危机所带来的危害时,因为采取了积极的措施,而迅速地处理了其"问题贷款",经营状况大为改善。但是近年来,哈萨克斯坦商业银行又面临着新的问题。

一是银行净利润巨幅下降。2012 年上半年实现净利润 130 亿坚戈

---

[1] 李洁. 国际评级机构上调哈萨克斯坦两家银行信用等级 [EB/OL]. 中国驻哈萨克斯坦使馆经商参赞处,2012 - 06 - 14.

（折合 0.72 亿美元），比 2011 年同期增长 9.1%[1]。2013 年上半年实现净利润 153.34 亿坚戈（折合 0.83 亿美元），比 2012 年同期增长 18.1%[2]，2014 年实现净利润 237 亿坚戈（折合 1.28 亿美元），比 2013 年减少 55%[3]。

二是不良贷款占比过高。2013 年末其不良贷款占贷款的比重高达 36.1%。

三是接手哈萨克斯坦"问题最大"的银行——BTA 银行。2015 年 6 月 15 日，哈萨克斯坦商业银行与 BTA 银行签署互换资产和负债协议，将 BTA 银行的资产和负债、所有现金、储蓄账户、分支机构及其他相关资金、债券等全部转移至哈萨克斯坦商业银行，哈萨克斯坦商业银行的企业贷款权限、分行"Kazkom Realty"的部分资产及业务转入 BTA 银行。为了解决 BTA 银行的债务问题，2015 年 6 月 25 日，哈萨克斯坦商业银行向 BTA 银行提供了 630 亿坚戈，年利率 9% 和 56 亿美元、年利率 8% 的信用额度用于 BTA 银行偿还债务[4]，使得本来就有一定规模不良资产的哈萨克斯坦商业银行又增加了巨额偿还债务的负担。

哈萨克斯坦"利润减少、不良贷款增加"的银行——哈萨克斯坦人民银行

哈萨克斯坦人民银行虽然在 2012 年采取积极措施，快速地改变了资产质量下降、流动性不足、资本化率差的状况，其资产在哈萨克斯坦银行业的排名由 2008 年 6 月的第 3 名，提高到 2012 年 6 月的第 1 名[5]，

---

① 李洁. 今年上半年哈萨克斯坦商业银行盈利上升 9.1% [EB/OL]. 中国驻哈萨克斯坦使馆经商参赞处，2012 – 12 – 06.

② 蒋小林. 2013 年上半年哈商业银行纯利润增长 18.1% [EB/OL]. 中国驻哈萨克斯坦使馆经商参赞处，2013 – 08 – 05.

③ 刘琰. 哈商业银行 2014 年净利润缩减 55% [EB/OL]. 中国驻哈萨克斯坦使馆经商参赞处，2015 – 05 – 11.

④ 舒艳. 哈萨克斯坦商业银行与 BTA 银行完成资产交换 [EB/OL]. 中国驻哈萨克斯坦使馆经商参赞处，2015 – 06 – 22.

⑤ 李洁. 哈人民银行自 9 月起将中小企业贷款最低利率降为 10% [EB/OL]. 中国驻哈萨克斯坦使馆经商参赞处，2012 – 08 – 27.

但是,近年来由于受其资产减少、负债增加等问题的拖累,其资产排名自 2013 年起降低到第 2 名之后就再无改变,保持至今。

2013 年以来哈萨克斯坦人民银行的经营状况每况愈下,存在着以下问题。

一是银行利润大幅下降。哈萨克斯坦人民银行因为利息支出增加,信贷规模减少,2015 年上半年净利润较 2014 年同期下降 13.7%[1],这与 2013 年实现净利润 724 亿坚戈(折合 3.98 亿美元),同比增长 3.5%[2],2014 年实现净利润 1 143.92 亿坚戈(折合 6.17 亿美元),同比增长 58%[3]的状态形成了巨大的反差。2015 年上半年税前利润较 2014 年同期下降 12.8%[4],这与 2013 年税前利润 889.31 亿坚戈(折合 4.89 亿美元),同比增长 5%[5],2014 年税前利润增长 60%[6]的状态相差很大。不仅如此,哈萨克斯坦专家预测 2016 年该行的利润较 2015 年同期将减少 30%~50%[7]。

二是银行资产在减少。哈萨克斯坦人民银行 2015 年第一季度的银行资产 2.79 万亿坚戈(折合 150.23 亿美元)较 2014 年同期下降

---

[1] 舒艳.2015 年上半年哈萨克斯坦人民银行净利润同比下降 13.7%[EB/OL]. 中国驻哈萨克斯坦使馆经商参赞处,2015 – 08 – 24.

[2] 蒋小林.2013 年哈人民银行纯利润 724 亿坚戈,同比增长 3.5%[EB/OL]. 中国驻哈萨克斯坦使馆经商参赞处,2014 – 03 – 27.

[3] 刘博.2014 年哈萨克斯坦人民银行净利润增长 58%[EB/OL]. 中国驻哈萨克斯坦使馆经商参赞处,2015 – 03 – 19.

[4] 舒艳.2015 年上半年哈萨克斯坦人民银行净利润同比下降 13.7%[EB/OL]. 中国驻哈萨克斯坦使馆经商参赞处,2015 – 08 – 24.

[5] 蒋小林.2013 年哈人民银行纯利润 724 亿坚戈,同比增长 3.5%[EB/OL]. 中国驻哈萨克斯坦使馆经商参赞处,2014 – 03 – 27.

[6] 刘博.2014 年哈萨克斯坦人民银行净利润增长 58%[EB/OL]. 中国驻哈萨克斯坦使馆经商参赞处,2015 – 03 – 19.

[7] 舒艳.哈人民银行预测 2016 年银行利润将减少三分之一甚至一半[EB/OL]. 中国驻哈萨克斯坦使馆经商参赞处,2016 – 03 – 19.

0.8%①，虽然较2013年的银行资产2.51万亿坚戈（折合137.70亿美元）②，多出0.28亿美元，但是与2014年银行资产3.04万亿坚戈（折合163.86亿美元）③，相比，减少了0.25亿美元。

三是银行不良贷款在增加。受哈萨克斯坦农业收成减产的影响，哈萨克斯坦人民银行2015年第一季度不良贷款率上升至13.6%，较2014年的12.9%增加0.7个百分点④，延续了2014年逾期贷款超过30天的比例18.2%，超过90天的比例18.0%的状况⑤。

哈萨克斯坦"利润、资产双降"的银行——采斯纳银行

采斯纳银行在哈萨克斯坦银行业的资产排名位居第3名，2008年国际金融危机给其带来高达47.56亿坚戈的巨额亏损⑥，在哈萨克斯坦政府反危机计划的实施下，采斯纳银行的亏损状况迅速得以改变，并凭借其稳健的作风和良好的信誉而广受哈萨克斯坦国内外大客户的信赖，从而保持了高质量的信贷资产。2012年其自有资本盈利率达到了25.2%⑦，远远高于哈萨克斯坦银行业8.1%的平均水平，其存款增速跃居哈萨克斯坦十大商业银行首位，资产市场份额增长200%。2012年其入选英国《世界金融杂志》"全球百强企业"，是独联体国家第一家获此殊荣的银行。2012年、2013年连续两年被英国 *World Finance* 杂志

---

① 刘琰.一季度哈萨克斯坦人民银行净利润减少28.9% [EB/OL].中国驻哈萨克斯坦使馆经商参赞处，2015 – 05 – 26.

② 蒋小林.2013年哈人民银行纯利润724亿坚戈，同比增长3.5% [EB/OL].中国驻哈萨克斯坦使馆经商参赞处，2014 – 03 – 27.

③ 刘博.2014年哈萨克斯坦人民银行净利润增长58% [EB/OL].中国驻哈萨克斯坦使馆经商参赞处，2015 – 03 – 19.

④ 刘琰.一季度哈萨克斯坦人民银行净利润减少28.9% [EB/OL].中国驻哈萨克斯坦使馆经商参赞处，2015 – 05 – 26.

⑤ 刘博.2014年哈人民银行计划以120亿坚戈的价格出售不良贷款 [EB/OL].中国驻哈萨克斯坦使馆经商参赞处，2014 – 03 – 31.

⑥ 蒋小林.2008年哈3家商业银行资产及利润变化情况 [EB/OL].中国驻哈萨克斯坦使馆经商参赞处，2009 – 03 – 03.

⑦ 蒋小林.采斯纳银行被《欧洲货币》杂志评为哈最佳银行 [EB/OL].中国驻哈萨克斯坦使馆经商参赞处，2013 – 08 – 07.

和欧洲知名杂志《欧洲货币》评为哈萨克斯坦的最佳商业银行。

受国际油价大跌、俄罗斯经济金融危机、卢布贬值、哈萨克斯坦经济衰退及坚戈贬值的影响，哈萨克斯坦采斯纳银行出现了以下问题。

一是银行净利润减少。采斯纳银行2015年第一季度实现净利润29.44亿坚戈（折合0.16亿美元），较2014年同期下降39%，2014年实现净利润157.59亿坚戈（折合0.85亿美元），较2013年同期下降3.88%[1]，同2013年实现净利润163.95亿坚戈（折合0.89亿美元），较2012年同期增长45.7%[2]的状况形成巨大的反差，受此牵连，采斯纳银行未能进入2015年哈萨克斯坦"十大最佳银行"之列。

二是银行资产下降。采斯纳银行2015年第一季度实现资产1.31万亿坚戈（折合70.45亿美元），较2014年同期下降10%[3]。这与2013年银行资产8 757.81亿坚戈（折合47.47亿美元），较2012年增长41.9%[4]，2014年银行资产1.32万亿坚戈（折合70.83亿美元），较2013年增长50.3%[5]的状况形成了鲜明的、巨大的反差。

哈萨克斯坦"经营良好"的外资银行——俄罗斯储蓄银行哈萨克斯坦子行

俄罗斯储蓄银行哈萨克斯坦子行是哈萨克斯坦资产规模最大的外资银行，在哈萨克斯坦银行业的资产排名中列第5位。

俄罗斯储蓄银行哈萨克斯坦子行在2014年实现银行资产1.28万亿坚戈（折合68.89亿美元），较2013年增长24%，净利润较2013年增

---

[1] 张圣鹏. 2014年哈萨克斯坦采斯纳银行资产增长50% [EB/OL]. 中国驻哈萨克斯坦使馆经商参赞处，2015-05-04.
[2] 李硕. 2013年"采斯纳银行"资产增长41.9% [EB/OL]. 中国驻哈萨克斯坦使馆经商参赞处，2014-02-18.
[3] 舒艳. 一季度哈萨克斯坦采斯纳银行资产减少1% [EB/OL]. 中国驻哈萨克斯坦使馆经商参赞处，2015-05-15.
[4] 李硕. 2013年"采斯纳银行"资产增长41.9% [EB/OL]. 中国驻哈萨克斯坦使馆经商参赞处，2014-02-18.
[5] 张圣鹏. 2014年哈萨克斯坦采斯纳银行资产增长50% [EB/OL]. 中国驻哈萨克斯坦使馆经商参赞处，2015-05-04.

长 25%①，在哈萨克斯坦 6 家"大型银行"中，是资本充足率最高的商业银行，不仅如此，其债务偿还能力也名列前茅。

哈萨克斯坦"利润大跌"的外资银行——贷款中心银行

贷款中心银行是哈萨克斯坦资产规模仅次于俄罗斯储蓄银行的第二大外资银行，是由韩国国民银行（41.94%）、国际金融公司（10%）和巴赫特别克·巴依谢易托夫（25.6%）控股的外资银行，在哈萨克斯坦银行业的资产排名中列第 6 位。

2015 年第一季度贷款中心银行出现了资产、负债和净利润齐跌的状况，这与 2014 年资产、负债和净利润齐涨的状况截然不同。

贷款中心银行的资产规模 2014 年比 2013 年同期增长了 2.8%，而 2015 年第一季度实现银行资产 10.94 万亿坚戈（折合 58.88 亿美元），较 2014 年同期下降 1.3%。

贷款中心银行的负债规模 2014 年比 2013 年同期增长了 2.6%，而 2015 年第一季度实现银行负债 10.08 万亿坚戈（折合 54.25 亿美元），较 2014 年同期下降 1.3%。

贷款中心银行的净利润 2014 年比 2013 年同期增长了 130%，而 2015 年第一季度实现净利润为 3.52 亿坚戈（折合 0.02 亿美元），较 2014 年同期下降 45%②。

哈萨克斯坦"使命终结"的银行——BTA 银行

BTA 银行在 2015 年哈萨克斯坦银行业的资产排名中列第 3 位，虽然其资产规模较大，但是该行存在巨额亏损——2009 年 6 月末净亏损 1.52 万亿坚戈（折合 100 亿美元），其亏损占哈萨克斯坦 2008 年 GDP

---

① 舒艳. 2014 年俄罗斯储蓄银行哈萨克斯坦子行资产同比增长 24%［EB/OL］. 中国驻哈萨克斯坦使馆经商参赞处，2015-05-04.

② 李硕. 2014 年中央贷款银行资产增长 2.8%［EB/OL］. 中国驻哈萨克斯坦使馆经商参赞处，2015-04-27.

的 10%①；巨额外债——该行所欠外债 130 亿美元，占哈萨克斯坦银行业外债总额的 40%；巨额不良贷款——其不良贷款占贷款总额的 80% 以上的这三大问题，而成为哈萨克斯坦问题最大的银行。

针对 BTA 银行存在的巨额亏损、巨额外债和巨额不良贷款这三大问题，哈萨克斯坦政府于 2010 年 5 月对该行进行了债务重组，重组后的 BTA 银行由国家控股 81.5%②。随着债务问题的最终解决，BTA 银行走出了危机并开始正常经营，实现了扭亏为盈的局面，该行 2013 年 9 月末实现净利润 241.39 亿坚戈，所欠债务缩减到了 33 亿美元③。但是 2014 年以来国际油价的大跌和俄罗斯经济金融危机的发生，给 BTA 银行带来了致命的打击，历史积累和新发生的不良贷款（2014 年 3 月末不良贷款率高达 88.3%）问题再次危及到 BTA 银行的生存。对此，哈萨克斯坦政府要求 BTA 银行再次进行债务重组。

2015 年 6 月 15 日，哈萨克斯坦商业银行与 BTA 银行签署了资产和负债互换协议，将 BTA 银行的资产和负债、所有现金、储蓄账户、分支机构及其他相关资金、债券等全部转移至哈萨克斯坦商业银行，哈萨克斯坦商业银行的企业贷款权限、分行"Kazkom Realty"的部分资产及业务转入 BTA 银行④。

2015 年 6 月 30 日，根据合约哈萨克斯坦商业银行和 BTA 银行完成了资产交换，BTA 银行交付其银行牌照，哈萨克斯坦商业银行向其主要股东转让了对 BTA 银行的监管权，哈萨克斯坦商业银行将 BTA 银行

---

① 李硕. 哈萨克斯坦最大银行上半年亏损 100 亿美元 [EB/OL]. 中国驻哈萨克斯坦使馆经商参赞处，2009 - 08 - 12.
② 李硕. 哈萨克斯坦最大"问题银行"重组后国家控股 81.5% [EB/OL]. 中国驻哈萨克斯坦使馆经商参赞处，2010 - 04 - 23.
③ 张圣鹏. 1—9 月哈 BTA 银行净利润超过 240 亿坚戈 [EB/OL]. 中国驻哈萨克斯坦使馆经商参赞处，2013 - 11 - 26.
④ 舒艳. 哈萨克斯坦商业银行与 BTA 银行完成资产交换 [EB/OL]. 中国驻哈萨克斯坦使馆经商参赞处，2015 - 06 - 22.

从其合并财务报表中进行了清除①。

2015 年 12 月 29 日,哈萨克斯坦商业银行和 BTA 银行正式完成了资产和债务的相互移交②,BTA 银行的历史使命也就此终结。

哈萨克斯坦"利润、资产双增"的银行——Kaspi 银行

Kaspi 银行在 2016 年哈萨克斯坦银行业的资产排名列第 6 位,是第一个跻身哈萨克斯坦"大型银行"的中型银行。

Kaspi 银行 2014 年上半年的资产规模还不到 1 万亿坚戈,2014 年末银行资产规模突破 1 万亿坚戈,达到了 1.04 万亿坚戈③,2015 年上半年银行资产规模达到了 1.05 万亿坚戈,较 2014 年同期增长了 1.7%④。

Kaspi 银行作为一个由"中型银行"转身为"大型银行"的商业银行,因为其私有资本增长速度很快(2014 年较 2013 年增长 43.4%⑤)和较高的利润增长(2015 年上半年实现净利润 138.43 亿坚戈,较 2015 年第一季度多创造了 56.16 亿坚戈的净利润⑥),而保持了良好的发展状态。

哈萨克斯坦"扭亏为盈"的银行——ATФ 银行

ATФ 银行是哈萨克斯坦 16 家"中型银行"中资产规模最大的银行,2016 年在哈萨克斯坦银行业的资产排名中列第 7 位。

2013 年以来 ATФ 银行不仅扩大了资产负债业务规模,而且形成了扭亏为盈的局面。

---

① 李硕. 哈商业银行和 BTA 银行宣布拆分 [EB/OL]. 中国驻哈萨克斯坦使馆经商参赞处,2015 – 07 – 01.
② 舒艳. 哈萨克斯坦商业银行和 BTA 银行完成资产和债务相互移交 [EB/OL]. 中国驻哈萨克斯坦使馆经商参赞处,2015 – 12 – 29.
③ 张圣鹏. 2014 年 Kaspi 银行资产增长 18.6% [EB/OL]. 中国驻哈萨克斯坦使馆经商参赞处,2015 – 05 – 04.
④ 舒艳. 2015 年第一季度 Kaspi 银行资产同比下降 0.3% [EB/OL]. 中国驻哈萨克斯坦使馆经商参赞处,2015 – 05 – 05.
⑤ 张圣鹏. 2014 年 Kaspi 银行资产增长 18.6% [EB/OL]. 中国驻哈萨克斯坦使馆经商参赞处,2015 – 05 – 04.
⑥ 舒艳. 2015 年上半年哈萨克斯坦"KASPI"资产增长 1.7% [EB/OL]. 中国驻哈萨克斯坦使馆经商参赞处,2015 – 08 – 04.

ATФ 银行的资产规模持续增长，2013 年第一季度实现银行资产 8 186.83 亿坚戈（折合 44.98 亿美元），2014 年第一季度银行资产增加到了 8 940.02 亿坚戈（折合 49.11 亿美元），较 2013 年同期增长 9.2%①，2015 年上半年银行资产较 2014 年同期增长了 4.6%。

ATФ 银行的负债规模不断增加②，2013 年第一季度实现银行负债 7 446.34 亿坚戈（折合 40.91 亿美元），2014 年第一季度银行负债增加到了 8 190.97 亿坚戈（折合 44.99 亿美元），较 2013 年同期增长 10%③。2015 年上半年银行负债较 2014 年同期增长 4.8%④。

虽然 ATФ 银行 2015 年上半年较 2014 年同期的净利润下降了 22%⑤，但是该行从 2014 年开始扭转了亏损局面，由 2013 年第一季度银行亏损 1.59 万亿坚戈（折合 87.46 万美元），转变为 2014 年第一季度实现银行净利润 8 680.4 万坚戈（折合 47.69 万美元）⑥。

哈萨克斯坦"利润大跌又大涨"的银行——欧亚银行

欧亚银行在 2016 年哈萨克斯坦银行业的资产排名位居第 10 名。欧亚银行的资产规模 2013 年仅有 5 886.33 亿坚戈（折合 32.32 亿美元）⑦，到了 2015 年第一季度银行资产就达到 7 661.55 亿坚戈（折合

---

① 李硕. 2014 年第一季度 ATФ 银行利润 8 680 万坚戈 [EB/OL]. 中国驻哈萨克斯坦使馆经商参赞处，2014 - 05 - 21.
② 舒艳. 2015 年上半年哈萨克斯坦 ATФ 银行资产同比增长 4.6% [EB/OL]. 中国驻哈萨克斯坦使馆经商参赞处，2015 - 08 - 20.
③ 李硕. 2014 年第一季度 ATФ 银行利润 8 680 万坚戈 [EB/OL]. 中国驻哈萨克斯坦使馆经商参赞处，2014 - 05 - 21.
④ 舒艳. 2015 年上半年哈萨克斯坦 ATФ 银行资产同比增长 4.6% [EB/OL]. 中国驻哈萨克斯坦使馆经商参赞处，2015 - 08 - 20.
⑤ 舒艳. 2015 年上半年哈萨克斯坦 ATФ 银行资产同比增长 4.6% [EB/OL]. 中国驻哈萨克斯坦使馆经商参赞处，2015 - 08 - 20.
⑥ 李硕. 2014 年第一季度 ATФ 银行利润 8 680 万坚戈 [EB/OL]. 中国驻哈萨克斯坦使馆经商参赞处，2014 - 05 - 21.
⑦ 张圣鹏. 2013 年欧亚银行净利润增长 33.7% [EB/OL]. 中国驻哈萨克斯坦使馆经商参赞处，2014 - 05 - 16.

41.24亿美元)①，较2013年末增加8.92亿美元，增长27.6%。

2009年以来，欧亚银行的净利润实现了从大跌到大涨的转变。2009年欧亚银行的净利润比2008年下降90.2%②，陷入净利润大跌的状态，但是自2011年起，欧亚银行就改变了2009年利润大跌的局面，连续三年保持了银行净利润增长的状态，2011年的净利润比2010年增长740.2%，2012年的净利润比2011年增长60%③，2013年的净利润比2012年增长33.7%④。

哈萨克斯坦"扭亏为盈"的银行——铁米尔银行

铁米尔银行是哈萨克斯坦16家"中型银行"资产规模在3 000亿坚戈的银行，2016年在哈萨克斯坦银行业的资产排名列第13位，是一家由哈萨克斯坦商人乌杰穆拉特控股的私人银行，2014年5月15日哈萨克斯坦商人乌杰穆拉特从"萨姆鲁克——卡泽纳"国家基金会以357亿坚戈购买了铁米尔银行79.88%的普通股成为该银行的最大股东⑤。

乌杰穆拉特控股铁米尔银行之后，其银行资产有所增加，2014年上半年实现银行资产3 368亿坚戈⑥，较2013年的3 012.95亿坚戈⑦，增加355.05亿坚戈，增长11.8%。2013年铁米尔银行净亏损56.3亿

---

① 刘博.第一季度欧亚银行资产增长了5%［EB/OL］.中国驻哈萨克斯坦使馆经商参赞处，2015-05-11.
② 李硕.哈萨克斯坦欧亚银行第一季度资产及经营状况［EB/OL］.中国驻哈萨克斯坦使馆经商参赞处，2009-05-05.
③ 周浩.哈萨克斯坦欧亚银行2011年净利润增长了7倍多［EB/OL］.中国驻哈萨克斯坦使馆经商参赞处，2012-02-17.
④ 张圣鹏.2013年欧亚银行净利润增长33.7%［EB/OL］.中国驻哈萨克斯坦使馆经商参赞处，2014-05-16.
⑤ 刘博.哈萨克斯坦商人乌杰穆拉特收购铁米尔银行79.88%股份［EB/OL］.中国驻哈萨克斯坦使馆经商参赞处，2014-05-21.
⑥ 李硕.铁米尔银行1~2季度净利润增长2.8倍［EB/OL］.中国驻哈萨克斯坦使馆经商参赞处，2014-06-06.
⑦ 刘博.2013年哈铁米尔银行净亏损56亿坚戈［EB/OL］.中国驻哈萨克斯坦使馆经商参赞处，2014-05-19.

坚戈①，2014 年上半年实现净利润 21.43 亿坚戈，是 2013 年同期的 380%。

哈萨克斯坦"净利润大增"的银行——努尔银行

努尔银行是哈萨克斯坦 16 家"中型银行"资产规模接近 3 000 亿坚戈的银行，在 2016 年哈萨克斯坦银行业的资产排名列第 14 位。

2013 年以来，努尔银行的资产规模在不断增长，2014 年末达到 2 959.6 亿坚戈②，较 2013 年末的 2 456.02 亿坚戈③，增加了 503.58 亿坚戈，增长 20.5%，2015 年 3 月末达到 2 980.67 亿坚戈，较 2014 年末增加 21.7 亿坚戈，增长 0.7%④。与此同时，努尔银行还实现了净利润的大幅度增长，扭转了 2013 年 323.15 亿坚戈巨额亏损的状态⑤，2015 年第一季度实现净利润 1 007 亿坚戈，较 2014 年同期增长 370%⑥。

哈萨克斯坦"资产大增"的银行——RBK 银行

RBK 银行是哈萨克斯坦 16 家"中型银行"资产规模迅速增长的银行，在哈萨克斯坦 38 家银行中的资产排名由 2012 年的第 20 名迅速提升至 2014 年的第 15 名。

RBK 银行的资产规模增长迅速，在短短一年半的时间内，其资产规模就由 2012 年末的 887 亿坚戈⑦增长到了 2014 年 6 月末的 3 238 亿坚

---

① 李硕. 铁米尔银行 1~2 季度净利润增长 2.8 倍 [EB/OL]. 中国驻哈萨克斯坦使馆经商参赞处，2014 - 06 - 06.
② 刘博. 2014 年努尔银行资产增长了 20.5% [EB/OL]. 中国驻哈萨克斯坦使馆经商参赞处，2015 - 05 - 11.
③ 刘博. 2013 年努尔银行净亏损 323 亿坚戈 [EB/OL]. 中国驻哈萨克斯坦使馆经商参赞处，2014 - 05 - 19.
④ 刘博. 第一季度努尔银行资产减少了 0.6% [EB/OL]. 中国驻哈萨克斯坦使馆经商参赞处，2015 - 05 - 12.
⑤ 刘博. 2013 年努尔银行净亏损 323 亿坚戈 [EB/OL]. 中国驻哈萨克斯坦使馆经商参赞处，2014 - 05 - 19.
⑥ 刘博. 第一季度努尔银行资产减少了 0.6% [EB/OL]. 中国驻哈萨克斯坦使馆经商参赞处，2015 - 05 - 12.
⑦ 2013 年哈萨克斯坦 RBK 银行计划达到资产增长 80%~90% 的目标 [EB/OL]. 国际文传电讯社. 2013 - 06 - 21.

戈①，增加了 2 351 亿坚戈，增长了 265.05%，迅速地由"小型银行"转身为"中型银行"，不仅如此，其资产质量优质，不良贷款在贷款总额的比重非常低，2013 年 30 天以上不良贷款仅占其贷款总额的 1.6%②。

哈萨克斯坦"发展平稳"的银行——VTB 银行

VTB 银行是哈萨克斯坦的一家外资银行，由俄罗斯银行控股，是哈萨克斯坦 16 家"中型银行"中第一大外资银行，2014 年在哈萨克斯坦 38 家银行中的资产排名位列第 19 名。

2014 年上半年其资产达 8.11 亿美元，较 2013 年同期增长 3.3%，实现净利润 208.69 万美元③。

哈萨克斯坦"资产、利润双增"的银行——Delta 银行

Delta 银行是哈萨克斯坦 16 家"中型银行"资产规模增长最快的银行，2013 年在哈萨克斯坦银行业的资产排名列第 17 位，2014 年提升至第 16 位。

Delta 银行的资产规模由 2013 年 9 月末的 9.49 亿美元④增加到 2014 年 6 月末的 12.97 亿美元⑤，银行资产增长 36.67%。

Delta 银行的净利润 2013 年比 2012 年增长 200%⑥，2014 年比 2013

---

① 刘博. 上半年"RBK"银行资产质量增长 45.3% [EB/OL]. 中国驻哈萨克斯坦使馆经商参赞处，2014 - 07 - 14.
② 2013 年哈萨克斯坦 RBK 银行计划达到资产增长 80% ~90% 的目标 [EB/OL]. 国际文传电讯社. 2013 - 06 - 21.
③ 舒艳. 2014 年上半年哈萨克斯坦 VTB 银行资产增长 36.67% [EB/OL]. 中国驻哈萨克斯坦使馆经商参赞处，2014 - 08 - 06.
④ 刘博. Delta 银行 1~9 月净利润增长 2 倍 [EB/OL]. 中国驻哈萨克斯坦使馆经商参赞处，2013 - 11 - 06.
⑤ 刘博."Delta"银行上半年利润增长 130% [EB/OL]. 中国驻哈萨克斯坦使馆经商参赞处，2014 - 07 - 23.
⑥ 刘博. Delta 银行 1~9 月净利润增长 2 倍 [EB/OL]. 中国驻哈萨克斯坦使馆经商参赞处，2013 - 11 - 06.

年增长130%，2014年的税前利润较2013年增长140%①。

哈萨克斯坦"资产递减"的银行——BTB银行

BTB银行是哈萨克斯坦16家"中型银行"资产规模不断减少的一家外资银行，是俄罗斯外贸银行BTB在哈萨克斯坦设立的BTB子行，在哈萨克斯坦银行业的资产排名由2014年、2015年38家银行排名中的第19位，下降到2016年35家银行排名中的第20位。

2014年以来，BTB银行的资产规模在不断减少，2014年末银行资产8.34亿美元②，2015年3月末银行资产7.76亿美元③，较2014年末减少0.58亿美元，减少了6.95%，2016年3月末银行资产7.51亿美元，较2015年3月末减少0.25亿美元，减少了3.22%。

哈萨克斯坦"落入中型"的银行——联合银行

联合银行是哈萨克斯坦唯一一个落入"中型银行"的"大型银行"，在哈萨克斯坦银行业资产排名中由2009年的第4位④，跌落到2012年的第6位，2014年直接进入"中型银行"之列。

受2008年国际金融危机的影响，联合银行债务缠身，2010年3月末其不良资产占比高达60.2%⑤。哈萨克斯坦政府要求联合银行进行债务重组，根据哈萨克斯坦政府的安排，2010年6月对联合银行进行了债务重组，重组后的联合银行由"萨姆鲁克—卡泽纳"国家基金控股，"萨姆鲁克—卡泽纳"国家基金成为哈萨克斯坦联合银行的最大股东，联合银行的债务也由45亿美元下降到了10.8亿美元。重组后的联合银

---

① 刘博. "Delta"银行上半年利润增长130%［EB/OL］. 中国驻哈萨克斯坦使馆经商参赞处，2014-07-23.
② 舒艳. 2014年俄罗斯BTB银行哈萨克斯坦子行资产同比增长6.3%［EB/OL］. 中国驻哈萨克斯坦使馆经商参赞处，2015-05-11.
③ 张圣鹏. 第一季度BTB哈萨克斯坦子行资产减少7%［EB/OL］. 中国驻哈萨克斯坦使馆经商参赞处，2015-05-11.
④ 哈萨克斯坦联合银行将进行债务重组［EB/OL］. 哈萨克斯坦银行监管委员会，2009-04-13.
⑤ 国际评级机构上调哈萨克两银行信用等级［EB/OL］. 中国驻哈萨克斯坦使馆经商参赞处，2010-06-13.

行改变了2011年6月末2.39万美元的亏损状态，2012年6月末实现净利润2 887.97万美元，但是受2014年以来国际油价大跌、俄罗斯经济金融危机以及哈萨克斯坦坚戈大幅度贬值的影响，联合银行陷入了资产减少、负债增加和利润下降的困境。

哈萨克斯坦"利润巨幅增长"的银行——投资银行

投资银行是由欧洲复兴开发银行（占25.49%）、花旗集团（占6.25%）及哈萨克斯坦的高级官员（2人，占35.68%）和商人（2人，占31.7%）共同参股的银行。在哈萨克斯坦银行业的资产排名由2013年38家银行中的第23位[1]，下降到了2014年38家银行中的第24位，2015年上半年在37家银行中位列第23位，2015年末在35家银行中的排名提升至第21位。

投资银行的资产规模经历了一个先降后升的过程，2012年银行资产6.09亿美元，2013年为5.06亿美元，较2012年减少1.03亿美元，下降了16.91%[2]，2014年为4.91亿美元，较2013年减少0.15亿美元，下降了2.96%[3]，2015年上半年较2014年同期增长14.6%[4]，2015年1—9月较2014年同期增长60%[5]。

投资银行的负债规模也经历了一个先降后升的过程，2012年银行负债5.54亿美元，2013年为4.48亿美元，较2012年减少1.06亿美元，下降了19.13%[6]，2014年为4.31亿美元，较2013年减少0.17亿

---

[1] 哈萨克斯坦联合银行将进行债务重组[EB/OL].哈萨克斯坦银行监管委员会，2009 – 04 – 13.

[2] 舒艳.2013年哈投资银行净利润收入1.79亿坚戈[EB/OL].中国驻哈萨克斯坦使馆经商参赞处，2014 – 05 – 16.

[3] 张圣鹏.2014年哈萨克斯坦投资银行资产减少3%[EB/OL].中国驻哈萨克斯坦使馆经商参赞处，2015 – 05 – 11.

[4] 刘琰.2015年上半年哈萨克斯坦投资银行资产增长14.6%[EB/OL].中国驻哈萨克斯坦使馆经商参赞处，2015 – 08 – 07.

[5] 张圣鹏.1—9月哈萨克斯坦投资银行资产增长60%[EB/OL].中国驻哈萨克斯坦使馆经商参赞处，2015 – 11 – 11.

[6] 舒艳.2013年哈投资银行净利润收入1.79亿坚戈[EB/OL].中国驻哈萨克斯坦使馆经商参赞处，2014 – 05 – 16.

美元，下降了 3.79%[1]，2015 年上半年较 2014 年同期增长了 15.3%[2]，2015 年 1—9 月较 2014 年同期增长 60%[3]。

投资银行扭亏为盈，净利润巨幅增长。2012 年亏损 664.78 万美元，2013 年实现净利润 97.54 万美元[4]，2014 年实现净利润 216.87 万美元，较 2013 年增长 122.35%[5]，2015 年上半年的净利润较 2014 年同期增长 1 050%[6]，2015 年 1—9 月的净利润较 2014 年同期增长 1 020%[7]。

哈萨克斯坦"资产、利润双增"的银行——进出口银行

进出口银行是哈萨克斯坦的"小型银行"中资产规模不大的银行，在哈萨克斯坦银行业的资产排名由 2013 年 38 家银行中的第 26 位[8]，下降到了 2014 年 38 家银行中的第 30 位，2015 年在 35 家银行中列第 27 位。

进出口银行的净资产 2013 年较 2012 年下降了 28%[9]，但是自 2014 年起，其净资产开始增长。2014 年第一季度较 2013 年同期增长

---

[1] 张圣鹏.2014 年哈萨克斯坦投资银行资产减少 3% [EB/OL].中国驻哈萨克斯坦使馆经商参赞处，2015 – 05 – 11.

[2] 刘琰.2015 年上半年哈萨克斯坦投资银行资产增长 14.6% [EB/OL].中国驻哈萨克斯坦使馆经商参赞处，2015 – 08 – 07.

[3] 张圣鹏.1～9 月哈萨克斯坦投资银行资产增长 60% [EB/OL].中国驻哈萨克斯坦使馆经商参赞处，2015 – 11 – 11.

[4] 舒艳.2013 年哈投资银行净利润收入 1.79 亿坚戈 [EB/OL].中国驻哈萨克斯坦使馆经商参赞处，2014 – 05 – 16.

[5] 张圣鹏.2014 年哈萨克斯坦投资银行资产减少 3% [EB/OL].中国驻哈萨克斯坦使馆经商参赞处，2015 – 05 – 11.

[6] 刘琰.2015 年上半年哈萨克斯坦投资银行资产增长 14.6% [EB/OL].中国驻哈萨克斯坦使馆经商参赞处，2015 – 08 – 07.

[7] 张圣鹏.1—9 月哈萨克斯坦投资银行资产增长 60% [EB/OL].中国驻哈萨克斯坦使馆经商参赞处，2015 – 11 – 11.

[8] 哈萨克斯坦联合银行将进行债务重组 [EB/OL].哈萨克斯坦银行监管委员会，2009 – 04 – 13.

[9] 刘博.2013 年哈进出口银行净利润大幅度下降 [EB/OL].中国驻哈萨克斯坦使馆经商参赞处，2014 – 03 – 03.

12.1%①,2015年1—9月较2014年同期增长14.1%②。

进出口银行的净利润2013年较2012年下降了140%③,但是自2014年起,其净利润也开始增长,2014年第一季度较2013年同期增长50%④,2015年1—9月较2014年同期增长14.2%⑤。

哈萨克斯坦"资产、利润双增"的银行——"Qazaq"银行

"Qazaq"银行是哈萨克斯坦的"小型银行"中资产规模较大的银行,在2015年末哈萨克斯坦银行业的资产排名中列第26位。

"Qazaq"银行2014年上半年资产达到了4.15亿美元,较2013年同期增长60%,净利润3.74亿美元,较2013年增长8.3%,净利息收入762.86万美元,较2013年同期增长400%⑥。

哈萨克斯坦"利润大增"的银行——PNB银行

PNB银行在2015年上半年哈萨克斯坦银行业的资产排名中列第32位,2015年3月末银行资产仅有8 679.63万美元,但是其净利润较2014年3月末增长了200%⑦。

从哈萨克斯坦银行业整体角度出发,根据评价商业银行质量状况的资本充足率、不良贷款率、盈利资产率、居民存款占银行负债总额的比率、息差率、利差率和银行流动性比率7项指标,对哈萨克斯坦38家

---

① 舒艳.2014年第一季度哈进出口银行净利润增长50%[EB/OL].中国驻哈萨克斯坦使馆经商参赞处,2014-05-16.
② 刘琰.1—9月哈萨克斯坦进出口银行资产增长14.1%[EB/OL].中国驻哈萨克斯坦使馆经商参赞处,2015-11-04.
③ 刘博.2013年哈进出口银行净利润大幅度下降[EB/OL].中国驻哈萨克斯坦使馆经商参赞处,2014-03-03.
④ 舒艳.2014年第一季度哈进出口银行净利润增长50%[EB/OL].中国驻哈萨克斯坦使馆经商参赞处,2014-05-16.
⑤ 刘琰.1—9月哈萨克斯坦进出口银行资产增长14.1%[EB/OL].中国驻哈萨克斯坦使馆经商参赞处,2015-11-04.
⑥ 刘博.上半年"Qazaq"银行资产增至760亿坚戈[EB/OL].中国驻哈萨克斯坦使馆经商参赞处,2014-08-08.
⑦ 舒艳.第一季度哈萨克斯坦PNB银行资产降低0.4%[EB/OL].中国驻哈萨克斯坦使馆经商参赞处,2015-05-04.

二级商业银行 2014 年的经营质量状况进行评价，得出以下结论。

一是哈萨克斯坦"大型银行"经营质量风险突出。虽然哈萨克斯坦"大型银行"的资本规模庞大，但是其资本充足率均值较低，其不良贷款占贷款组合总额的比重为 27%，平均息差值 5.7%，利差值是 3.1%，居民存款占银行债务总额的 73.3%。哈萨克斯坦"大型银行"存在着增长所带来的各种问题，当经济环境变化，特别是经济状况恶化时，这些银行的高风险就会暴露，2014 年以来国际油价大跌、俄罗斯经济金融危机及哈萨克斯坦经济衰退、坚戈贬值推高了哈萨克斯坦"大型银行"各种风险的发生。

二是哈萨克斯坦"中型银行"经营质量较好。虽然哈萨克斯坦"中型银行"的资本规模与"大型银行"的差距较大，但是，哈萨克斯坦"中型银行"的资本充足率较高，不良贷款占贷款总额的 16.3%，居民存款占银行负债的比重较低，银行资产盈利能力很高，平均息差 6.1%，平均利差 4.5%，偿还能力水平高，银行流动性指数均值为 6.451。哈萨克斯坦的"中型银行"具有经营灵活，在盈利和内部决策方面拥有很大空间，根据环境变化适时调整内部经营活动和利率政策的灵活性很强，但是各家银行具有的实力及发展极不均衡，个别银行在稳定性和偿付能力方面存在的问题突出。

三是哈萨克斯坦"小型银行"经营质量最佳。虽然，哈萨克斯坦"小型银行"的资本规模最少，但是，哈萨克斯坦"小型银行"的资本充足率是哈萨克斯坦各类银行中最高的，不良贷款占贷款总额的比重仅为 7.9%，居民储蓄占银行负债总额的比重很高，平均息差 6.2%，平均利差 4.6%，偿还能力水平相当高，银行流动性水平很高。

在哈萨克斯坦"大型银行""中型银行"和"小型银行"三类银行中，"小型银行"的经营状况和质量最好，"中型银行"的经营状况和质量次之，"大型银行"的经营状况和质量最差。

一是资本充足率 K_1-1 水平排名前十的都是中小型银行，其中前 9

家是小型银行,第十家是中型银行。

二是不良贷款占贷款总额比重最低的也依然是中小型银行,其中小型银行——Qazaq 最少,仅为 0.07%,大型银行——BTA 银行最多,占比高达 88.3%。

三是居民储蓄占银行负债总额的比重最高的前十家都是小型银行——Qazaq 最高为 97.5%,6 家中型银行次之,仅有 1 家大型银行——人民银行为 87.4%。

四是银行资产盈利能力最好的前十家银行中,有 6 家是小型银行,有 4 家是中型银行,在 38 家银行中,中型银行——家庭贷款银行的净息差最高为 27.1%。

五是利差收益最好的前十家银行中,有 6 家是小型银行,有 4 家是中型银行,在 38 家银行中,中型银行——家庭贷款银行的净利差最高为 21.26%,大型银行——BTA 银行的净利差最低为 -2.33%。

六是偿付能力最强的银行以小型银行为主(扎曼银行最高为 450.73;巴基斯坦银行哈萨克斯坦分行次之,为 293.21;КЗИ 银行第三,为 169.84),中型银行较强(中国银行哈萨克斯坦分行最高为 30.473,花旗银行哈萨克斯坦分行次之为 10.903),大型银行偿付能力相对较弱。

因此,中型银行和小型银行在哈萨克斯坦银行体系中具有很强的稳定性和偿付能力,在哈萨克斯坦的"十大最佳银行"中,小型银行有 7 家,中型银行有 3 家,大型银行没有一家进入哈萨克斯坦"十大最佳银行"之列。

(四)哈萨克斯坦银行信用风险的国际评价

自 2008—2016 年,标准普尔、穆迪和惠誉三大国际评级机构对哈萨克斯坦银行体系和 19 家银行进行了 57 次信用评级,其中,标准普尔 28 次,穆迪 15 次,惠誉 14 次,得出以下主要结论。

1. 哈萨克斯坦银行体系脆弱，展望"负面"多于"稳定"

2008—2016 年，标准普尔、穆迪和惠誉三大国际评级机构对哈萨克斯坦银行体系共进行了 15 次信用评级，标准普尔 7 次评级，得出哈萨克斯坦银行整体长期信用评级水平均为 B 级，平均水平显著低于主权借贷评级为 BBB 级；银行信用降级数量多于升级数量；银行负面展望的数量超过正面展望数量的结论；穆迪 5 次评级，给予其"负面"展望评级结论；惠誉进行了 3 次评级，在三家国际评级机构中，仅有惠誉一家给予哈萨克斯坦大部分银行"稳定"评级的结论。

银行业国家风险评级（BICRA）是标准普尔用来评估一国金融体系的经济及全行业风险状况的指标，集中反映一国银行体系的整体信用程度。按照从最稳健的银行体系（第 1 组）到最脆弱的银行体系（第 10 组），将全球银行体系分为 10 个组别。

标准普尔先后在 2009 年、2011 年、2012 年和 2015 年，对哈萨克斯坦银行体系的国家风险评级进行了调整，其 BICRA 总是徘徊在第 9 组和第 8 组之间，表明哈萨克斯坦银行体系接近最脆弱的边缘，整体信用风险很高。2009 年 7 月 29 日，标准普尔因为哈萨克斯坦银行业的问题贷款占其贷款总存量的 30%～35%（由于大量贷款沉积于房地产业）以及哈萨克斯坦政府在改善银行资本状况方面所采取的措施力度不够，而将哈萨克斯坦银行体系的国家风险评级（BICRA）由之前的组别 8 下调至组别 9，标准普尔称"BICRA 的下调反映了哈萨克斯坦不断恶化的银行业指标的规模和脆弱性，而不是短暂和周期性的"[①]。2011 年 11 月 9 日，在经历了 28 个月之后，标准普尔通过重新评估，将哈萨克斯坦银行体系的国家风险评级（BICRA）由之前的组别 9 上调至组别 8，标准普尔认为"哈萨克斯坦存在经济稳定被破坏及爆发经济失衡的可能性，特别是信贷领域，未来三年内哈萨克斯坦银行业受 2008—2010 年

---

① 标普将哈银行业国家风险评级下调至组别 9 [EB/OL]. 标准普尔国际信用评级报告，2009－07－29.

国际金融危机的影响依然会比较明显"①。8个月之后的2012年4月3日,标准普尔再次将哈萨克斯坦银行体系的国家风险评级(BICRA)维持在组别8,但银行业风险组别自第8组提升至第7组,标准普尔认为"哈银行体系筹资质量有所改善,预计2012—2013年哈政府自外部大量借款的可能性不大,其银行业国家风险缩小"②。2014年以来,由于国际油价大跌、俄罗斯经济金融危机和坚戈大幅度贬值,使得哈萨克斯坦银行业再次遭受打击,2015年11月20日,标准普尔维持对哈萨克斯坦银行体系的国家风险评级(BICRA)组别8的评级,但银行业风险组别自第8组降低至第9组③。

2013—2016年,标准普尔对哈萨克斯坦银行业的信用水平进行评级,根据哈萨克斯坦银行业的整体表现基本"负面"展望多于"正面"展望。2014年3月13日,标准普尔因为哈萨克斯坦银行业存在坏账比例太高(2013年末逾期超过90天以上的坏账比例达到32%,建筑业和房地产的坏账比例最高),仅对38家银行中的17家银行给予了稳定评级④。与此同时,标准普尔根据哈萨克斯坦银行风险状况和资产状况对38家银行评级进行了调整,下调评级银行数量多于上调的银行。由于国际石油价格下跌,坚戈贬值对哈萨克斯坦银行业带来了负面影响,2015年标准普尔给予哈萨克斯坦银行整体评级是长期信用评级水平均为B级,平均水平显著低于主权借贷评级BBB级。2016年初标准普尔预测2016年哈萨克斯坦银行业"负面"展望的银行数量要超过"正

---

① 标普上调哈银行体系国家风险评级[EB/OL]. 标准普尔国际信用评级报告,2011-11-09.
② 陈桂英. 标普认为哈萨克斯坦银行业国家风险缩小[EB/OL]. 中国驻哈萨克斯坦使馆经商参赞处,2012-04-05.
③ 陈桂英. 哈萨克斯坦信贷市场发展状况[EB/OL]. 中国驻哈萨克斯坦使馆经商参赞处,2015-11-25.
④ 刘博. 坚戈贬值将促使哈银行业贷款风险增加[EB/OL]. 中国驻哈萨克斯坦使馆经商参赞处,2014-03-21.

面"展望的银行数量①。

自 2008 年以来,国际评级机构穆迪一直给予哈萨克斯坦银行业"负面"展望评级②。原因在于:哈萨克斯坦银行业的盈利性和获得资金的能力较差,获得长期大量贷款的概率低,哈萨克斯坦银行业的不良贷款和坏账比例长期维持在 40% 左右的较高比率,因此给予"负面"展望评级。无论是 2010 年、2012 年和 2013 年,还是 2014 年和 2016 年,穆迪都对哈萨克斯坦银行业存在的问题给予调查评估。2010 年 7 月穆迪声称"由于哈萨克斯坦银行业的资金储备仍然有限,资本化程度不高,缺乏从国际资本市场融资的能力,维持其"负面"展望评级"③。穆迪调查的结果表明:哈萨克斯坦银行业的问题贷款约占其贷款总量的 40%,约 60% 的问题贷款将"血本无归",哈萨克斯坦银行体系是脆弱的。在经历了 18 个月之后的 2012 年 6 月 22 日,穆迪继续维持对哈萨克斯坦银行业的"负面"评级预测④。穆迪认为"虽然哈萨克斯坦银行体系的融资状况和流动性指标有所改善,但是由于哈银行无法收回大部分的问题贷款,未来 12~18 个月仍将承受利润率压力,不足以对哈整个贷款市场形成显著的提振作用"。2013 年 3 月 26 日,穆迪以"哈萨克斯坦银行将继续清算不良贷款,盈利增长受限,哈银行资产和资本质量"差",其资本充足率将在未来 12~18 个月内下降,其新增收入主要用来清算不良贷款"为由,继续维持对哈萨克斯坦银行业的"负面"展望评级⑤。2014 年 7 月穆迪得出:在未来 12~18 个月,

---

① 刘琰. 标普预测 2016 年哈萨克斯坦银行负面展望将更多 [EB/OL]. 中国驻哈萨克斯坦使馆经商参赞处,2016 - 02 - 01.
② 刘博. 穆迪对哈银行业给出负面预测 [EB/OL]. 中国驻哈萨克斯坦使馆经商参赞处,2014 - 04 - 10.
③ 陈桂英. 穆迪维持对哈萨克斯坦银行业的"负面"展望评级 [EB/OL]. 中国驻哈萨克斯坦使馆经商参赞处,2010 - 07 - 12.
④ 陈桂英. 穆迪对哈萨克斯坦银行业维持"负面"评级预测 [EB/OL]. 中国驻哈萨克斯坦使馆经商参赞处,2012 - 06 - 29.
⑤ 李硕. 穆迪——2013 年哈银行系统评级展望为"负" [EB/OL]. 中国商务部,2013 - 04 - 02.

哈萨克斯坦大型银行资本收益指数将跌破最低标准水平。由于哈萨克斯坦被迫面对坚戈贬值和石油价格下跌的困局，2016 年 3 月 18 日穆迪仍维持对哈萨克斯坦银行系统 12～18 个月的负面展望[①]。

国际评级机构惠誉对哈萨克斯坦银行业的信用评级结果与同为国际评级机构的标准普尔和穆迪的结果却大为不同。2012 年就在两大国际评级机构对哈萨克斯坦银行业做出"负面"展望评级结论时，惠誉却声称"由于哈萨克斯坦良好的宏观经济环境和哈政府强力的扶持政策，使哈萨克银行业的资产质量得以改善，因而，哈萨克大部分银行被评定为"稳定"级，哈萨克银行业已呈现出复苏迹象"[②]。无独有偶，2014 年 4 月，惠誉再次表示，尽管哈萨克斯坦银行业仍然存在着不良贷款比例过高、资金流动性差、企业贷款需求增速过快等各种各样的问题，但是就其整体而言，银行业在较好的经营环境中稳定发展，因此给予哈萨克斯坦银行业发展预测"稳定"评级[③]。

尽管如此，2015 年 4 月，惠誉评估坚戈贬值对哈萨克斯坦银行资产和资本化带来压力时指出，坚戈贬值将会对外币贷款质量造成不良影响，因为大量的外币贷款发放给了无外汇收入的贷款人，加上一些大型银行储备存在的不确定性，以及哈萨克斯坦银行外币贷款总规模 300 亿美元，纯风险部分 140 亿美元，是 2014 年底银行总股本的 2 倍多，其中包括遗留下来的 30 多亿美元的不良贷款。哈萨克斯坦银行资产的新老问题与其较低的评级相符，基本都是 B 级，银行长期保持较低的评级水平体现出较弱的独立信贷水平，展望"稳定"[④]。惠誉的分析表明，

---

① 李硕. 穆迪维持对哈萨克斯坦银行系统的负面展望[EB/OL]. 中国驻哈萨克斯坦使馆经商参赞处，2016 - 03 - 18.

② 刘博. 惠誉认为哈萨克斯坦银行业呈现复苏迹象[EB/OL]. 中国驻哈萨克斯坦使馆经商参赞处，2012 - 06 - 01.

③ 刘博. 惠誉保持对哈银行业"稳定"评级[EB/OL]. 中国驻哈萨克斯坦使馆经商参赞处，2014 - 04 - 16.

④ 李硕. 惠誉评估贬值对银行业的影响[EB/OL]. 中国驻哈萨克斯坦使馆经商参赞处，2015 - 04 - 14.

哈萨克斯坦银行业的确存在一定的问题。

2. 哈萨克七成银行违约，信用"降级"多于"升级"

2009—2016 年，标准普尔、穆迪和惠誉三大国际评级机构对哈萨克斯坦的 BTA 银行、商业银行、联合银行等 19 家银行（占 55%）的信用进行了 42 次评级，其中 55% 的银行的信用被降级 26 次，定级 4 次，升级仅有 7 次；信用评级展望"正面"的有 1 家银行，"积极"的有 2 家银行，"稳定"的有 9 家银行，"负面"的有 4 家银行。

（1）信用"2 次降级、1 次升级"——哈萨克"BTA"银行

"BTA"银行是 2009 年哈萨克最大的银行。2009 年惠誉和标准普尔均对其进行信用降级，2014 年惠誉提高其信用级别。

2009 年 4 月 24 日，因拖欠贷款，惠誉将其长期发行人违约评级由"CC"①级下调至"RD"②级。

2009 年 4 月 27 日，标准普尔以其"拒绝债权人提前还款的要求，决定停止偿还债务本金"为由，将其长期和短期发行人信用评级降为"D"级（"违约"）③。

2014 年 8 月 18 日，惠誉国际评级机构由于哈萨克"BTA"银行将其 46.5% 的股份转让给了哈萨克斯坦商业银行④，"BTA"银行贷款人的风险很大程度上与哈萨克斯坦商业银行的贷款人风险相关联，由于哈萨克斯坦商业银行的经营状况比较乐观，所以调高了哈萨克"BTA"银行的信用评级。惠誉将"BTA"银行长期本币和发行人违约评级从"CCC"级调升至"B"级，展望"正面"；将其短期本币和外币发行人违约评级从"C"级调升至"B"级；高级无抵押债券担保评级从

---

① 艾吉尔古丽. 惠誉下调哈萨克斯坦银行信用评级 [EB/OL]. 亚心网，2009 – 05 – 04.
② "RD"：表明一个实体没有能够，在"宽限期内"按期偿付部分而不是所有的重要金融债务，同时仍然能够偿付其他级别的债务。
③ 刘博. 标普下调哈"图兰—阿列姆银行"评级为"D"级 [EB/OL]. 中国驻哈萨克斯坦使馆经商参赞处，2009 – 04 – 30.
④ 刘博. 惠誉调高了 BTA 银行评级 [EB/OL]. 中国驻哈萨克斯坦使馆经商参赞处，2014 – 08 – 25.

"CCC"级调升至"B-/RR4"级;银行个体评级调至"CCC"级,并将该银行从评级观察名单中撤出。

(2)信用"3降1升"——哈萨克斯坦联合银行

哈萨克斯坦联合银行先后于2009年、2010年和2013年被标准普尔和穆迪进行了4次信用评级(1次升级,3次降级)。

2009年4月14日因其未能按期履行债务偿还,被标准普尔下调了信用评级,从"CC/C"级降为"SD"级(选择性违约)①。14个月以后,由于顺利完成了债务重组使其债务由45亿美元下降至10.8亿美元,于2010年6月10日被标准普尔上调了信用评级,其长期外币发行人违约评级由"D"级上调至"B-"级,短期违约评级由"D"级上调至"C"级,评级展望由"负面"上调为"稳定"②。

2010年10月22日,穆迪降低了联合银行的长期债务评级,将其优先无抵押本外币债务从B3级降至Caa2级,次级贷款本币评级从Caa1级降至Caa3级,存款和债务评级展望为"发展",金融稳定评级为"稳定"③。

2013年9月24日,标准普尔称"联合银行在哈国内经济影响力变小,市场份额降低",而将其长期信用评级由"B-"级下调至"CCC+"级,短期信用评级降级至"C"级,尽管如此,由于联合银行的信贷能力依然保持了稳定的发展势头,所以,前景展望评级仍然保持"稳定"④。

(3)信用"5降1升"——哈萨克斯坦人民银行

哈萨克斯坦人民银行先后于2009年、2010年、2015年被标准普

---

① 标准普尔将哈联合银行信用评级降为"选择性违约"[EB/OL].中国驻哈萨克斯坦使馆经商参赞处,2009-04-17.
② 国际评级机构上调哈萨克斯坦两银行信用等级[EB/OL].中国驻哈萨克斯坦使馆经商参赞处,2010-04-14.
③ 穆迪降低对哈萨克斯坦四家商业银行的长期债务评级[EB/OL].中国驻哈萨克斯坦使馆经商参赞处,2010-10-22.
④ 刘博.标准下调哈联合银行评级[EB/OL].中国驻哈萨克斯坦使馆经商参赞处,2013-09-27.

尔、惠誉和穆迪进行了6次信用评级（1次升级，5次降级）。

2009年5月8日，因其资产状况令人担忧及获得政府支持的可能性下降，标准普尔将其长期外币发行人违约评级由"BB"级下调到"BB-"级①。就在这同一天，惠誉也将其②长期发行人违约评级从"BB-"级降为"B+"级。

2009年6月11日，由于其资产质量继续下降，流动性不足，资本化状况差，标准普尔将其长期外币发行人违约评级由"BB-"级下调至"B+"级，短期发行人违约评级仍维持"B"级，评级展望仍为"负面"③。

2010年1月25日，惠誉将其长期外币发行人违约等级定为"B+"级，并将评级展望由"负面"提升至"稳定"④。

2010年10月22日，穆迪将其优先无抵押外币债务评级由Ba2级降至Ba3级，所有评级展望为"稳定"⑤。

2015年2月17日，标准普尔下调哈萨克斯坦人民银行评级，展望由"稳定"降级为"负面"，长期信用评级BB+级，短期信用评级B级⑥。

（4）信用"6次降级"——哈萨克斯坦商业银行

哈萨克斯坦商业银行先后于2009年、2010年和2013年被标准普尔、惠誉和穆迪进行了8次信用评级。

2009年5月8日，由于其资产状况令人担忧及获得政府支持的可

---

① 国际评级机构下调哈萨克斯坦部分金融机构评级［EB/OL］. 中国驻哈萨克斯坦使馆经商参赞处，2009-05-08.
② 国际评级机构下调哈萨克斯坦部分金融机构评级［EB/OL］. 中国驻哈萨克斯坦使馆经商参赞处，2009-05-08.
③ 标普再次下调哈萨克斯坦两家银行评级［EB/OL］. 中国驻哈萨克斯坦使馆经商参赞处，2009-06-12.
④ 惠誉修改哈萨克斯坦三家银行评级［EB/OL］. 中国驻哈萨克斯坦使馆经商参赞处，2010-01-25.
⑤ 穆迪降低对哈萨克斯坦四家银行的长期债务评级［EB/OL］. 中国驻哈萨克斯坦使馆经商参赞处，2010-10-22.
⑥ 张圣鹏. 标准普尔下调哈萨克斯坦人民银行评级，展望为负［EB/OL］. 中国驻哈萨克斯坦使馆经商参赞处，2015-02-17.

能性下降，标准普尔将其长期外币发行人违约评级由"BB-"级下调到"B+"级①。就在同一天，惠誉将其长期发行人违约评级从"BB-"级降为"B-"级。并将其设在俄罗斯的子银行——莫斯科商业银行的长期评级从"B-"级降为"CCC"级②。

2009年6月11日，由于其资产质量继续下降，流动性不足，资本化状况差，标准普尔将其长期外币发行人违约评级由"B+"级下调到"B"级。短期发行人违约评级由"B"级下调至"C"级，评级展望仍为"负面"③。

2010年1月25日，惠誉将其评级展望维持为"负面"④。

2010年6月11日，由于其按期偿还了几笔外债，吸储能力良好，惠誉将其评级展望由"负面"提高至"稳定"，维持其长期发行人违约评级"B-"级和短期发行人违约评级"B"级⑤。

2010年1月29日，穆迪将其长期债券评级由"B3"级下调至"Caa1"级⑥。

2010年10月22日，穆迪没有改变其存款评级，而将其优先无抵押外币债务评级由Ba3级降至B2级、次级债务评级由B1级变为B3级，存款和债务评级展望为"负面"，金融稳定展望为"稳定"⑦。

---

① 国际评级机构下调哈萨克斯坦部分金融机构评级［EB/OL］．中国驻哈萨克斯坦使馆经商参赞处，2009-05-08．

② 国际评级机构下调哈萨克斯坦部分金融机构评［EB/OL］．中国驻哈萨克斯坦使馆经商参赞处，2009-05-08．

③ 标普再次下调哈萨克斯坦两家银行评级［EB/OL］．中国驻哈萨克斯坦使馆经商参赞处，2009-06-12．

④ 惠誉修改哈萨克斯坦三家银行评级［EB/OL］．中国驻哈萨克斯坦使馆经商参赞处，2010-01-25．

⑤ 国际评级机构上调哈萨克斯坦两银行信用等级［EB/OL］．中国驻哈萨克斯坦使馆经商参赞处，2010-06-14．

⑥ 穆迪降低哈萨克斯坦三家银行的评级［EB/OL］．中国驻哈萨克斯坦使馆经商参赞处，2010-01-29．

⑦ 穆迪降低对哈萨克斯坦四家银行的长期债务评级［EB/OL］．中国驻哈萨克斯坦使馆经商参赞处，2010-10-22．

2013年9月24日,由于其资产质量恢复较慢,盈利能力较差,不良贷款率达到37.5%,标准普尔将其长期次级银行债务评级从"B-"级下调到"CCC+"级,初级次债评级为"CCC-"级,银行风险评估从"温和"下调为"弱"①。

(5)信用"3次降级"——哈萨克斯坦"中央贷款"银行

2009—2010年,惠誉国际评级机构对哈萨克斯坦"中央贷款"银行进行了4次评级(3次降级、1次升级)。

2009年5月8日惠誉因"中央贷款"资产状况令人担忧及获得政府支持的可能性下降,将其长期发行人违约评级从"B+"级降为"B"级②。

2010年1月25日,惠誉将其长期外币发行人违约等级定为"B"级,并将评级展望由"发展中"提升至"稳定"③。

2010年1月29日,穆迪将其长期债券评级由"B2"级下调至"B3"级④。

2010年10月22日,穆迪将其优先无抵押外币债务评级从Ba3级降至B1级,存款和债务评级展望为"负面",给予展望"稳定"评级⑤。

(6)信用"连降6级"——哈萨克斯坦ATФ银行

2013年5月9日,由于ATФ银行呈现负盈利、发展战略不确定和发行人失责,惠誉给予ATФ银行连降六个等级至"B"级的评级。

(7)信用"降级"——哈萨克斯坦"ATF银行"

---

① 李硕. 标准普尔下调哈商业银行评级[EB/OL]. 中国驻哈萨克斯坦使馆经商参赞处,2013-09-26.
② 国际评级机构下调哈萨克斯坦部分金融机构评级[EB/OL]. 中国驻哈萨克斯坦使馆经商参赞处,2009-05-08.
③ 惠誉修改哈萨克斯坦三家银行评级[EB/OL]. 中国驻哈萨克斯坦使馆经商参赞处,2010-01-25.
④ 穆迪降低哈萨克斯坦三家银行的评级[EB/OL]. 中国驻哈萨克斯坦使馆经商参赞处,2010-01-29.
⑤ 穆迪降低对哈萨克斯坦四家银行的长期债务评级[EB/OL]. 中国驻哈萨克斯坦使馆经商参赞处,2010-10-22.

2010年1月29日,穆迪将ATF银行低级次级长期债券的评级由"Ba3"级降至"B1"级①。

(8) 信用"稳定"——哈萨克斯坦RBK银行

2013年6月5日,因RBK银行资金率充足、流动性强、盈利预期好、预期发展快,标准普尔将其信用评级定为B-/C级,给予展望"稳定"评级②。

(9) 信用由"积极"到"负面"——哈萨克斯坦欧亚开发银行

2012年1月16日,惠誉因哈萨克斯坦欧亚开发银行资本雄厚、资产优质、业务稳健、信贷优良、贷款分散,而将其③长期发行人违约评级定为"BBB"级,短期发行人违约评级定为"F2"级,给予展望"积极"评级。

2013年7月17日,由于哈萨克斯坦欧亚银行市场份额较大,盈利显著提高,资产质量中性及稳定的风险管理系统,保守的增长战略,标准普尔将其信用评级定为B+级,短期和中长期贷款评级定为B+/B级,给予展望"积极"评级④。

2015年6月22日,标准普尔因为哈萨克斯坦欧亚开发银行面临着经营环境恶化带来的不确定因素而导致的风险,以及随着2015—2016年其贷款组合质量下降、经济环境恶化导致财务指标下降,给予其长(短)期外币负债评级"BBB/A-2",国内评级"kzAA++"级和"ruAAA"级,展望"负面"的评级⑤。

---

① 穆迪降低哈萨克斯坦三家银行的评级 [EB/OL]. 中国驻哈萨克斯坦使馆经商参赞处, 2010-01-29.

② 李硕. 标准普尔确定哈RBK银行信用评级为B-/C级, 展望稳定 [EB/OL]. 中国驻哈萨克斯坦使馆经商参赞处, 2013-06-13.

③ 周浩. "惠誉"将欧亚开发银行长期发行人违约评级定为"BBB"级 [EB/OL]. 中国商务部网站, 2012-01-16.

④ 刘博. 标准普尔确定欧亚银行信用评级为B+级, 展望积极 [EB/OL]. 中国驻哈萨克斯坦使馆经商参赞处, 2013-07-26.

⑤ 李硕. 标准普尔确定欧亚开发银行评级为"BBB/A-2"级, 展望为"负" [EB/OL]. 中国驻哈萨克斯坦使馆经商参赞处, 2015-06-29.

（10）信用"稳定"——哈萨克斯坦发展银行

2013年11月22日，惠誉将哈萨克斯坦发展银行本币及外币长期发行人违约评级定为"BBB"级，展望为"稳定"①。

（11）信用"稳定"——哈萨克斯坦进出口银行

2015年9月29日惠誉给予哈萨克斯坦进出口银行长期信用评级B-级，长期展望为"稳定"，短期外币发行人违约评级"B"级，长期展望为"稳定"②。由于哈萨克斯坦进出口银行的市场地位有限、资产质量较弱、在资金方面对股东的高度依赖及适中的盈利能力而给予"稳定"评级。

2016年3月17日标准普尔将哈萨克斯坦进出口银行评级定为"B-/C"级和"KzBB-"级，展望为"稳定"③。因为哈萨克斯坦进出口银行按时归还本息，持有的资本和债务保持基本一致，很少通过货币掉期交易，有更多的资金提升本币流动性，而且该行在未来12个月都能一如既往地保持业务风险和金融风险的稳定状态而给予"稳定"评级。

（12）信用"升级"——哈萨克斯坦采斯纳银行

自2010年以来，哈萨克斯坦采斯纳银行在整个哈萨克斯坦银行系统中的重要性逐渐提高，采斯纳银行的信贷能力较为稳定，加上哈萨克斯坦政府为银行提供资金的可能性很高，2014年6月19日，标准普尔将哈萨克斯坦采斯纳银行长期交易对手信用评级由"B"级调升至"B+"级；短期交易对手信用评级定为"B"级。将该行"系统重要性"评级由"低级"提高至"合理"，给予该行未来评级展望"稳

---

① 李硕. 惠誉将哈国家发展银行评级定为"BBB"级，展望未来"稳定"[EB/OL]. 中国驻哈萨克斯坦使馆经商参赞处, 2013 - 11 - 28.
② 舒艳. 惠誉国际公布哈萨克斯坦进出口银行长期信用评级B-级[EB/OL]. 中国驻哈萨克斯坦使馆经商参赞处, 2015 - 09 - 29.
③ 刘博. 标准普尔调整哈萨克斯坦进出口银行评级[EB/OL]. 中国驻哈萨克斯坦使馆经商参赞处, 2016 - 03 - 17.

定"①。

2015年10月30日,标准普尔调高了采斯纳银行的信用评级,并且根据采斯纳银行的独立信用状况确定其外币发行人违约评级可持续为B+级②。

与其他同级别金融机构相比,采斯纳银行由于适度的零售客户基础和风险程度较低,其不良贷款处于一个较低水平,具备一定的盈利能力,且可以从政府机构获得资金支持,因此得到以上评级。

(13) 信用"稳定"——阿斯塔纳银行

2015年8月12日标准普尔上调了阿斯塔纳银行的评级,将长期信贷评级由"B-"级上调至"B"级,短期信贷评级由"C"级上调至"B"级,未来信用评级展望为"稳定"③的评级。由于阿斯塔纳银行与哈萨克斯坦国有企业保持紧密合作,加上其银行资本集中化、资产和贷款多元化、银行资本具有较好的流动性的特点而给予"稳定"评级。

(14) 信用由"稳定"到"负面"——Kaspi银行

2014—2015年,穆迪先后两次对Kaspi银行进行了信用评级。

2014年7月9日,穆迪将哈萨克斯坦"Kaspi"商业银行的储蓄评级定为"B1/非优质"级,金融稳定性评级定为"E+"级,本币或外币无担保债务评级定为"B1"级,本币次级债务评级定为"B2"级,国家发行评级定为"Ba2.Kz"级,银行债务的未来展望由"负面"改为"稳定"④。

2015年5月4日,穆迪再次下调了Kaspi银行本(外)币高级无担

---

① 刘博. 标准普尔调高了哈萨克斯坦采斯纳银行评级 [EB/OL]. 中国驻哈萨克斯坦使馆经商参赞处, 2014-06-23.
② 舒艳. 惠誉国际确认哈萨克斯坦采斯纳银行长期本外发行人违约评级B+级,评级展望为稳定 [EB/OL]. 中国驻哈萨克斯坦使馆经商参赞处, 2015-10-30.
③ 刘博. 标准普尔上调了阿斯塔纳银行的评级 [EB/OL]. 中国驻哈萨克斯坦使馆经商参赞处, 2015-08-12.
④ 刘博. 穆迪将Kaspi银行储蓄评级调制"B1/非优质"级 [EB/OL]. 中国驻哈萨克斯坦使馆经商参赞处, 2014-07-14.

保债券评级，从 B1 级下调到 B2 级，基准信用评估从 B1 级下降到 B2 级，本币次级债务评级从 B2 级下调至 B3 级，国家发行评级从 Ba2. Kz 级下调至 Ba3. Kz 级，长期无担保贷款国际规模评级展望为"负面"，长期存款国际规模评级展望从"稳定"转变为"负面"①。

（15）信用"降级"——哈萨克斯坦联盟银行

2014 年初，哈萨克斯坦联盟银行承诺在最初合同条款框架内，减少优先级和次级债务，以优化银行资本结构，但是在实际操作过程中，却是以降低最初合同条款标准的方法进行，惠誉将这种做法看成是"通过交易坏账"的方法限制违约发生，加上哈萨克斯坦联盟银行没有执行 2014 年 3 月 3 日阿拉木图金融法院作出的有关该行在 10 个宽限期内进行息票支付的裁决，即该行在 2014 年 3 月 25 日之后没有按期进行息票支付而出现优先级债务违约，惠誉将其长期发行人违约评级从"C"级降至"RD"级，稳定评级由"C"级降至"F"级②。

（16）信用"稳定"——哈萨克斯坦农业信贷集团

由于哈萨克斯坦农业信贷集团具有非常强劲的资本和盈利指标，适度发展的经营政策，温和的流动性指数和较低水平的银行系统基金化水平，并且能够及时得到哈萨克斯坦政府的紧急支援，2014 年 6 月 6 日标准普尔给予农业信贷集团长期信用评级"BB +"级和短期信用评级"B"级的评级，全国资产规模评级"KzAA"级，未来评级展望为"稳定"③。

（17）信用"降级"——哈萨克斯坦铁米尔银行

2014 年 5 月萨姆鲁克—卡泽纳国家福利基金向拥有 ForteBank 银行 80.9% 和联合银行 16% 的股份的布拉特·乌杰姆拉托夫出售了铁米尔

---

① 李硕. 穆迪下调 Kaspi 银行债务评级 [EB/OL]. 中国驻哈萨克斯坦使馆经商参赞处，2015 - 05 - 04.
② 刘博. 惠誉降低哈联盟银行评级 [EB/OL]. 中国驻哈萨克斯坦使馆经商参赞处，2014 - 04 - 03.
③ 李硕. "农业信贷集团"标准普尔评级为"BB +/B"级，展望为"稳定" [EB/OL]. 中国驻哈萨克斯坦使馆经商参赞处，2014 - 06 - 10.

银行的股份,考虑到三家银行合并的风险,标准普尔于 2014 年 10 月 6 日,将铁米尔银行短期交易对手信用评级从"B"级下调到"C"级,长期信用评级保持"B-"级,国内规模评级"KzBB"级,次级债务评级从"CCC+"级下调至"CCC"级,未来展望评级为"稳定"[①]。标准普尔认为未来铁米尔银行的信用评级提高的可能性非常有限。

(18) 信用"降级"——哈萨克斯坦里海银行

2016 年 5 月 12 日,穆迪将哈萨克斯坦里海银行的国内信用评级由 Ba3. kz 级调整为 Baa3. kz 级,将中央信贷银行的国内信用评级由 B1. kz 级调整为 Ba2. kz 级[②]。

尽管近年来哈萨克斯坦大多数银行的资产结构得以优化,债务规模得到缩减,特别是 2013 年以哈萨克斯坦人民银行、联合银行等为代表的大型银行都实现了负债减少、利润增长的目标,避免了一场由外在危机而引发哈萨克斯坦银行业系统危机的爆发,然而在哈萨克斯坦,依然有 8 家银行在亏损,仍有 25% 的银行收不抵支,还有一些银行的利润急速下降(哈萨克斯坦进出口银行 2013 年 9 月末的净利润 1 470.81 亿坚戈,同比下降 220%[③]),甚至"由盈转亏"(哈萨克斯坦铁米尔银行 2012 年 9 月末实现净利润 23.96 亿坚戈,却在 2013 年 9 月末出现净亏损 41.39 亿坚戈[④]),特别是 2013 年标准普尔对哈萨克斯坦第一大银行——哈萨克斯坦商业银行的信用再次降级,惠誉对拥有哈萨克斯坦银行业 20% 份额的 ATΦ 银行信用连降六级的现状,再次昭示着哈萨克斯坦银行体系中,特别是那些规模很大、份额很多的大银行,并没有完全摆

---

① 李硕. 标准普尔下调哈萨克斯坦铁米尔银行信用评级 [EB/OL]. 中国驻哈萨克斯坦使馆经商参赞处, 2014 - 09 - 24.
② 李硕. 穆迪调整数家企业和银行排名 [EB/OL]. 中国驻哈萨克斯坦使馆经商参赞处, 2016 - 05 - 16.
③ 刘博. 1—9 月哈进出口银行净利润下降逾 2 倍 [EB/OL]. 中国驻哈萨克斯坦使馆经商参赞处, 2013 - 11 - 04.
④ 张圣鹏. 1—9 月哈萨克斯坦铁米尔银行净亏损 41 亿坚戈 [EB/OL]. 中国驻哈萨克斯坦使馆经商参赞处, 2013 - 10 - 24.

脱金融危机的影响，信用风险隐患依然存在的事实。

（五）哈萨克斯坦政府处置银行危机的能力很强

哈萨克斯坦政府和中央银行共同制定的《2009—2010年稳定经济和金融联合措施》①在2008年国际金融危机期间发挥了积极作用，哈萨克斯坦"萨姆鲁克—卡泽纳"国家福利基金多次向BTA银行、联合银行、人民银行和商业银行等多家银行注资，顺利完成了BTA银行等多家银行的债务重组，确保了其银行体系的稳定。

哈萨克斯坦政府成功实施了被认为是世界上最有效反危机计划之一的"五件大事"纲要②，在国际金融危机致使世界经济一直处于低迷状态的背景下，哈萨克斯坦却在社会经济发展方面取得了令人瞩目的成就，成为世界上继中国和印度之后发展最快的三大经济体之一，经济的稳步发展成为哈萨克斯坦银行体系避免金融危机爆发的重要经济基础。

虽然，2012年哈萨克斯坦银行业的总资产增长8.2%，净资产比率从10.2%增长到了14.4%③，然而其银行业再次没有能够达到改善或稳定资产质量的期望。2012年哈萨克斯坦银行业不良贷款额增加6 000亿坚戈（截至2012年末累计达4.3万亿坚戈），不良贷款在总贷款组合中的比重高达44.5%，贷款潜在损失形成的预计负债增加6 400多亿坚戈（截至2012年末累计达4万亿坚戈），银行业亏损额超过2 000亿坚戈，银行利润仅够弥补7家银行的亏损。整体而言，哈萨克斯坦银行业共有8家银行亏损，几乎1/4信贷机构支出大于收入。2012年前11个月，哈萨克斯坦银行业损失近1.3万亿坚戈，负资产2 410亿坚戈，哈萨克

---

① 张圣鹏．哈萨克斯坦中央银行20年不平凡的历程［EB/OL］．中国驻哈萨克斯坦使馆经商参赞处，2013 – 04 – 17．
② 周浩．哈萨克斯坦近年来经济发展成就引人瞩目［EB/OL］．中国驻哈萨克斯坦使馆经商参赞处，2012 – 01 – 31．
③ 2012年哈萨克斯坦银行业概况［EB/OL］．中国驻哈萨克斯坦使馆经商参赞处，2013 – 04 – 07．

斯坦银行体系依然没有完全摆脱信用风险的困扰。特别是2014年以来国际油价大跌、俄罗斯经济金融危机以及坚戈贬值的影响，对哈萨克斯坦银行业再次带来冲击，2014年初有关Kaspi银行、联合银行和中央信贷银行破产的传闻，致使联合银行10天内银行存款流出550亿坚戈①，Kaspi损失了400亿坚戈的存款。实际上，就在2014年底至2015年初哈萨克斯坦经济深陷危机谷底之时，哈萨克斯坦的银行业也深陷其中，在所难免，哈萨克斯坦银行业的坏账比例继续升高②，哈萨克斯坦中央银行行长克里姆别托夫称，截至2014年3月末，哈萨克斯坦银行业坏账比例高达33%③，截至2014年6月末，哈萨克斯坦20万人办理的按揭贷款中，有3万人资不抵债，有15%的抵押贷款不具备偿付能力④。

在解决哈萨克斯坦银行业存在大量不良贷款的问题上，哈萨克斯坦政府及中央银行采取了以下措施：

1. 资金支持。2014年哈萨克斯坦中央银行从国家基金下属的"不良资产基金"中出资2 500亿坚戈⑤以赎回银行不良资产的方式解决二级银行的不良资产问题，确保了二级银行及金融体系的安全。哈萨克斯坦政府和中央银行在2014—2015年再次从国家基金划拨专项资金1万亿坚戈⑥，用于清理国内商业银行的不良资产，帮助国内商业银行健康发展。1万亿坚戈专项资金的使用是通过将国家基金存入二级银行并由二级银行对国内制造业和中小企业提供年利率7%，期限7年的贷款；

---

① 李硕. 哈人民银行存款流入30亿美元［EB/OL］. 中国驻哈萨克斯坦使馆经商参赞处，2014 – 03 – 06.

② 张圣鹏. 哈萨克斯坦央行希望2015年贷款额增长10%［EB/OL］. 中国驻哈萨克斯坦使馆经商参赞处，2015 – 02 – 16.

③ 蒋小林. 哈央行要求从2016年1月1日起银行坏账占比不得高于10%［EB/OL］. 中国驻哈萨克斯坦使馆经商参赞处，2014 – 04 – 18.

④ 刘博. 哈央行称约15%的抵押贷款不具备偿还能力［EB/OL］. 中国驻哈萨克斯坦使馆经商参赞处，2014 – 07 – 24.

⑤ 李硕. 2014年哈政府将出资解决银行不良资产问题［EB/OL］. 中国驻哈萨克斯坦使馆经商参赞处，2014 – 04 – 28.

⑥ 刘博. 哈将再次动用国家基金支持国内商业银行发展［EB/OL］. 中国驻哈萨克斯坦使馆经商参赞处，2014 – 03 – 05.

对大型项目建设提供规模在 1 000 万 ~ 5 000 万美元，期限 10 年的贷款发放方式来进行。2015 年哈萨克斯坦中央银行从国家基金下属的"不良资产基金"中出资 1 300 亿坚戈①，来实施"扶持抵押贷款"相关措施，通过为二级银行提供长期融资支持，向抵押贷款客户提供资金，以发挥国家基金实现降低不良贷款水平、调整解决抵押贷款债务的结构、优化银行资产的功能，提升了处理不良资产的效率。

2. 制度管理。为了增加本币坚戈的吸引力，增强商业银行本币坚戈的流动性，降低美元在哈萨克斯坦存贷款中的规模，降低哈萨克斯坦经济金融中的美元化程度，哈萨克斯坦中央银行重新修订并明确规定了本国商业银行各类负债储备所实施的最低准备金要求，从 2015 年 5 月 12 日起正式实施了本国商业银行最低准备金标准，要求商业银行在国内开展的本（外）币债务的最低准备金率分别是：短期本（外）币债务 2%，长期本（外）币债务 0；商业银行在国外开展的本（外）币债务的最低准备金率分别是：短期本（外）币债务 4%，短期外币债务 6%，长期本（外）币债务 2%。自哈萨克斯坦商业银行实施本（外）币差异准备金率以来，在一定程度上增强了坚戈国内金融工具的投资吸引力，降低了哈萨克斯坦国内经济美元化程度过高的问题，并增加了 400 亿坚戈的本币流动性。

与此同时，哈萨克斯坦中央银行要求本国商业银行从 2016 年 1 月 1 日起执行坏账比例不得超过 10% 的要求，坏账比例没有控制在 10% 的商业银行将被吊销营业执照。

不仅如此，哈萨克斯坦中央银行计划提高商业银行的最低资本金门槛，从 2014 年的 100 亿坚戈（按 2014 年汇率折合 0.55 亿美元）提高至 2019 年的 1 000 亿坚戈②（按 2014 年汇率折合 5.5 亿美元），新的最

---

① 刘博. 哈萨克斯坦央行增加了不良贷款基金的法定股本 [EB/OL]. 中国驻哈萨克斯坦使馆经商参赞处, 2015 – 04 – 21.
② 蒋小林. 到 2019 年哈商业银行最低资本金不得低于 1 000 亿坚戈 [EB/OL]. 中国驻哈萨克斯坦使馆经商参赞处, 2014 – 04 – 21.

低资本金标准的实施,将会对哈萨克斯坦商业银行现有机构进行整合,二级银行的家数将会出现大幅度的缩减,预计将从2014年的38家缩减到2019年的15~20家,这种强强联合的运作模式,目的在于提高哈萨克斯坦二级银行的国际竞争力。

3. 法律约束。哈萨克斯坦颁布的《金融体系稳定法》《哈萨克斯坦共和国关于银行业及金融机构风险最小化监管若干问题修订法》《哈萨克斯坦共和国关于重组后二级银行继续发展的若干法律补充和修改法》等法案的实施,保护了商业银行自然存款人和企业的所有权利益,增强了居民和企业对哈银行体系的信任,吸引了更多的国内储蓄和资金,成为摆脱哈萨克斯坦银行体系过度依赖外资所引发债务危机的重要保障。

尽管,近年来哈萨克斯坦大多数银行的居民储蓄存款在不断增长,储蓄资产结构得以优化,同2006年哈萨克斯坦银行居民储蓄增长率高达73.3%[1]相比,2007年的居民储蓄增长率下降到了40%,随着国际金融危机的加深和蔓延,2008年的居民储蓄存款仅仅增加了3.6%。哈萨克斯坦政府反危机计划的实施,使得哈萨克斯坦银行的居民储蓄存款增加,2009年的居民储蓄增长率达到了29.1%,随着哈萨克斯坦国内经济、银行体系和坚戈币值的稳定,2010年的居民储蓄率同比增加15.8%,居民储蓄存款中美元化程度降低,坚戈储蓄存款占比提高至55.5%。随着哈萨克斯坦国内经济、金融形势的好转,2011年的居民储蓄同比增加22.6%,坚戈储蓄存款占比提高到了57.9%。2012年前4个月,居民储蓄存款同比增加7.8%,坚戈储蓄就占到了58.5%。与此同时,哈萨克斯坦银行业存款占负债的比重也大幅度提高,2012年7月至2013年7月自然人和法人存款在哈萨克斯坦银行债务中的比重已经提高到了75%[2]。

不仅如此,与2004—2007年哈萨克斯坦银行业的盲目扩张,大量从

---

[1] 奥西博夫. 哈萨克斯坦银行储蓄情况表明哈居民信任国家银行体系 [EB/OL]. 中国驻哈萨克斯坦使馆经商参赞处, 2012 – 06 – 20.

[2] 蒋小林. 存款在哈萨克斯坦债务中占比达75% [EB/OL]. 中国驻哈萨克斯坦使馆经商参赞处, 2013 – 09 – 27.

国际金融市场上举债，外债规模年均增长111%，2007年达到顶峰460亿美元[①]相比，哈萨克斯坦银行业的债务规模得到了大幅度的缩减，哈萨克银行业外债规模得到了有效的控制。金融危机期间，哈政府对银行业实施救助，通过注资、收购、债务重组等方式，成功化解了哈银行业的债务危机，外债规模从2007年的470亿美元（占GDP50%）减少到2013年4月末的90亿美元（占GDP4.5%）[②]。特别是2013年以哈萨克斯坦人民银行、联合银行等为代表的大型银行都实现了负债减少、利润增长的目标，避免了一场由外在危机而引发哈萨克斯坦银行业系统性危机的爆发。

（六）哈萨克斯坦银行安全的分析结论

哈萨克斯坦银行业尚待解决的主要问题依然是存在过多质量低下的银行贷款，这些过多的不良贷款主要来自"BTA"银行、联合银行和铁米尔银行，特别是"BTA"银行的不良贷款主要集中在哈萨克斯坦境外，这就制约了哈萨克斯坦银行的支付能力。

不仅如此，在哈萨克斯坦，依然有8家银行亏损，25%的银行收不抵支，一些银行的利润急速下降，甚至出现亏损，特别是2013年标准普尔对哈萨克斯坦第一大银行——哈萨克斯坦商业银行的信用再次降级，惠誉对拥有哈萨克斯坦银行业20%份额的АТФ银行信用连降六级，再次昭示着哈萨克斯坦银行业一部分银行，并没有完全摆脱金融危机的影响。

2015年5月19日标准普尔发布《哈萨克斯坦银行业现状评估报告》称预计2015—2016年哈萨克斯坦贷款增速下降到2%~5%，远低于2010—2014年的10%的平均水平。两大因素制约哈信贷市场：一是国家监管机构大力调控并出资建立不良贷款基金，二是中等银行的贷款组合质量受经济增速放缓以及消费信贷走势不佳的影响而下降。虽然哈

---

① 蒋小林. 哈萨克斯坦银行外债逐步回落［EB/OL］. 中国驻哈萨克斯坦使馆经商参赞处，2010 – 08 – 31.
② 蒋小林. 近6年哈萨克斯坦商业银行外债减少380亿美元［EB/OL］. 中国驻哈萨克斯坦使馆经商参赞处，2013 – 05 – 24.

萨克斯坦银行业的不良贷款情况有所好转，但仍然存在负面趋势，很难得到迅速有效的扭转。事实证明，2015 年哈萨克斯坦银行贷款负增长，这一新的问题使得过去 4~5 年迅速发展的银行现在开始面临贷款组合质量恶化的问题，风险隐患依存[①]。

二、吉尔吉斯斯坦的银行安全分析

（一）吉尔吉斯斯坦银行业的发展

吉尔吉斯斯坦的商业银行是伴随着吉尔吉斯斯坦银行体系的建立而逐渐建立和发展起来的，1992 年刚刚独立不久的吉尔吉斯斯坦，首先组建了吉尔吉斯斯坦中央银行——国家银行，在原有二级商业银行的基础上，又批准设立了一批私人资本注资的商业银行。1994 年基本形成了以中央银行——国家银行为核心，以商业银行为基础的两级银行体系。

20 多年来，吉尔吉斯斯坦的商业银行及其分支机构也在不断增加，由建立初期的 18 家商业银行，发展到 2001 年的 21 家，发展到 2013 年的 24 家，商业银行分支机构由建立之初的 114 家，发展到 2001 年的 156 家，发展到 2013 年的 289 家，实现了每 1 万人拥有两家银行分支机构的合理规模，银行分支机构普及程度较高，在吉尔吉斯斯坦全国开展吸收公众存款，办理各类贷款的同时，还承担着执行吉尔吉斯斯坦国家银行的货币、金融政策等任务，承担并完成着吉尔吉斯斯坦全国重要领域的金融业务活动，是吉尔吉斯斯坦金融领域的主要力量。

（二）吉尔吉斯斯坦银行业的经营稳健

长期以来，吉尔吉斯斯坦的商业银行体系呈现整体经营状况良好，

---

① 李硕. 标准普尔预计 2015—2016 年哈贷款增速下降到 2%~5%［EB/OL］. 中国驻哈萨克斯坦使馆经商参赞处，2015 - 05 - 22.

资产规模迅速增长，存贷款业务不断发展，具有资本充足、稳健经营传统金融业务、风险小、安全性高的特点。

吉尔吉斯斯坦的商业银行，无论是在正常年份，还是在2008年的国际金融经济危机时期，其整体经营状况均呈现良好状态。2006年吉尔吉斯斯坦商业银行存贷款收益率高达22.4%，居独联体国家前列。2007年吉尔吉斯斯坦最大的商业银行——投资进出口银行因为成功运作小额信贷业务，贷款规模增长迅速而被欧洲最有影响的"Euromoney"杂志评选为2007年中亚年度最佳银行，是中亚国家唯一获此殊荣的本土银行。2008年正当主流金融体系遭受金融危机重创，利润大幅度减少之时，吉尔吉斯斯坦所有的商业银行却全部实现了利润增长，吉尔吉斯斯坦银行业2008年实现总利润5 031万美元，较2007年增长18.7%。

多年来，吉尔吉斯斯坦银行业的资产规模迅速增长，长期保持银行资产规模居独联体国家前列的地位，尤其是在2008年国际金融危机时，以美国为代表的主流银行体系资产规模都大幅度减少的背景下，吉尔吉斯斯坦银行业的资产规模不仅没有减少，反而呈现大幅度增加，2008年银行业资产规模达到了15.01亿美元，比2007年增长了30.4%，比2006年增长了102.9%，2014年银行业资产规模接近20亿美元，占吉尔吉斯斯坦当年GDP的29%，银行业对经济的贡献和作用不断增强。

近年来，吉尔吉斯斯坦银行业的本外币存贷款业务不断增长，资本充足率很高。2013年吉尔吉斯斯坦银行业本（外）币存款总额13.9亿美元，本（外）币贷款总额12.2亿美元，2013年吉尔吉斯斯坦银行业的资本充足率高达25%，是《巴塞尔新资本协议》8%标准的3倍之多，2014年3月的储蓄业务较同期增长2.6%，信贷业务较同期增长2.3%。

（三）吉尔吉斯斯坦银行业的竞争激烈

随着吉尔吉斯斯坦经济制度私有化改革的不断深入，吉尔吉斯斯坦银行业的私有化进程也呈现快速发展状态，在吉尔吉斯斯坦政府鼓励银行私有化改革，希望通过外部力量助推吉尔吉斯斯坦银行业私有化改革的政策推动下，外资银行不仅纷纷在吉尔吉斯斯坦设立了分支机构，而且在不断地收购吉尔吉斯斯坦的本土银行，特别是2006年以来，外资银行重组兼并吉尔吉斯斯坦本土银行的事件多有发生，以哈萨克斯坦银行入股收购的最多。截至2015年末，在吉尔吉斯斯坦的外资银行有哈萨克斯坦人民银行吉尔吉斯斯坦分行，卡拉姆多斯银行吉尔吉斯斯坦分行，哈萨克斯坦商业银行吉尔吉斯斯坦分行，土耳其铁米尔国际银行吉尔吉斯斯坦分行，立陶宛玛纳斯银行股份公司，俄罗斯伊斯兰经济银行股份公司，俄罗斯投资银行股份公司，巴基斯坦国民银行吉尔吉斯斯坦分行，欧洲联合信贷银行吉尔吉斯斯坦股份公司，欧洲银行吉尔吉斯斯坦分行，长安银行股份公司吉尔吉斯斯坦分公司等，由于吉尔吉斯斯坦政府给予外资银行享受吉尔吉斯斯坦本土银行同样的国民待遇，可以自由经营本币索姆和外汇存贷款等金融业务，因此，吉尔吉斯斯坦本土银行面临着激烈的外部竞争压力。

不仅如此，由于吉尔吉斯斯坦国内资金短缺，吉尔吉斯斯坦银行业的贷款利率远远高于国际银行业贷款利率的平均水平，2013年吉尔吉斯斯坦本币索姆的贷款平均利率高达21.3%，外币贷款的平均利率高达17.7%，众多的小额融资机构的贷款利率甚至高达70%左右，吉尔吉斯斯坦居民和中小企业融资难、融资贵的问题时有发生。相对而言，在吉尔吉斯斯坦的外资银行却能够为吉尔吉斯斯坦居民和企业提供利率水平较低的贷款，吉尔吉斯斯坦居民和企业更愿意到外资银行筹借利率较低的资金，使得吉尔吉斯本土银行面临较大的外资银行竞争压力。

（四）吉尔吉斯斯坦银行安全的分析结论

长期以来，吉尔吉斯斯坦银行业主要从事吸收存款，发放贷款及转账结算等传统金融业务，业务经营范围狭窄，银行体系相对比较封闭，很少利用国际金融市场融资,没有涉足美国次级贷款,没有参与任何金融衍生产品的交易,任何一次金融危机或经济危机都没有冲击到吉尔吉斯斯坦银行业,吉尔吉斯斯坦银行业不仅没有遭受历来金融危机的冲击,反而在西方主流金融机构纷纷宣布重组兼并之际,表现出利润率大增、资产规模迅速发展、资本充足、风险小、安全性强、稳健经营的状态。

但是,吉尔吉斯斯坦银行业发展中存在着本土银行外资化程度较高、本外币存贷款利率很高、不能满足吉尔吉斯斯坦经济发展中的资金需求、居民和中小企业融资难、融资贵问题突出、对经济发展的支持力度较弱的问题,2013年吉尔吉斯斯坦银行业本外币存款总额仅占其当年GDP的19.1%,本外币贷款总额仅占其当年GDP的16.8%。银行业支付体系电子化程度较低,人均拥有银行卡不足0.1张,现代技术在银行业务中的运用依然处于非常落后的状态。

总体而言,吉尔吉斯斯坦银行业不存在系统性金融风险和信用危机,处于银行安全状态。

三、塔吉克斯坦的银行安全分析

（一）塔吉克斯坦银行业的发展

独立不久的塔吉克斯坦,发生了长达5年之久的国内战争,使得塔吉克斯坦的经济、金融发展停滞,阻碍了银行业的建立与发展,因此塔吉克斯坦是中亚五国中银行业发展最缓慢的国家,随着1997年国内战争的结束和塔吉克斯坦经济、金融的发展,塔吉克斯坦银行体系才逐渐地得以建立和发展,形成了以塔吉克斯坦中央银行（国家银行）、商业银行（国有银行）和非国有商业银行组成的银行体系。

2005年塔吉克斯坦仅有12家商业银行,其中,11家国内银行,1

家外资银行，2006 年成立了股份制商业银行——塔吉克斯坦开发银行，商业银行由 11 家增加到了 12 家。

随着国内银行的建立，外资银行也开始入驻塔吉克斯坦，自 2005 年起外国银行开始关注塔吉克斯坦银行业，伊朗一家银行在塔吉克斯坦开设办事处。2007 年起，塔吉克斯坦开始放开对外国银行进入本国金融市场的限制，3 家哈萨克斯坦银行和 1 家俄罗斯银行在塔吉克斯坦申请注册，随后吉尔吉斯斯坦金融贷款银行在塔吉克斯坦设立代表处，2009 年欧亚发展银行（俄罗斯和哈萨克斯坦两国联合设立）在塔吉克斯坦设立代表处。

塔吉克斯坦 2013 年有 16 家商业银行，其中 1 家国有商业银行——塔吉克斯坦储蓄银行，14 家股份制商业银行：农业投资银行、东方银行、塔吉克斯坦商业银行、塔吉克斯坦工业银行、外经银行、"艾斯卡特"银行、"主人"银行、"第一微型金融"银行、塔吉克斯坦发展银行、担保银行、福南银行、哈萨克斯坦商业银行塔吉克斯坦子行、"坎特投资"银行（合资银行）和巴基斯坦银行塔吉克斯坦子行；1 家外国银行在塔吉克斯坦分行——伊朗商业银行塔吉克斯坦分行。比较著名的银行有塔吉克斯坦农业投资银行、"艾斯卡特"银行、塔吉克斯坦外经银行、塔吉克斯坦工商银行和塔吉克斯坦东方银行。

（二）塔吉克斯坦银行业的经营效率较差

塔吉克斯坦银行业的整体实力都比较弱，2012 年末，16 家银行的资产规模仅为 22.12 亿美元，2013 年，塔吉克斯坦银行资产规模有所增加，2013 年 6 月末，16 家银行的资产规模增加至 24.93 亿美元，较 2012 年末增加 2.81 亿美元，增长 12.7%，2011 年，塔吉克斯坦银行业的资本总额仅有 3 亿美元，2012 年增加到了 4.83 亿美元，2013 年 6 月末增加到了 5.18 亿美元，较 2012 年末增加 0.35 亿美元，增长了 7.4%。

2005 年上半年居民储蓄存款 1.41 亿美元，2006 年上半年居民储蓄存款 1.81 亿美元，较 2005 年同期增长 28.5%，2009 年 3 月末存款 4.52 亿美元，其中居民储蓄存款 2.52 亿美元，占存款总额的 43%，2010 年 4 月末存款余额 7.08 亿美元，2011 年 4 月末存款余额 7.9 亿美元，较 2010 年同期增长 11.6%，2012 年末存款 10.33 亿美元，2013 年上半年存款 10.89 亿美元，较 2012 年末增长 5.4%，占负债总额的 43.7%。

2006 年 6 月末，发放贷款 4.18 亿美元，2008 年末发放贷款 2.19 亿美元，2009 年 3 月末发放贷款 2.26 亿美元，比 2008 年末增长 3.2%，2012 年末发放贷款 10.34 亿美元，2013 年 6 月末发放贷款 12.52 亿美元，较 2012 年末增加 2.18 亿美元，增长了 21.1%，占资产总额的 49.6%。

受塔吉克斯坦国内资金短缺的影响，塔吉克斯坦商业银行的贷款利率非常高，2006 年贷款年利率在 20%～24%，而塔吉克斯坦最大的银行——东方银行的贷款年利率较一般贷款利率 20%～24%，高出 4～5 个百分点。2007 年东方银行开始降低贷款年利率，规定总行的本币贷款利率为 20%，外币贷款利率为 18%；分支机构本币贷款利率为 22%，外币贷款利率为 20%。2009 年，塔吉克斯坦总统拉赫蒙要求调整财政和货币政策以便应对远未见底的经济危机，从 2009 年 4 月 20 日起，商业银行的贷款利率由 18% 下调至 14%，再贷款利率由 12% 下调至 10%，目的在于延长各级债务人的偿还期，以支持塔吉克斯坦银行体系的稳定发展。2011 年塔吉克斯坦商业银行的本币年贷款利率 17.09%，外币年贷款利率 15.69%，而塔吉克斯坦最大的银行——东方银行则执行本币贷款年利率高达 30%，外币贷款年利率高达 26% 的政策。

虽然，近年来塔吉克斯坦商业银行降低了贷款利率水平，但是依然高于国际贷款利率水平，然而，塔吉克斯坦商业银行并没有因为发放高于国际贷款利率水平的贷款而获得较高的资产收益率，2012 年塔吉克斯坦银行业的资产平均收益率竟然为 -0.57%，2013 年塔吉克斯坦银行业通过实行开源节流政策，通过提高利息收入、增加外汇业务收入和降低业务开支的途径，才使得资产平均收益率提高至 1.25%。

（三）塔吉克斯坦银行业受落后经济制约

塔吉克斯坦是一个经济发展非常落后的国家，贫困问题、饥饿问题是塔吉克斯坦经济发展中最严重的问题，世界粮食政策研究院和国际人道主义组织联合公布的《2015 年度世界饥饿指数》显示，塔吉克斯坦是中亚地区饥饿问题最严重的国家，2015 年因饥饿导致营养不良的人口比例塔吉克斯坦为 30.3%，是中亚五国中占比最高的国家，哈萨克斯坦为 8%、吉尔吉斯斯坦为 9.4%、土库曼斯坦为 12.9%、乌兹别克斯坦为 13.3%，均比塔吉克斯坦的 30.3% 低得多。

与此同时，塔吉克斯坦的居民收入水平与国际上的那些落后的非洲国家和战乱国阿富汗相当，联合国工业发展组织根据世界银行国家经济分类标准，即当人均国民收入低于 1 045 美元时，该国就被列为低收入国家。2015 年塔吉克斯坦人均国民收入仅有 1 080 美元，因此，2016 年联合国工业发展组织将塔吉克斯坦列为低收入国家，塔吉克斯坦也是中亚地区唯一一个被列入低收入的国家。

因为塔吉克斯坦经济发展落后、国民收入水平低，贫困问题严重，从而制约了塔吉克斯坦银行业的发展，银行业对塔吉克斯坦经济的贡献率也很低，2015 年塔吉克斯坦国内银行资产仅占其 GDP 的 20%，远远低于国际平均水平，欧洲复兴开发银行给予塔吉克斯坦银行系统不健全、银行服务覆盖面小、银行服务内容少的评价。

（四）塔吉克斯坦银行安全的分析结论

由于塔吉克斯坦金融业开放程度较低，塔吉克斯坦银行等金融机构与西方国家金融体系的联系不紧密，因此，2008 年国际金融危机对塔吉克斯坦银行业没有造成任何负面影响，塔吉克斯坦国内的银行、金融机构以及金融市场都显示出稳定的发展状态,特别是那些在塔吉克斯坦银行业中具有举足轻重的、以业务经营稳健而著称的大银行(塔吉克斯坦国家储蓄银行、东方银行、农业投资银行等)表现出相当程度的稳定性和增长性,这对塔吉克斯坦银行业的稳定发展起到了至关重要的作用。

外国银行加入塔吉克斯坦银行业,为塔吉克斯坦银行业的发展注入了新的活力,丰富了塔吉克斯坦银行的贷款业务种类,开展了支持农业及工业生产的小额贷款,支持商业发展的商业贷款,根据塔吉克斯坦外出打工居多的特点为出国打工者提供机票和住宿等形式的消费贷款,以及一些中等抵押贷款和租赁业务,为塔吉克斯坦居民提供多种银行服务,增强了塔吉克斯坦商业银行业吸引更多资金的能力。

总体而言,由于塔吉克斯坦银行业的服务范围较小,业务规模不大,主要从事商业银行的存款、贷款及转账结算三大传统业务,与国际金融市场的联系较少,虽然其资产规模太小、银行体系不健全、贷款利率远远高于国际贷款利率水平,其资产收益率很低,但是其违约贷款、不良贷款的规模非常小,银行业的发展比较平稳。

四、土库曼斯坦的银行安全分析

(一)土库曼斯坦银行业的发展

独立以来的土库曼斯坦随着经济的不断发展,推动了其商业银行的建立,形成了由土库曼斯坦的一级中央银行和二级商业银行构成的银行体系。土库曼斯坦的二级银行由 13 家商业银行组成,其中:国有银行 2 家——土库曼斯坦涉外经济银行和土库曼斯坦国家开发银行;国有商业银行 6 家——土库曼斯坦元首商业银行、土库曼斯坦国有商业银行、国有商业银行"农业银行"、国有商业银行"人民银行"、国有商业银行"总统银行"、国有商业银行"工商银行";股份制商业银行 1 家——国际卡拉库姆银行股份公司;投资银行 1 家——巴什银行;合资银行 1 家——"土库曼—土耳其"银行股份公司;外国银行分行 2 家——伊朗商业银行分行和巴基斯坦国民银行分行。

(二) 土库曼斯坦银行业务迅速发展

独立以来,土库曼斯坦非常重视国民经济的发展,特别强调银行对经济发展的资金支持作用,土库曼斯坦银行业不仅给予国内农业、工业、建筑业、食品、运输及通讯领域发展中的信贷支持,而且重视土库曼斯坦私营经济的发展,总统别尔德穆哈梅多夫多次强调国家银行一定要加强对国民经济领域的信贷投放,支持国民经济的发展,特别是从 2011 年以来,银行业的信贷投放力度不断增强,土库曼斯坦银行给企业和个人发放贷款规模由 2011 年的 34.33 亿美元,增加到了 2016 年 6 月末的 107.63 亿美元,增加了 73.3 亿美元,增长了 204.78%,2016 年上半年比 2015 年末增加了近 20 亿美元,增长率高达 22.45%,其中对居民和个体经营者的贷款支持力度大大提高,居民和个体经营者贷款占银行业贷款规模的比重由 2011 年的 16.14% 提高到 2016 年上半年的 23.27%,并且保持了较高的增长速度(见表 5-1)。

表 5-1　　　　土库曼斯坦银行信贷规模(2011—2016 年)　　　单位:亿美元

年份 项目	企业和个人贷款总额	居民和个体经营者贷款总额
2011	34.33	5.54
2012	49.64	9.64
2013	67.04	13.95
2014	89.67	22.33
2015	87.90	22.46
2016	107.63	25.05

资料来源:土库曼斯坦中央银行网站。

同其他中亚国家相比,土库曼斯坦的电子银行业务发展迅速,土库曼斯坦银行卡发卡量从2010年初的7 000张增长到2016年初的103.1万张,自动提款机从2010年初的3.5万个增长到2016年初的97.3万个,销售终端(POS机)从2010年初的14.2万户增长到2016年初的597.1万户。特别是2016年初土库曼斯坦电子银行业务量发展规模非常迅速,2016年初银行卡发卡量是103.1万张比2015年全年的39万张多出了64万张,增长了164.36%,2016年初自动提款机97.3万台,较2015年全年的51.5万台增加了45.8万台,增长了88.93%,2016年销售终端597.1万户,较2015年全年的104.9万户增加492.2万户,增长了469.21%(见表5-2)。

表5-2　　　土库曼斯坦网络银行业务发展简况(2010—2016年)

年份 项目	银行卡(万张)	自动提款机(万台)	销售终端(万户)
2010	0.7	3.5	14.2
2011	2.0	4.2	28.0
2012	3.7	9.7	38.2
2013	5.4	11.9	43.2
2014	8.4	14.4	49.8
2015	39.0	51.5	104.9
2016	103.1	97.3	597.1

资料来源:土库曼斯坦中央银行网站。

土库曼斯坦的商业银行主要为国内农业和工业经济的发展提供资金支持,为企业和居民提供存款、贷款和结算等传统银行业务,著名的土库曼斯坦人民银行是一家经营储蓄业务的银行,以吸收居民存款为主要业务。著名的土库曼斯坦农业银行是为土库曼斯坦国内工农企业服务的国有商业银行,以吸收居民存款、发放农户贷款、发放企业单位贷款、发放消费贷款为主,并为土库曼斯坦的自然人和法人办理出纳结算、银行卡、国际汇款、信用证等结算业务,提供贵金属、钱币等个人保险箱金融服务。

(三) 土库曼斯坦银行业支持经济稳定发展

为了加快土库曼斯坦的经济发展，土库曼斯坦政府将大兴土木建设、开发房地产、建设高档住宅小区作为拉动经济增长的一项国策，并制定了《2020年以前土库曼经济、政治和文化发展国家纲要》，纲要制定了关于居民住房私有化的目标——私有住房比例达到96.5%，人均居住面积35平方米。为了提高社会福利，进一步改善广大人民群众的居住条件，结合土库曼斯坦居民的购买力和支付能力，土库曼斯坦政府出台了一系列促进房屋销售及为居民提供优惠购房的贷款政策。从2000年起，土库曼斯坦政府向居民开始发放住房按揭贷款，贷款年利率3%，贷款期限10年。2003年为了提高社会福利，缓解居民还款压力，土库曼斯坦政府调整了住房贷款条件，将贷款年利率从2000年的3%降低至2004—2006年的1%，并给予5年宽限期的优惠。2006年通过"总统银行"向居民提供15年期的抵押贷款，贷款年利率1%，宽限期5年。2007年土库曼斯坦"总统银行"为居民发放贷款年利率仅有1%，贷款期限由15年延长至30年，并给予5年宽限期的住房优惠贷款，土库曼斯坦房地产市场的不断发展进一步促进了银行业务的扩张。

近年来土库曼斯坦政府采取各种措施支持私营企业和私营经济的发展，通过出台鼓励私营经济发展具有针对性的政策，来解决个体私营企业发展中面临资金不足的问题，通过土库曼斯坦国家农业银行为从事农业领域项目的个体私营企业提供融资，根据2015年签署的总统令，土库曼斯坦商业银行——农场银行向农业领域项目提供10年期、优惠利率仅为2%的贷款。通过土库曼斯坦工业银行和"黑纱"国际银行为土库曼斯坦从事工业、交通、通讯、服务、信息技术和其他创新产业领域项目的个体私营企业提供融资。为私营企业提供年利率5%、10年期的中长期贷款和贷款期限在1年以内的本币玛纳特和外汇的流动资金贷款。从国家稳定基金中划拨3亿玛纳特给国家开发银行,以低于1%的年息贷款给工业家联盟成员——私营企业,为发展畜牧业、养禽业、农产品、食品和工业产品生产和加工项目提供融资。

银行业对私营经济的支持极大地促进了土库曼斯坦私营经济的发展,2015年土库曼斯坦零售额中非国有成分占92%,农产品的92%是由私营企业生产的,2016年4月民营经济对GDP的贡献率高达62%,其中对工业的贡献率为54%,对农业的贡献率为70%,对建筑业的贡献率为77%,对交通运输通讯业的贡献率为72%,对商业的贡献率为93%[1]。土库曼斯坦私营经济的发展带动了其经济稳定快速的增长,国际货币基金组织在综合了各项经济指标的基础上对土库曼斯坦近年来经济发展状况进行了客观评价,2014年国际货币基金组织在《世界经济回顾》统计资料中指出,土库曼斯坦多年来GDP年均增速稳定地保持在了10%以上,十多年来在中亚五国中保持了经济持续稳定快速的增长状态,居民收入不断提高,2012年土库曼斯坦人均国民收入超过4 000美元,而被世界银行列入世界中等收入国家。2014年上半年土库曼斯坦人均国内生产总值达1.9万美元,人均收入实际增长超过1 000美元,良好的宏观经济条件为银行业的稳定发展提供了坚实的经济基础,而银行业为经济发展提供各种金融服务又进一步推动了土库曼斯坦经济的发展,土库曼斯坦经济与金融的良性循环对银行体系稳定健康的发展起到了关键的作用。

(四) 土库曼斯坦银行安全的分析结论

土库曼斯坦银行体系建立20多年以来,其银行业保持了良好的发展状态,由于土库曼斯坦银行业主要开办银行的存款、贷款和转账结算三大传统业务,加上其开放程度低,与西方国家的银行体系没有太多的

---

[1] 土库曼斯坦私营经济份额大幅增长 [EB/OL]. 土库曼斯坦中立报, 2016 - 04 - 21, 第03版.

业务往来，更没有购买美国等金融机构发行的任何金融衍生工具，也没有在国际金融市场中大量举借外债，在 2008 年这场国际金融危机中没有出现任何信用违约现象。

长期以来，土库曼斯坦总统别尔德穆哈梅多夫多次强调国家银行对土库曼斯坦经济发展发挥作用的重要性，2015 年再一次强调国家经济和金融领域的首要任务是保证金融形势的稳定，银行业将控制通货膨胀 6% 的目标作为工作重点的同时，提高投资活力，提高本币玛纳特币值的稳定。即使在 2008 年国际金融危机、2014 年以来国际油价大跌和西方国家制裁俄罗斯，导致俄罗斯经济金融危机的这种恶劣环境中，土库曼斯坦不仅依然保持了国民经济平稳快速的发展，而且保证了玛纳特币值的稳定，保证了金融秩序的稳定，保证了银行业健康稳定的发展状态。

五、乌兹别克斯坦的银行安全分析

（一）乌兹别克斯坦银行业的发展

乌兹别克斯坦独立以来，随着国家由计划经济向市场经济的转型，银行业也进行了市场化的改革，先后成立了一批国有银行、国家控股银行、外资银行、商业股份制银行和私营银行，在激烈的市场竞争中，特别是在 1998 年俄罗斯金融危机的冲击下，乌兹别克斯坦的一些银行因经营不善而倒闭，经过兼并重组及整合，2010 年乌兹别克斯坦商业银行发展到了 31 家，其中：3 家国有银行、5 家外资银行、11 家股份制银行、12 家私人银行。2012 年 12 月，乌兹别克斯坦两家外资银行：乌—韩国 UzKDB 和乌—苏格兰皇家银行 RBS Uz 完成合并，商业银行减少至 30 家。2013 年 3 月乌兹别克斯坦中央银行对经营了 13 年的"撒马尔罕"银行的经营和财务状况进行停业检查，2014 年 1 月 9 日乌兹别克斯坦中央银行撤销了"撒马尔罕"商业银行提供金融服务的许可，宣布暂时关闭"撒马尔罕"银行。截至2014年乌兹别克斯坦商业银行有28家，其中，政策性银行1家，国有商业银行2家，私营银行9家，股份制银行15家（包括1家外资参股银行，1家土耳其和乌兹别克斯坦的合资银行），外资银行1家——伊朗银行乌兹别克斯坦子行。

乌兹别克斯坦比较著名的银行有阿萨卡银行、国家外经银行和抵押银行，是2014年乌兹别克斯坦26家银行中评选出吸引居民存款最佳银行的前三家银行。

国家外经银行主要负责对外国贷款和援助的转贷及还本付息，在石油及金属开采与加工、农机制造、化学、矿物化肥生产、纺织业、农产品加工、旅游业、航空及铁路运输、通讯、私营经济及小企业发展等领域提供项目融资，是提供规模最大贷款的机构。2011年末的银行资产42亿美元，占乌兹别克斯坦银行系统全部资产的1/3，是乌兹别克斯坦最大的商业银行，外经银行办理乌兹别克斯坦50%以上的对外贸易款项转账结算。1993年在世界前1 000家银行排名中居于862位，2002年在独联体100家银行排名中居于第55位，2012年俄新社评级机构从1 400家银行中选出2011年度独联体最大的100家银行中，乌兹别克斯坦国家外经银行排名第50位，2013年该行成为金冠汇款服务成员，2014年俄罗斯最大的评级公司EXPERT RA给予外经银行偿付能力"A"级评级。英国《银行家》杂志列出的1 000家银行中，外经银行排名第703位。

阿萨卡银行，主要为汽车工业改造提供融资服务，同时开展银行卡发行业务，并在各大企业设立收费终端机，开展电子金融服务。

工业建设银行分别在2003年、2004年和2007年被英国《银行家》杂志评为乌兹别克斯坦最佳银行之一。主要为乌兹别克斯坦国家的油气基础设施建设、油气开采和加工、电力和化工领域改造提供金融服务。

2012年，英国《银行家》杂志对世界630家小额贷款机构2012年业绩的评比中，乌兹别克斯坦"小额贷款商业银行"因为资产质量较高和有效的风险管理而获得2012年度银行家奖杯。

(二) 乌兹别克斯坦传统与现代银行业务并存

乌兹别克斯坦商业银行业务内容非常丰富，主要分为三大块，一是对居民个人办理的吸收存款，发放消费贷款、抵押贷款、教育贷款、汽车贷款等贷款业务，办理各种转账结算、各种收费、银行卡、保险服务、网上银行、保险箱服务等金融服务。二是对法人单位提供的吸收闲置资金存款，发放各类农业贷款、工业贷款、贸易贷款、私营贷款、团体贷款、项目贷款、流动资金贷款等业务，办理转账结算、担保业务、租赁业务、保险业务、网上银行业务、有价证券业务等金融服务。三是对居民个人和法人办理包括国际汇兑、国际保理业务、信用证业务、进出口贸易融资等国际金融业务。

乌兹别克斯坦银行体系在吸收居民存款，动员国内资金方面规模不断增加，发展速度很快。1999—2009年的十年间，乌兹别克斯坦商业银行吸收居民存款增长20倍，2010年至2012年的三年中银行吸收居民存款总额增长160%。2014年全年吸收居民存款较2013年增长30.8%，2016年第一季度吸收居民存款127.7亿美元，比2012年全年吸收的存款多出12.7亿美元。

乌兹别克斯坦银行体系发放贷款规模逐渐增加，信贷资金对国民经济的贡献不断提升。1999—2009年，乌兹别克斯坦银行体系发放贷款增长240%，2010年至2013年末贷款余额在74.39亿～125亿美元，2016年第一季度贷款总额达到了153亿美元。乌兹别克斯坦银行体系对乌兹别克斯坦国民经济的贡献率2011年为20%，2012年为21.1%。

乌兹别克斯坦银行服务面广，网络金融发展迅速。近年来乌兹别克斯坦银行业发展迅速，银行服务覆盖面广，2013年乌兹别克斯坦每1 000位成年人中拥有1 025个个人银行账户。乌兹别克斯坦银行服务的可利用程度很高,其银行服务可利用性为每10万成年人拥有49.5家银行机构,远远高出每10万人30家银行机构的标准。2013年乌兹别克斯坦有超过4.4万家企业在使用网络银行服务。2012年末银行卡发放量950万张,到2013年10月末达到了1 078万张,增加了128万张,其中居民个人持有1 077.3万张,占发卡总量的99.93%。2012年末全国安装11.27万个支付终端,2013年10月末增加到了12.6万个支付终端,增加了1.33万个。2015年发行1 630万张银行卡,在贸易和服务业安装支付终端机18.3万个。

(三)乌兹别克斯坦银行业资本化程度高,资产优质

乌兹别克斯坦银行建立以来,特别是2008年以来其银行资本不断增加,由2009年的19.3亿美元,发展到2012年的31.19亿美元,增长了61.6%,截至2016年3月末银行总资本为31.62亿美元,较2015年增长9.4%。

乌兹别克斯坦银行资本充足率高,是巴塞尔银行监管委员会最低标准的2~3倍。2012年9月末乌兹别克斯坦银行资本充足率为24.1%,2013年至2015年6月末银行资本充足率保持在24.3%,2015年末银行资本充足率减少至23.3%,2016年3月末银行资本充足率减少至23.2%,但是,依然保持在巴塞尔银行监管委员会最低标准2~3倍的水平。

乌兹别克斯坦银行资产不断增长,对国民经济的贡献不断提高。乌兹别克斯坦28家商业银行的资产总额由2006年的55.17亿美元,增加到了2015年的219.69亿美元,增长了298.2%,截至2016年3月末的资产总额为275.49亿美元,较2015年末增长25.4%。乌兹别克斯坦银行业资产的增长主要是由六家大型银行资产的增加带动的。2013年国家外经银行、阿萨卡银行、工业建设银行、农业银行、抵押银行和丝绸之路银行的总资产几乎占乌兹别克斯坦银行系统资产总额的100%。乌

兹别克斯坦银行资产占国内生产总值的比重不断增加，由 2009 年的 32.7%，提高到 2010 年的 33.9%，提高到 2011 年的 35.3%，提高到 2012 年的 36.9%，对国民经济的贡献率不断提高。

长期以来，乌兹别克斯坦中央银行严格控制银行业的不良贷款规模，要求"问题贷款"占贷款总额的比率不得超过 4%，乌兹别克斯坦银行业严格遵守中央银行的这一规定，不良贷款率、问题贷款率都被严格地控制在了 4% 的标准之内，2004—2008 年，乌兹别克斯坦银行发放的"问题贷款"占全部贷款总额的比例不超过 3%，2009 年末仅占 2%。

乌兹别克斯坦中央银行严格按照国际标准控制商业银行体系的流动性，其流动性水平连续数十年都保持在 65%，是国际公认标准的 2 倍。2009 年乌兹别克斯坦银行系统的流动性超过 17 亿美元，是每年对外还贷额的 10 倍。虽然 2015 年 6 月末其流动性水平较保持数十年的 65% 下降了 1 个百分点至 64%，但是，到 2015 年末，其流动性水平又提高了 0.5 个百分点至 64.5%。

（四）乌兹别克斯坦银行信用的国际评价

1. 乌兹别克斯坦银行体系稳健，国际评级均为"稳定"

国际评级机构标准普尔、穆迪和惠誉分别于 2008—2016 年对乌兹别克斯坦银行业进行了 27 次信用评级，三大评级机构全部给予乌兹别克斯坦银行业"稳定"和"正面"信用评级。

2008 年惠誉、穆迪、标准普尔对乌兹别克斯坦主要商业银行的信用评级给予"B"级或"B-"级，展望"稳定"评级。同三大国际评级机构给予独联体实力最强的俄罗斯和哈萨克斯坦一些大银行，诸如：俄罗斯储蓄银行、外经银行、外贸银行、莫斯科银行、哈萨克斯坦商业银行、人民银行、招商银行、开发银行等"负面"信用评级相比，乌兹别克斯坦银行体系虽然规模较小，但是其独立性强，乌兹别克斯坦银行系统不依赖外币吸收存款发放贷款，受 2008 年国际金融危机的冲击极为有限，而呈现"正面"评级。

虽然在 2008 年国际金融危机中，乌兹别克斯坦银行体系表现相对稳定，银行资本化程度高，政府支付支持力度大，2009 年上半年乌兹别克斯坦银行系统贷款增长 30%，2008—2009 年不良贷款处于 3% 的低水平的突出表现，但是因为乌兹别克斯坦银行体系风险高，经营历史短，贷款普及率低，客户多元化基础薄弱，大客户业务集中度高，风险管理不够发达，国家经济对原材料商品出口依赖性强，特别是乌兹别克斯坦商业银行国家控股和参与程度较高，国家控股的 8 家银行的资产占整个银行系统的 80% 以上，国有银行的高度垄断限制了竞争和市场价格的形成。考虑到乌兹别克斯坦长期贷款还款能力没有得到实践检验，担心乌兹别克斯坦银行系统良好的资产质量不会保持太久，快速发展的结果会使乌兹别克斯坦银行系统贷款质量恶化的风险出现等问题，2009 年 12 月 28 日标准普尔公布了银行体系国家风险评价（BICRA）的结果，将乌兹别克斯坦列入银行体系国家风险评价 10 组分级中的第 9 组，表明乌兹别克斯坦银行体系接近最脆弱的边缘。

然而，自 2009 年以来，乌兹别克斯坦银行业的信用评级进行过几次调整，比如，2009 年初，由于乌兹别克斯坦商业银行国内储蓄业务和商业活动发达，对外借贷十分谨慎，惠誉、穆迪和标准普尔国际评级机构给予乌兹别克斯坦 14 家商业银行"稳定"评级。但是，到了 2009 年 8 月 25 日，穆迪国际评级机构因为乌兹别克斯坦经济结构薄弱，公司管理实践不发达，银行管理风险高，一些稳定财源的缩减给银行盈利和资本化带来了影响，预计 2009 年乌兹别克斯坦银行的"问题贷款"占贷款总额的 10%～15%，而将乌兹别克斯坦银行体系预测评级从"稳定"下调至"负面"。不到半年时间，穆迪于 2009 年 12 月 27 日公布的报告中又调高了乌兹别克斯坦 6 家商业银行的信用级别，将其长期外币存款的评级均由 B3 级提高到 B2 级，展望均为"稳定"评级。一年后的 2010 年 8 月 30

日，穆迪国际评级机构将乌兹别克斯坦银行体系的评级展望从"负面"上调为"稳定"。穆迪认为：2009年乌兹别克斯坦经济的持续增长，消除了因乌兹别克斯坦银行借贷状况恶化引发的不安，近1年半以来乌兹别克斯坦原材料产品出口需求复苏和国内消费的增长，使得乌兹别克斯坦保持了良好的宏观经济环境并抵消了银行资产质量出现的问题，得益于乌兹别克斯坦政府向大型银行注资近3亿美元，使得乌兹别克斯坦商业银行资本化水平较2008年显著提升，银行收入稳定增长，为弥补贷款和投资损失、促进贷款增长提供了充足的储备。

2010年以来，国际评级机构对乌兹别克斯坦银行信用评级展望均为"稳定"。2010年惠誉、穆迪和标准普尔国际评级机构给予乌兹别克斯坦13家商业银行"稳定"评级。但是乌兹别克斯坦银行体系还存在结构性缺陷、法律和规则基础薄弱、经营管理和风险控制水平低下等问题，独立财务评级处于"E+"级的较低水平。2010年12月21日，惠誉将乌兹别克斯坦小型贷款银行的长期外币评级从"B-"级提升至"B"级。确认阿萨卡银行、工业建设银行和农业银行长期外币评级"B"级，4家银行展望"稳定"。因乌兹别克斯坦政府给予4家银行资金支持可能性很强，乌兹别克斯坦经济持续增长，银行资本充足率的提高，客户多元化发展而得出"正面"评级。2012年10月22日，标准普尔给予乌兹别克斯坦外经银行、人民银行和工业建设银行长、短期贷款信用"B"级，展望"稳定"评级。正当全球经济衰退时期，乌兹别克斯坦政府给予三家银行强有力的支持，对银行财务指标产生了一定的积极影响，从而保证了银行资本化水平和流动性，由于国家直接监管，必要时政府给予及时和充分的支持，标准普尔给予此结论。2013年4月惠誉、穆迪和标准普尔国际评级机构给予乌兹别克斯坦28家商业银行"稳定"评级。2014年4月惠誉、穆迪和标准普尔国际评级机构给予乌兹别克斯坦所有商业银行"稳定"评级。穆迪国际评级机构在2014年4月15日公布的报告《乌兹别克斯坦银行系统发展展望》中，给予乌兹别克斯坦银行系统高度评价，认为乌兹别克斯坦银行系统发展前景连续五年获得"正面"评价。2015年惠誉、穆迪和标准普尔国际评级机构给予乌兹别克斯坦所有商业银行"稳定"评级。2016年2月17日，穆迪、惠誉和标准普尔都给予乌兹别克斯坦银行"稳定"评级。

2. 乌兹别克斯坦十成银行稳定，信用等级"升级"多于"降级"

2007年以来标准普尔、穆迪和惠誉三大国际评级机构分别对乌兹别克斯坦10家银行进行了25次信用评级，其中，标准普尔7次，穆迪15次，惠誉3次，信用"定级"18次，信用"升级"5次，信用"维持"2次，信用"稳定"24次，信用"负面"1次。

信用"升级"的银行——国家外经银行

国际评级机构认为乌兹别克斯坦国家外经银行的银行资源基础多元化，再贷款风险小，资本化程度高和流动性强，在乌兹别克斯坦的国际贸易和投资方面占据了乌兹别克斯坦整个商业银行体系中的主导地位，在吸引外资和为对外贸易提供服务方面保持了在乌兹别克斯坦整个商业银行体系中的领先地位，在乌兹别克斯坦经济发展中发挥着极其重要的作用，获得政府支持的可能性很大。

鉴于此，穆迪在2007年、2009年和2015年分别给予外经银行信用升级评定。2007年12月穆迪给予外经银行长期本（外）币存款"B3"级，短期本（外）币存款"Not prime"级，金融稳定性"E+"级，展望"稳定"评级。2009年7月穆迪给予外经银行长期本币存款"Ba3"级，长期外币存款从"B3"级提高到"B2"级，短期本（外）币存款"Not prime"级，金融稳定性"E+"级，展望"稳定"的评级。2015年3月31日，穆迪给予外经银行长期本币存款信用"B1"级，长期外币存款信用"B2"级的评级。

标准普尔在2008年、2010年、2011年和2015年分别给予外经银行信用升级评定。2008年11月12日，标准普尔首次对乌兹别克斯坦第一家银行外经银行给予评级，长期和短期信用均为"B"级，展望"稳定"。2010年1月20日，标准普尔确认外经银行贷款评级"B"级，评级展望为"稳定"。2011年12月27日，标准普尔调高外经银行长期信用评级由"B"级至"B+"级，展望"稳定"评级。

2012—2015年，标准普尔对外经银行的长期信用评级保持在"B+"级，短期信用评级保持在"B"级，展望"稳定"的评级。

信用"降级"的银行——阿萨卡银行

2008年6月，惠誉给予阿萨卡银行长（短）期信用等级"B"级，展望"稳定"评级。2009年6月穆迪给予阿萨卡银行长期本币信用"B1"级，长期外币信用"B3"级，短期本（外）币信用"Not prime"，展望"稳定"评级。2009年7月穆迪给予阿萨卡银行长期本币存款评级从"B1"级提高到"Ba3"级，长期外币存款从"B3"级提高到"B2"级，短期本（外）币信用"Not prime"级，金融稳定性"E+"级，展望为"稳定"的评级。2010年8月穆迪给予阿萨卡银行，长期本币存款信用"B3"级，长期外币存款信用"B2"级，短期本外币存款信用"Not prime"级，展望"稳定"评级。2013年7月22日穆迪给予阿萨卡银行长期本币存款信用"B1"级，短期本币存款信用"Not prime"级，展望"稳定"的评级。

信用"稳定"的银行——人民银行

2013年7月19日标准普尔给予乌兹别克斯坦人民银行长期信用评级为"B+"级，短期信用评级为"B"级，展望"稳定"的评级。

信用"稳定"的银行——亚洲联盟银行

2013年7月30日，穆迪确认乌"亚洲联盟银行"独立财务实力评级为"E+"级，长期本（外）币存款信用为"B3"级评级，短期本（外）币存款信用为"Not prime"级，展望"稳定"评级。

信用"升级"的银行——阿洛卡银行

2008年9月穆迪给予阿洛卡银行长期本币存款"B1"级、长期外币存款"B3"级、短期本（外）币"Not prime"级，金融稳定性"E

"+"级,展望"稳定"评级。2009年6月穆迪给予阿洛卡银行长期本币存款评级"B1"级,长期外币存款从"B3"级提高到"B2"级,短期本(外)币存款"Not prime"级,金融稳定性"E+"级,展望"稳定"评级。

信用"升级"的银行——信贷标准银行

2008年和2009年穆迪先后两次给予信贷标准银行信用评级。2008年10月,穆迪给予信贷标准银行长期本币存款信用等级"B2"级,短期本币存款信用等级"Not prime"级,金融稳定性"E+"级。2009年6月穆迪提高信贷标准银行信用等级,其长期外币存款信用由"B3"级提高到"B2"级,短期本外币存款信用"Not prime"级,金融稳定性"E+"级,展望"稳定"评级。

信用"稳定"的银行——资本银行

2008年11月标准普尔给予资本银行长期本币存款信用等级"B-"级,短期本币存款信用等级"Not prime"级,金融稳定性"C"级,展望"稳定"评级。

信用"稳定"的银行——棉花银行

棉花银行先后于2003年、2004年和2007年被英国《银行家》杂志评为乌兹别克斯坦最佳银行,2008年9月惠誉给予棉花银行长期贷款信用"B-"级,短期贷款"B"级,展望"稳定"评级。

信用"升级"的银行——抵押银行

由于抵押银行吸收了大量的零星存款,通过发放大量的抵押贷款,客户群多元化,拥有与国际合作组织及国际金融机构合作的经验,能够提供足够的贷款组合,资本化程度高,盈利能力强,以及乌兹别克斯坦政府适当支持,在乌兹别克斯坦居民中具有很强的影响力,对乌兹别克斯坦经济社会发展作出了重要的贡献等原因,2008年9月穆迪给予抵押银行长期本币存款信用等级"B"级,金融稳定性"E+"级,展望"稳定"评级。2009年6月穆迪给予抵押银行长期本币存款"B1"评级,长期外币存款从"B3"级提高到"B2"级,短期本(外)币存款"Not prime"级,金融稳定性"E+"级,展望"稳定"评级。

信用"升级"的银行——农业银行

2009年6月穆迪给予农业银行长期本币存款评级从"B2"级提高到"B1"级,长期外币存款从"B3"级提高到"B2"级,短期本外币存款"Not prime"级,金融稳定性"E+"级,评级展望为"稳定"评级。2010年6月标准普尔给予农业银行长期本币存款"Ba3"级,长期外币存款"B2"级,短期本(外)币存款"Not prime"级,金融稳定性"E+"级,展望"稳定"评级。

(五)乌兹别克斯坦银行安全的分析结论

整体而言,乌兹别克斯坦的银行业同哈萨克斯坦、吉尔吉斯斯坦、塔吉克斯坦和土库曼斯坦的银行业相比,具有经营稳健、业务单一、与国际金融市场融合度低的特点,国际评级机构不仅认为乌兹别克斯坦所有的银行均有偿付能力,特别是在乌兹别克斯坦政府注资后,所有银行都获得"稳定"等级预测,而且国际评级机构认定外经银行、棉花银行和KhamkorBank是具有国际等级水平的银行,以上分析表明乌兹别克斯坦银行业具有经营稳健、安全性的特征。

第二节 中亚五国的股市安全分析

一、哈萨克斯坦的股市安全分析

(一)哈萨克斯坦股票市场的发展

哈萨克斯坦的股票市场建立相对较晚,它是在哈萨克斯坦货币市场和债券市场的基础上建立和发展的。哈萨克斯坦刚刚独立不久,便于1993年11月17日建立了由哈萨克斯坦中央银行——国家银行和23家商业银行共同参与的哈萨克斯坦货币交易所,1994年哈萨克斯坦首次发行国库券,标志着哈萨克斯坦证券市场开始启动,1995年4月21日哈萨克斯坦政府颁发《哈萨克斯坦苏维埃共和国有价证券流通和证券交易所的命令》标志着哈萨克斯坦有价证券委员会的成立,1997年3月5日《哈萨克斯坦共和国有价证券市场法》的颁布进一步促进了哈萨克斯坦证券交易所的形成,1997年4月哈萨克斯坦政府将哈萨克斯坦货币交易所改名为哈萨克斯坦证券交易所,标志着哈萨克斯坦证券交易所的正式建立,其间主要进行了哈萨克斯坦政府债券的发行与交易,1997年9月19日在哈萨克斯坦证券交易所进行了第一笔非国家有价证券的交易,随后逐步建立了哈萨克斯坦共和国欧洲主权债券的二级市场,1999年开始发展公司债券市场,2012年哈萨克斯坦证券交易所进行了政府项目的"人民IPO"首次发行。

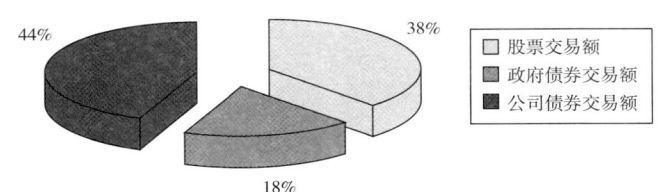

资料来源:哈萨克斯坦证券交易所。

图5-1 2015年哈萨克斯坦证券交易结构

哈萨克斯坦股票市场的发展晚于哈萨克斯坦国库券市场,它是哈萨克斯坦经济发展和国有企业私有化进程中的产物,伴随着哈萨克斯坦私有化改革的进行及经济的快速增长,从而带动了哈萨克斯坦股票市场的发展,哈萨克斯坦证券公司发行数量增加,大型公司利用股票市场融资的规模扩大,股票交易成为哈萨克斯坦证券市场中最重要的交易品种之一。

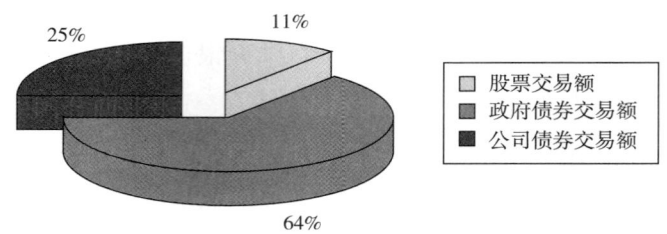

资料来源:哈萨克斯坦证券交易所。

图 5-2 2014 年哈萨克斯坦证券交易结构

虽然,从 2015 年起哈萨克斯坦股票交易规模在证券交易中的比重大幅度提高,由 2014 年的 11% 提高到了 2015 年的 38%,增加了 27%,而政府债券的交易规模在证券交易中的比重大幅度下降,由 2014 年的 64% 减少到了 2015 年的 18%,减少了 46%,公司债券交易规模在证券交易中的比重有所提高,由 2014 年的 25% 提高到了 2015 年的 44%,增加了 16%(见图 5-1 和图 5-2)。但是,哈萨克斯坦股票市场与占证券市场重要地位的政府债券市场和回购市场相比,依然存在着市场份额较小、股票交易局限于场内交易,而场外交易缺乏的问题。

(二)哈萨克斯坦股票市场的特征

1. 股票交易规模不大

哈萨克斯坦股票市场交易规模不大,股票交易发展规模呈现"N"形状态,其交易规模呈现大起大落的特征,即从 2002—2004 年股票交易规模不断增长,到 2005 年股票交易规模的减少,再到 2006—2009 年股票交易大规模增长,到 2010—2014 年股票交易大规模的减少,再到 2015 年股票交易规模大幅度增长的发展轨迹(见图 5-3)。

2002—2004 年哈萨克斯坦的股票交易额呈现不断增长的良好势头,2002—2005 年交易规模保持在 9 亿~18 亿美元,由 2002 年的 9.13 亿美元,增加到 2003 年的 10.02 亿美元(较 2002 年增加了 0.89 亿美元,增长了9.75%），增加到2004年的18亿美元（较2003年增加7.98亿美元，增长了79.64%）。然而2005年的股票交易规模较大幅度地减少至15.44亿美元（较2004年减少2.56亿美元，减少了14.22%）。

2006—2009年，哈萨克斯坦股票交易规模开始呈现大幅度增长态势，其股票交易规模保持在43亿~48亿美元，2006年股票交易额为47.04亿美元，较2005年增加31.6亿美元，增长幅度高达204.66%，2007年和2008年的股票交易额分别为47.03亿美元和46.22亿美元，与2006年的股票交易额基本持平。2009年的股票交易额为43.25亿美元，较2008年减少2.97亿美元，减少了6.43%。

2010—2013年，哈萨克斯坦股票交易规模开始出现大幅度减少的状态，其股票交易规模保持在6亿~20亿美元，由2010年的19.03亿美元（较2009年减少24.22亿美元，减少了56%），减少到2011年的15.28亿美元（较2010年减少3.75亿美元，减少了19.71%），减少到2012年的11.53亿美元（较2011年减少3.75亿美元，减少了24.54%），减少到2013年的6.49亿美元（较2012年减少5.04亿美元，减少了43.71%），比2002年的9.13亿美元还要少2.64亿美元。

2014年哈萨克斯坦政府积极实施"国家IPO"发行规划，极大地推动了哈萨克斯坦股票市场的发展，股票交易规模出现了巨大幅度的增加，2014年股票交易额为9.61亿美元，较2013年增加3.12亿美元，增长了48.07%，2015年股票交易额为47.37亿美元，较2014年增加37.76亿美元，增长了392.92%。2015年哈萨克斯坦证券交易所全年股票交易总额为47.37亿美元，达到了自哈萨克斯坦股票市场建立以来的最高交易规模纪录。

2. 股票市场流动性较弱

股票成交额与国内生产总值（GDP）之比是用来反映一国股票市场流动性强弱和活跃程度的指标，当股票交易额与国内生产总值（GDP）的比值越大，说明该国的股票市场流动性越强、活跃程度越

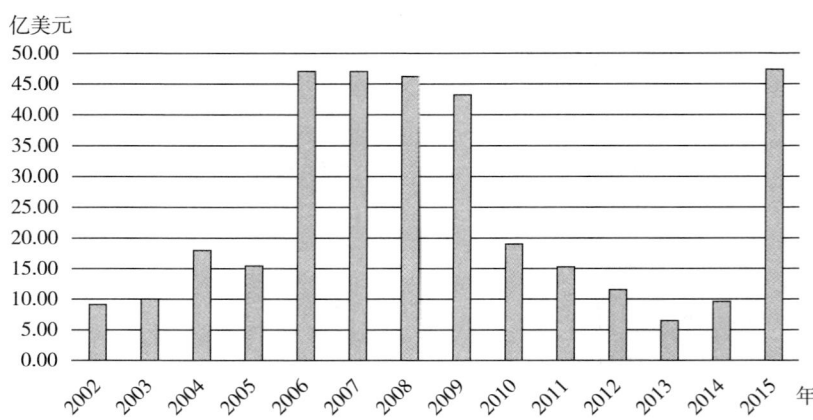

资料来源:哈萨克斯坦证券交易所。

图 5-3 哈萨克斯坦股票交易额(2002—2015 年)

高;反之,当股票交易额与国内生产总值(GDP)的比值越小,说明该国的股票市场的流动性就越弱、活跃程度就越低。

表 5-3　　哈萨克斯坦股票交易额与 GDP 之比(2002—2015 年)　　单位:%

年份	交易额/GDP	年份	交易额/GDP	年份	交易额/GDP
2002	1.40	2007	4.52	2012	0.57
2003	1.40	2008	4.33	2013	0.29
2004	2.30	2009	4.02	2014	0.39
2005	1.80	2010	1.30	2015	2.58
2006	5.00	2011	0.82		

资料来源:哈萨克斯坦证券交易所。

哈萨克斯坦作为新兴市场转轨国家,由于投资者信心有限,市场交易缺乏活力,其股票市场的流动性很弱,股票市场的活跃程度不高。2002—2015 年,哈萨克斯坦股票交易额与 GDP 的比值在 0.29%~5%,最高的年份是 2006 年为 5%,最低的年份是 2013 年仅有 0.29%,特别是从 2010 年以来,哈萨克斯坦股票市场的流动性非常缺乏,市场活跃程度非常低,2011—2014 年,哈萨克斯坦股票交易额与 GDP 的比值在

0.29%~0.82%，虽然2015年股票市场的流动性有所提高至2.58%，但是远远低于股票市场流动性强的国家水平（见表5-3）。

3. 股票证券化率不高

从哈萨克斯坦股票证券化率的发展来看，其股票市场在哈萨克斯坦国民经济中的地位在不断提高，但是同美国股票证券化率高达130%、日本和韩国100%的程度相比，哈萨克斯坦股票证券化率仅在5.4%~18.4%，从2012年起，哈萨克斯坦股票证券化程度持续出现下降趋势，特别是2014年下滑到了10.34%（见表5-4）。

表5-4　哈萨克斯坦股票市场化率情况（2002—2014年）

单位：亿美元、%

年份	股票市值	GDP	股票市值/GDP
2002	13.30	246.37	5.40
2003	24.36	308.34	7.90
2004	39.27	431.52	9.10
2005	105.11	571.24	18.40
2012	359.59	2017.85	17.82
2013	286.55	2244.15	12.77
2014	252.52	2442.97	10.34

资料来源：哈萨克斯坦国家统计委员会，哈萨克斯坦证券交易所。

4. 股票指数一路下跌

哈萨克斯坦金融市场开放程度很高，且以银行等金融板块和石油板块为主，2005年上市公司股市市值所占份额为：金融股占43%，石油股占24.8%，交通运输股占20.6%，采矿股占8.5%，食品股占0.4%，贸易股占0.3%，其他股占2.3%。多年来，哈萨克斯坦的股票融资结构没有发生太大变化，2008年国际金融危机的爆发，使得哈萨克斯坦商业银行遭受重创，由于哈萨克斯坦商业银行盲目扩张，从国际金融市场大举借债，2004—2006年，哈萨克斯坦商业银行的外债规模以年均 111% 的速度增长，2007 年哈商业银行外债规模高达 460 亿美元，占哈萨克斯坦外债规模的 48%，占当年哈萨克斯坦 GDP 的 50%，美国次贷危机引发的国际金融危机，最先遭受冲击的就是那些外债规模过大的银行，哈萨克斯坦联合银行，BTA 银行及其子公司铁米尔银行由于无法按时偿还外债本息而宣布违约，不得不进行对外债务的重组，受此牵连，哈萨克斯坦也是遭受 2008 年国际金融危机影响最严重的中亚国家，国际金融危机的冲击在哈萨克斯坦开始显现，投资者对哈萨克斯坦商业银行资产重组的前景缺乏信心。从哈萨克斯坦新年股市的第一个交易日 2009 年 1 月 5 日到 2009 年 2 月 2 日，一个月不到的时间，其主要股指由 31 424.1 点跌至 25 915.1 点，跌幅达 17.53%。2009 年 1 月 29 日，联合银行股价急挫 30%，被紧急停盘，2009 年 1 月 30 日图兰——阿列姆银行股价暴跌 39.99%，也被强制停盘，哈萨克斯坦商业银行股价大跌 14.3%，人民银行股价大跌 12.5%，哈萨克斯坦金融板块的股价大跌，引起了市场极大的恐慌，2009 年 2 月 2 日开盘后再次大跌，全天股价跌幅高达 6.61%。

2008 年以来，特别是 2011 年国际油价的下跌和国际证券市场下跌狂潮，引起了哈萨克斯坦股票市场的波动，2011 年 8 月 12 日，哈萨克斯坦股票指数从 1 322.5 点下跌到了 1 205.23 点，下降了 8.87%。其中，哈萨克斯坦人民银行下跌了 16.9%，哈萨克斯坦铜业下跌了 10.8%，哈萨克斯坦国家油气公司下跌了 9.4%，中央贷款银行下跌了 8.1%，哈萨克斯坦商业银行下跌了 7.9%，欧亚资源集团下跌了 6.9%，哈萨克斯坦电讯下跌了 2.8%。哈萨克斯坦股票指数 2011 年 8 月 12 日较 2011 年 8 月初下跌了 23.4%，较 2011 年下跌了 29.9%。但是，哈萨克斯坦官方认为，虽然哈萨克斯坦国内股票市场发展不足，但是国际证券市场股票价格指数下跌狂潮并没有对哈萨克斯坦股票市场造成冲击，对市场整体的影响不大。

2014 年以来，受国际油价大跌和俄罗斯经济金融危机的影响，标准普尔下调了哈萨克斯坦经济增长预期,加上坚戈贬值压力及哈萨克斯坦两大商业银行的重组、银行股价下跌等因素,哈萨克斯坦股票市场活跃性下降,股票市场呈现弱势发展,2015年5月4日哈萨克斯坦证券交易所股指报收于853.60点,较前一交易日下跌0.97%,成交量仅有11.3万美元,较前一交易日成交量下降26.3%。

5. 机构投资为主

前苏联时期计划经济的烙印深刻地影响着哈萨克斯坦居民的投资观念,形成了传统的、保守的投资理念,个人投资者对于购买股票的热情不高,与之形成鲜明对比的是哈萨克斯坦股票市场中的机构投资者实力强大,已经形成了一批有一定实力的机构投资者,特别是养老基金体系的建立和共同基金的建立,为哈萨克斯坦股票市场的发展起到了非常重要的作用。主要的机构投资者包括二级商业银行、养老基金、共同基金和保险公司等。2007年参与股票市场的二级商业银行33家,其净资产89.99亿美元;养老基金14家,其净资产77.98亿美元;共同基金113家,其净资产9.55亿美元;保险公司40家,其净资产2.25亿美元,机构投资者的总资产超过了179.78亿美元,是哈萨克斯坦2006年GDP的21.5%。

2009年哈萨克斯坦股票市场遭遇全球金融危机重创,哈萨克斯坦联合银行、BTA银行及其子公司铁米尔银行、图兰——阿列姆银行、哈萨克斯坦商业银行、哈萨克斯坦人民银行等商业银行股票大跌,哈萨克斯坦政府和中央银行采取激进措施对以上银行注资并实行控股,从此以后,哈萨克斯坦中央银行持有了哈萨克斯坦股票市场51.1%的股份,形成了以哈萨克斯坦中央银行为最大机构投资者的股票市场投资结构。

2012年哈萨克斯坦政府启动"国有资产上市计划",通过哈萨克斯坦大型国有企业发行股票,促进哈萨克斯坦股票市场的发展,但是由于"国有资产上市计划"没有按照预定目标进行,筹建统一退休基金的计划无故受阻,使得哈萨克斯坦股票市场发展滞后。2014年哈萨克斯坦总统纳扎尔巴耶夫要求政府和中央银行制定振兴股市的措施，要求"必须采取一系列根本措施振兴目前几乎"濒死"的股市"；要求政府和央行于 2014 年 6 月 1 日制定在金融领域 2030 年发展规划和养老体系发展概念框架下发展养老保险制度和股市的明确愿景。在哈萨克斯坦政府的推动下，2015 年股票市场规模大增，2015 年哈萨克斯坦证券交易所全年股票交易额为 47.37 亿美元，较 2014 年的 9.61 亿美元增长 393.92%；全年政府债券交易额 22.57 亿美元，较 2014 年的 54.26 亿美元下降 58.4%；全年公司债券交易量 56.13 亿美元，较 2014 年的 20.79 亿美元，增长 169.99%。

（三）哈萨克斯坦政府控制股市的能力很强

针对 2008 年国际金融危机给哈萨克斯坦经济金融领域带来的冲击，2008 年 11 月哈萨克斯坦政府制订并通过了"国家反危机计划"，哈萨克斯坦政府从国库和其他渠道调拨 181 亿美元的资金应对全球金融危机，以保障哈萨克斯坦金融市场稳定和经济发展。

哈萨克斯坦政府在处理股票市场危机时主要采取国家注资和收购股份的方式，面对 2009 年突如其来的"金融风暴"，哈萨克斯坦政府向股票市场紧急注资 99 亿美元，向哈萨克斯坦商业银行注资 10 亿美元，向哈萨克斯坦人民银行注资 10 亿美元，向图兰—阿列姆银行注资 17 亿美元，向联合银行注资 2 亿美元，向"哈萨克农业"国家控股公司注资 10 亿美元，向"萨姆鲁克—卡泽纳"国家基金注资 40 亿美元，鉴于图兰—阿列姆银行在股灾中遭遇危机的影响重大，其资产变现率和资本充足率严重失调，哈萨克斯坦政府、中央银行和国家金融监督局联合决定委托"萨姆鲁克—卡泽纳"国家基金会出资 20.7 亿美元，其中包括政府注资 17 亿美元，购买图兰—阿列姆银行 78.14% 的股份，迅速实现国家控股，避免了银行危机引起的金融危机，随后又对哈萨克斯坦联合银行、哈萨克斯坦商业银行和哈萨克斯坦人民银行进行了国家控股，形成了哈萨克斯坦中央银行持有证券市场 50.1% 的格局,实现了稳定金融市场的目标。但是,这样的市场格局,缺乏市场交易活力,因此,哈萨克斯坦政府和中央银行计划从 2015 年开始积极引进战略投资伙伴作为股东参与哈萨克斯坦的股票市场中,以逐渐减少哈萨克斯坦中央银行控股比重,逐渐实现哈萨克斯坦控股股票市场 25% 的目标,以提高哈萨克斯坦股票市场的技术含量和市场活力。

(四)哈萨克斯坦股市安全的分析结论

哈萨克斯坦的股票市场在中亚五国中的规模最大,但是股票市场的流动性较弱,对国民经济的贡献较低,股票市场具有一定的波动性,但是,哈萨克斯坦以机构投资为主的市场结构,以及哈萨克斯坦政府作为股票市场最大的股东,对股票市场的控制和影响力很强,处理市场危机和突发事件的能力较强,哈萨克斯坦的股票市场处于相对安全的状态。

二、吉尔吉斯斯坦的股市安全分析

(一)吉尔吉斯斯坦股票市场的发展

吉尔吉斯斯坦股票市场的建立是顺应吉尔吉斯斯坦独立后国有财产私有化改革的客观要求而建立的,吉尔吉斯斯坦股票市场上市公司以工业和建筑业为主,其中,工业和建筑企业占 58%,信贷金融机构及服务领域企业占 16%,贸易企业占 4%,其余占 4%。

虽然经过了 20 多年的发展,但是吉尔吉斯斯坦的股票市场规模相对较小,以股票市场占据主要地位的特征没有改变。截至 2014 年 9 月末,吉尔吉斯斯坦有价证券市场累计发行 2 776 笔有价证券,发行总额 15.32 亿美元,其中,发行股票 15.05 亿美元,占有价证券发行量的 98.24%,发行债券 0.23 亿美元,占有价证券发行量的 1.53%。

20 多年来，股票市场一直占据着吉尔吉斯斯坦有价证券市场的主要地位，从 1995 年 5 月吉尔吉斯斯坦证券交易所进行首次股票交易开始，其交易规模经历了由少到多，再由多到少的过程。1998 年吉尔吉斯斯坦股票交易额仅有 643 美元，1999 年猛增到了 15.56 万美元，2001 年猛增到了 2 358.36 万美元，2007 年猛增到了 1.44 亿美元，受 2008 年国际金融危机的影响，吉尔吉斯斯坦投资者的积极性遭到了极大的挫伤，股票交易规模出现急剧下降，2008 年的股票交易额 1.34 亿美元，较 2007 年减少 0.1 亿美元，下降 6.9%，2009 年的股票交易额 0.69 亿美元，较 2008 年减少 0.65 亿美元，下降 29.27%，2011 年的股票交易额 0.35 亿美元，较 2009 年减少 0.34 亿美元，下降 46.52%，2012 年的股票交易额 0.26 亿美元，较 2012 年减少 0.09 亿美元，下降 24.63%。

（二）吉尔吉斯斯坦股票市场的制度建设

吉尔吉斯斯坦股票市场的制度建设是以吉尔吉斯斯坦国家有价证券和证券交易为核心建立的一系列规章制度为基础加以建立的。1991 年 6 月吉尔吉斯斯坦内阁有价证券业务监督局成立，半年后吉尔吉斯斯坦《有价证券法》宣布通过，随着 1995 年 5 月吉尔吉斯斯坦证券交易所的成立，1996 年 6 月吉尔吉斯斯坦证券交易所奥什地区性代表机构的设立，1996 年 12 月吉尔吉斯斯坦总统阿卡耶夫签署并发布了《关于进一步完善国家有价证券市场的调节》命令，随后在 1999 年吉尔吉斯斯坦总统再次发布《进一步发展有组织有价证券市场》的命令，2000 年以来，随着吉尔吉斯斯坦国家有价证券市场委员会成立和政府一系列政策法规的出台，使得吉尔吉斯斯坦股票市场得到了极大的发展。2010 年《有价证券市场法》的修订和完善，2012 年《吉尔吉斯斯坦交易所 2013—2015 年发展战略》等措施的实施，为吉尔吉斯斯坦股票市场的发展奠定了一定的制度基础。

(三) 吉尔吉斯斯坦股市安全的分析结论

吉尔吉斯斯坦股票市场主要为私有化改革的企业提供发行股票的平台，股票市场处于以股票发行为主要功能的初级市场，股票交易市场发展缓慢，交易机制不健全，加上吉尔吉斯斯坦对投机性交易的排斥，因此，吉尔吉斯斯坦股票市场缺乏充足的流动性，股票市场成长性比较脆弱，在2015年国际评级机构对吉尔吉斯斯坦信用评级中，因为吉尔吉斯斯坦股票市场缺乏优良的投资品质而被穆迪给予"B2 稳定"的评级。总之，吉尔吉斯斯坦股票市场处于初步发展阶段，具有一定的脆弱性。

三、塔吉克斯坦的股市安全分析

(一) 塔吉克斯坦股票市场的发展

刚刚独立不久的塔吉克斯坦在中亚国家率先制定了有关有价证券方面的专门法律，于1992年3月10日颁布了《塔吉克斯坦共和国有价证券和证券交易所法》法规。然而，随之而来的塔吉克斯坦国内政治危机、经济危机以及持续多年的国内战争，不仅严重影响了塔吉克斯坦的经济金融发展，也影响了其证券市场的建设。

1998年以后，随着塔吉克斯坦经济建设的恢复，经济和金融制度的变革，塔吉克斯坦加快了国有经济私有化的改革，进而形成了比较初级的股票发行市场，但是股票的发行规模很小，仅限于为数不多的几家公司发行的股票，长达20多年的股票市场仅限于股票的一级发行市场，只能满足符合条件的企业发行股票，通过发行股票融资的需要，一直到2015年10月塔吉克斯坦第一家证券交易所"中亚证券交易所"正式举行成立仪式，才标志着塔吉克斯坦股票二级交易市场的建立，2016年才开始进行正式交易，显然，塔吉克斯坦股票二级交易市场还处于刚刚建立的初级建设阶段。

（二）塔吉克斯坦股票市场的制度比较健全

虽然，塔吉克斯坦的股票市场长期以来仅有发行市场，但是塔吉克斯坦政府、中央银行及金融监管部门非常重视股票市场及有价证券市场的建立和发展，特别是从2010年开始，塔吉克斯坦政府、中央银行及金融监管部门就将发展和完善塔吉克斯坦有价证券市场的工作放在了重要位置，2010年塔吉克斯坦中央银行制定的《塔吉克斯坦共和国2010—2015年银行发展战略》和《塔吉克斯坦共和国2010—2015年银行发展行动纲领》中，就明确规定了发展塔吉克斯坦有价证券市场的任务目标和具体措施。2011年6月28日第745号《塔吉克斯坦共和国有价证券市场法》的修订和完善，严格规定了塔吉克斯坦股票发行方式、发行主体、发行出售股票的程序、股票交易的程序、股票清算结算的程序、股票市场监管程序，保证股票发行、交易等参与者之间的良性竞争等一系列的制度，确保了塔吉克斯坦股票市场的安全、公开、有效运行，极大地保护了股票投资者的权益。

（三）塔吉克斯坦股市安全的分析结论

由于塔吉克斯坦股票市场主要以一级发行市场为主，二级交易市场刚刚建立，加上塔吉克斯坦政府加强股票市场的制度建设，对股票发行方式、发行主体、发行出售股票的程序、股票交易的程序、股票清算结算的程序、股票市场监管程序、保证股票发行、交易等参与者之间的良性竞争等制定了一系列的法律法规，确保了塔吉克斯坦股票市场的安全、公开、有效运行，极大地保护了股票投资者的权益。因此，塔吉克斯坦的股票市场处于安全稳定的初级发展状态。

四、土库曼斯坦的股市安全分析

独立以来的土库曼斯坦，虽然经济发展取得了很大的成就，经济改革也在逐步推行，但是有关土库曼斯坦股票市场的建立仅仅停留在独立后最初几年制定的《土库曼斯坦有价证券和证券交易所法》《土库曼斯坦股份公司法》法律条文和准备筹建土库曼斯坦证券交易市场的计划状态，虽然2011年以来，土库曼斯坦通过了几项重大措施准备计划发展证券市场，2014年7月7日总统别尔德穆哈梅多夫在土库曼斯坦内阁扩大会议上强调"土库曼斯坦应该尽一切努力进行银行金融部门的体制改革，采取一系列措施建立有价证券市场，加快私有化步伐"。但是，土库曼斯坦并没有建立股票市场，土库曼斯坦证券市场的建设也没有得到实质性的进展。

五、乌兹别克斯坦的股市安全分析

（一）乌兹别克斯坦股票市场的发展

乌兹别克斯坦股票市场是伴随着乌兹别克斯坦国家的独立，经济体制的改革而逐步建立和发展起来的。国有经济成为独立初期乌兹别克斯坦经济发展的主要力量，1991年乌兹别克斯坦全国85%的国内生产总值是由国有企业创造的，但是经济发展总量不足，经济发展水平不高、国有企业生产方式落后等问题制约了乌兹别克斯坦的经济发展，对此，乌兹别克斯坦政府制定了对国有企业进行私有化改革的对策，也是在独联体国家中最早进行经济体制改革的国家，乌兹别克斯坦政府循序渐进和分阶段的改革，不断强化国家的监督和协调机制，形成了不同于其他国家独有的改革特色，率先大规模对国有企业的股份制改造奠定了乌兹别克斯坦股票市场发展的基础条件，乌兹别克斯坦国家领导人和政府的高度重视促进了乌兹别克斯坦股票市场的快速发展，与股票发行、交易等相关法律法规的制度建设维护了乌兹别克斯坦股票市场的健康发展，快速的经济增长和良好的宏观经济环境极大地促进了乌兹别克斯坦股票市场的发展。

1994年和1995年乌兹别克斯坦对国有企业进行了大规模的私有化改革，到1995年已有76%的国有企业完成了私有化的改革，成立了4 000多家股份公司，200万职工购买了这些国有企业出售的股份，成为股份公司的股东。在将大型及中型国有企业改造成上市股份公司的同时，乌兹别克斯坦政府规定从1994年起允许国有企业出售股份给国有企业职工，股票的交易一律在国家证券交易所和塔什干证券交易所进行。之后的1997年有4 800家国有企业进行了股份制改造，2001年有1 913家国有企业进行了股份制改造，2002年有1 519家国有企业进行了股份制改造。2002年有34家股份制企业在塔什干证券交易所出售股份，2003—2004年有3 728家国有企业出售股份，2006年乌兹别克斯坦大型项目开始私有化改革，发行了大量的股票，有价证券市场变现能力和交易量持续增长。2009年乌兹别克斯坦政府对一些资本金没有达到要求的股份公司进行重组与兼并，绝大多数符合资本金要求的公司因而增发股票，促进了首次公开募集股份交易量的增加，对于股票二级市场交易提供了坚实的基础。2012年118家股份公司出售2.28亿只股票。2013年前5个月出售了71家股份制企业3 451.18万只股票，金额930万美元。2016年根据乌兹别克斯坦总统和政府的相关命令出售39家具有战略意义企业的股份和28家企业的股份，乌兹别克斯坦国有企业不断的、大规模的私有化改革，使得市场对股票的需求增加。

(二) 乌兹别克斯坦股票市场规模有限

乌兹别克斯坦的股票发行规模不断增加，1995年200多万职工购买了4 000多家国有企业出售的股份，1997年4 800家国有企业出售了发行量50%的股票，2005年3 500家国有企业出售了5 000万份股份，49家股份公司在塔什干有价证券交易所发行股票228.57万美元。2002年34家股份公司在塔什干证券交易所出售830万美元股份。2002年国家证券交易所出售股份1 020万美元，2003年国家证券交易所出售股份2 958.57万美元，较2002年增加1 938.37万美元，增长了190%。2003—2004年，3 728家国有企业出售5 000万美元的股份。2005年3 500家国有企业出售5 000万份股份，在塔什干有价证券交易所的49家股份制企业发行股票228.57万美元。2010年乌兹别克斯坦发行股票9.46亿美元，2011年发行股票10.49亿美元，2012年发行股票15亿美元，2013年发行股票16亿美元，2016年39家具有战略意义的股份制企业出售8.64亿美元股份和28家企业出售1.54亿美元的股份，2016年6月23日，乌兹别克斯坦能源公司发行价值25.14亿美元股票。

乌兹别克斯坦股票交易规模不大，1995—2002年，乌兹别克斯坦股票交易量的规模不大，股票交易额占股票市值的比重除了1996年和2007年分别达到了19%和12%以外，其余年份的比重在2%~5%（1995年3%、1998年3%、1999年2%、2000年4%、2001年3%、2002年5%）。2003年股票交易额急剧增加到了228.57万美元，较2002年的25.36万美元增加了203.21万美元，增长速度高达801.3%，2011年股票交易额5 463万美元，2012年股票交易额4 370万美元，较2011年下降20%。2013年前5个月的交易额下降至1 000万美元，同比下降26%。

（三）乌兹别克斯坦股票市场的制度相对完善

多年来，乌兹别克斯坦不断完善股票市场及证券市场的相关法律法规，2001年9月19日乌兹别克斯坦《保护有价证券市场投资者权利法》正式生效，随后又接连出台了《有价证券与证券交易法》《有价证券市场经营机制法》和《股份公司与保护股东权利法》。2005年3月14日总统卡里莫夫签署了《关于2005—2006年企业非国有化和私有化的命令》，2007年11月7日乌兹别克斯坦中央银行签署《关于发展银行系统及为银行周转资金引资措施》命令，规定商业银行作为投资中间商参与证券市场业务，这些法律法规的出台有力地促进了乌兹别克斯坦股票市场的发展。为了应对国际金融危机，乌兹别克斯坦政府采取了一系列的措施，2008年12月29日，乌兹别克斯坦内阁通过了《关于完善乌兹别克斯坦共和国证券市场措施》的决议，规定自2009年1月1日起，将证券市场参加者的最低资本要求提高一倍，这项提高乌兹别克斯坦商业银行及大型企业的资本充足率的做法，不仅提高了股票市场股份公司的资本化程度，通过增发股票稳定了上市银行及上市企业的可靠性和稳定性，而且给股票市场增加了创新的金融工具，降低了股票市场运作的风险。企业股票交易制度和证券市场法律体系的不断完善，使得乌兹别克斯坦股票交易活动更加规范，投资者的合法权益得到了应有的保护。

长期以来，乌兹别克斯坦总统卡里莫夫特别重视乌兹别克斯坦证券市场的发展，反复强调为证券市场繁荣发展创造一切有利条件的重要性，敦促乌兹别克斯坦的相关部门在加大刺激实体经济领域的投资力度，简化证券发行和投资者准入手续，广泛开展有关股票、债券等金融市场知识学习，加强和确保证券市场透明度等方面做了大量的工作，使得乌兹别克斯坦证券市场得到了持续的发展，加上银行业、建筑业、能源业及食品业吸引投资规模的加大，使得股票及证券投资的积极性得以提升，经济平稳的增长和良好的宏观经济环境进一步促进了乌兹别克斯坦股票市场的发展。

（四）乌兹别克斯坦股市安全的分析结论

乌兹别克斯坦股票市场经过20多年的发展，股票发行规模不断增加，股票交易量迅速增长，总体而言，乌兹别克斯坦的股票市场依然是以股票发行为主，股票交易为辅的初级发展市场为主要特征的股票市场，长期以来乌兹别克斯坦政府对股票市场制度的建立与完善，确保了股票市场安全稳定有效的运行，加上乌兹别克斯坦股票市场的国际化程度不高，没有遭受自 2008 年以来国际经济金融局势变化所带来的冲击，因此，乌兹别克斯坦的股票市场保持着稳定发展的状态。

第三节　中亚五国的货币安全分析

一、坚戈的安全性分析

哈萨克斯坦货币坚戈发行以来，对内价值相对稳定，对外价值大起大落，究其原因发现，哈萨克斯坦中央银行对通货膨胀的控制力很强，但是，在通过贬值促进出口产业发展，进而带动经济快速增长的政策引导下，哈萨克斯坦中央银行借助固定汇率制度的优势多次法定贬值，而坚戈自由浮动汇率制度的实施，更是加剧了坚戈对外价值的急剧震荡。哈萨克斯坦经济增速的降低，贸易顺差的减少，国际储备的下降，外债规模的增加制约了坚戈升值的空间，俄罗斯危机、石油价格大跌、美元持续升值加强了坚戈贬值的外在动力，浮动汇率制度的实施加大了哈萨克斯坦中央银行捍卫坚戈币值稳定的复杂性和艰巨性，坚戈货币安全的风险与隐患令人担忧。

（一）坚戈币值对内稳定

1993 年哈萨克斯坦中央银行在哈萨克斯坦经济极不景气、面临诸多困难和风险的状况下，于 11 月 15 日正式发行本币坚戈取代俄罗斯卢布成为合法通货。在哈萨克斯坦生产下降、国内供给严重不足、放开价格管制、俄罗斯单方面停止卢布使用、大量卢布涌入哈萨克斯坦等内忧外患的条件下，造成了哈萨克斯坦国内的物价飞涨。面对1992年高达3 060%、1993年高达2 265%的通货膨胀率，哈萨克斯坦总统于1994年初签署了严禁商业银行使用卢布，严格控制物价上涨的七条稳定货币体系紧急措施令；哈萨克斯坦政府实施严格禁止外汇黑市交易等措施，对违反国家规定从事外汇炒作的银行行长及职员等30多人实施了拘捕；哈萨克斯坦国家价格委员会迅速公布了对生产技术品、消费品、劳务价格的最高限价。在哈萨克斯坦政府及时、积极、严格的行政政策实施下，有效地遏制了哈萨克斯坦的恶性通胀，通货膨胀率大幅度降低到1995年的60%。

在坚戈发行流通的最初10年中，面对哈萨克斯坦国内经济形势异常严峻的现实，哈萨克斯坦中央银行非常明确地确定了降低通货膨胀率和稳定汇率的货币政策目标，以行政手段为主治理通货膨胀，事实证明这一时期哈萨克斯坦中央银行所采取的治理通货膨胀的政策符合哈萨克斯坦国内的实际情况，并且取得了积极有效的成果。

长期以来，哈萨克斯坦中央银行将降低通货膨胀作为解决经济发展中复杂而又艰巨的一项重要任务，在早期以行政手段为主治理通货膨胀的基础上，不断探索运用经济手段，改变了过去由哈萨克斯坦中央银行直接向二级商业银行发放指令性贷款、直接向中央政府和企业发放贷款的做法，而是积极履行中央银行货币信贷和货币调控的职能，根据哈萨克斯坦国家宏观经济发展的需要，通过调整利率水平及公开市场业务操作等经济手段控制坚戈货币供应量，实现了坚戈币值的稳定，有效降低了通货膨胀，1998年的通货膨胀率仅为1.9%。

经济的快速增长、金融体系的不断发展、中央银行调控监管制度的完善及国际经济金融一体化程度的提高，客观上要求哈萨克斯坦中央银行按照国际标准和国内宏观经济的发展需要来制定和调整货币信贷政策目标，2004年1月1日起哈萨克斯坦中央银行将"促进居民储蓄快速增长，在保持社会稳定和保障对经济投入效率的基础上，保证坚戈价格的稳定性"作为新时期的货币信贷政策目标。

多年来，哈萨克斯坦中央银行制定了保持6%~8%的通胀目标区，主要运用手中的利率工具调节坚戈货币供给量，2005年制定并实行了每个季度审定基准利率和再融资利率的机制，并根据宏观经济的变化适时调整基准利率和再融资利率，从而保证了将物价水平控制在了通胀目标区以内。

2008年国际金融危机给哈萨克斯坦带来了很大的冲击，面对哈萨克斯坦经济活力下降，货币市场流动性不足，通货膨胀的威胁有所缓和的经济金融形势，哈萨克斯坦中央银行于2008年7月1日下调了一年期贷款基准利率，然而，贷款基准利率的下降，并没有改变哈萨克斯坦国内经济下滑，物价降低的现实，为了避免这一趋势的蔓延，哈萨克斯坦中央银行再次决定下调一年期贷款利率，仅2009年就7次下调了一年期贷款基准利率至7%（与2003—2005年的历史最低水平相同）。2012年4次下调了再融资利率水平至5.5%，货币信贷政策的实施使得哈萨克斯坦的物价水平保持在了相对稳定的状态，2005—2014年哈国通货膨胀率保持在4.8%~9.5%（见表5-5）。特别是2013年的通货膨胀率仅为4.8%，创15年来新低，近年来，哈萨克斯坦很好地将物价控制在了6%~8%的目标区以内（见表5-5）。

综上所述，坚戈币值对内具有很强的稳定性，哈萨克斯坦中央银行对国内通货膨胀的治理是有效的，并具有控制通货膨胀水平和实现通胀目标区的能力。而且，哈萨克斯坦政府过去、现在和未来都希望通过控制通货膨胀来稳定国内经济金融的发展，2014年11月，哈萨克斯坦政府和中央银行宣布将2015—2017年的通胀目标区由先前的6%~8%调整为5%~7%，2015年8月，哈萨克斯坦政府和中央银行对外宣称预计2020年将实现3%~4%通胀目标区。在这样的通胀目标下，我们似乎看到了坚戈在未来5年内保持对内稳定状态不会改变的趋势，然而，由于2015年8月20日坚戈自由浮动汇率制度的实施，使得坚戈兑美元汇率大起大落，特别是坚戈大幅度的贬值势必影响坚戈对内价值的稳定性。为了有效发挥中央银行货币调控的职能,哈萨克斯坦中央银行致力于在控制通胀目标值的框架下,确定新的货币政策工具及利率水平,明确了央行基准利率作为其货币政策的主要工具,确定了央行基准利率控制其名义货币市场利率水平的功能和地位,目标基准利率则根据当前和预期的宏观经济形势加以确定,通过基准利率的变化影响坚戈货币供给量,调节货币市场中的流动性,其他货币政策工具的利率将与基准利率挂钩,正如哈萨克斯坦央行行长所说"新的坚戈汇率制度的实施,增加了央行利率对货币市场短期利率的影响,而货币市场利率将会对信贷和投资成本、经济活跃度和通货膨胀造成影响"。但是,惠誉分析师认为"在财政压力下突然过渡到自由汇率,这一做法与当局逐渐转向通货膨胀目标制和对控制贬值的承诺相左"。

现实的情形是由于 2015 年 8 月以来坚戈大幅度的贬值导致 2015 年 10 月末哈萨克斯坦通货膨胀率创十年来最高水平,达到了 9.4%,哈萨克斯坦中央银行迫于形势将 2015 年通货膨胀率从 6%~8% 调高至 8%~10%,然而,2015 年末哈萨克斯坦通货膨胀率实际达到了 13.6%,比通货膨胀目标超出了 3.6 个百分点。对此,哈萨克斯坦中央银行将稳定国内物价水平作为最重要的任务,通过提高利率等办法抑制物价上涨,从 2015 年 12 月开始至 2016 年第一季度哈萨克斯坦物价水平恢复到了往年正常的水平,哈萨克斯坦中央银行将 2016 年通货膨胀率下调至 6%~8%,实际结果是 2016 年 1—11 月哈萨克斯坦通货膨胀率为 7.5%,控制在了目标区以内。

表 5-5　　哈萨克斯坦通货膨胀率情况(2005—2015 年)　　单位:%

年份	通胀率	年份	通胀率	年份	通胀率
2005	7.6	2009	6.2	2013	4.8
2006	8.6	2010	7.8	2014	7.4
2007	10.8	2011	8.3	2015	13.6
2008	9.5	2012	6.0		

资料来源:哈萨克斯坦统计署。

（二）坚戈币值对外震荡

哈萨克斯坦货币坚戈发行23年来基本实行了两大汇率制度，一是1993年11月15日至2015年8月20日以美元为中心的固定汇率制度；二是2015年8月20日起实施的自由浮动汇率制度。

1993年11月15日至2015年8月20日，哈萨克斯坦先后实施了坚戈盯住美元、坚戈盯住美元准爬行、坚戈盯住美元爬行、坚戈与美元汇率区间浮动、坚戈与美元汇率有控制的五类汇率制度，每个阶段的名称有所不同，形式也有变化，但其实质都是由哈萨克斯坦中央银行根据美元的变化来制定和调控坚戈与美元的汇率水平，并通过干预外汇市场来保证坚戈兑美元汇率保持在设定的汇率目标上，不仅如此，哈萨克斯坦中央银行还要根据其国内经济发展的需要，及时调整坚戈与美元汇率水平，22年来，坚戈兑换美元汇率有升有降，但是贬值成为这一时期的主导趋势（见图5-4），坚戈兑换美元汇率由1993年11月的1美元兑换4.7坚戈贬值到了2015年8月20日的256.00坚戈，累计贬值98%。

1993—2001年，哈萨克斯坦实行坚戈盯住美元的汇率制度。这一时期，为了促进哈萨克斯坦国内经济的快速发展，哈萨克斯坦中央银行奉行通过坚戈贬值促进出口产业发展的政策，多次宣布坚戈法定贬值，使坚戈兑美元的汇率由1993年最初的1美元兑换4.68坚戈，贬值到了2001年的1美元兑换146.74坚戈，累计贬值97%。

2002—2007年是哈萨克斯坦实行准爬行盯住美元汇率制度的时期。这一时期，随着哈萨克斯坦外汇管理制度的放松，中央银行对坚戈汇率形成的干预程度逐步减少，而外汇市场供求对坚戈汇率的影响则更加明显，随着其外汇收入的增加，坚戈对美元也开始升值，由2002年的1美元兑换153.28坚戈，升值到了2007年的1美元兑换123.16坚戈，累计升值25%。

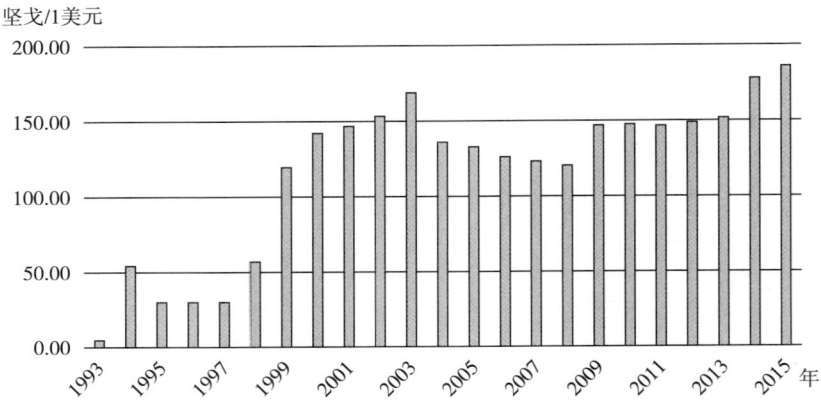

资料来源：中国国家外汇管理局网站。

图 5-4　哈萨克斯坦坚戈与美元汇率（1993—2015 年）

表 5-6　　哈萨克斯坦坚戈兑换美元汇率（2008 年 1—12 月）

单位：坚戈/1 美元

月份	汇率	月份	汇率	月份	汇率	月份	汇率
1 月	120.35	4 月	120.50	7 月	120.29	10 月	119.85
2 月	120.34	5 月	120.56	8 月	120.02	11 月	120.06
3 月	120.67	6 月	120.70	9 月	119.67	12 月	120.58

资料来源：中国驻哈萨克斯坦经商参赞处网站。

2008 年哈萨克斯坦实行爬行盯住汇率制度。这一年，为了应对国际金融危机，哈萨克斯坦开始实行爬行盯住美元的汇率制度，确定 1 美元兑换 120 坚戈的中心汇率及围绕中心汇率上下 1% 的波动幅度。为了极力维护坚戈汇率的稳定，中央银行付出了 60 亿美元的外汇储备，确保了坚戈汇率在目标范围内变动：1 美元兑换 119.67~120.70 坚戈（见表 5-6）。

2009—2010 年，哈萨克斯坦实行"区间浮动汇率制度"。这一时期，哈萨克斯坦总统及政府"都不希望坚戈币值过于坚挺而使哈萨克斯坦的出口处于不利的处境"。为了抵御金融危机的冲击，增强哈萨克斯坦实体经济特别是出口企业的竞争力，保持国家黄金储备，中央银行于 2009 年 2 月 4 日突然对外宣布坚戈兑换美元一次性贬值 25%。中心汇率由原有的 1 美元兑换 120 坚戈直接调整到 150 坚戈，并确定在上下 3% 的区间内进行浮动的汇率制度，一年后的 2010 年 2 月 5 日又将浮动区间扩大到了上下 15%。

2011—2014 年，哈萨克斯坦实施"有控制的浮动汇率制度"。这一时期，哈萨克斯坦中央银行奉行通过坚戈贬值促进出口提振经济的政策，不断对外汇市场进行干预，通过购买美元增加坚戈货币供给量，以抑制坚戈升值。针对 2012 年 2 月坚戈兑美元升值 0.6% 的状况，3 月央行从出口商手中购买了 12 亿美元，从而抑制了坚戈过快的升值。为了防止金融市场和整体经济局势出现失衡，央行于 2014 年 2 月 11 日突然宣布坚戈兑美元直接贬值 19%，并实行围绕 1 美元兑换 185 坚戈中心汇率上下 3 坚戈的有控制的浮动汇率制度。消息公布后，坚戈兑换美元汇率由 2014 年 2 月 11 日的 155.56 坚戈，贬值到了 2 月 12 日的 163.90 坚戈和 2 月 14 日的 184.50 坚戈。哈萨克斯坦坚戈被俄罗斯商业咨询报评为 2014 年贬值幅度最大的货币之一（坚戈贬值 15%，居第 8 位）。

坚戈贬值有来自国际和国内多种因素的影响，但是，坚戈以美元为中心的固定汇率制度，为哈萨克斯坦中央银行数次法定贬值提供了制度基础。2015 年 8 月 20 日，哈萨克斯坦中央银行对外宣布从 2015 年 8 月 20 日下午起取消汇率波动区间限制，实施坚戈自由浮动的汇率制度，消息传出不久，坚戈兑美元直接贬值 30%（汇率由 197 贬至 256）。然而三天后的 8 月 24 日，坚戈兑美元大幅升值 13%（汇率由 8 月 23 日的 1 美元兑换 252.47 坚戈升至 218.61 坚戈），创 20 年来单日最大涨幅。就在哈萨克斯坦央行声称 9 月坚戈汇率不会出现大幅波动时，市场的力量再次让坚戈贬值，坚戈兑换美元汇率于 9 月 16 日跌破到 1 美元兑换 301 坚戈。

自由浮动汇率制度的实施，正如哈萨克斯坦中央银行对外宣称的那样:"坚戈自由浮动汇率的实施,意味着哈萨克斯坦经济去美元化方案的启动,哈萨克斯坦中央银行没有设定坚戈目标汇率水平,坚戈汇率是每天国内外汇市场反应的结果,是宏观经济基本面的体现。中央银行只有在哈萨克斯坦金融稳定受到威胁时才会进行干预。"

(三)哈萨克斯坦政府控制坚戈币值波动的能力较弱

坚戈汇率制度由固定转变为浮动,不仅意味着哈萨克斯坦中央银行对坚戈与美元定价权的放弃,而且标志着坚戈汇率实现了由官方定价向由外汇市场供求定价的转变,预示着哈萨克斯坦中央银行将从日常干预坚戈汇率稳定向只有在金融稳定受到威胁时才会进行干预的转变。坚戈汇率制度的重大变革,对于坚戈汇率从大跌到大涨,再由大涨到大跌的局势变化只能起到政府间接干预的作用,哈萨克斯坦中央银行对坚戈汇率的控制程度大大减弱。坚戈汇率的高低主要取决于国际石油价格的变化,哈萨克斯坦中央银行宣称,当石油价格下跌时,坚戈对美元就会贬值,由于国际油价持续下跌,坚戈兑美元汇率由 2015 年 12 月 9 日的 1 美元兑换 308 坚戈,下跌至 2015 年 12 月 22 日的 1 美元兑换 349 坚戈,贬值 17%。惠誉国际评级机构专家表示 2016 年哈萨克斯坦货币坚戈与美元汇率将维在 1 美元兑换 360~380 坚戈的区间。如果国际油价稳定在 40 美元/每桶之上,坚戈汇率将保持在 360 坚戈兑换 1 美元。经济学家让多索夫认为正是因为石油市场趋于稳定,才导致了坚戈走强,由于石油价格触底,坚戈兑美元汇率才不会继续下跌。坚戈兑换美元汇率由 2016 年 1 月 19 日的 1 美元兑换 378 坚戈升值到了 2016 年 3 月 4 日的 1 美元兑换 347 坚戈,升值 8.9%。坚戈兑换美元的实际有效汇率自 2014 年初到 2016 年 3 月实际贬值 27.6%。

2015 年 8 月 20 日坚戈实行浮动汇率以来,坚戈大幅度贬值至 9 月 16 日的 1 美元兑换 301 坚戈,为了抵制外汇市场投机炒作行为,哈萨克斯坦中央银行从 9 月 16 日开始对外汇市场进行干预,截至 10 月 8 日,哈萨克斯坦中央银行共投入了 15.77 亿美元进行干预。实际上 2014 年和 2015 年为扶持坚戈汇率，哈萨克斯坦中央银行在外汇市场卖出了 397 亿美元，正如哈萨克斯坦中央银行行长阿吉舍夫所说，虽然 2015 年 8 月以来，哈萨克斯坦中央银行实施了外汇市场干预，但是并没有阻止坚戈汇率的根本走势。

（四）坚戈的安全性分析结论

综上所述，23 年来哈萨克斯坦中央银行在治理通货膨胀方面具有很强的控制能力，坚戈对内价值呈现相对稳定安全的状态，与此截然不同的是，坚戈对外价值急剧动荡很不稳定，这种状态在浮动汇率制度实施后越发突出并继续发展。就在哈国内经济学家认为："哈国宏观经济未显示出坚戈贬值的必要性"；就在哈国内政治学者认为坚戈贬值预期是一种"政治挑衅"；就在外国投资者相信坚戈不再剧烈贬值；就在哈萨克斯坦总统纳扎尔巴耶夫说"政府不打算使坚戈贬值"；就在哈萨克斯坦政府和中央银行在 2015 年经济金融联合声明称"将避免坚戈汇率发生剧烈波动"等一系列说法余热未散之际，坚戈却不尽如人意地开始大跌 30%，正如惠誉预言"坚戈兑美元将贬值 13%～45%"；正如美银美林认为："坚戈被高估，建议哈政府将坚戈汇率调整 20%～30%"；正如 Sberbank CIB 认为"预计坚戈至少贬值 25%"的这样。其实，坚戈贬值是迫于国际国内的双重压力，受俄罗斯危机和石油价格下跌的影响，哈萨克斯坦国内需求放缓，进口增加，出口减少，央行承受着外债压力和国际储备耗竭的高压。在这样的背景下，哈萨克斯坦中央银行选择放弃固定汇率制度，通过坚戈贬值来应对贸易条件恶化、石油降价和卢布贬值的危机。正如标准普尔所言："哈央行将通过汇率调整修正长期积累的经济失衡情况"。

从自由浮动汇率制度实施以来，资本外逃、投机炒汇的行为一度导致坚戈由 1 美元兑换 218 坚戈贬至 290～296 坚戈。为此，哈萨克斯坦中央银行不得不再次进行市场干预,从 2015 年 9 月 16 日起先后 5 次向外汇市场注入近 7.4 亿美元的外汇储备,坚戈汇率也因此由 1 美元兑换 283.98 坚戈升至 270.11 坚戈。同时,为防止资本外逃,提高外汇管理效率,哈萨克斯坦中央银行会同国家财政、二级银行等部门开展联合行动,打击资本外逃行为,以阻止坚戈贬值。尽管如此,哈萨克斯坦经济发展中存在的种种问题缺乏坚戈升值所具备的条件。一是经济发展速度的降低。2015 年下半年国际金融机构纷纷下调了哈萨克斯坦经济增长的预期,IMF 将 2015 年增长 4.5% 预期下调至 2%、2016 年增长 5.5% 预期下调至 3.25%。世界银行三次下调 2015 年 GDP 增长率(1 月预测增长 1.8%,6 月预测增长 1.7%,8 月预测增长 1.5%),将 2016 年和 2017 年年均增长率 3.5% 下调至 3%。亚洲开发银行将年初预测的 2015 年增长 3.5% 下调至 1.9%、2016 年增长 3.6% 下调至 3.2%。哈萨克斯坦统计委员会预测 2015 年哈萨克斯坦经济增长 1.5%~2%,比 2014 年 4.3% 的 GDP 增速减少一半还要多。二是贸易顺差的减少。哈萨克斯坦 2015 年 1—7 月贸易顺差 97 亿美元,同比下降 61.5%。三是国际储备的下降。尽管 2015 年 8 月,哈萨克斯坦黄金外汇储备环比增长了 0.7%,但是余额仅为 978.61 亿美元,同 2014 年 7 月末哈萨克斯坦黄金外汇储备 1 037.54 亿美元相比减少 5.7%。四是外债规模的增加。2014 年末哈外债 1 570 亿美元,较 2013 年末的 1 499 亿美元增加了 71 亿美元,增长了 4.74%。经济增速的降低,贸易顺差的减少,国际储备的下降,外债规模的增加成为制约坚戈升值的重要经济因素,坚戈对外价值的变化实在令人担忧。未来哈萨克斯坦中央银行在实现通货膨胀目标时,将面临复杂多变的外部环境,特别是坚戈自由浮动汇率制度的实施,让哈萨克斯坦中央银行在治理国内通货膨胀时失去了控制坚戈对外价值变化的客观条件,坚戈一旦对外大幅度贬值势必影响其对内价值的稳定性,哈萨克斯坦中央银行捍卫坚戈币值稳定的任务艰巨而复杂,任重而道远。

二、索姆的安全性分析

1991年8月31日吉尔吉斯斯坦宣布独立后，国内经济形势不断恶化，1992年其国内生产总值同比下降25.2%，财政赤字达到了50.8亿卢布，消费品价格是1991年的10.5倍，1993年的通货膨胀率更是高达36%，居于中亚五国之首[1]。随着苏联的解体，俄罗斯联邦的独立，俄罗斯经济出现了严重的衰退，深陷经济危机和卢布贬值的风险之中，针对国内经济形势不断恶化，外部经济环境不断危急的困难局面，吉尔吉斯斯坦政府决定退出苏联卢布货币区，通过发行本国货币来抑制国内严重的通货膨胀，从而摆脱俄罗斯经济危机、卢布贬值对吉尔吉斯斯坦国内经济金融的不良影响。

1993年5月10日，吉尔吉斯斯坦中央银行——国家银行正式发行本国法定货币索姆，按照1索姆兑换200卢布的汇率取代苏联卢布，索姆开始在本国流通，与此同时，吉尔吉斯斯坦政府采取全面放开物价政策，但是对食品（面包、牛奶和食盐）、运输、能源、药品和房租的价格实行国家控制和调节[2]。

吉尔吉斯斯坦中央银行——国家银行，从货币索姆发行之日起，就肩负着抑制通货膨胀的重任，1997年7月29日，吉尔吉斯斯坦政府正式颁布的《吉尔吉斯共和国国家银行法》中，进一步明确了吉尔吉斯斯坦国家银行依法独立管理职能，制定了国家银行通过实施适当的货币政策实现和维持物价稳定的总体目标，进一步强化国家银行将维持法定货币索姆的购买力和保持国家银行支付系统的稳定运行作为首要任务。

---

[1] 刘庚岑. 独立后的吉尔吉斯斯坦 [J]. 东欧中亚研究, 1995 (4): 58-64.
[2] 沈忱. 吉尔吉斯斯坦纪念索姆发行8周年 [EB/OL]. 哈萨克斯坦, 全景报, 2001-06-21.

（一）索姆对内价值相对稳定

长期以来，吉尔吉斯斯坦国家银行在治理通货膨胀方面取得了一定的成效，国内物价指数由 1991 年的 202%，降低到了 1993 年的 36%，2000 年的 9.6%，2001 年的 1.7%，2002—2004 年控制在 3% 以内，2005—2006 年控制在 3%～7%[①]，但是，在 2008 年国际金融危机爆发的前后，吉尔吉斯斯坦国内出现了比较严重的通货膨胀，2007 年物价高达 20.1%，2008 年物价高达 18.4%，2011 年物价高达 21.4%，对此，吉尔吉斯斯坦国家银行采取了从紧的货币政策，有效地降低了通货膨胀，2013 年物价指数增长 4%，较 2012 年下降了 3.4 个百分点。但是，2014 年由于国际经济及周边国家经济形势的变化，导致吉尔吉斯斯坦物价指数增长 10.5%，较预期增加了 2.3 个百分点，较 2013 年增加了 6.5 个百分点[②]，2015 年通过吉尔吉斯斯坦政府和国家银行的通力合作，采取特殊的金融信贷政策，成功地将通货膨胀控制在了 3.4% 的较低水平，较预期通货膨胀率 6.5% 降低了 3.1 个百分点[③]。

（二）索姆对外持续贬值

索姆对外价值的变化呈现持续贬值状态，1993 年 5 月索姆发行时，与美元的汇率是 1 美元兑换 4 索姆，1993 年 9 月索姆贬值至 1 美元兑换 12～13 索姆[④]。为了稳定索姆与美元的汇兑水平，吉尔吉斯斯坦国家银行采取了索姆盯住美元的固定汇率制度，进入 2000 年以来，索姆与美

[①] 刘庚岑. 独立后的吉尔吉斯斯坦 [J]. 东欧中亚研究，1995（4）：58 - 64.
[②] 2014 年全年吉尔吉斯斯坦通货膨胀率为 10.5% [EB/OL]. 吉尔吉斯斯坦国家统计委员会，2015 - 01 - 23.
[③] 2015 年吉尔吉斯斯坦经济增长 3.5%、通胀 3.4%，系欧亚经济联盟最佳 [EB/OL]. 吉尔吉斯斯坦国家统计委员会 2016 - 01 - 29.
[④] 库鲁巴耶夫. 吉尔吉斯斯坦独立 20 周年回顾与展望 [EB/OL]. 现代国际关系，2011（8）：58 - 61.

元的汇率基本上保持在 1 美元兑换 36 索姆到 1 美元兑换 48 索姆①，2014 年吉尔吉斯斯坦国家银行宣布索姆放弃盯住美元的固定汇率制度，采取以市场供求为基础的自由浮动汇率制度以来，索姆兑换美元汇率呈现大幅度的波动，索姆与美元汇率由 2014 年初的 1 美元兑换 49.2 索姆，贬值到了 2014 年末的 1 美元兑换 58.9 索姆，贬值到了 2015 年 2 月初的 1 美元兑换 60.7 索姆，贬值到了 2015 年 4 月中旬的 1 美元兑换 64 索姆，贬值到了 2015 年 9 月中旬的 1 美元兑换 70.5 索姆，贬值到了 2015 年 11 月底的 1 美元兑换 75.9 索姆，贬值到了 2016 年 1 月的 1 美元兑换 76 索姆②。

(三) 索姆币值不稳定的原因分析

1. 粮食危机成为索姆对内贬值的最大风险

长期以来，吉尔吉斯斯坦国内粮食、肉类、奶制品、食用油等食品价格的变化成为主导其国内总体物价水平的决定因素。由于吉尔吉斯斯坦工业基础薄弱，经济发展主要依靠农牧业生产和农产品加工，50% 的农业人口和 40% 的贫困人口，使得吉尔吉斯斯坦国民的生活水平还处于满足基本温饱需求的状态，因此，粮食等食品价格的变化决定了其国内物价水平的高低。

吉尔吉斯斯坦从独立初期的 1991 年到 2003 年、2006 年、2007 年、2008 年、2010 年、2011 年，再到 2014 年，历次的通货膨胀的发生都因为粮食等食品价格的上涨而引起，2003 年非食品价格不仅没有上升，反而下降了 1.8%；2006 年水果、蔬菜、糖类等食品价格上涨 7.8%，非食品价格仅仅上涨了 1.3%；2007 年粮食价格同比上涨 14.6%，肉类上涨 16%，奶制品、乳酪，鸡蛋价格上涨 8%，食用油和奶油价格上涨

---

① 李付岩. 吉尔吉斯斯坦货币索姆的官方汇率 [EB/OL]. 吉尔吉斯斯坦信息分析中心，2002 - 05 - 04.
② 2014 年吉尔吉斯斯坦索姆对美元贬值 19.71% [EB/OL]. 吉尔吉斯中央银行，2015 - 01 - 15.

5.3%[①]；2008年蔬菜上涨32.09%，水果上涨8.46%，面粉上涨15.94%，食糖上涨14.27%；2010年面包、肉类、蛋奶价格上涨25%，食用油，蔬菜涨幅37%；2011年特级面粉上涨55.8%，一级面粉上涨75.5%；2014年食品和非酒精类饮品价格涨幅为13.9%。

2015年由于吉尔吉斯斯坦国内的蔬菜价格下降21.4%，牛奶和奶制品价格下降15.1%，粮食价格下降6.9%，肉类价格下降4.7%，使其国内整体物价水平大幅度下降，全年通货膨胀率控制在了3.4%的较低水平，较预期通货膨胀率6.5%降低了3.1个百分点，2015年上半年吉尔吉斯通货膨胀率仅为0.2%[②]。

长期以来，粮食危机是造成吉尔吉斯斯坦通货膨胀的最主要的危险因素[③]。独立初期的吉尔吉斯斯坦，由于国内粮食，肉类和食用油供应紧张，食品物资供应匮乏，造成1991年通货膨胀高达202%的历史最高纪录，2005年以来，国际小麦市场价格上涨，带动了哈萨克斯坦、俄罗斯等粮食价格的上涨，增强了哈萨克斯坦和俄罗斯对吉尔吉斯斯坦粮食的进口需求，加上一些不法商人利用俄罗斯等国禁止食品出口规定，利用国际与吉尔吉斯斯坦国内粮食价格之间的价差，进行粮食等食品出口走私，使得原本粮食等食品供应紧张的吉尔吉斯斯坦发生了粮食危机，从而导致2007年和2011年物价分别高达20.1%和21.4%。吉尔吉斯斯坦央行行长也多次强调，吉尔吉斯斯坦国内通货膨胀的原因并不是因为索姆发行过多引起的，而是一些非货币因素造成的通货膨胀。

2. 国际经济条件恶化是索姆对外贬值的最大隐患

吉尔吉斯斯坦是一个资源型的山地小国，由于历史和传统的原因，无论是独立初期的过渡时期，还是后来的经济转型时期，都严重依赖独联体国家发展本国经济，国际经济条件的变化，特别是俄罗斯、哈萨克

[①] 吉陷入食品价格快速上涨危机 [EB/OL]. 吉尔吉斯斯坦国家统计委员会，2007-09-14.
[②] 2015年吉尔吉斯经济增长3.5%、通胀3.4%，系欧亚经济联盟最佳 [EB/OL]. 吉尔吉斯斯坦国家统计委员会，2016-01-29.
[③] 王海燕. 吉尔吉斯斯坦独立15年经济发展评析 [J]. 新疆社会科学，2008 (4)：9-12.

斯坦等独联体国家的经济发展状况成为影响吉尔吉斯斯坦经济、贸易、投资、汇率变化的重要因素，2014年以来俄罗斯遭受西方经济制裁，卢布大幅度贬值所带来的经济衰退、金融危机是造成吉尔吉斯斯坦货币索姆贬值的最直接的原因。

吉尔吉斯斯坦国内专家纷纷将美元对索姆汇率的不断增长归结为：由于西方国家对俄罗斯的制裁，以及国际市场上石油价格的走低，导致流入俄罗斯的美元数量大幅减少，卢布持续贬值约26%，而吉尔吉斯斯坦的经济与俄罗斯密切相关，所以索姆在重复卢布的贬值态势。2014年全年，索姆对美元贬值19.71%，主要是受到外部环境震荡的影响，包括乌克兰危机、俄罗斯受制裁、哈萨克坚戈大幅贬值以及全球范围内的美元升值等。2014年以来吉尔吉斯斯坦国民经济增速减缓，吉尔吉斯斯坦主要贸易伙伴国的经济状况不断恶化，从而导致吉尔吉斯斯坦外贸规模缩减、侨汇收入下降，国内外环境的变化为吉尔吉斯斯坦货币索姆贬值带来了较大压力[①]。

俄罗斯是吉尔吉斯斯坦最大的贸易伙伴国、重要的投资国和侨汇收入的最大来源国。俄罗斯与吉尔吉斯斯坦贸易占吉尔吉斯斯坦进出口贸易的30%左右，近年来，特别是自2014年以来，俄罗斯遭受西方国家经济制裁和石油价格大跌的危害，经济衰退、卢布大跌、金融危机，从而导致俄罗斯缩减从国外进口的需求，将从吉尔吉斯斯坦的进口规模减少了30%，将对吉尔吉斯斯坦的直接投资减少了220%，成为2014年对吉尔吉斯斯坦投资规模减少最大的国家。由于吉尔吉斯斯坦出口贸易大幅度的减少，出口创汇能力的大大降低，致使吉尔吉斯斯坦出口额2014年较2013年减少1.4亿美元，2015年较2014年减少2.04亿美元。与此同时，吉尔吉斯斯坦吸引外资的规模呈现下降状态，2013年比2012年减少1.4亿美元，2014年比2013年减少3.8亿美元。出口的减

---

① 吉专家分析近期美元对索姆升值原因［EB/OL］. 吉尔吉斯斯坦国家银行，2014 – 01 – 17.

少，吸引外资的下降，加速了索姆的贬值。正如吉尔吉斯斯坦中央银行副行长努尔别克所言，西方国家对俄罗斯的经济制裁，石油价格的大跌，俄罗斯石油美元收入的减少，俄罗斯经济危机的发生，直接影响索姆币值的变化，对索姆贬值产生了直接的、重要的影响。与此同时，俄罗斯是吉尔吉斯斯坦侨汇收入的最大来源国，其95%以上的侨汇收入来自于俄罗斯[①]，由于吉尔吉斯斯坦存在严重的劳动力过剩问题，劳动力输出到俄罗斯、哈萨克斯坦等国成为吉尔吉斯斯坦换取外汇收入的重要途径，侨汇收入不仅是吉尔吉斯斯坦外汇收入的主要来源，而且成为拉动其GDP增长，促进国内需求的重要力量，2014年侨汇收入对GDP的贡献率高达30%。由于吉尔吉斯斯坦侨汇收入的多少取决于俄罗斯的经济发展状况，因此任何一次石油危机、金融危机所引起的俄罗斯经济危机都会直接影响吉尔吉斯斯坦的侨汇收入，2008年国际金融危机的爆发，2008年国际油价大跌，使得俄罗斯财政收入锐减，对外投资、对外支付、接收外来劳务能力大大下降，就业机会的减少，使得吉尔吉斯斯坦多数劳务人员被迫回国，劳务汇款相应下降，2009年吉尔吉斯斯坦侨汇收入减少2亿美元，2014年西方制裁俄罗斯，石油价格暴跌，俄罗斯再次发生比2008年以来更大的经济危机，卢布大幅度贬值，尽管吉尔吉斯斯坦在俄罗斯务工人员不断持续增加，2015年达到了55.4万人，但是近年来的侨汇收入较2009年侨汇收入减少的规模大大增加，2014年比2013年减少了4.57亿美元，2015年比2014年减少了4.67亿美元，每年以接近5亿美元的速度在减少，侨汇收入减少的速度超过出口创汇收入减少的速度。吉尔吉斯斯坦金融专家分析说，由于吉尔吉斯斯坦外贸出口缩水，来自俄罗斯的侨汇减少等原因，致使索姆出现历史以来的最大幅度的贬值。

吉尔吉斯斯坦是个资源型国家，矿产资源丰富，特别是黄金工业在

---

① 西方对俄罗斯的制裁对吉尔吉斯货币索姆贬值产生影响［EB/OL］.吉尔吉斯斯坦国家银行，2014-10-24.

吉尔吉斯斯坦的经济发展中具有举足轻重的地位，黄金生产产值占其工业总产值的50%、占其GDP的10%、占其出口的40%。长期以来，"库姆托尔"金矿黄金的产量占吉尔吉斯斯坦黄金总产量的90%以上，"库姆托尔"金矿的黄金生产和出口，极大地影响着吉尔吉斯斯坦的GDP和出口换汇收入，吉尔吉斯斯坦每一次的经济衰退都与"库姆托尔"金矿的黄金生产减产有关，2002年由于"库姆托尔"金矿大幅度减产使得吉尔吉斯斯坦经济进入低谷期，2005年"库姆托尔"金矿大幅度减产，其GDP下降0.6%，2015年"库姆托尔"金矿大幅度减产，吉尔吉斯斯坦工业生产总值下降4.4%，吉尔吉斯斯坦GDP减少近30%，2016年1月，"库姆托尔"金矿大幅度减产，吉尔吉斯斯坦工业生产总值下降40.7%，吉尔吉斯斯坦GDP同比下降10.7%。不仅如此，"库姆托尔"金矿的黄金出口对吉尔吉斯斯坦的外汇收入影响极大，由于"库姆托尔"金矿黄金的生产和出口受国际黄金市场波动的影响很大，只要国际黄金价格持续走低，吉尔吉斯斯坦黄金出口就减少，出口换汇规模就会大幅下降。2014年以来，国际黄金价格走低，导致吉尔吉斯斯坦黄金出口2014年减少2.7%，2015年下降7.2%，吉尔吉斯斯坦经济对黄金生产与出口的高度依赖是其经济脆弱表现的主要原因，也是导致吉尔吉斯斯坦货币索姆贬值的主要原因。

长期以来，索姆实行盯住美元的汇率制度，美元的升值与贬值都会引起索姆币值的变化。2007年美国次贷危机的爆发，导致美元对全球货币的持续贬值，索姆对美元持续升值。2010年以来，受弱势美元政策的影响，索姆兑美元汇率由2011年4月的1美元兑换47.3索姆升值至6月的1美元兑换45.4索姆，两个月升值4%。2014年以来，受美国退出量化宽松政策，收紧美元流动性的影响，索姆对美元不断贬值，2014年2月，索姆突然对美元贬值20%，自此索姆对美元呈现持续贬值态势，索姆兑换1美元的汇率：2014年4月为54.4∶1，2015年为59.9∶1，2016年为76.3∶1。

(四) 吉尔吉斯斯坦中央银行控制索姆币值稳定的能力隐患

长期以来,吉尔吉斯斯坦财政部和国家银行采取从紧的信贷政策、稳健的预算执行政策、发展证券市场、提高国家证券发行量、增加粮食战略储备、保障税收收入、为低收入家庭提供政府补贴等一系列措施,以抑制通货膨胀并保障国家粮食供应①,针对 2011 年 21.4% 的高通货膨胀率,吉尔吉斯斯坦家银行采取积极措施,通过开展"贷款拍卖"等方式进行再融资,使得通货膨胀率由 2011 年的 21.4%,降低到了 2012 年的 7.5%②。吉尔吉斯斯坦政府采取的一系列抑制通货膨胀的措施,在一定时期内取得了成效,但是国际经济环境的变化对吉尔吉斯斯坦国内物价水平的影响程度很高,吉尔吉斯斯坦国家银行控制国内物价水平的能力受到了一定的挑战。

吉尔吉斯斯坦国家银行在控制索姆汇率稳定方面采取了一定的措施,但是效果欠佳。受国际金融危机的影响,俄罗斯务工机会锐减,导致吉尔吉斯斯坦在俄务工人员大量返乡,在俄罗斯,吉尔吉斯斯坦务工人员从 30 万人减少至 20 万人③,受此影响,索姆对美元在 2008 年 7 月到 2009 年 3 月贬值 18.35%,吉尔吉斯斯坦国家银行因为以美元为主导的外汇储备缺乏,而不能有效保持索姆对美元币值稳定④。2010 年 8 月,吉尔吉斯斯坦国家银行先后两次向外汇市场抛售 985 万美元,干预索姆贬值,但是,9 月初索姆兑美元较 8 月下跌 1.5%⑤。2014 年以来,吉尔吉斯斯坦国家银行 61 次干预外汇市场,采取买进或卖出美元的方

---

① 吉尔吉斯斯坦采取多种措施抑制通胀 [EB/OL]. 吉尔吉斯斯坦媒体, 2008 - 04 - 07.
② 吉尔吉斯斯坦央行实施适度紧缩的货币政策拟将通货膨胀率控制在 7% ~ 8% [EB/OL]. 日本日报, 2013 - 07 - 08.
③ 受全球性金融危机影响,今年吉大批劳务自俄返乡 [EB/OL]. 吉尔吉斯斯坦媒体, 2009 - 08 - 14.
④ 今年第一季度吉本币汇率对美元贬值 10% [EB/OL]. 吉尔吉斯斯坦媒体, 2009 - 04 - 16.
⑤ 吉尔吉斯斯坦央行抛售 985 万美元稳定本币兑美元汇价 [EB/OL]. 吉尔吉斯斯坦媒体, 2010 - 09 - 08.

式干预索姆与美元的汇率,净卖出美元 5.16 亿美元,2014 年有效地稳定了索姆币值,但是 2015 年索姆贬值的势头依然存在①。2015 年 1 月以来,吉尔吉斯斯坦国家银行多次干预外汇市场,抛出 5 607 万美元以阻止索姆贬值,尽管如此,索姆依然持续贬值,由 1 月初的 1 美元兑换 58.9 索姆,贬值到 1 月 23 日的 1 美元兑换 59.9 索姆②。2015 年吉尔吉斯斯坦国家银行 40 次干预外汇市场,出售美元 35 次,共计 3.3 亿美元,回购美元 5 次,共计 4 395 万美元,但是并没有阻止索姆再次贬值,2016 年 1 月 11 日索姆继续对美元贬值至 1 美元兑换 76.3 索姆。

(五) 索姆的安全性分析结论

长期以来,吉尔吉斯斯坦中央银行较好地控制了国内物价水平,通货膨胀在目标区内波动,索姆对内相对稳定。但是,索姆兑美元汇率呈现小起小落的特点,从 2014 年的 1 美元兑换 58 索姆,贬值到了 2015 年的 1 美元兑换 76 索姆,又从 2015 年的 1 美元兑换 76 索姆升值到了 2017 年的 1 美元兑换 69 索姆,期间索姆兑换美元汇率呈现从贬值 24%,再到升值 10% 的轨迹。相对来说,索姆在中亚五国货币中的安全性较高。

三、索莫尼的安全性分析

塔吉克斯坦自 1991 年 9 月 9 日独立至 1995 年 5 月 9 日,没有发行本国货币而是沿用苏联货币卢布,自 1995 年 5 月起,塔吉克斯坦国家银行先后三次进行了本国货币的发行与调整。一是塔吉克卢布的发行,1995 年 5 月 10 日塔吉克斯坦国家银行发行塔吉克卢布正式取代苏联卢

---

① 吉尔吉斯斯坦议员称索姆继续贬值将为吉国民经济带来潜在风险 [EB/OL]. 吉尔吉斯斯坦卡巴尔国家通讯社,2015 - 01 - 29.
② 自年初以来吉尔吉斯斯坦央行出售外汇逾 5 600 万美元仍未能遏制索姆贬值 [EB/OL]. 吉尔吉斯斯坦卡巴尔国家通讯社,2015 - 01 - 23.

布在本国的流通;二是索莫尼的发行,2000年10月30日塔吉克斯坦国家银行发行新货币——索莫尼,按照1索莫尼兑换1 000塔吉克卢布完成新旧货币的替换;三是索莫尼面值的调整,2000年发行的1、2、5、10、20、50、100面值的索莫尼,由于币值过小,印刷成本太贵,以及美元在境内替代索莫尼的现象时有发生,而不能适应2000年以来塔吉克斯坦GDP增长11倍,国家预算收入增长22倍,人均工资增长17倍,国内贸易增长10倍,对外贸易增长6倍,食品价格增长4倍的客观需要,为此,塔吉克斯坦国家银行于2010年9月10日起,调整并发行了新版面额纸币3、200、500索莫尼。

(一)索莫尼对内长期通胀

自从索莫尼发行以来,国内通货膨胀问题持续存在。2001—2011年十年间,索莫尼对内通货膨胀率除了2005年在7.1%以外,其余年份均在10%~20%,2001—2004年塔吉克斯坦的通货膨胀率在12%~15%,2005年突然大幅度降低至7.1%,而2006年再次上涨至12.5%,2007年更是创自索莫尼发行以来通货膨胀率的最高历史纪录19.7%,进入2008年以来,塔吉克斯坦通货膨胀率出现大幅度回落,进入下降状态,2008—2011年保持在10%左右(2008年8%,2009年10%,2010年9.8%,2011年9.3%),2012—2016年保持在3.7%~7.4%(2012年6.4%,2013年3.7%,2014年7.4%,2015年5.1%,2016年6.1%[1]),创自索莫尼发行以来通货膨胀率历史最低纪录(见图5-5)。

(二)索莫尼对外持续贬值

2000年10月30日,塔吉克斯坦新货币——索莫尼发行后,确立了索莫尼盯住美元的可自由兑换的汇率政策,坚持以市场供求决定索莫尼与美元之间的比价,实行了塔吉克斯坦国家银行对索莫尼与美元汇率进

---

[1] 2016年塔吉克斯坦通胀率为6.1%[EB/OL].Avesta通讯社,2017-01-13.

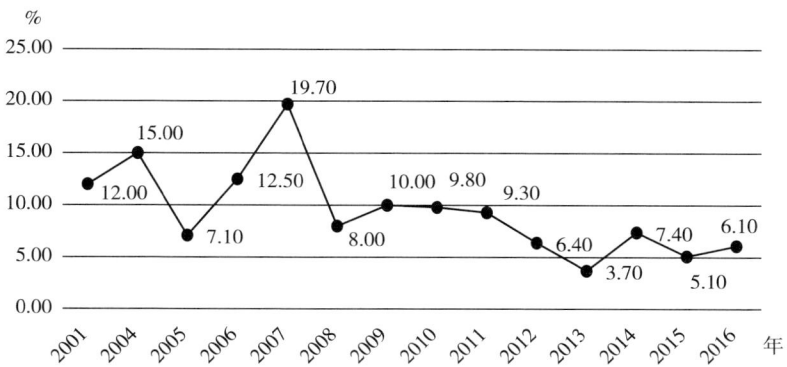

资料来源：塔吉克斯坦国家统计署。

图 5-5　塔吉克斯坦通货膨胀率（2001—2016 年）

行市场干预的汇率制度。

新版货币索莫尼发行 16 年来，索莫尼对美元有贬值也有升值，但总体趋势是以贬值为主，美元兑换索莫尼的汇率由 2000 年的 1∶1，到 2002 年的 1∶2.6966，到 2003 年的 1∶3.1，到 2009 年的 1∶4.3590，到 2014 年的 1∶5.1181，到 2015 年的 1∶6.9705，到 2016 年初的 1∶7.1401，16 年来索莫尼对美元累计贬值 62.19%（见图 5-6）。

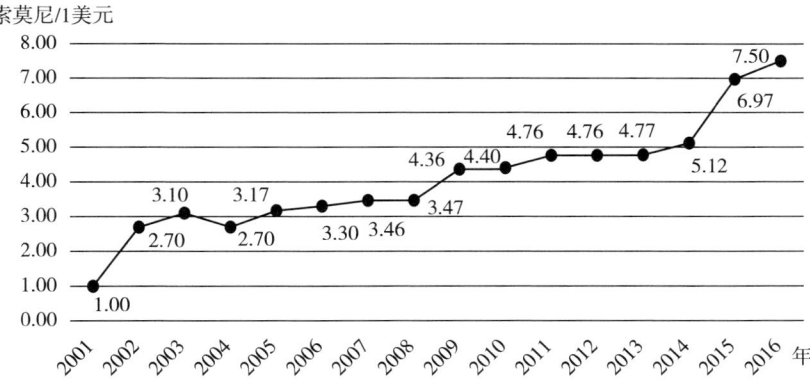

资料来源：塔吉克斯坦国家统计署。

图 5-6　塔吉克斯坦索莫尼兑换美元汇率（2001—2016 年）

(三) 索莫尼贬值的原因分析

1. 国际粮食价格变化是决定塔吉克斯坦国内物价水平的主要因素

长期以来,塔吉克斯坦国内的粮食生产只能满足国内需求的40%不到,60%的粮食需求必须依靠从国外进口,由于塔吉克斯坦贫困化非常严重,粮食消费成为国内居民消费的重要商品,粮食消费呈现为刚性需求,而国际粮食价格的波动总会引起塔吉克斯坦国内粮食价格的变化,而粮食价格的高低又成为决定塔吉克斯坦国内物价水平的最主要的因素之一。例如2006年第一季度塔吉克斯坦的通胀率为3.4%,其中的食品价格上涨4.4%,2006年底塔吉克斯坦通胀率上升至11.7%,其中的粮食价格上涨11.9%。2007年7月以前,塔吉克斯坦的物价仅为3.5%,7月后,由于国际粮食涨价,导致塔吉克斯坦国内食品上涨15.2%,通胀率也上升至12.4%。2009年上半年由于国际粮食价格降低,2009年上半年塔吉克斯坦的通胀率降低至2.8%,2015年塔吉克斯坦内食品价格上涨4.3%,其通货膨胀率也上涨至5.1%。

从塔吉克斯坦通货膨胀形成的规律来看,无论哪个年份,通胀率的水平总是和食品价格上涨率趋于一致,从2006年、2007年、2008年、2011—2015年塔吉克斯坦食品价格、有偿服务价格和通货膨胀率的走势中就可以得出这一结论(见图5-7)。国际粮食价格的变化对塔吉克斯坦食品价格的影响很大,而食品价格的变化又决定着塔吉克斯坦国内物价水平的高低。

2. 俄罗斯经济发展状况对索莫尼币值产生重要影响

由于历史原因,无论是政治上还是经济上,塔吉克斯坦对俄罗斯都具有严重的依赖性,塔吉克斯坦GDP中的40%与俄罗斯政策和经济的变化有关。

IMF指出塔吉克斯坦是中亚国家中经济上对俄罗斯最为依赖的国家,俄罗斯是塔吉克斯坦最重要的贸易伙伴,俄罗斯与塔吉克斯坦的双

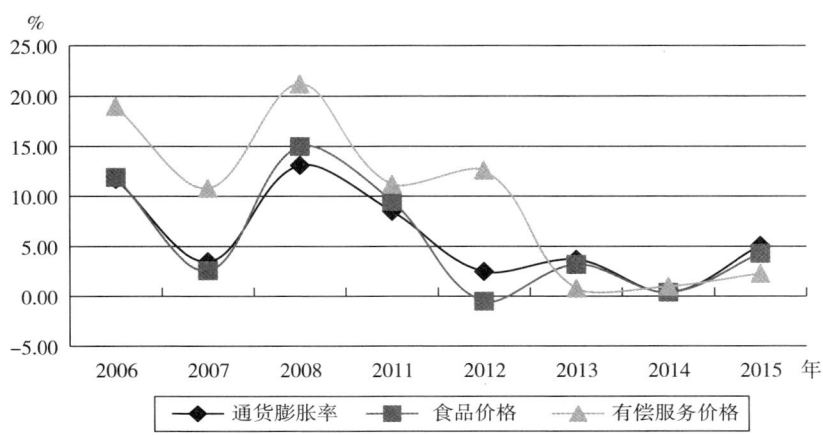

资料来源：塔吉克斯坦国家统计署。

图 5-7　塔吉克斯坦历年价格变动走势

边贸易额占塔吉克斯坦贸易总额的 30%；俄罗斯是塔吉克斯坦的最大投资国，塔吉克斯坦 10% 的直接投资来自俄罗斯；俄罗斯是塔吉克斯坦劳务移民最多的国家[①]，塔吉克斯坦 90% 以上的劳务移民是在俄罗斯打工且规模在不断增加，2005 年末为 49.66 万人，2014 年 6 月末 117.8 万人，2015 年为 109 万人；俄罗斯是塔吉克斯坦劳务移民外汇收入的最大来源国，2013 年塔吉克斯坦从俄罗斯汇款 41.54 亿美元，较 2012 年增长 5.2 亿美元，同比增长 14.3%，占 GDP 48.8%。

2014 年下半年以来，西方国家对俄罗斯实施经济制裁，造成俄罗斯经济金融危机，俄罗斯经济金融危机对塔吉克斯坦经济发展带来了极大的影响，特别是对塔吉克斯坦侨汇收入的影响，进而影响索莫尼不断贬值。IMF 专家的分析结果表明，俄罗斯经济每下滑 1 个百分点，对塔吉克斯坦等国家的劳动移民汇款就将减少 1.5 个百分点。俄罗斯经济的持续下滑，使得塔吉克斯坦在俄罗斯的劳务移民大量回国，2014 年 9

---

① 国际货币基金组织指出在中亚国家中塔吉克斯坦经济对俄最为依赖 [EB/OL]. 塔吉克 Avesta 网站，2014-11-14.

月塔吉克斯坦在俄罗斯的劳务移民117万人①，2015年末减少到86.23万人，减少近31万人②。塔吉克斯坦侨汇大幅度减少，2014年上半年塔吉克斯坦自俄罗斯的劳动移民汇款16.44亿美元，较2013年的16.68亿美元，减少2 400万美元。2015年初，塔吉克斯坦8.3万劳务移民从俄罗斯回国，使得2015年上半年自俄罗斯的侨民汇款同比减少32%，2015年全年自俄罗斯的侨民汇款同比减少40%。塔吉克斯坦侨汇收入的减少，极大地影响了索莫尼币值的稳定，索莫尼兑美元不断贬值，索莫尼兑美元2015年较2014年贬值20%，2015年全年贬值23.82%。2016年初较2015年贬值7.28%③。

3. 侨汇收入是索莫尼对美元汇率变化的决定因素

侨汇收入是塔吉克斯坦外汇收入的主要来源，侨汇收入的变化直接影响索莫尼对美元的汇率变化。刚刚结束内战的塔吉克斯坦，由于经济遭受重创，接近50%动荡不安的塔吉克斯坦人民既找不到工作，也没有面包吃，即使经过了16年的经济发展，但是塔吉克斯坦提供的就业岗位常常滞后于人口自然增长速度和劳动力的储备数量，不能满足就业的有效需求，加上工资收入低于国外工资收入的影响，塔吉克斯坦的劳动者更愿意选择去国外打工，因此，塔吉克斯坦境外劳务数量逐年增长，塔吉克斯坦是中亚国家劳动力移民数量最大的国家，塔吉克斯坦有50%的工人在国外打工，其中90%以上在俄罗斯打工，每个家庭都能收到侨汇收入，80%的家庭依靠侨汇维持生计④，侨汇收入不仅成为塔吉克斯坦每个家庭重要的收入来源，而且成为塔吉克斯坦国家预算收入的重要来源，是拉动GDP增长的主要动力，其侨汇收入的规模不断增

---

① 塔在俄人数呈下降趋势［EB/OL］. 中国驻塔吉克斯坦使馆经商参赞处，2014-09-05.
② 2015年底塔吉克斯坦在俄罗斯劳务移民总数为86.23万人［EB/OL］. 塔吉克斯坦Toptj通信社，2016-01-15.
③ 今年内塔本币索莫尼贬值7.28%［EB/OL］. 塔吉克斯坦Asia-plus通信社，2016-01-21.
④ 杨建梅. 全球金融危机对塔吉克斯坦劳动移民造成的影响［J］. 中亚信息，2009（6）：19-21.

长，2006 年以前不到 10 亿美元，2007 年突破 16 亿美元，2008 年突破 26 亿美元，2012 年突破 37 亿美元，2013 年突破 42 亿美元①，近年来其侨汇收入的规模开始减少，2014 年减少至 39 亿美元②，2015 年减少至 21.9 亿美元③。虽然塔吉克斯坦的侨汇收入占 GDP 的比重是世界上最高的，但是近年来其侨汇收入占 GDP 的比重却在不断下降，由 2007 年的 44.7%、2008 年的 55%，下降到 2013 年的 49%④，2014 年的 45%⑤和 2015 年的 31%⑥。

塔吉克斯坦侨汇收入的变化成为影响索莫尼币值变化的重要因素。2007 年、2008 年、2010—2013 年大量的侨汇收入，使得塔吉克斯坦美元供给增加，索莫尼对美元的汇率保持相对稳定。2008—2013 年索莫尼对美元贬值幅度在 0.27% ~ 7.71%，2009 年塔吉克斯坦侨汇收入减少 35%，索莫尼兑美元贬值 22.3%，贬值幅度居中亚五国之首；2014 年塔吉克斯坦侨汇收入减少，索莫尼对美元贬值 11.2%，⑦；2015 年索莫尼对美元贬值 23.82%⑧。

4. 国际铝价和棉花价格变动是索莫尼汇率波动的外在因素

长期以来，塔吉克斯坦的原铝和棉花出口收入占其出口收入的比重很高，2011 年占 56%，2012 年占 80%，2013 年占 52%，2014 年占

---

① 塔吉克斯坦是世界上最依赖汇款的国家 [EB/OL]. 塔吉克斯坦 Avesta 通讯社，2015 – 04 – 15.
② 2014 年塔劳务移民汇款总额为 39 亿美元 [EB/OL]. 塔吉克斯坦 Avesta 通讯社，2015 – 02 – 12.
③ 塔央行：2015 年塔吉克斯坦自俄罗斯侨汇收入下降 42.4% [EB/OL]. 塔吉克斯坦 Avesta 通讯社，2016 – 04 – 02.
④ 塔吉克斯坦是世界上最依赖汇款的国家 [EB/OL]. 塔吉克斯坦 Avesta 通讯社，2015 – 04 – 15.
⑤ 2014 年塔劳务移民汇款总额为 39 亿美元 [EB/OL]. 塔吉克斯坦 Avesta 通讯社，2015 – 02 – 12.
⑥ 2015 年塔吉克 GDP 增长 6% [EB/OL]. 塔吉克斯坦 Avesta 通讯社，2016 – 01 – 25.
⑦ 索莫尼 2015 年 1 月上半月贬值 0.8% [EB/OL]. 塔吉克斯坦中央银行，2015 – 01 – 16.
⑧ 今年内塔本币索莫尼贬值 7.28% [EB/OL]. 塔吉克斯坦 Asia – plus 通信社，2016 – 01 – 21.

67%，2014 年仅原铝出口换汇 1.16 亿美元，占外汇收入的 51.2%，原铝和棉花的出口收入是塔吉克斯坦除侨汇收入以外重要的外汇收入来源，然而，国际铝价或国际棉花价格的变化，不仅影响塔吉克斯坦原铝和棉花的生产，而且影响塔吉克斯坦原铝和棉花的出口，进而影响塔吉克斯坦外汇收入和索莫尼的币值稳定。

原铝是塔吉克斯坦最重要的出口商品，原铝出口额占其出口总量的 70% 左右，国际铝价的变化对塔吉克斯坦原铝生产及出口的影响很大。国际铝价下跌，塔吉克斯坦的原铝产量及出口量就会减少，贸易就会出现逆差。特别是自 2008 年以来，国际铝价下跌对塔吉克斯坦原铝的生产及出口的影响更加突出。2008 年 7 月以来，国际铝价不断下降，每吨铝的价格从 2008 年 7 月 3 291 美元降到 2009 年 2 月的 1 253.5 美元，生产 1 吨铝亏损 600 多美元，使得塔吉克斯坦原铝生产减少，出口下降 12.82%[①]。2011 年国际铝价由每吨 2 688 美元降价到每吨 2 015 美元，导致塔吉克斯坦 2011 年原铝产量下降 16.7%。2012 年国际铝价下跌至每吨 1 996 美元，导致塔吉克斯坦 2012 年原铝出口同比减少 1.23 万吨，原铝出口额占出口总额的比重由 2006 年的 75% 减少到了 64%，出口换汇减少 1.8 亿美元[②]。2013 年原铝出口创汇收入同比减少 1.45 亿美元，同比下降 33.3%。

棉花是塔吉克斯坦第二大出口商品，塔吉克斯坦位列世界"最大棉花出口商"的第 41 位，棉花产业作为塔吉克斯坦主要的支柱产业，对塔吉克斯坦的经济发展发挥着非常重要的推动作用，不仅影响外汇收入，而且影响国家预算收入。国际棉花价格的波动一定引起塔吉克斯坦的棉花生产和出口波动。国际棉花价格下跌，塔吉克斯坦棉花生产和出口就会下降，国际棉花价格上涨，塔吉克斯坦棉花生产和出口就会增

---

① 塔吉克铝业全力应对金融危机［EB/OL］．中国驻塔吉克斯坦使馆经商参赞处，2009 - 04 - 30．

② 2012 年塔吉克斯坦外贸情况［EB/OL］．塔吉克斯坦国家统计委员会，2013 - 02 - 24．

加。2010年国际棉花价格下跌，使得塔吉克斯坦一些纺织企业不得不暂时停业，纺织工业面临困境，直接影响棉花的生产和出口。2011年国际棉花价格上涨，塔吉克斯坦2011年上半年的棉花出口增长了200%，2012年国际棉花价格下跌，塔吉克斯坦2012年的棉花出口下降12.2%。欧亚开发银行报告指出，虽然2012年塔吉克斯坦皮棉生产增加了20%，可以使皮棉出口增加65.1%，但是由于国际市场皮棉价格下跌，使得塔吉克斯坦的出口没有增长，反而减少了24.9%，由于2013年6月国际棉花价格下跌，极大地降低了塔吉克斯坦棉农的种植热情，加上长达3 200公里的运输距离，棉花生产成本提高等因素，使得塔吉克斯坦皮棉产量下降，2013年前10个月棉花出口1.48亿美元，同比下降22%。原铝和棉花出口收入的下降，减少了塔吉克斯坦外汇收入的规模，2012年塔吉克斯坦逆差占其GDP的比重高达50.3%。

5. 持续不断且规模增加的逆差是索莫尼贬值的基础因素

塔吉克斯坦是高山之国，山地占国土面积的93%，粮食生产远远不能满足国内需求，饥饿问题长期困扰着塔吉克斯坦，世界粮食政策研究院和国际人道主义组织"救济世界饥饿"和"关注世界"最新联合公布《2015年世界饥饿指数》报告称，2015年塔吉克斯坦因饥饿导致营养不良的人口比例占30.3%，较2005年仅仅下降了5%，同哈萨克斯坦的8%，吉尔吉斯斯坦的9.4%，土库曼斯坦的12.9%和乌兹别克斯坦的13.3%相比，塔吉克斯坦是中亚地区饥饿问题最严重的国家，因为自然灾害等原因，塔吉克斯坦粮食不能实现自给自足，70%的粮食消费需要依靠进口，进口粮食的外汇呈现刚性需求[1]，2012年上半年塔吉克斯坦用于进口面粉和小麦的外汇支出高达1.12亿美元[2]，占当年外汇收入的8.6%。

虽然自2002年以来，塔吉克斯坦在能源领域的投资超过了20亿美

---

[1] 塔成立食品安全委员会 [EB/OL]. 亚洲快讯，2011-08-06.
[2] 塔吉克斯坦粮食尚不能自给自足 [EB/OL]. 塔吉克斯坦国家统计署，2013-02-13.

元，2012年起塔吉克斯坦国内生产天然气能力实现了1 000万立方米，但是只能满足国内10%不到的需求，然而，塔吉克斯坦50%的交通工具使用天然气，导致2013年进口天然气较2012年增长了52%。大量的石油及产品必须长期依靠进口，2014年IMF将塔吉克斯坦列为中亚地区石油天然气进口国，塔吉克斯坦石油产品严重依赖进口，2013年进口石油产品开支3.94亿美元，2014年1—8月进口石油产品外汇支出4亿美元①。

塔吉克斯坦是粮食和天然气进口大国，对粮食和天然气进口呈现刚性需求，造成塔吉克斯坦的进出口贸易呈现长期逆差的状态。2003年以前，塔吉克斯坦进出口规模保持在10亿美元以内，贸易逆差没有超过1亿美元；2006—2007年，塔吉克斯坦的进出口规模超过10亿美元，贸易逆差不到4亿美元；2008年以来，塔吉克斯坦贸易逆差不断增加，规模在10亿～34亿美元，其中，2014年的贸易逆差高达33.6亿美元②，创2008年以来历史最高纪录，贸易逆差的持续增加为索莫尼贬值提供了经济条件。

（四）塔吉克斯坦政府控制索莫尼汇率稳定的能力较弱

长期以来，塔吉克斯坦国家银行根据国内经济发展状况的变化及国家制定的货币政策目标，通过调节再贴现率水平等经济手段改变货币供应量，进而影响物价水平，实现达到控制通货膨胀的目的。

受2008年国际金融危机的影响，2008年初塔吉克斯坦国内出现了高达13%的通胀率，为了治理较高的通货膨胀，塔吉克斯坦国家银行将再贴现率调高至16%，有效地控制了2008年的物价水平，通货膨胀率由年初的13%降低到了年末的8%。针对2010年上半年出现的高通胀，塔吉克斯坦国家银行连续三年不断调整再贴现率，2010年提高

---

① 塔吉克斯坦石油产品严重依赖进口［EB/OL］. Avesta通讯社，2014 – 12 – 01.
② 2014年塔吉克斯坦对外贸易额超过53亿美元［EB/OL］. 亚洲快讯，2015 – 01 – 15.

0.25个百分点至8.25%，2011年提高0.75个百分点至9%，2012年初提高0.8个百分点至9.8%，将通货膨胀率从10%~12%的水平，降低到了6.1%。2012年10月以来，塔吉克斯坦经济不景气，实际的通胀率为6.1%与2012年初塔吉克斯坦国家银行将通货膨胀控制在10.5%的目标相差4.4个百分点，为了提振经济，塔吉克斯坦国家银行连续多次采取主动降息的政策，将再贴现率由2012年初的9.8%降低到2012年10月的6.5%，降低到2013年10月的5.5%，降低到2014年1月的4.8%，与此同时，将银行最低储备金率降低至2%，要求商业银行降低贷款利率。在塔吉克斯坦政府实行谨慎的财政政策和宽松的货币政策下，2015年的通胀率继续保持较低水平。

总体而言，2012年以来塔吉克斯坦国家银行对通货膨胀的控制能力大大提高，塔吉克斯坦政府对国内通货膨胀的预测和控制力较过去大有提高。2000—2011年，塔吉克斯坦政府总是不能将通货膨胀很好地控制在目标范围之内，例如，2006年预计7%，实际达到了12.5%，2007年预计7%，实际达到了19.7%，2011年预计7%，实际达到了9.3%。但是2014年以来这一状况发生了改变，2014年塔吉克斯坦政府预计通胀7.5%，实际实现7.4%，2015年预计7.5%，实际达到了5.1%，2016年预计6%，实际6.1%[1]。

长期以来，塔吉克斯坦国家银行利用经济手段和行政手段实现对本币索莫尼汇率水平的控制。

1. 干预外汇市场

通过外汇市场买卖美元，干预本币索莫尼兑换美元的汇率水平，以稳定索莫尼兑换美元汇率。针对2009年卢布对美元贬值50%、坚戈对美元贬值25%，导致塔吉克斯坦2009年第一季度较2008年同期出口减少55%，加上塔吉克斯坦对粮食、石油产品进口的刚性需求，索莫尼对美元贬值10.5%的现实，及索莫尼贬值引发塔吉克斯坦国内物价的

---

[1] 2016年塔吉克斯坦通胀率为6.1%［EB/OL］. Avesta通讯社，2017-01-13.

全面上涨,居民生活水平受到损害,银行系统安全受到威胁等问题,塔吉克斯坦国家银行通过在外汇市场上加大美元供给量的做法对索莫尼汇率进行调整并维持索莫尼汇率的稳定,使得索莫尼兑换美元的汇率由 2009 年 2 月初的 1 美元兑换 3.9 索莫尼升值到了 3 月的 1 美元兑换 3.55 索莫尼。2011 年 5 月,塔吉克斯坦国家银行继续抛售美元进行市场干预,使得索莫尼兑换美元汇率由 2011 年初的 1 美元兑换 4.8 索莫尼,升值到了 2011 年 5 月的 1 美元兑换 4.55 索莫尼。2014 年 1—7 月,塔吉克斯坦国家银行联合国内部分金融机构采取增加美元供给的措施,动用了 4 640 万美元进行市场干预,以消除俄罗斯卢布贬值及索莫尼汇率波动的季节性影响,保障索莫尼币值的稳定,在塔吉克斯坦国家银行干预下索莫尼贬值的幅度被控制在正常范围以内。

2. 塔吉克斯坦央行直接控制汇率定价权

塔吉克斯坦国家银行根据国家经济发展需要,直接采取上调或下调美元汇率的方式,改变索莫尼对美元汇率水平。例如 2014 年 4—5 月两次改变索莫尼对美元的汇率水平,一次是在 2014 年 4 月 26 日,塔吉克斯坦国家银行将索莫尼兑换美元的汇率由 1 美元兑换 4.82 索莫尼上调至 1 美元兑换 4.92 索莫尼;另一次是在 2014 年 5 月 5 日,塔吉克斯坦国家银行将索莫尼兑换美元的汇率由 1 美元兑换 4.93 索莫尼下调至 1 美元兑换 4.87 索莫尼。

3. 打击外汇投机交易

塔吉克斯坦国家银行利用行政手段对塔吉克斯坦外汇黑市交易引起索莫尼大幅度贬值的行为给予严厉打击。2015 年 12 月 2 日,塔吉克斯坦国家银行联合塔吉克斯坦反贪局对国内主要城市外汇市场进行联合检查,查处 18 个违法外汇兑换点并关闭所有外汇兑换点,以稳定索莫尼兑换美元的汇率水平[1]。但是,2016 年末索莫尼对美元继续贬值到了 1

---

[1] 塔吉克斯坦央行继续打击外汇市场违法行为 [EB/OL]. Avesta 通讯社,2015 - 12 - 04.

美元兑换 7.93 索莫尼[①]，对此，塔吉克斯坦国家银行采取更加严格的外汇交易管制，规定国内所有的外汇交易必须一律在境内正规的商业银行服务机构办理，禁止非银行服务机构以外的所有外汇交易，凡是在非银行服务机构进行的外汇交易一律视为违法行为，受到法律制裁。在塔吉克斯坦国家银行的市场干预下，外汇黑市投机活动得到了抑制，索莫尼汇率水平得到了保护。

（五）索莫尼的安全性分析结论

比较而言，索莫尼对内价值相对稳定，加上塔吉克斯坦国家银行对通货膨胀控制能力的提高，索莫尼对内价值的安全性得到了保障。

但是，受国际、国内多变而复杂的经济形势的影响，索莫尼对外价值极其不稳定，索莫尼对美元呈现持续贬值状态，1 美元兑换索莫尼的价格由 2014 年的 4.7 索莫尼，贬值到了 2015 年的 6.9 索莫尼，贬值到了 2016 年的 7.1 索莫尼，贬值到了 2017 年的 7.9 索莫尼，索莫尼累计贬值 41%，是中亚五国中货币贬值幅度最大排名的第二大国，仅次于哈萨克斯坦坚戈的贬值幅度。尽管塔吉克斯坦国家银行利用经济手段和行政手段干预索莫尼兑换美元的汇率水平，但是，从实际控制的效果来看并不令人满意，索莫尼对外价值安全性的保障程度较弱。

四、玛纳特的安全性分析

（一）玛纳特对内价值保持稳定

独立以来，土库曼斯坦中央银行将保证国家的金融稳定，加强玛纳特货币购买力，保持国内物价稳定作为货币政策的最终目标，在土库曼

---

① 塔吉克斯坦央行宣布非官方渠道外币交易视为违法行为 [EB/OL]. Avesta 通讯社，2017 – 02 – 10.

斯坦高度重视发展经济政策，GDP 保持在两位数增长，经济呈现繁荣发展局面的背景下，通货膨胀率保持在 6%~7%，2016 年通货膨胀率仅为 3.5%，实现了土库曼斯坦中央银行控制通货膨胀率的目标。不仅如此，土库曼斯坦居民的用电、用水、汽油、住房、食盐、教育和卫生保健服务等全部免费，在公共交通、电讯服务等方面享受物价补贴，这些免费和补贴政策从 2000 年起开始执行，一直延长到 2020 年①。

（二）玛纳特对外价值持续稳定

伴随着 1991 年土库曼斯坦的独立，土库曼斯坦中央银行于 1993 年 11 月 1 日正式发行本国货币玛纳特并执行玛纳特新的货币制度，建立了实行玛纳特盯住美元的固定汇率制度，确定玛纳特与美元的官方汇率为 1 美元兑换 2 玛纳特。

独立初期的土库曼斯坦，在与苏联脱离、与卢布脱离、与周边国家长期建立的生产和经济关系脱离的过程中，出现了经济结构严重失衡，严重依赖油气资源发展经济等问题，使得土库曼斯坦的生产持续下降，国内商品供应紧缺，财政赤字上升，物价飞涨，从而导致玛纳特对美元大幅度的贬值，官方汇率由 1993 年 1 美元兑换 2 玛纳特直接贬值到了 1995 年 1 美元兑换 200 玛纳特，贬值幅度高达 99%。后来，土库曼斯坦政府和中央银行从国内经济发展的实际需要出发，制定了实行玛纳特与美元的双重汇率制度，即官方牌价和商业牌价并存的汇率制度。在不到十年的时间里，玛纳特对美元大幅度的贬值，由 1995 年的 1 美元兑换 200 玛纳特，直接贬值到了 2006 年 7 月官方牌价 1 美元兑换 5 200 玛纳特，商业牌价 1 美元兑换 23 800 玛纳特。

由于玛纳特官方汇率和商业汇率之间的定价悬殊，给土库曼斯坦经济统计和招商引资工作带来了极大的不便，影响了土库曼斯坦经济的持续发展，土库曼斯坦政府从 2007 年底开始对玛纳特的汇率水平进行了

---

① 2020 年以前土库曼斯坦政治、经济和文化发展战略 [EB/OL]. Avesta 通讯社，2003 - 12 - 23.

调整，总统别尔德穆哈梅多夫以行政命令形式宣布自2008年1月1日起，将玛纳特的官方汇率由2007年12月17日的1美元兑换5 212玛纳特，调整为1美元兑换6 250玛纳特，其间又进行了两次调整，即2008年3月3日玛纳特的官方汇率调整为1美元兑换5 158玛纳特，2008年4月7日，玛纳特的官方汇率调整为1美元兑换6 264玛纳特。与此同时，规定玛纳特的商业汇率不得超过1美元兑换20 000玛纳特。2008年5月1日，土库曼斯坦政府宣布对玛纳特汇率制度进行重大改革，放弃长期实施的玛纳特与美元官方汇率与商业汇率并存的双重汇率制度，对玛纳特的官方汇率和商业汇率进行并轨，用短短5个月的时间解决了长达十年之久的双轨制的汇率制度，实行玛纳特盯住美元的、单一的、有管理的固定汇率制度，确定1美元兑换14 250玛纳特的固定汇率。

针对玛纳特面值过大，币值过低给商品定价带来不便等问题，土库曼斯坦中央银行对玛纳特货币制度进行重大改革，2009年1月1日土库曼斯坦政府宣布发行新货币玛纳特，以1:1 000的新货币玛纳特取代旧货币玛纳特，同年9月，又将新旧货币玛纳特的兑换比率调整为1:5 000，与此同时，土库曼斯坦中央银行根据旧货币玛纳特的官方汇率1美元兑换14 250玛纳特和1个新货币玛纳特兑换5 000旧货币玛纳特的比率，计算并确定了新货币玛纳特与美元的官方汇率为1美元兑换2.85玛纳特，并继续实施玛纳特盯住美元的、单一的、有管理的固定汇率制度。

面对国际油价大幅度下跌，乌克兰战争，俄罗斯遭遇西方国家制裁，俄罗斯、哈萨克斯坦、吉尔吉斯斯坦、塔吉克斯坦和乌兹别克斯坦等独联体国家的货币竞相大幅度贬值的、复杂严峻的国际经济金融形势，2015年1月1日，土库曼斯坦政府对外宣布将实施了六年的1美元兑换2.85玛纳特的官方汇率调整为1美元兑换3.5玛纳特，继续实施玛纳特盯住美元的、单一的、有管理的固定汇率制度，截至2017年4月末，玛纳特的官方汇率1美元兑换3.5玛纳特已经保持了28个月，没有发生类似于中亚其他国家持续贬值的现象。

（三）玛纳特币值稳定的原因分析

2009年1月1日新货币玛纳特流通以来，彻底改变了旧货币玛纳特兑美元持续大幅度贬值的状态，新货币玛纳特实施以美元为目标货币的、单一的、有管理的固定汇率制度，玛纳特兑换美元的官方汇率保持长期稳定，1美元兑换2.85玛纳特保持了72个月，1美元兑换3.5玛纳特保持了28个月，从制度层面上讲玛纳特对美元汇率是零风险。

与此形成鲜明对比的是，在国际油价大跌、乌克兰危机、俄罗斯经济金融危机等复杂严峻的国际背景下，俄罗斯卢布由2007年12月3日的1美元兑换24.717卢布贬值到了2016年1月22日的1美元兑换85.531卢布，卢布对美元累计贬值71%。哈萨克斯坦遭受邻国俄罗斯经济衰退和国际油价的重创，宣布坚戈自由浮动，坚戈由2007年10月22日的1美元兑换120.55坚戈贬值到了2016年1月22日的1美元兑换383.91坚戈，坚戈对美元累计贬值68.6%。吉尔吉斯斯坦索姆由2007年12月10日的1美元兑换34.542索姆贬值到了2016年1月15日的1美元兑换75.901索姆，索姆对美元累计贬值54.5%。乌兹别克斯坦苏姆由2007年9月10日的1美元兑换1 180.90苏姆贬值到了2016年4月15日的1美元兑换2 889.39苏姆，苏姆对美元累计贬值59.1%。塔吉克斯坦索莫尼由2007年9月10日的1美元兑换2.99索莫尼贬值到了2016年1月5日的1美元兑换7.1401索莫尼，索莫尼对美元累计贬值58.1%。就在中亚国家和俄罗斯货币竞相大幅度贬值的时候，土库曼斯坦的货币仅仅贬值18.6%，贬值后没有发生任何波动并保持了28个月的稳定状态。

土库曼斯坦货币玛纳特长期保持稳定状态的主要原因有以下几点。

1. 政局稳定为玛纳特币值稳定提供了可靠的制度保障

土库曼斯坦独立以来，实行高度集中的政权管理体制，由唯一的执政党——民主党，行使中央和地方的各级执政权力，国家领导人先后仅由两人担任，萨帕尔穆拉特·尼亚佐夫担任总统期间，稳步推行渐进式的经济体制改革，积极促进社会经济发展，不断提高人民生活水平，严格控制和打击反对势力，保持了良好的社会秩序和稳定的政治局面，现任总统库尔班古力·别尔德穆罕梅多夫，致力于政治、经济和社会等领域的全面改革，在新旧国家领导班子换届中，采取逐步过渡的方式，平稳完成了新一届领导班子的换届和组阁，不仅没有带来土库曼斯坦的政局突变，社会动荡，反而带领土库曼斯坦人民一道进入了一个伟大而复兴的时期，大力发展能源工业，实行高福利的经济社会政策，为人民建立公平社会，经济发展和人民生活都出现了前所未有的新变化。总统在土库曼斯坦人民心中享有极高的威望，民主党在土库曼斯坦民众中具有不可动摇的领导地位、作用和影响，高度集中的政治经济体制和高福利社会政策，使得土库曼斯坦保持了长时期的政局稳定和良好的社会治安秩序，稳定的政治局面为玛纳特币值的稳定提供了可靠的制度保障。

2. 天然气多元化出口战略为玛纳特的币值稳定提供了重要的物质基础

土库曼斯坦独立25年来持续的社会安定、政局稳定和国家安全得益于天然气多元化出口战略的实施。独立后的土库曼斯坦政府清醒的认识到，天然气的生产和出口，不仅关系到土库曼斯坦的经济增长和财政收入水平的提高，而且关系到土库曼斯坦人民生活水平的改善和民众情绪的稳定，不仅关系到土库曼斯坦执政的稳定性和高级政治问题，而且关系到土库曼斯坦的社会安定和国家安全，因此，土库曼斯坦政府确立了以天然气生产和出口为主的"能源富国战略"，然而，由于历史原因，俄罗斯控制了土库曼斯坦石油和天然气定价权，为了摆脱俄罗斯对土库曼斯坦石油、天然气出口的控制，土库曼斯坦政府制定了以天然气为主的多元化出口战略，经过20多年的努力，形成了与中国、伊朗等国家的天然气出口合作关系，天然气出口多元化格局初步形成，在国际上拥有重要的能源生产国和出口国的地位。

土库曼斯坦利用其拥有丰富的油气资源，将天然气的生产和加工发展成为土库曼斯坦重要的支柱产业，多元化的天然气出口战略，促进了其外汇收入的增加，带动了其GDP的快速增长，成为维护国内经济发展、社会稳定、政权稳定的重要物质基础。

天然气生产、加工和出口是土库曼斯坦外汇收入和财政收入的重要来源，2014年土库曼斯坦的天然气出口收入占全部商品出口额的60%以上，是土库曼斯坦全年预算收入的30%，持续稳定的石油出口收入为玛纳特币值的稳定提供了坚实的物质基础。

3. 经济多元化发展为玛纳特的币值稳定提供了重要的经济基础

独立初期的土库曼斯坦面临了国际、国内严峻而复杂的经济形势，外部遭受苏联解体，长期建立的生产联系突然中断，俄罗斯，乌克兰等独联体国家经济危机的影响，内部存在着重工业发达，轻工业极为落后，产业结构单一，主要依赖石油能源发展经济的严重问题，对此，土库曼斯坦政府采取了循序渐进的市场经济改革措施，通过所有制的改革，货币金融制度的改革，贸易体制的改革，价格体制的改革和产业结构的调整等一系列积极有效的经济改革措施的实施，在坚持以油气兴国、能源出口多元化带动经济发展的基础上，加大了对外资的吸引力度，加大了对建筑、农业、通信、纺织等领域的投资，加大了对中小企业和私营经济的扶持，加大了对科技和创新领域的投入，逐步实现了从原料提供者向成品生产者的转变，从能源富国战略向多元化经济发展战略的转变，改变了独立初期经济持续衰退的被动局面，经济发展进入了良性稳定的发展轨道，特别是2005年以来，除了2000年和2009年以外，其余年份的GDP都以20%的速度快速增长，人民生活水平得到明显改善，社会生产持续稳定，各行各业的发展得到了显著的提高，土库曼斯坦真正进入了"21世纪的黄金时代"。被联合国欧洲经济委员会称之为"全球经济发展最快的地区"之一。20多年来，土库曼斯坦共获得外国投资 1 172 亿美元，居于全球吸引直接投资指数前 10 名。

2007 年以来，土库曼斯坦对外贸易规模持续增长，2013 年达到了 350 亿美元，比 2007 年增加 1.7 倍，对外贸易结构得到了改善，有利于保持国际收支平衡。近年来，土库曼斯坦与世界上 100 多个国家开展了经贸合作，逐渐从原料出口国向生产国和高科技含量成品出口国过渡。

独立初期的土库曼斯坦处于内外交困的经济发展状态，GDP 连续 5 年负增长，1994 年高达 -18.8%，1997 年东南亚金融危机使得改革初见成效的土库曼斯坦的经济增长再次出现大幅度下滑，GDP 的增长由 1996 年的 8%，迅速下降到了 1997 年 15% 的负增长，尽管如此，与同时期独联体国家的经济衰退相比，土库曼斯坦的经济发展还是最好的，工农业生产没有出现急剧的下降，经济形势保持了相对稳定的状态。特别是 2014 年以来，在全球经济放缓、欧元区经济增长乏力、俄罗斯经济动荡、卢布大跌、日本经济出现季度负增长、新兴经济体也出现经济增长速度放缓、IMF 三次下调全球经济增长预期的国际经济背景下，土库曼斯坦的经济发展却呈现逆势而上的态势，土库曼斯坦政府通过实施发展棉纺织业，扩大能源和电力生产，开拓建筑业发展空间，打造中亚交通枢纽，积极主动加强对外贸易合作的多元化经济发展道路，顺利地实现了经济快速稳定发展，GDP 增速达到了 10.3%，在中亚国家处于领先地位，国际货币基金组织对土库曼斯坦近年来 GDP 的增长给予了积极评价，强调指出，土库曼斯坦具有抵御俄罗斯及中亚地区市场动荡外来侵袭的能力。

土库曼斯坦经济发展之所以呈现出与中亚国家截然不同的表现，原因主要在于：一是土库曼斯坦政府进行渐进的、全面的、深化的经济金融制度改革；二是坚持以油气资源出口为基础的多元化经济发展战略；三是土库曼斯坦政府积极的国家投资政策的实施，渐进式、多元化的政府投资，是带动土库曼斯坦经济稳定快速发展的重要原因，为玛纳特币值的稳定提供了坚实的经济基础。

（四）影响玛纳特币值安全的隐患

1. 外部因素

长期以来，土库曼斯坦与俄罗斯之间在政治、经济和人文等领域进行了一系列的合作，俄罗斯是土库曼斯坦第二大贸易伙伴国，双边贸易额年均实现 50 多亿美元，俄罗斯的天然气公司、MTC 移动运营商、卡玛斯公司在土库曼斯坦进行投资和经营活动，土库曼斯坦对俄罗斯有着非常重要的经济利益，俄罗斯和土库曼斯坦在全球能源运输安全，优化欧亚大陆运输流量及解决生态环境等方面签署了多项法律条文。俄罗斯与土库曼斯坦天然气等项目的合作成为两国经济合作的重要内容，从 2003 年 4 月，土库曼斯坦和俄罗斯双方签署天然气合作协议开始，到 2007 年 12 月 20 日，俄罗斯、土库曼斯坦和哈萨克斯坦签署的《关于建设沿里海天然气管道协议》，再到 2009 年 12 月，俄罗斯和土库曼斯坦签署企业供气协议的补充协议，不难发现，土库曼斯坦和俄罗斯在油气资源开发方面的合作关系在不断加强。根据 2003 年 4 月土俄双方签署的天然气合作协议，俄罗斯与土库曼斯坦签署了一个长达 25 年的天然气购销合同，俄罗斯计划从土库曼斯坦购进天然气 2004 年 50 亿～60 亿立方米；2006 年 100 亿立方米；2007 年增加到 600 亿～700 亿立方米；2009—2028 年稳定在每年 700 亿～800 亿立方米。实际执行结果，2007 年以前，土库曼斯坦每年向俄罗斯出口约 500 亿立方米天然气，2007 年和 2008 年保持在 426 亿～423 亿立方米，2009—2013 年直接下降到了 110 亿～118 亿立方米，2014 年减少到 90 亿立方米，特别是 2015 年以来国际天然气市场格局的变化，使得土库曼斯坦天然气出口直接减少到了 40 亿立方米，2016 年由于乌兹别克斯坦执行了更为合理的价格政策，在天然气价格上比土库曼斯坦具有更大的优势，俄罗斯宣布与乌兹别克斯坦在天然气领域展开合作，并扩大进口乌兹别克斯坦天然气数量，因此，俄罗斯天然气公司于 2016 年 1 月 4 日宣布，从 2016

年起俄罗斯终止购买土库曼斯坦天然气。土库曼斯坦与俄罗斯签署的有关天然气合作协议，在 2016 年成为一纸空文，俄罗斯停止从土库曼斯坦进口天然气，一定程度上影响了土库曼斯坦的外汇收入，影响了玛纳特汇率的稳定，玛纳特兑换美元维持了 6 年的汇率 1 美元兑换 2.85 玛纳特，在 2015 年被迫调整为 1 美元兑换 3.5 玛纳特，这与其天然气出口的减少，外汇收入的下降有着直接的关系。

2. 内部因素

由于国际油价下跌，俄罗斯经济衰退，中国经济增速放缓等因素，使得土库曼斯坦的经济增速受到了影响，2015 年 11 月 IMF 将土库曼斯坦 2015 年和 2016 年的增长速度分别下调 1.5 个和 1.9 个百分点。世界银行在"全球经济展望"报告中将土库曼斯坦 2016 年 GDP 增速预测为 8.9%，由于复杂的国际经济形势，土库曼斯坦经济发展遇到了一定的困难，GDP 增长了 6.7%，比预期要低。2007 年以来，土库曼斯坦对外贸易发展迅速，长期保持贸易顺差，但是，2015 年对外贸易额仅为 262 亿美元，较 2014 年的 364 亿美元，减少 28%，出口 122 亿美元，较 2014 年减少 38.5%，进口 140 亿美元，较 2014 年下降 15.5%，贸易逆差为 18 亿美元。

虽然土库曼斯坦政府在应对历次经济金融危机时都能够采取积极有效的措施加以应对，加上土库曼斯坦的市场经济不发达，未深度融入国际金融经济体系，在 2008 年国际金融危机前期，土库曼斯坦所受的影响有限。但是，随着 2008 年国际金融危机的深化与演变，全球经济及主要经济体增长放缓甚至出现衰退，国际大宗商品价格不稳定，外部需求不足等国际环境变化的影响，2009 年以后，土库曼斯坦经济大幅下滑，对此，土库曼斯坦政府成立了稳定基金，采取严格控制国内物价水平、削减养老金支出、限制从银行提款等促进经济发展的一系列措施。在高度集中的政治、经济体制和高福利社会政策的双重作用下，土库曼斯坦政局得以保持稳定，社会治安较好。但是，也逐步暴露出不少问题，如各级政府部门工作效率非常低下，官僚贪污腐败严重；国家对经济活动过度管制，公共财政不透明；经济增长严重依赖能源工业和农业；人均收入较低，存在大量失业和贫困人口等，这些问题不仅成为影响土库曼斯坦未来政治社会稳定和经济持续发展的潜在因素，而且也成为影响玛纳特币值稳定的潜在风险因素。

（五）土库曼斯坦政府控制玛纳特币值稳定的措施有力

长期以来，土库曼斯坦中央银行将保卫玛纳特汇率稳定作为制定货币政策的首要目标，将保持国家经济金融领域稳定作为经济金融政策的首要任务，土库曼斯坦总统责令中央银行和商业银行维持国内通货膨胀指数并控制在目标区以内，通过提高生产效率，提高投资活力等途径实现经济增长，维护玛纳特的货币购买力和对外汇率的稳定性。针对近年来国际石油和天然气价格的不断下跌，俄罗斯和中国从土库曼斯坦进口天然气规模明显低于预期，美元持续坚挺等外部风险，土库曼斯坦政府做出了反危机计划并加以实施。

1. 限制购买外汇

2014 年 11 月中旬，由于市场上有关玛纳特贬值的传闻，土库曼斯坦外汇兑换点出现大量卖出玛纳特，买进美元的现象，2015 年 3 月 29 日，土库曼斯坦中央银行颁布实施《对外经济关系货币调控及货币管理法》，规定居民和非居民之间在土库曼斯坦境内进行的与财产转移和提供服务相关的货币业务，只能以本国货币玛纳特进行结算和清算。2015 年 8 月，进一步限制居民购买美元的数量，由之前的每人每天购买不超过 1 000 美元，变更为每人每月购买不超过 1 000 美元。2016 年 1 月，土库曼斯坦西联汇款要求居民只能汇款给国外留学的子女每个月不得超过 1 000 美元，每次不得超过 300 美元，购买美元时必须持有子女护照复印件及留学国家提供的入学证明，各个外汇兑换点停止销售外币现钞。

2. 放松出口管制

独立以来,土库曼斯坦对国内大型、小型角类牲畜、皮革制品和羊毛实行严格禁止出口的管制,因为国际油价和天然气价格的下跌,土库曼斯坦外汇收入减少,土库曼斯坦政府重新修定了关于国内牲畜出口的制度,2015年2月,土库曼斯坦总统签署总统令,允许企业法人、私人业主出口生皮、皮革和秋剪羊毛,从根本上扩大出口产品的品种和数量,以扩大和促进民族工业产品的出口,提高国内出口潜力,创造更多的外汇收入,以扭转不利的局面。

为了刺激民族产品生产,提高对外市场竞争力。2016年5月1日起,土库曼斯坦政府解除了此前要求土库曼斯坦境内所有出口业务只能通过国家商品原料交易所进行的规定,免除了对从事土库曼斯坦产品出口的非国有企业法人和私营企业业主必须到土库曼斯坦国家商品原料交易所登记外贸合同程序的要求,同时确认了免除海关关税和不限制出口数量的出口商品系列清单。

3. 实行进口管制

2015年1—8月,土库曼斯坦因为进口食品而消耗了5 000万美元的外汇资金,在土库曼斯坦出口换汇收入减少的情况下,土库曼斯坦总统对此召开政府工作会议,指示土库曼斯坦海关总署要严格控制进口商品质量,坚决杜绝不合格商品,特别是混纺质量差的纺织品的进口,要求严格监控进口食品种类,责成农业和金融部门给农户发放优惠贷款,加大生产进口替代品规模,保证实现蔬菜水果的自给自足,避免从国外进口,减少不必要的外汇开支,并对一些食品征收进口关税。2015年8月1日起,土库曼斯坦实行禁止奥迪、宝马、奔驰等高档轿车的进口禁令。2016年5月1日起,对进口瓷砖等部分建材商品开始征收关税。

4. 减少政府开支

天然气、石油及石油产品的出口收入是土库曼斯坦国家预算的主要来源,由于国际油价和天然气价格大跌,影响了土库曼斯坦出口收入,

2015年1月,土库曼斯坦总统发表重要讲话,要求土库曼斯坦各级政府,严格执行国家预算,减少计划外开支和不必要的管理费用,减少定向贷款规模,保证国家有足够的资金保障未来全国人民生活水平不下降。

5. 加大油气生产

与哈萨克斯坦等国家不同,土库曼斯坦在面临国际油气价格大跌的背景下,积极组织石油及天然气的生产,2014年全国开采的油田有38个,凝析气田82个,天然气田153个,大修油井679口,新交工油气井84口,2015年石油增产63万吨,天然气产量700亿~800亿立方米。土库曼斯坦最大的石油生产商康采恩集团,2015年完成石油开采量531万吨,超额完成了全年的石油生产计划,2016年第一季度,石油产油量达到126.65万吨,高于2015年同期;戈图尔杰别油田保证开采21.7亿吨石油;巴什炼油厂2015年生产30万吨液化气,2016年计划增产34万吨液化气,计划于2018年交付使用,每年生产50亿立方米天然气,38.6万吨聚乙烯,8.1万吨聚丙烯;里海岸边巴尔坎州基扬雷镇兴建天然气化工综合项目,采用日本,韩国,英国,美国先进工艺,进行天然气深加工生产。先进的、高附加值的化工产品,给土库曼斯坦石油出口带来了广阔的前景,并为土库曼斯坦成为工业强国和最大的化工产品出口国增添了增长动力。

(六)玛纳特的安全性分析结论

以上分析发现,土库曼斯坦货币玛纳特,无论是对内价值,还是对外价值都长期保持稳定状态,物价水平维持在6%~7%的同时,国内居民还能享受占生活开支60%的教育、医疗、住房、石油、用电、用水等各种免费优惠,以及交通运输、通讯等服务领域的物价补贴,与此同时,玛纳特自2008年5月起一直保持1美元兑换2.85玛纳特长达6年之久,2015年1月1日起调整为1美元兑换3.5玛纳特一次性贬值

18.6%之后,保持了28个月汇率水平不变的稳定状态,是中亚五国中货币币值最稳定的国家,从这个意义上讲,玛纳特货币安全程度很高。

五、苏姆的安全性分析

自1991年9月独立以来,在乌兹别克斯坦国内流通的货币经历了"卢布—库邦—苏姆"三个阶段。1991年9月至1994年4月,乌兹别克斯坦没有发行本国货币,依然沿用苏联货币卢布作为本国货币,发挥货币计价、流通、支付等职能。1994年4月15日,乌兹别克斯坦政府宣布终止前苏联卢布在本国的流通,启用本国过渡性货币——库邦,取代前苏联卢布在乌兹别克斯坦境内发挥货币计价、流通、支付等职能。1994年7月1日,乌兹别克斯坦中央银行正式发行本国货币——苏姆,取代使用了两个半月的过渡性货币——库邦,并确立了苏姆与美元的官方汇率为1美元兑换36苏姆[①]。

(一)苏姆对内价值相对稳定

按照乌兹别克斯坦官方统计数据分析,2003—2016年,乌兹别克斯坦货币苏姆对内保持基本稳定,通货膨胀率在-0.3%~7.8%,2003年通货膨胀率为-0.3%,创乌兹别克斯坦独立以来物价最低水平;2005—2012年,除了2007年通货膨胀率为6.8%以外,其余年份通货膨胀率保持在7%~7.8%,自2013年以来,乌兹别克斯坦物价指数持续降低,由2012年以前的7.5%左右降低至2016年的5.7%[②](见图5-8)。

---

① 张永明. 乌兹别克斯坦努力统一货币汇率[J]. 中亚信息,2002(7):8.
② 乌兹别克斯坦2016年经济增长7.8%[EB/OL]. 中国驻乌兹别克斯坦使馆经商参赞处,2017-01-16.

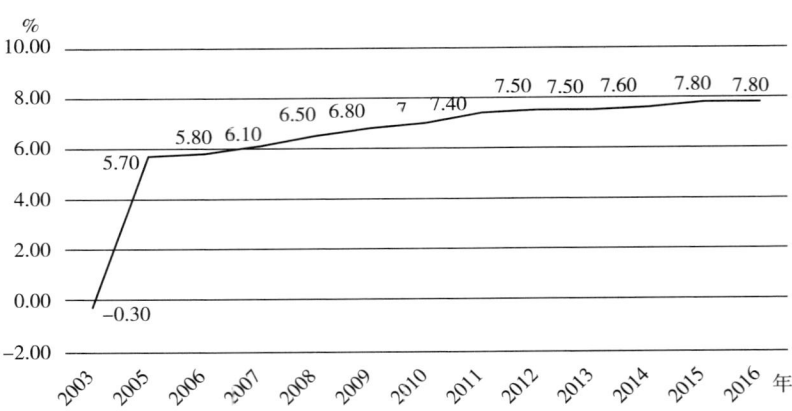

资料来源：乌兹别克斯坦国家统计署。

图 5-8　乌兹别克斯坦通货膨胀率（2003—2016 年）

（二）苏姆对外持续贬值

1994 年 7 月 1 日，乌兹别克斯坦中央银行正式发行本国货币——苏姆，确立了苏姆与美元的官方汇率为 1 美元兑换 36 苏姆[①]，与此同时，在乌兹别克斯坦还存在着由官方控制的商业汇率及拍卖汇率两种管制汇率和非官方控制的黑市汇率，2002 年 4 月 15 日，乌兹别克斯坦中央银行调整商业汇率，由 1 美元兑换 920 苏姆调整到 1 美元兑换 1 400 苏姆并取消拍卖汇率（1 美元兑换 700 苏姆）和黑市汇率（1 美元兑换 1 400 苏姆），统一实行官方汇率 1 美元兑换 1 400 苏姆[②]，建立了统一完整的外汇兑换制度。

1994—2016 年，乌兹别克斯坦货币苏姆兑换美元汇率由最早的 1∶36 贬值到了 1∶3 189.9，累计贬值 99%。苏姆兑换美元的汇率 1994 年确定为两位数，即 1 美元兑换 36 苏姆；2001 年突破了 900 苏姆，为 1 美元

---

① 张永明. 乌兹别克斯坦努力统一货币汇率［J］. 中亚信息，2002（7）：8.
② 张永明. 乌兹别克斯坦努力统一货币汇率［J］. 中亚信息，2002（7）：8.

兑换920苏姆；2002年起突破了1 000苏姆，即2002年至2013年1月在1美元兑换1 000.5~1 985.5苏姆；2013年2月突破了2 000苏姆，为1美元兑换2 004.4苏姆①，2013年2月至2016年7月在1美元兑换2 004.4~2 948.6苏姆；2016年9月突破了3 000苏姆，为1美元兑换3 000.3苏姆②，2016年12月继续贬值至1美元兑换3 189.9苏姆，苏姆兑换美元汇率的波动很大，从2002年开始到2016年，苏姆对美元累计贬值56%（见表5-7）。

表5-7　乌兹别克斯坦苏姆兑换美元汇率（1994—2016年）

单位：苏姆/1美元

时间	汇率	时间	汇率	时间	汇率
1994年	36.0	2009年12月	1 509.4	2014年01月	2 203.2
2001年	920.0	2010年01月	1 510.9	2014年12月	2 418.2
2002年	1 400.0	2010年12月	1 638.5	2015年01月	2 409.7
2006年	1 180.0	2011年09月	1 476.6	2015年12月	2 959.1
2007年09月	1 180.9	2011年12月	1 795.0	2016年01月	2 809.9
2007年12月	1 298.0	2012年1月	1 800.1	2016年7月	2 948.6
2008年3月	1 285.0	2012年12月	1 980.3	2016年12月	3 189.9
2008年12月	1 388.5	2013年1月	1 985.5		
2009年1月	1 393.0	2013年12月	2 199.9		

资料来源：亚心网——欧亚货币汇率。

（三）乌兹别克斯坦政府具有稳定苏姆币值的能力

1. 实行官方定价制度

乌兹别克斯坦中央银行根据国家经济发展需要及时调整苏姆与美元的官方汇率水平，1994年乌兹别克斯坦货币苏姆正式发行的同时，确

---

① 乌兹别克斯坦本币兑换美元汇率首次跌破2 000大关［EB/OL］. 乌兹别克斯坦中央银行，2013-02-05.

② 乌兹别克斯坦货币苏姆兑美元官方汇率跌破3 000［EB/OL］. 乌兹别克斯坦中央银行，2016-09-14.

定了苏姆兑换美元的官方汇率为1美元兑换36苏姆。2002年4月15日乌兹别克斯坦中央银行调整苏姆兑换美元的官方汇率,由1美元兑换920苏姆调整到1美元兑换1 400苏姆,并将拍卖汇率和黑市汇率取消,统一实行官方定价,建立全国统一的外汇兑换制度①。

苏姆兑换美元保持了长达几年的1美元兑换2 000苏姆的汇率,但是受俄罗斯经济金融危机的影响,自2014年以来,乌兹别克斯坦侨汇收入和进出口贸易规模大幅度下降,2015年乌兹别克斯坦来自俄罗斯侨汇收入23.7亿美元,较2014年56.53亿美元,下降60%②。乌兹别克斯坦中央银行根据市场变化,进行了多次官方汇率的调整,先是2014年6月3日乌兹别克斯坦中央银行宣布将美元兑换苏姆官方汇率由1美元兑换2 000苏姆,调整为1美元兑换2 300.57苏姆③,后来在2016年初乌兹别克斯坦中央银行又将官方汇率调整为1美元兑换2 821苏姆④,紧接着在2016年9月乌兹别克斯坦中央银行再次调整官方汇率为1美元兑换3 000.3苏姆⑤,短短三个月之后的2016年12月乌兹别克斯坦中央银行再一次地调整官方汇率至1美元兑换3 189.9苏姆。

2. 实行外汇管制

随着1994年乌兹别克斯坦货币苏姆的正式发行,乌兹别克斯坦政府同时于1994年制定了乌兹别克斯坦《外汇管理法》,1996年开始实行《外汇调节法》并实行严格的外汇管制,2004年乌兹别克斯坦议会在1994年《外汇管理法》的基础上,根据本国经济发展及国际货币基

---

① 张永明. 乌兹别克斯坦努力统一货币汇率 [J]. 中亚信息,2002 (7): 8.
② 2015年中亚国家自俄罗斯侨汇收入骤减60% [EB/OL]. 中国驻乌兹别克斯坦使馆经商参赞处,2016 – 04 – 23.
③ 乌兹别克斯坦本币继续贬值,兑美元官方汇率首次突破2 300 [EB/OL]. 乌兹别克斯坦中央银行,2014 – 06 – 06.
④ 俄罗斯和中亚国家货币急剧贬值 [EB/OL]. 中国驻乌兹别克斯坦使馆经商参赞处,2016 – 01 – 14.
⑤ 乌兹别克斯坦货币苏姆兑美元官方汇率跌破3 000 [EB/OL]. 乌兹别克斯坦中央银行,2016 – 09 – 14.

金组织的要求，重新修订并颁布了新的《外汇管理法》①。随后，虽然乌兹别克斯坦实行了新的《外汇管理法》并放松了外汇管制，但是，由于乌兹别克斯坦创汇能力有限，实践中乌兹别克斯坦中央银行依然对货币兑换进行干预，汇率的形成中依然实行爬行盯住美元的汇率制度，不仅如此，乌兹别克斯坦中央银行还根据市场变化不断进行外汇收、支、存、兑管制的调整。

虽然，2003年乌兹别克斯坦实现国际日常业务项下的货币自由兑换，包括进出口结算、外汇买卖、利息及股息收益的汇出与汇入和非贸易性质汇款的自由兑换，取消多重汇率，取消自然人使用外汇限制，取消经营实体的非现金购汇限制②。但是，由于乌兹别克斯坦外汇黑市交易猖獗，黑市汇率与官方汇率之间存在很大差距，例如2015年1月15日至25日，苏姆兑换美元汇率黑市价十天内从1美元兑换3 420苏姆下跌至1美元兑换3 750苏姆，而这一时期的官方汇率是1美元兑换2 340苏姆，官方汇率与黑市汇率相差1美元兑换1 410苏姆③。2016年1月11日乌兹别克斯坦黑市价1美元兑换5 800~6 180苏姆，同一时期的官方汇率是1美元兑换2 821苏姆，官方汇率与黑市汇率相差1美元兑换2 979~3 359苏姆④，导致外汇市场投机活动频繁。针对以上情况，乌兹别克斯坦政府先后于2013年、2014年和2016年出台相关决议，明确乌兹别克斯坦自然人和法人使用外汇的规定，重新实行严格的外汇管理。

2013年1月，乌兹别克斯坦国家税务委员会成立"打击零售贸易和服务领域非法外汇现金流通和突击检查专局"，负责与执法机关立案

---

① 聂书岭. 乌兹别克斯坦的货币实现自由兑换 [J]. 中亚信息，2003（11）：9.
② 聂书岭. 乌兹别克斯坦的货币实现自由兑换 [J]. 中亚信息，2003（11）：9.
③ 李凌帆. 受卢布贬值影响，近10日内乌兹别克斯坦本币苏姆贬值8% [EB/OL]. 中亚新闻网，2015 - 01 - 27.
④ 俄罗斯和中亚货币急剧贬值 [EB/OL]. 中国驻乌兹别克斯坦使馆经商参赞处，2016 - 01 - 14.

处及时发现、制止和预防零售贸易和服务领域结算中的外汇犯罪和违法行为，根据乌兹别克斯坦法律规定，零售贸易和服务领域禁止一切外汇现金结算，为贯彻外汇管理领域的法律法规，进一步规范零售贸易和服务领域结算机制，乌兹别克斯坦总统卡里莫夫特别签发《关于进一步规范零售贸易和服务领域结算机制》总统令，责成专局建立外汇现金犯罪和违法行为电子数据库，责成总检察院下属的反税务犯罪部门、外汇犯罪部门、洗钱司和外交部，以及其他相关部委协助国家税务机关开展行动，确保零售贸易和服务领域关于禁止外汇现金结算的法律法规贯彻执行①。同时规定自 2013 年 2 月 1 日起实施向个人售汇的有关决议，乌兹别克斯坦规定本国居民持有效证件：护照、居住证、存有本国货币的个人银行卡、固定格式的兑换申请，在国家授权的商业银行专门兑换处进行兑换业务，外币只能以非现金形式转汇银行卡中，不得使用现金兑换②。同时规定在乌兹别克斯坦购买机票和国产"通用汽车"须用在商业银行开立外汇账户的银行卡，以外汇支付，当地居民及外来人员必须在银行办理外汇存取及使用业务③。

2014 年 3 月 29 日，乌兹别克斯坦政府出台法令，规定乌兹别克斯坦国内法人在国外银行开设外币和本币账户时需要获得乌兹别克斯坦中央银行下发的许可证，外交团体及其他没有经营活动的代表机构无须许可证就可以购汇，如果离开开设有银行账户的国家，必须销户并将余款转回乌兹别克斯坦国内银行账户，代理账户开设期限必须与许可证申请时使用目的的期限一致。在国外已有账户的法人必须每个月及时上报资

---

① 乌兹别克斯坦严禁零售和服务领域外汇结算［EB/OL］. 乌兹别克斯坦国家税务委员会，2013 – 01 – 28.
② 乌兹别克斯坦外汇管制力度进一步加强［EB/OL］. 乌兹别克斯坦中央银行，2013 – 02 – 01.
③ 乌兹别克斯坦购买机票和国产汽车须用外汇［EB/OL］. 乌兹别克斯坦中央银行，2013 – 02 – 01.

金流动情况，已经获得许可的法人必须每个季度及时上报资金流动情况①。

2016年7月1日，乌兹别克斯坦规定从2016年7月1日起限制使用换汇卡兑换现金，限额每张换汇卡每月兑换300美元现金，每天限额100美元②，乌兹别克斯坦属于外汇管制国家，从2003年1月1日起乌兹别克斯坦政府禁止居民（自然人）自由兑换外汇现金，但是法人可在VISA卡和万事达卡体系下在乌兹别克斯坦商业银行办理换汇卡，每张卡每天兑换外汇现金额度为100美元，换汇卡还可以用于购买机票、在国外支付医疗、教育、食宿费用和不超过100美元购物消费等，在国外交易终端机上付款时，乌兹别克斯坦银行收取3%佣金，国外银行同时也要收取手续费等。

虽然乌兹别克斯坦政府对苏姆汇率实行官方定价，对外汇的收、支、存、兑恢复了严格的外汇管制，但是乌兹别克斯坦政府控制苏姆兑换美元汇率的程度不是很理想，2017年2月20日，苏姆官方汇率已经到了1美元兑换3 452.30苏姆，创历史新低③。

然而乌兹别克斯坦政府应对金融危机的能力是举世瞩目的，2008年国际金融危机时期，乌兹别克斯坦财政盈余、高水平官方储备资产、较低的国外债务、稳定的银行体系、谨慎的国际借贷，使得乌兹别克斯坦免受国际金融危机的直接影响，年均GDP高达8.5%，超过了中亚地区的平均水平，有效地应对了国际金融危机④，虽然国际金融危机使得乌兹别克斯坦贵金属、有色金属、棉花、石油、矿物肥料出口减少、出

---

① 刘亚莹. 乌兹别克斯坦严控法人开设海外账户［EB/OL］. 中国驻乌兹别克斯坦使馆经商参赞处，2014－03－29.
② 乌兹别克斯坦从7月1日起限制使用还会卡兑换现金［EB/OL］. 中国驻乌兹别克斯坦使馆经商参赞处，2016－07－01.
③ 乌苏姆兑换美元官方汇率持续贬值［EB/OL］. 中国驻乌兹别克斯坦使馆经商参赞处，2017－03－10.
④ 国际货币基金组织专家组对乌经济发展予以积极评价［EB/OL］. Uzdaily. UZ，2011－11－18.

口收入下降，但是，乌兹别克斯坦政府构建了坚实的经济和金融基础，建立了可靠的金融、银行管理机制，政府改革和经济多元化发展政策，使得乌兹别克斯坦建立了足够强大抵御消极影响和危机的保障机制，渐进式市场化改革避免了灾难和动荡，乌兹别克斯坦足够坚实的外汇储备和必要的资源基础，保障了金融、预算、经济、银行体系和实体经济稳定、持续的发展①。2008 年 IMF 派代表团对乌兹别克斯坦进行考察，对乌兹别克斯坦取得的 GDP 高速发展、对外贸易、外国直接投资及外汇储备持续增长予以充分肯定②。

（四）苏姆的安全性分析结论

2007 年以来，苏姆对内通货膨胀水平得到了有效的控制，对内价值比较稳定，但是苏姆对外却呈现持续贬值的状态，1 美元兑换苏姆的价格由 2014 年的 2 418 苏姆，贬值到了 2016 年的 2 949 苏姆，贬值到了 2017 年 3 月的 3 500 苏姆，累计贬值幅度为 31%，仅次于哈萨克斯坦货币坚戈累计贬值 52% 和塔吉克斯坦货币索莫尼贬值 41%，从这个角度分析，乌兹别克斯坦货币苏姆的安全性相对较弱。

不仅如此，自 2012 年以来，乌兹别克斯坦贸易顺差逐年减少，由 2009 年贸易顺差 23 亿美元③，减少到了 2012 年的 11.2 亿美元④，虽然 2013 年贸易顺差较 2012 年增加了 1.8 亿美元至 13 亿美元⑤，但是 2014

---

① 乌兹别克斯坦总统谈金融危机对国家经济的影响 [EB/OL]. 乌兹别克斯坦政府, 2008 - 12 - 13.
② IMF 派团对乌兹别克斯坦考察情况 [EB/OL]. 国际货币基金组织, 2008 - 06 - 10.
③ 2009 年乌兹别克斯坦 2009 年 GDP 增长 8.1% [EB/OL]. 中国驻乌兹别克斯坦使馆经商参赞处, 2010 - 01 - 28.
④ 2012 年乌兹别克斯坦宏观经济向好 [EB/OL]. 中国驻乌兹别克斯坦使馆经商参赞处, 2013 - 01 - 23.
⑤ 李凌帆. 2013 年乌兹别克斯坦外贸顺差达 13 亿美元 [EB/OL]. 中国驻乌兹别克斯坦使馆经商参赞处, 2014 - 02 - 08.

年的贸易顺差仅有 1.14 亿美元①，2015 年的贸易顺差为 4.53 亿美元，2014 年和 2015 年连续两年贸易顺差仅为 2013 年的 8.77% 和 34.85%，使得苏姆具有再次贬值的经济基础。

但是，从乌兹别克斯坦政府应对经济、金融危机的能力，以及在 2008 年国际金融危机中表现出抗击危机的实力表现，加上乌兹别克斯坦政府实行的官方汇率和外汇管制制度，具有了保障苏姆对外价值稳定性的经验和制度保障。

第四节 中亚五国的外债安全分析

一、哈萨克斯坦的外债安全分析

（一）哈萨克斯坦外债中存在的问题

独立初期的哈萨克斯坦面临着生产下降，国内供给严重不足，恶性通货膨胀等问题，为了尽快摆脱经济危机，哈萨克斯坦总统纳扎尔巴耶夫会见了美国驻哈萨克斯坦大使并得到了美国提供的 20 亿美元援助款，从而形成了哈萨克斯坦独立以来的第一笔外债，自此，哈萨克斯坦外债呈现持续大规模的增长态势，2015 年末外债余额为 1 535 亿美元，是 1992 年第一笔外债 20 亿美元的近 77 倍。高速增长的外债规模在解决哈萨克斯坦经济发展中国内资金短缺问题，大力发展基础设施建设的同时，也存在着外债负担过重及结构脆弱的问题。

---

① 2015 年乌兹别克斯坦外贸额 252.83 亿美元 [EB/OL]. 乌兹别克斯坦国家统计委员会，2016 – 04 – 01.

1. 外债负担过重

哈萨克斯坦自1992年举借第一笔20亿美元外债到2015年的24年间,其外债规模不断扩大,1996年突破50亿美元,1999年突破100亿美元,2006年突破500亿美元,2008年突破1 000亿美元,2014年突破1 500亿美元(见图5-9)。不断扩大的外债规模给哈萨克斯坦带来了沉重的外债负担,反映该国偿还外债能力的三项指标偿债率、负债率和债务率均超过国际警戒线,外债偿付危机隐患显现(见图5-9)。

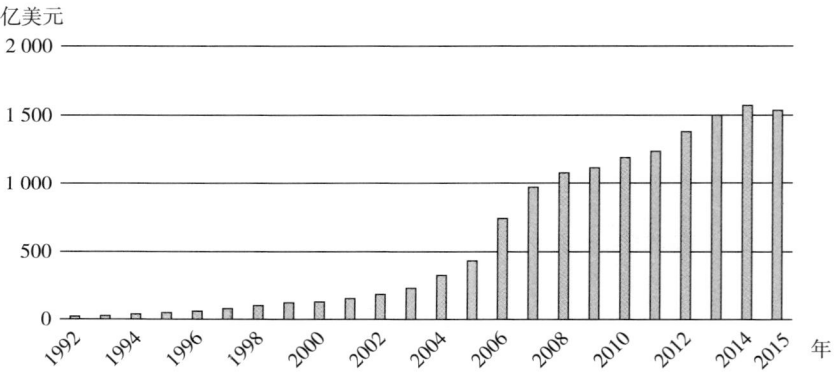

资料来源:根据中国驻哈萨克斯坦使馆商务参赞处网站提供资料整理。

图5-9 哈萨克斯坦外债余额(1992—2015年)

偿债率是反映一个国家当年偿还外债本息规模与当年外汇收入规模之间关系、用于衡量一国偿还外债能力大小的最重要的指标。从哈萨克斯坦1998—2015年每年的偿债率指标来看,其偿债率均超过了20%的国际警戒线,且1999—2015年的偿债率全都超过了25%,特别是2009年的偿债率创哈萨克斯坦独立以来的历史最高纪录112.78%,超过国际警戒线5倍之多。虽然2010—2014年,哈萨克斯坦的偿债率较2009年有了大幅度的下降,但是2015年的偿债率又突然升高至72%,仅次于2009年(见图5-10)。按照国际惯例,当偿债率超过25%以上时,意味着该国当年的外汇收入不能满足当年偿还外债本息的需要,外债负担太重，发生债务危机的可能性很高。而高出国际警戒线近4倍的偿债率标志着哈萨克斯坦存在着较为严重的外债偿还风险。

负债率是衡量一个国家国内生产对外债承受能力的指标。从哈萨克斯坦1998—2015年每年的负债率来看，除了1998年的负债率在国际警戒线20%以内，其余各年都超过了20%的国际警戒线，其负债率：1999—2006年在23%~80%，是国际警戒线20%的1~4倍；2007—2010年在81%~104%，是国际警戒线的4~5倍；2011年至2014年在64%~69%，是国际警戒线的3倍；2015年的负债率再次突破83%，是国际警戒线的4倍之多（见图5-10）。如此之高的负债率不仅表明哈萨克斯坦经济发展中对外债的过度依赖，而且隐含着其遭受外部冲击并发生偿债危机较大可能性的风险在增强。

债务率是衡量一个国家资源转换能力对外债承受能力的指标。从哈萨克斯坦1998—2015年每年的债务率来看，其每年的债务率都超过了100%的国际警戒线。2009年的债务率高达259%，2014年的债务率高达215.15%，2015年的债务率更是创哈萨克斯坦独立以来的历史最高纪录291%（见图5-10），分别是国际警戒线的2~3倍，这一结果表

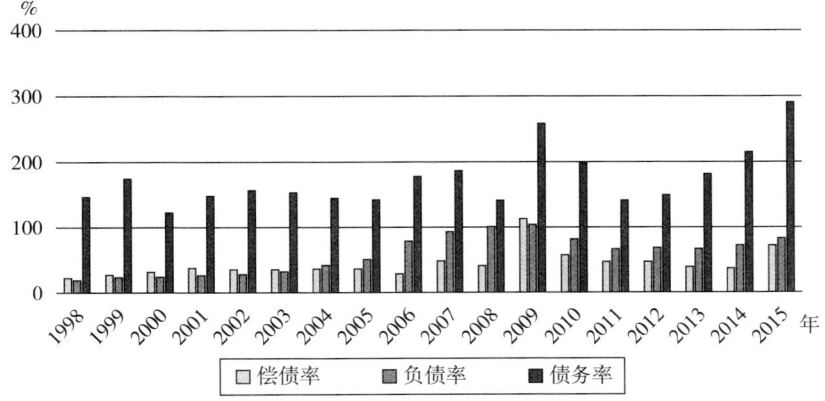

资料来源：根据中国驻哈萨克斯坦使馆商务参赞处网站提供资料整理。

图5-10　哈萨克斯坦偿债率、负债率、债务率（1998—2015年）

明，哈萨克斯坦举借外债的规模远远高于其外汇收入的增长规模，其每年的外债余额均超过当年的外汇收入，其外汇收入的规模远远赶不上对外还本付息的规模，外汇收入难以满足对外还本付息的需要，偿还外债本息的风险很大。

2. 外债结构脆弱

独立以来，哈萨克斯坦政府严格控制其短期外债的规模，短期外债占其外债总额的比重呈现逐年下降的趋势，占比最高的年份是2005年达到了18.77%，占比最低的年份是2014年达到了6.4%。虽然哈萨克斯坦短期外债占外债总额的比重均被控制在25%的国际警戒线以内，避免了由外债危机引发的短期内爆发金融危机的可能性，但在其外债的举债主体结构和外债投向结构中却显示出了相当程度的脆弱性。

长期以来，哈萨克斯坦政府奉行"政府不举债"政策，政府及政府担保形成的外债占外债总额的比重被严格控制在7%以内，而商业银行和企业则成为哈萨克斯坦对外举债的最大主体，特别是哈萨克斯坦商业银行盲目扩张，从国际金融市场大举借债，2004—2006年，哈萨克斯坦商业银行的外债规模以年均111%的速度增长，2007年哈商业银行外债规模高达460亿美元，占哈萨克斯坦外债规模的48%，占当年哈萨克斯坦GDP的50%。哈萨克斯坦政府主体举债占比仅有7%，非政府主体（银行或企业）举债占比高达93%的外债主体结构显示出相当程度的脆弱性。与政府举借期限长、利息低、费用少并具有一定优惠条件的国际借款相比，银行或企业的非政府主体所筹借的期限短、利息高、费用多且少有或没有优惠条件的国际借款使得哈萨克斯坦在外债偿还过程中无法规避因快速、集中、刚性还款所带来的还本付息的压力。

2008年国际金融危机以前，哈萨克斯坦的外债主要投向金融业（占外债投向比重的39%），房地产业（占外债投向比重的29%）和能源领域（占外债投向比重的15%）。2009年以后，哈萨克斯坦的企业和行业对外举债的速度迅速增加，其中，30%的外债是以外国油气公司对哈国子公司的贷款形成的，且主要资金投入大，利润收益回收期长的石油勘探及开采等能源项目的开发上。这种外债投向结构显示出哈萨克斯坦外债利用效率的不合理性，在短时期内无法形成一定的外汇收入，影响了哈萨克斯坦按期归还外债本息的外汇供给。

以上分析表明，虽然哈萨克斯坦2015年举借外债的规模较2014年减少35.62亿美元，出现了自独立以来举借外债规模的负增长，但是2015年的偿债率、负债率和债务率却都高于自2010年以来各年的水平，外债规模的减少并没有从根本上改善其偿债率、负债率和债务率，外债结构的脆弱性越发突出。那么，究竟是什么原因造成了这样一种局面呢？

（二）哈萨克斯坦外债隐患解析

1. 依赖外资发展战略

独立后的哈萨克斯坦实行了经济体制改革，在实现由计划经济向市场经济转轨的过程中，面临着国内储蓄严重不足、政府预算赤字巨大、严重通货膨胀及投资乏力等问题，特别是哈萨克斯坦国民经济中的储蓄率很低，居民储蓄占银行负债的比重仅有14%，且以美元和欧元等外汇现金方式持有，这种现象持续存在（2015年2月末，外币储蓄存款占哈萨克斯坦储蓄总量的55%），实体经济领域的投资储蓄转化能力十分有限，有效投资不足。为了促进经济转轨，提高经济增长，哈萨克斯坦政府积极利用外资，大量举借外债，从而形成了哈萨克斯坦经济发展中过度依赖外资的现状，外债对其GDP的贡献率远远高于20%的国际警戒线，特别是2008年和2009年，其负债率突破100%，分别高达101%和104%，虽然自2010年起，特别是近四年来哈萨克斯坦的负债率有所降低，但是2015年负债率重回83%，较2014年的72%增加了11个百分点。因此，哈萨克斯坦政府长期利用外资、外债发展经济的战略方针是形成其外债规模不断扩大的主要原因。

2. 奉行"资源立国"战略

哈萨克斯坦独立以来，奉行"资源立国"战略，利用其拥有世界上最大的石油生产和出口国之一的优势，确立了以石油、天然气等矿产资源初加工为支柱的国民经济主导产业，形成了20多年来哈萨克斯坦经济发展过度依赖石油等资源产业及能源、原材料出口为主，非资源类产业发展严重滞后，加工业和制造业相对薄弱，产业布局不均衡，经济结构单一，经济发展缺乏稳定基础的经济结构。

哈萨克斯坦是里海经济结构被能源形塑的地区中最重要的油气生产国之一，这种典型的油气依附型经济成为拉动哈萨克斯坦经济增长的主要动力，80%以上的石油产量用来出口，86%的出口收入来自能源和矿产的出口换汇，35%的国家税收来自石油部门，20%左右的GDP来自油气工业的产出。

因为哈萨克斯坦过度依赖国际能源和原料市场，其经济自主能力较低，国际经济特别是国际油价的波动对脆弱的哈萨克斯坦油气依附型经济发展战略产生了极大的影响，国际油价由2000年的每桶34美元，上涨至2007年7月最高价每桶147.2美元，给哈萨克斯坦等石油输出国带来了丰厚的"高油价福利"，创造了大量的外汇收入，带动了其GDP的增长，1999—2007年哈萨克斯坦GDP增长保持在9%左右。2008年国际金融危机，国际油价跌至每桶49美元，油价泡沫破灭，打击了哈萨克斯坦的经济，其GDP由2007年的9%，迅速下降到了2008年的3.3%和2009年的1.2%。2014年下半年以来，国际原油价格从每桶110美元的高位大跌至2016年1月的每桶28美元，累计跌幅达到75%，受国际油价大跌和俄罗斯经济危机的影响，哈萨克斯坦的经济遭受了重创。哈萨克斯坦国民经济部部长多萨耶夫表示，2015年由于石油开采量比计划减少150万吨，对哈萨克斯坦国内总产值的增长造成了负面影响。2015年哈萨克斯坦GDP实际增长1.2%，较预期4%减少70%，较2014年的4.3%下降72%，与此同时，由于石油价格大跌，直接导致 2015 年哈萨克斯坦吸引外国投资较同期减少 30%～40%，而 70% 因油气、采矿领域投资额大幅度减少所致，哈萨克斯坦"资源依赖"发展战略易受国际环境变化冲击的作用显而易见。

3. 国际油价大跌导致外汇收入骤减

哈萨克斯坦的出口收入主要来自能源和矿产的出口，而其 1/3 的外债又投向了利润收益回收期长的石油勘探及开采等能源项目，国际油价大跌，不仅造成了哈萨克斯坦油气生产减产，利润下滑，而且导致哈萨克斯坦出口收入大幅度下降，2015 年的出口收入仅为 463 亿美元，较 2013 年的 825 亿美元，减少 362 亿美元；较 2014 年的 730 亿美元，减少 267 亿美元，仅完成 2015 年出口计划 792 亿美元的 59%。

偿还外债本息的主要来源是外汇收入，出口创汇是形成一个国家外汇来源的主要途径，而贸易顺差才是一个国家真正意义上的实际外汇收入。进入 2015 年以来，哈萨克斯坦出口大幅度下降，贸易顺差也随之大幅度的减少，2015 年的贸易顺差仅有 127 亿美元，较 2013 年减少 209 亿美元，下降 40%；较 2014 年减少 334 亿美元，下降 73%。

值得注意的是，一方面哈萨克斯坦用于偿还外债本息的外汇收入因国际油价大跌而急剧减少，而另一方面哈萨克斯坦又必须偿还前期积累的、规模不断增加到期的外债本息。实际情况是由于哈萨克斯坦以高于国际水平的利息吸引外资，而外资也以高出发达国家数倍的利息投入到了哈萨克斯坦，因而形成了近年来哈萨克斯坦每年需要偿还外债利息的增长超过外债本身增长的现状，哈萨克斯坦每年用于归还外债的利息就占其外债本息的 30% 左右，加上不断增长的外债，致使哈萨克斯坦 2012—2014 年归还外债本息的规模在 300 亿美元，2015 年外债还本付息额上升至 379 亿美元，较 2014 年增加了 79 亿美元。

显然，哈萨克斯坦陷入了出口收入和贸易顺差大幅度减少，外债规模不断增长和外债还本付息负担加重的两难境地，那么超过国际警戒线的偿债率、负债率和债务率在哈萨克斯坦的发生就是一个客观的必然结果。

4. 国际金融危机重创哈萨克斯坦银行业

美国次贷危机引发的国际金融危机使得哈萨克斯坦银行业遭受了巨大打击，而这一打击的根本原因是因为哈萨克斯坦银行业过度举借外债而引起的。哈萨克斯坦联合银行，BTA 银行及其子公司铁米尔银行因为无法按时偿还外债本息而宣布违约，不得不进行对外债务的重组。受此牵连，哈萨克斯坦银行业 2009 年亏损 192.3 亿美元，可疑和损失类贷款占比高达 75%，2010 年银行坏账占贷款比重高达 37%。而 2014 年国际油价大跌以及西方国家制裁俄罗斯导致卢布大跌，进而引起坚戈大幅度的贬值，使得 2015 年哈萨克斯坦银行贷款质量明显恶化，不良贷款率高达 9.5%，这对前期积累了大量外债的哈萨克斯坦银行业偿还外债本息形成了巨大的压力。

综上所述，哈萨克斯坦"利用外资"和"资源立国"的发展战略极易遭受国际环境变化的影响。事实证明，国际油价大跌、国际金融危机和俄罗斯经济金融危机等国际经济条件的变化，对过度依赖外债、石油、能源来发展经济的哈萨克斯坦确实带来了不小的冲击，偿还外债的风险隐患在不断加深。

（三）哈萨克斯坦政府应对外债危机的能力较强

虽然哈萨克斯坦存在一定程度的外债风险隐患，但是，哈萨克斯坦政府在处理金融和经济危机方面却拥有了一套切实可行的政策措施。2009 年面对遭受国际金融危机重创的哈萨克斯坦银行体系，哈国政府出台了被国际上公认的、最有成效的反危机计划，动用了占哈 GDP 20% 规模达 147 亿美元的资金，以国家基金注资多家二级商业银行的方式，强制银行体系进行重组，保护国家支付能力，从而度过了国际金融危机的最困难时期，政府的反危机计划使得哈萨克斯坦能够在不依赖外援，不损害国家长期主权信用的基础上避免了金融体系的动荡，稳定了银行体系，遏制了经济衰退。由于准备充分，储备充足，较世界上大多数国家率先成功地摆脱了金融危机的困扰。在抵御国际金融危机以及保障国家经济社会稳定方面，国家基金发挥了巨大的作用。对此，世界银行声称"哈萨克斯坦处理危机的效率和能力证明，其能够胜任未来的任务，在银行债务重组方面的经验值得其他国家借鉴。在处理危机方面获得了巨大成功"。穆迪等国际评级机构也因此将哈萨克斯坦国家主权信用评级的展望由"负面"上调为"稳定"。

2012年，为了确保2012—2015年经济的稳定增长，哈萨克斯坦政府制订了新一轮的反危机计划，重点目标在于保证银行充足的流动性，保证物价和汇率的稳定。同年，哈萨克斯坦中央银行成立了以央行控股的不良贷款基金公司，重点实施《哈萨克斯坦共和国关于银行业及金融机构风险最小化监管若干问题修订法》，以便改善哈萨克斯坦二级银行贷款质量，防范银行业危机。同时，哈萨克斯坦政府分别于2012年和2013年从国家基金中每年拨出1.38万亿坚戈，2014年和2015年从国家基金中每年拨出1.188万亿坚戈，用于十大目标任务中的政府预算开支。哈央行行长声称，哈萨克斯坦政府拥有充足的国家基金和黄金储备，可以应对任何长达2~3年的危机。

2014年末，面对复杂严峻的世界经济形势，哈萨克斯坦政府制订了"光明之路"新经济计划，围绕两大主题，一是基础设施建设，二是新的反危机措施，通过国家基金等一系列投资促进哈萨克斯坦经济结构转型，实现经济增长。哈萨克斯坦政府计划在2015—2017年，从国家基金中每年拨款30亿美元用于保障哈萨克斯坦的经济稳定发展。

2016年1月，哈萨克斯坦总统纳扎尔巴耶夫要求政府根据世界石油市场价格变化，制订石油价格降至每桶20美元的经济发展方案。哈萨克斯坦政府计划从2016年起，将在国家预算中列支2 255亿坚戈的特别储备，以便对反危机措施进行拨款。哈萨克斯坦经济学家呼吁，尽管哈国家基金有一定的储备，但是政府必须对石油价格崩盘制定应对措施。哈萨克斯坦央行行长阿基舍夫表示，2015 年央行和国家基金的黄金外汇储备 915.81 亿美元（占 GDP 的 50%），将在任何油价情况下都提供必要的稳定储备，以保障金融体系的稳定。

尽管如此，我们必须看到，哈萨克斯坦新旧反危机计划实施的客观条件存在着很大的不同：一是国际油价背景不同。以往的反危机计划是在国际油价狂跌和持续下行风险较小条件下进行的，而新反危机计划是在国际油价狂跌和持续下行风险较大条件下进行的。二是国内经济条件不同。以往反危机计划实施过程中，高油价带来的高收益为哈萨克斯坦摆脱金融危机提供了得天独厚的客观条件，不仅率先摆脱了金融危机的困扰，而且获得了充足的外汇储备，充盈的国库资金以及持续不断的经济增长，拥有了与很多陷入深度衰退的国家形成鲜明对比的国内良好的经济条件。而新反危机计划的实施是在国际油价从 110 美元大跌至 28 美元，哈萨克斯坦原油每桶损失 82 美元，出口规模减少 2 倍，美元收入减少 3 倍，GDP 较预期减少 70%，坚戈兑美元累计贬值 50%，央行动用 177 亿美元外汇储备干预外汇市场，黄金外汇储备 2015 年较 2014 年的下降 10.6%，国家基金资产下降 13.3% 的国内经济条件下进行的，这与以往反危机计划实施时拥有充足的外汇储备、充盈的国库资金以及持续不断的经济增长的经济条件大不相同，反差如此之大的客观条件，使哈萨克斯坦政府在规避外债危机隐患，处理外债危机发生的可能性方面面临着巨大的挑战。

（四）哈萨克斯坦外债安全的分析结论

哈萨克斯坦是典型的"资源依赖"型国家，国际油价的变化直接影响哈萨克斯坦的外汇收入，在享受国际油价大幅度增长的"高油价福利"带来大规模外汇收入的同时，也遭受着国际油价大跌的"低油价损失"带来外汇收入骤减的危害。伴随着 2014 年以来国际油价的大跌，直接造成了哈萨克斯坦出口收入的锐减，外汇储备减少，与此同时，哈萨克斯坦外债负担过重，外债结构脆弱，借助"资源依赖"发展经济等隐患随之显现，哈萨克斯坦存在不能按期偿还外债本息的可能性增强。

二、吉尔吉斯斯坦的外债安全分析

2014 年以来，在西方国家制裁俄罗斯和国际油价大跌双重作用下，俄罗斯的资本外逃加剧、GDP 增长低位运行、卢布大幅度贬值，从而发生了经济金融危机，这场经济金融危机给长期依赖俄罗斯发展经济的吉尔吉斯斯坦造成了很大的负面影响，作为拉动吉尔吉斯斯坦经济发展的黄金出口、转口贸易和侨汇收入三大支柱，均因俄罗斯经济危机而出现大幅度的下降，使得吉尔吉斯斯坦外汇收入大幅度减少，尽管如此，作为长期奉行依靠国际援助和国际借贷发展经济的吉尔吉斯斯坦，在经济衰退、外汇收入减少的条件下，并没有减少对外举借债务的规模，反而不断扩大外债举借规模，负债率、债务率居高不下，使得吉尔吉斯斯坦外债负担加重问题日益突出。而吉尔吉斯斯坦政府在面对偿还外债本息困难时，数次采取请求国际社会债务减免和债务重组的做法，以及规模有限的国际储备资产，表明吉尔吉斯斯坦政府偿还外债的能力十分有限，吉尔吉斯斯坦外债风险隐患犹存。

2015 年末吉尔吉斯斯坦的外债余额 61.7 亿美元[1]，占其 GDP 的 64.5%，突破了吉国政府 2012 年起实施的外债占 GDP 60%的底线[2]，负债率是 20% 国际警戒线的 3.225 倍。与此同时，2015 年吉国外债余额占当年贸易和非贸易外汇收入的比率高达 214.79%，债务率是 100% 国际警戒线的 2.148 倍。不仅如此，2020—2024 年是吉国政府偿还外债本息的高

---

[1] 吉尔吉斯斯坦议会拟提高外债占国内生产总值的限制比例 [EB/OL]. 吉尔吉斯斯坦中央银行，2016 - 05 - 17.

[2] 吉尔吉斯斯坦议会拟提高外债占国内生产总值的限制比例 [EB/OL]. 吉尔吉斯斯坦中央银行，2016 - 05 - 17.

峰期①，持续增长的外债规模、低位增长的国内生产总值、不断减少的外汇收入、过高的负债率和债务率，引起了 IMF、世界银行等国际金融组织的高度重视，吉尔吉斯斯坦政府能否平稳度过偿债高峰期，能否确保按期归还债权国的本息，是否发生外债危机等问题令国际社会担忧。

（一）吉尔吉斯斯坦外债发展中存在的问题

吉尔吉斯斯坦独立以来，随着经济发展及对外开放程度的提高，其外债规模呈现快速发展状态，独立初期的十年间，其外债余额仅为 12.33 亿美元②，进入 2002 年以来，外债规模迅速增加，2002—2008 年，年均增长 5 000 万美元，规模在 14 亿~21 亿美元③，2009 年以来，外债规模急速上升，年均增长数亿美元，由 2009 年末的 22 亿美元增加到了 2015 年末的 61.67 亿美元④。急速扩张的外债规模在解决吉尔吉斯斯坦国内资金短缺，发展基础设施建设的同时，也存在着外债负担沉重、外债使用效率不高的问题。

1. 外债负担沉重

吉尔吉斯斯坦独立以来，外债规模不断扩大，1992—2001 年外债规模仅为 12.33 亿美元⑤，2002 年突破 10 亿美元，达到 14.91 亿美元⑥，2005 年突破 20 亿美元，达到 20.56 亿美元，2011 年突破 40 亿美元，达到了 47.54 亿美元，2012 年突破 50 亿美元，达到了 51.90 亿美元，2014 年突破 60 亿美元，达到了 63.59 亿美元，2015 年末为 61.67

---

① IMF 评估称吉尔吉斯斯坦外债总额或允达国内生产总值的 80% [EB/OL]．中国驻吉尔吉斯斯坦使馆经商参处，2013 - 12 - 17.

② 白丽．吉尔吉斯斯坦外债数额超过警戒线 [EB/OL]．哈萨克斯坦《全景报》，2000 - 09 - 22.

③ 聂书岭．吉尔吉斯斯坦的外债问题仍很严重 [J]．中亚信息，2003（2）：40 - 41.

④ 吉尔吉斯斯坦议会拟提高外债占国内生产总值的限制比例 [EB/OL]．吉尔吉斯斯坦中央银行，2016 - 05 - 17.

⑤ 白丽．吉尔吉斯斯坦外债数额超过警戒线 [EB/OL]．哈萨克斯坦《全景报》，2000 - 09 - 22.

⑥ 聂书岭．吉尔吉斯斯坦的外债问题仍很严重 [J]．中亚信息，2003（2）：40 - 41.

亿美元①。

虽然吉尔吉斯斯坦的外债规模不到70亿美元，但是由于其GDP总量和出口创汇收入规模不大，因此，吉尔吉斯斯坦的外债负担较重，无论是负债率，还是债务率都超过了国际警戒线，存在较为严重的外债偿付风险。

负债率是衡量一个国家国内生产对外债承受能力的指标。从吉尔吉斯斯坦1997—2015年的负债率来看，其负债率均超过20%的国际警戒线，1997—2011年的负债率在63%~111%②，是国际警戒线20%的3~6倍，尽管2012年吉尔吉斯斯坦政府实施将外债占GDP的比重严格控制在60%的措施以来③，吉尔吉斯斯坦外债负债率较1997—2011年的水平有所降低，且2013年和2014年的负债率（分别为44.25%、50.5%）均被控制在60%的红线以内④，但是，2015年的负债率再次突破60%的底线至64.5%⑤，接近1997年的水平，无论如何，独立至今吉尔吉斯斯坦的外债负债率都超过了20%的国际警戒线，是国际警戒线的2~6倍。如此之高的负债率不仅表明吉尔吉斯斯坦经济发展中对外债的过度依赖，而且隐含着其遭受外部冲击并发生偿债危机可能性风险的增强。

债务率是衡量一个国家资源转换能力对外债承受能力的指标。吉尔吉斯斯坦1997—2015年的债务率都超过了100%的国际警戒线。1997

---

① 中亚五国2015年经济金融形势分析及未来展望［J］．新疆金融学会中亚研究中心课题组金融发展评论，2016（9）：34-40．
② 周士瑞．独联体国家的外债［J］．社会与经济，2004（5）：6-12．
③ 吉尔吉斯斯坦议会拟提高外债占国内生产总值的限制比例［EB/OL］．吉尔吉斯斯坦中央银行，2016-05-17．
④ 吉尔吉斯斯坦外债占国内生产总值的比例已越过"红线"［EB/OL］．吉尔吉斯斯坦财政部，2016-01-15．
⑤ 中方贷款在吉外债占比不断提高，截至2016年8月底已达38.3%［EB/OL］．吉尔吉斯斯坦财政部，2016-10-28．

年为190%、1998年为200%①、1999年和2003年都高达290%②，虽然2013年和2014年的债务率有所降低，分别为156.39%和179.47%，但是2015年的债务率再次突破200%至214.79%，不管怎样，独立至今吉尔吉斯斯坦的债务率都超过了100%的国际警戒线，是国际警戒线的2~3倍。这一结果表明，吉尔吉斯斯坦举借外债的规模远远高于其外汇收入的增长规模，其每年的外债余额均超过当年的外汇收入，其外汇收入的规模远远赶不上对外还本付息的规模，外汇收入难以满足对外还本付息的需要，无力偿还外债本息的风险很大。

2. 外债利用效率不高

独立以来，吉尔吉斯斯坦经济发展缺乏内生动力，一直依靠借贷，特别是境外借贷来维持经济社会的发展，外债成为维持索姆币值稳定、进口国家急需商品、加强社会保障、卫生保健制度、弥补财政赤字和解决贫困的重要手段。

长期以来国际金融组织向吉尔吉斯斯坦提供了大量的贷款，1992—2014年，其中38%的资金用于国家紧急援助、紧急情况预警、国家公路网修复、农业灌溉、卫生和社会保障、城市基础设施建设、金融领域发展等项目③，62%的资金用于小城市基础设施建设、小型能源、矿产、建筑、交通、农业、医疗、通讯等领域建立的生产型企业的项目投资④。1994—2013年，亚洲开发银行向吉尔吉斯斯坦投入约12亿美元的资金，用于吉尔吉斯斯坦的法律制度建设、基础设施建设和公共服务建设，世界银行共向吉尔吉斯斯坦提供了11.25亿美元的贷款⑤，

---

① 周士瑞. 独联体国家的外债［J］. 社会与经济，2004（5）：6-12.
② 潘广云. 试析独联体国家的债务问题［J］. 俄罗斯中亚东欧市场，2005（9）：1-8.
③ 世界银行与吉尔吉斯斯坦拟订未来4年合作规划［EB/OL］. 中国驻吉尔吉斯斯坦使馆经商参赞处，2013-06-05.
④ 亚洲开发银行拟向吉尔吉斯斯坦投入4.72亿美元推动其经济包容性增长［EB/OL］. 中国驻吉尔吉斯斯坦使馆经商参处，2013-08-29.
⑤ 世界银行将向吉尔吉斯斯坦提供2 500万美元资金支持吉尔吉斯斯坦发展［EB/OL］. 世界银行集团，2014-06-10.

2011—2014年IMF向吉尔吉斯斯坦提供1.022亿美元的无息贷款①，用于吉尔吉斯斯坦国家财政预算资金、解决贫困和经济发展问题②。

不仅如此，美国、土耳其政府向吉尔吉斯斯坦提供议会选举等所需资金，2010年9月美国政府向吉尔吉斯斯坦提供500万美元专项援助，以支持吉尔吉斯斯坦10月举行的议会大选③。土耳其政府向吉尔吉斯斯坦提供的援助款用于临时政府减轻全民公决、议会选举工作中面临的财政压力④。

更有甚者，国际社会为吉尔吉斯斯坦提供贷款中的相当一部分是用于解决暴乱引起的贫困问题。2010年吉尔吉斯斯坦南部民族冲突造成严重的经济损失，使吉尔吉斯斯坦临时政府面临了11.6亿美元的财政资金缺口⑤，为缓解经济压力和社会矛盾，吉尔吉斯斯坦临时政府向国际社会请求援助，亚洲开发银行向吉尔吉斯斯坦提供了7 000万美元援助款，其中4 000万美元用于弥补预算亏空，3 000万美元用于支持社会发展⑥，同时捐赠4 000万美元用于吉尔吉斯斯坦南部重建，解决骚乱地区灾民的吃饭、穿衣和居住问题⑦。日本政府向吉尔吉斯斯坦提供了700万美元赠款，进行吉尔吉斯斯坦南部重建和安置灾民重返家园⑧。

吉尔吉斯斯坦依靠国际社会举借大量外债刺激经济发展的做法，在一定程度上解决了吉尔吉斯斯坦在维持索姆币值稳定、进口国家急需商

---

① 国际货币基金组织向吉尔吉斯斯坦提供1 460万美元财政支持资金［EB/OL］.国际货币基金组织，2014-01-02.
② 吉尔吉斯斯坦加强与国际货币基金组织联系合作［EB/OL］.中国驻吉尔吉斯斯坦使馆经商参赞处，2012-03-25.
③ 美国拟加强对吉尔吉斯斯坦建立议会民主体制的援助力度［EB/OL］.中国驻吉尔吉斯斯坦使馆经商参赞处，2010-09-24.
④ 土耳其将再为吉尔吉斯斯坦提供2 100万美元援助［EB/OL］.吉尔吉斯斯坦媒体，2010-06-29.
⑤ 吉尔吉斯斯坦财政急需资金约11.6亿美元［EB/OL］.吉尔吉斯斯坦财政部，2010-08-22.
⑥ 亚洲发展银行拟向吉尔吉斯斯坦提供7 000万美元无偿援助［EB/OL］.中国驻吉尔吉斯斯坦使馆经商参赞处，2010-05-13.
⑦ 亚洲开发银行援吉尔吉斯斯坦4 000万美元用于吉南方重建［EB/OL］.亚洲开发银行，2010-07-26.
⑧ 日本援吉尔吉斯斯坦700万美元支持吉南方重建［EB/OL］.中国驻吉尔吉斯斯坦使馆经商参赞处，2010-09-21.

品、加强社会保障、卫生保健制度、弥补财政赤字和解决贫困等方面存在的一些问题，但是，外债的使用没有大量投入到能够为吉尔吉斯斯坦形成创汇能力强的项目上，外债的使用效率不高，为了偿还到期的外债本息，吉尔吉斯斯坦政府在采取"借新补旧、拆东墙补西墙"的同时，更是数次向国际金融组织和债权国提出债务减免和债务重组的要求，并没有从根本上解决吉尔吉斯斯坦对外偿还本息的能力低、风险大的问题。

（二）吉尔吉斯斯坦外债隐患解析

吉尔吉斯斯坦是中亚内陆国家，经济总量较小，能源缺乏，债务负担沉重，工业发展落后，经济结构单一，从独立初期的农业—工业二元结构逐渐发展为农业—服务业为主导的经济结构，经济增长和外汇收入主要依靠黄金生产及出口、侨汇和转口贸易三大支柱。黄金开采、加工、生产和出口是拉动吉尔吉斯斯坦经济发展的主要产业，黄金生产占吉尔吉斯斯坦工业产值的77%左右，黄金出口占吉尔吉斯斯坦出口额的50%左右。侨汇收入不仅是吉尔吉斯斯坦大多数家庭主要的生活收入来源，而且是吉尔吉斯斯坦重要的外汇收入来源和拉动国内需求的重要动力。欧亚发展银行数据显示，2013年占吉尔吉斯斯坦1/5人口的逾100万吉尔吉斯斯坦劳工在俄罗斯等国务工[①]。国际农业发展基金组织调查数据显示，吉尔吉斯斯坦的侨汇收入不断增长，2005年7.5亿美元[②]、2006年8.46亿美元[③]、2012年21.8亿美元、2013年22.7亿美元，2014年18.1亿美元，侨汇收入占吉尔吉斯斯坦GDP的比重长期保持在30%以上，远远超过其获得国际外资及援助的总额。转口贸易是吉尔吉斯斯坦经济增长的主要动力和稳定经济发展的关键因素，由于吉

---

① 吉尔吉斯斯坦境外务工人员汇款对其社会经济发展意义重大［EB/OL］. 中国驻吉尔吉斯斯坦使馆经商参处，2013 – 08 – 21.

② 吉尔吉斯斯坦2005年侨汇收入7.5亿美元［EB/OL］. 吉尔吉斯斯坦媒体，2006 – 07 – 20.

③ 吉尔吉斯斯坦侨汇收入超过外资及援助［EB/OL］. 吉尔吉斯斯坦媒体，2007 – 10 – 23.

尔吉斯斯坦工业发展落后，工业对 GDP 的贡献最低（工业产值占 GDP 的比重 8% 左右①），农业对 GDP 的贡献较大（农业产值占 GDP 的比重 25% 左右），服务业对 GDP 的贡献最大（服务业产值占 GDP 的比重 54% 左右）。服务业对吉尔吉斯斯坦 GDP 增长贡献绝对优势格局的形成，取决于吉尔吉斯斯坦得天独厚的地理位置，作为中国与俄罗斯、中亚等国重要的商品集散地，吉尔吉斯斯坦将来自中国 75% 的商品转售给俄罗斯和中亚等国，形成了支撑吉尔吉斯斯坦经济发展主要动力的转口贸易，吉尔吉斯斯坦转口贸易规模接近其 GDP 的总量②。

长期以来，俄罗斯先进的工业和农业文明，强化了吉尔吉斯斯坦对俄罗斯的依赖，吉尔吉斯斯坦不仅依赖于俄罗斯的能源，而且在经济和安全事务上也严重依赖俄罗斯，俄罗斯曾是吉尔吉斯斯坦最大的贸易伙伴国和经济资助国，俄罗斯在吉尔吉斯斯坦政治、经济、军事及安全等方面的重要地位，影响着吉尔吉斯斯坦的经济和社会发展，特别是俄罗斯经济发展的状况直接影响着吉尔吉斯斯坦的经济发展。2014 年 3 月以来，在西方制裁俄罗斯和国际油价大跌的双重作用下，俄罗斯经济遭受巨大打击，资本外逃加剧，进出口下降，卢布大跌，GDP 出现负增长，俄罗斯的经济危机导致吉尔吉斯斯坦的黄金出口下降、侨汇收入减少、转口贸易规模萎缩。

俄罗斯是吉尔吉斯斯坦第一大进口国，吉尔吉斯斯坦 1/3 的贵金属、化学物品、农产品等出口俄罗斯。俄罗斯经济危机，使得吉尔吉斯斯坦 2016 年上半年黄金出口 2.2 亿美元，较 2015 年同期减少 46.34%③。2015 年蔬菜出口较 2014 年下降 57.4%，航空柴油出口较

---

① 王维然. 对外贸易在吉尔吉斯斯坦经济中的影响 [J]. 新疆大学学报, 2013 (11): 92 - 98.

② 赵青松. 吉尔吉斯斯坦加入俄白哈关税同盟的利弊及其影响 [J]. 国际经济合作, 2014 (10): 63 - 67.

③ 2016 年上半年吉尔吉斯外贸形势严峻, 进出口均大幅度下降 [EB/OL]. 吉尔吉斯斯坦国家统计委员会, 2016 - 09 - 07.

2014 年下降 42.1%。吉尔吉斯斯坦 95% 以上的侨汇收入来自俄罗斯，2016 年 1—9 月吉尔吉斯公民自俄罗斯汇回国内的资金 13 亿美元①，占吉尔吉斯斯坦 GDP 的 30%。俄罗斯经济危机及卢布大幅度贬值导致大量在俄罗斯务工的吉尔吉斯斯坦人失业，吉尔吉斯斯坦侨汇收入也因此大幅度减少，2015 年侨汇收入仅有 13.4 亿美元，较 2014 年减少 25.8%②。俄罗斯经济危机，引起俄罗斯、哈萨克斯坦等国家对吉尔吉斯斯坦转口贸易需求的减少，2015 年吉尔吉斯斯坦服装转口贸易出口较 2014 年下降 59%。

俄罗斯经济危机造成吉尔吉斯斯坦 2015 年出口较 2014 年下降 11%，逆差高达 23.94 亿美元③。2016 年上半年出口较 2015 年同期下降 28.4%，逆差达到了 13.4 亿美元④，出口下降，逆差的扩大，使得吉尔吉斯斯坦外汇收入减少，缺乏偿还外债本息的资金保障。

（三）吉尔吉斯斯坦政府应对外债危机的能力有限

长期以来，吉尔吉斯斯坦政府坚持将优惠贷款占外债的比重控制在 35% 以上的原则，向世界银行、IMF、亚洲发展银行、欧洲复兴开发银行、阿拉伯经济合作科威特基金、伊斯兰复兴开发银行、中国进出口银行、俄罗斯政府、日本国际合作银行、德国、土耳其等国家举借了赠予部分超过 45%，贷款期限至少 40 年，宽限期在 10 年左右的优惠贷款。其中，中国、国际开发协会、亚洲开发银行、俄罗斯和日本是吉尔吉斯斯坦前五大债权国，2015 年这五大债权国对吉尔吉斯斯坦的贷款占其

---

① 普京称自俄侨汇占吉尔吉斯斯坦 GDP 三成 [EB/OL]. 吉尔吉斯斯坦塔扎别克，2017 - 02 - 28.
② 受俄罗斯经济不振影响，2015 年吉尔吉斯侨汇收入下降 25.8% [EB/OL]. 吉尔吉斯斯坦国家银行，2016 - 03 - 11.
③ 2015 年吉尔吉斯斯坦外贸总额同比下降 24.6% [EB/OL]. 吉尔吉斯斯坦国家统计委员会，2016 - 02 - 29.
④ 2016 年上半年吉尔吉斯斯坦外贸形势严峻，进出口均大幅度下降 [EB/OL]. 吉尔吉斯斯坦国家统计委员会，2016 - 09 - 07.

外债总额的84.3%，其中，中国进出口银行贷款余额12.96亿美元，占35.9%；国际开发协会贷款余额6.39亿美元，占17.7%；亚洲开发银行贷款余额5.75亿美元，占16%；俄罗斯贷款余额3亿美元，占8.3%，日本国际协力机构贷款余额2.29亿美元，占6.4%①。吉尔吉斯斯坦以优惠贷款为主的外债结构，使得吉尔吉斯斯坦获得了债务减免和债务重组的选择权，对于处理吉尔吉斯斯坦外债危机发挥了一定的作用。

事实证明，由于独立以来吉尔吉斯斯坦的政局不稳，民族冲突不断，经济发展屡遭破坏，无论是阿卡耶夫执政时期，还是巴基耶夫新政权执政时期都将摆脱国内经济困境和偿还外债本息的希望寄托于国际援助，吉尔吉斯斯坦政府先后于2000年、2001年、2003年、2005年、2009年、2010年、2012年和2013年向IMF、世界银行和"巴黎俱乐部"成员国提出债务减免和债务重组的申请。从2000年开始，吉尔吉斯斯坦政府就通过各种途径寻求国际社会给予其债务减免和债务重组，2001年12月吉尔吉斯斯坦政府与IMF签署"减少贫困和促进经济增长"三年计划（PRGF），不仅得到了IMF提供的1.017亿美元、年利率0.5%、还款期10年、宽限期5年的优惠贷款，而且获得了通过"巴黎俱乐部"债权国申请减免吉尔吉斯斯坦部分外债和债务重组的机会②。2003年面对即将到期而无力偿还外债本息的状况，吉尔吉斯斯坦政府再次向IMF提出债务减免及债务重组的申请，并于2003年12月与"巴黎俱乐部"成员国签署了延迟吉尔吉斯斯坦即将到期的2 893.3万美元外债偿还的重组协议，帮助吉尔吉斯斯坦缓解了无法到期偿还外债还本付息的危机③。2005年吉尔吉斯斯坦政局持续动荡，使得原本脆弱

---

① 截至2015年底吉尔吉斯斯坦外债占GDP的比重已达64.6%［EB/OL］．吉尔吉斯斯坦财政部，2016 – 03 – 08．

② 国际货币基金组织向吉尔吉斯斯坦提供第三笔贷款［EB/OL］．国际货币基金组织，2003 – 09 – 05．

③ 吉尔吉斯斯坦确定明年偿还外债规模［EB/OL］．吉尔吉斯斯坦财政部，2002 – 12 – 26．

的国内经济再次陷入危机边缘，经济增长速度显著放缓，居于独联体国家最低，外债余额高达国家预算收入的 5 倍以上，投资环境进一步恶化，造成了吉尔吉斯斯坦再次不能按期偿还对外债务的本息，迫于现实压力 2005 年 9 月吉尔吉斯斯坦新政府就其外债减免和债务重组问题与俄罗斯、德国、法国、丹麦、日本分别进行谈判。谈判的结果是俄罗斯政府同意对吉尔吉斯斯坦 1.84 亿美元的债务进行重组，重组期 33 年，3 年宽限期，并采纳吉尔吉斯斯坦政府提出的以本国企业国有股份偿还债务的建议。德国政府与吉尔吉斯斯坦达成"债转赠"协议，同意减免吉尔吉斯斯坦 77 万欧元债务，其余部分按照"巴黎俱乐部"优惠、非优惠贷款重组期进行执行①。由于吉尔吉斯斯坦财政连年拮据，且大部分财政收入用于归还每年到期的债务，致使用于解决民生、环保中存在问题的资金难以落实的问题突出②，2010 年 9 月，吉尔吉斯斯坦政府再次向"巴黎俱乐部"成员国、世界银行、亚洲开发银行等国际金融机构提出申请，希望减免吉尔吉斯斯坦所欠外债③。2012 年以来，吉尔吉斯斯坦政府又一次向"巴黎俱乐部"成员国和国际金融机构提出申请，希望减免吉尔吉斯斯坦所欠外债，经过多方努力，2012 年 10 月，土耳其免除了吉尔吉斯斯坦 4 920 万美元的到期债务。2013 年 5 月，俄罗斯免除吉尔吉斯斯坦 1.89 亿美元的到期债务，并承诺其余的 3 亿美元债务将从 2016 年起至 2025 年每年免除 3 000 万美元。2013 年 7 月，吉尔吉斯斯坦政府和德国政府就吉尔吉斯斯坦欠德国债务 8 750 万美元债务达成了三笔债务重组协议④。

然而，吉尔吉斯斯坦政府并非每次遇到不能按期偿还外债本息时都

---

① 吉尔吉斯斯坦新政权急需外援摆脱经济困境［EB/OL］. 吉尔吉斯斯坦媒体，2005 – 09 – 15.
② 吉尔吉斯斯坦请求国际社会减免吉债务以支持吉加大环保投入［EB/OL］. 中国驻吉尔吉斯斯坦使馆经商参赞处，2010 – 09 – 28.
③ 吉尔吉斯斯坦偿债谈判取得进展［EB/OL］. 吉尔吉斯斯坦媒体，2005 – 09 – 08.
④ 吉尔吉斯斯坦努力寻求与各方外债重组［EB/OL］. 中国驻吉尔吉斯斯坦使馆经商参赞处，2013 – 09 – 24.

能如愿地获得国际金融组织和"巴黎俱乐部"成员国的债务减免或债务重组。2006 年吉尔吉斯斯坦有一笔 2 600 万美元的外债本息无法偿还，为了得到国际社会的支持①，2006 年 3 月吉尔吉斯斯坦新政府拟向 IMF 和世界银行提出申请加入"重债穷国计划"（HIPC），因为通过加入 HIPC，就可以减少吉尔吉斯斯坦 10.58 亿美元的多边及双边债务②。然而，吉尔吉斯斯坦民众对吉政府要求加入"重债穷国计划"（HIPC）极为反感，2007 年 5 月吉尔吉斯斯坦民众自发成立了一个"吉尔吉斯斯坦外债清偿基金会"，拟通过发动社会各界和普通民众积极开展一场全民集资运动，来共同偿还吉尔吉斯斯坦欠下的 20 亿美元外债③。然而，倡议遭到了吉尔吉斯斯坦普通民众的强烈反对，仅有国内部分医务工作者自愿援助了 130 美元，以及在莫斯科等国外工作的吉尔吉斯斯坦人自愿捐助了 3 450 美元给基金会，吉尔吉斯斯坦民众自发捐助 3 580 美元与 2 600 万美元外债本息的规模相差太多。由于 2007 年吉尔吉斯斯坦民众拒绝加入"重债穷国计划"（HIPC）④，以及吉尔吉斯斯坦政府对外债缺乏有效管理，所借外债没有完全用于国家经济社会发展，而是一部分外债被吉尔吉斯斯坦政府用于充当国家准备金，一部分外债直接落入某些高官个人之手，国际援助机构无意重组吉尔吉斯斯坦所欠外债，国际社会也普遍认为没有必要对吉尔吉斯斯坦进行债务减免，因此，吉尔吉斯斯坦陷入了 2007 年偿还 4 000 万美元外债和 2008 年偿还 1 亿美元外债的困境⑤。

---

① 吉尔吉斯斯坦紧急情况部寻求 IMF 援助 [EB/OL]. 吉尔吉斯斯坦紧急情况部，2006 - 03 - 03.
② 吉尔吉斯斯坦决定参加"重债穷国计划"（HIPC）[EB/OL]. 吉尔吉斯斯坦媒体，2006 - 03 - 27.
③ 吉尔吉斯斯坦民间资助政府偿还外债 [EB/OL]. 吉尔吉斯斯坦媒体，2007 - 05 - 08.
④ 吉尔吉斯斯坦希望就减债问题与发达国家展开谈判 [EB/OL]. 吉尔吉斯斯坦媒体，2007 - 07 - 26.
⑤ 国际援助机构无意重组吉欠债务．[EB/OL]. 联合国驻吉尔吉斯斯坦代表处，2007 - 07 - 26.

(四) 吉尔吉斯斯坦外债安全的分析结论

以上分析发现，吉尔吉斯斯坦政府在历次面对外债还本付息困难时，主要就是通过国际金融机构和"巴黎俱乐部"成员国的债务减免或债务重组方式摆脱了一次又一次的外债危机，但是，一旦国际社会拒绝债务减免和债务重组的要求，那么，吉尔吉斯斯坦政府必须通过自身力量来偿还外债本息，吉尔吉斯斯坦政府能够动用的资产是其所拥有的国际储备，2014 年以来，为了缓解乌克兰变局、俄罗斯经济金融危机、卢布和哈萨克斯坦坚戈贬值等外部因素对吉尔吉斯斯坦货币索姆的冲击[①]，2015 年吉尔吉斯斯坦国家银行动用了 3.3 亿美元的外汇储备对外汇市场进行了 40 次干预[②]，外汇储备的减少，使得吉尔吉斯斯坦的国际储备由 2014 年的 19.58 亿美元，减少到了 2015 年 17.78 亿美元（其中外汇储备占 83.8%，货币性黄金占 7.3%，特别提款权占 8.9%）[③]，仅为 2015 年吉尔吉斯斯坦 61.67 亿美元外债的 1/3 不到，吉尔吉斯斯坦政府多次采取债务减免和债务重组的做法，以及有限的国际储备规模，标志着其偿还外债本息的能力十分有限，过度举债的做法使得吉尔吉斯斯坦发生外债危机的风险被加大。

三、塔吉克斯坦的外债安全分析

(一) 塔吉克斯坦的外债规模稳定增长

1991 年 9 月 9 日塔吉克斯坦刚刚独立时没有欠下任何外债，在 7 年

---

① 1993 年以来吉尔吉斯外汇储备增长 17 倍 [EB/OL]．吉尔吉斯斯坦国家银行，2014 – 09 – 23．
② 吉尔吉斯斯坦国家银行屡屡出手干预汇市谨防索姆汇率剧跌 [EB/OL]．吉尔吉斯斯坦"TAZABEK"网站，2016 – 01 – 22．
③ 吉尔吉斯斯坦国家银行屡屡出手干预汇市谨防索姆汇率剧跌 [EB/OL]．吉尔吉斯斯坦"TAZABEK"网站，2016 – 01 – 22．

多的内战期间基本上也没有对外借债。内战后的1997年，塔吉克斯坦急需大量资金用于国内经济建设的恢复和发展，由于本国没有储备经济发展稳定的储蓄资金，塔吉克斯坦50%以上的预算赤字需要依靠对外举债来解决，因此形成了一定规模的外债，从1997—2015年的19年间，塔吉克斯坦的外债规模都控制在22亿美元以内。1997—2010年，其外债规模在8.66亿~16.91亿美元，2011—2015年其外债规模在20亿~22亿美元，2015年达到了历史最高纪录至21.95亿美元（见图5-11）。

塔吉克斯坦外债规模发展呈现不断增长态势，相对而言，规模发展最快的年份集中在2007—2010年这4年，环比速度保持在两位数的增长，2007年较2006年增长29.21%，2008年较2007年增长23.09%，2009年较2008年增长23.36%，2010年较2009年增长14.97%，进入2011年以来，塔吉克斯坦外债规模的增长速度有所放缓，2011年较2010年增长9.32%，2012年较2011年增长2.12%，2013年较2012年减少0.32%，2014年较2013年减少了7.49%，2015年较2014年增长了9.75%，较2007—2010年两位数的增长速度大大降低。

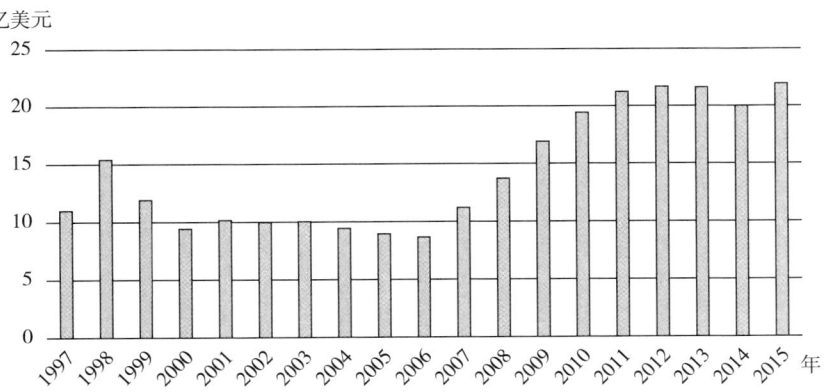

资料来源：塔吉克斯坦财政部公布数据。

图5-11 塔吉克斯坦外债规模（1997—2015年）

长期以来，塔吉克斯坦政府举借外债主要用于塔吉克斯坦国内的能源、公路交通、输变电线路等基础设施建设，正是因为塔吉克斯坦能源、交通、建筑及航站楼的建设推高了对外举债的规模，2007—2009年塔吉克斯坦计划举借外债14.5亿美元，其中35.45%用于能源建设，36%用于交通、教育和卫生医疗建设。塔吉克斯坦议会通过《2016—2018年塔吉克斯坦国家对外借款规划》中明确提出在2016—2018年三年中借款6.7亿美元，投向塔吉克斯坦国民经济发展的优先领域，包括交通、农业、能源、医疗等48个项目。

（二）塔吉克斯坦的外债结构优化

1. 以外国政府和国际金融机构贷款为主的债权结构

长期以来，国际金融机构和外国政府对塔吉克斯坦提供的贷款占其外债的90%以上。2002年末塔吉克斯坦9.97亿美元的外债中63.41%的贷款由世界银行（占18.9%）、亚洲开发银行（占3.39%）、伊斯兰开发银行（占1.63%）、俄罗斯（占30.06%）和乌兹别克斯坦（占9.43%）提供，其中国际金融机构贷款占23.92%，外国政府贷款占39.49%。2006年9月末塔吉克斯坦8.3亿美元的外债中国际金融机构贷款占62%，外国政府贷款占28%。2008年末塔吉克斯坦13.7亿美元的外债中国际金融机构贷款占48.1%，外国政府贷款占44.9%。2009年末塔吉克斯坦16.91亿美元的外债中国际金融机构贷款占48.1%，外国政府贷款占44.9%。2010年末塔吉克斯坦19.43亿美元的外债中国际金融机构贷款占45.91%，外国政府贷款占45.39%。

世界银行、亚洲开发银行和中国进出口银行对塔吉克斯坦提供的贷款占70%以上。2010年末塔吉克斯坦19.43亿美元的外债中的74.1%是由世界银行（占19.25%）、亚洲开发银行（占16.83%）和中国进出口银行（占38.03%）提供的优惠贷款。2012年塔吉克斯坦21.69亿美元的外债中72.94%是由世界银行（占17.11%）、亚洲开发银行（占

15.35%）和中国进出口银行（占40.48%）提供的优惠贷款。

2. 以塔吉克斯坦政府借债为主的债务结构

长期以来，塔吉克斯坦政府是塔吉克斯坦对外举债的最大债务人，政府举借外债在塔吉克斯坦外债举借主体中占有绝对地位，2008年6月末塔吉克斯坦12.52亿美元的外债中，政府举借债务占92.57%，国家担保贷款占2.22%，国有企业无担保债务占1.63%；2014年第一季度，塔吉克斯坦21.93亿美元的外债中，政府举借债务占89.74%，国家担保贷款占0.89%，无国家担保企业债务占1.44%。

3. 以中长期贷款为主的期限结构

长期以来，国际金融机构和外国政府给塔吉克斯坦提供了占其外债90%以上的贷款，而成为塔吉克斯坦最大的债权人，由于国际金融机构和外国政府贷款都具有贷款期限长的特点，所以，塔吉克斯坦的外债期限以中长期贷款为主，还款期限一般都在20~40年。2009年中国政府为塔吉克斯坦政府提供了期限长达40年的6.3亿美元出口买方信贷的优惠贷款。2011年塔吉克斯坦政府与国际金融机构签订了期限20年的经济金融贷款合作协议。塔吉克斯坦财政部部长纳日穆京诺夫声称塔吉克斯坦外债结构比较好，多数是低利率的中长期贷款，还款时间在25~40年内。

4. 以利率较低及援助为主的优惠贷款结构

塔吉克斯坦政府举借外债主要依靠外国政府和国际金融机构提供的期限较长、利息较低并且具有一定捐赠的优惠贷款为主。

内战结束以后，塔吉克斯坦积极利用国际金融机构和外国政府贷款支持本国经济的发展，国内实施的总金额12亿美元的56个项目中，有74%的优惠贷款和长期贷款，有15%的无偿援助，有11%的塔吉克斯坦政府自筹资金。2007—2013年，中国进出口银行为塔吉克斯坦提供了超过10亿美元、利率2%、期限40年的优惠贷款，2012年塔吉克斯坦政府签署了总额3.47亿美元的18个援助和贷款协议，其中无偿援助总额 2.15 亿美元，占 61.96%，贷款总额 1.32 亿美元，占 38.04%。乌兹别克斯坦给塔吉克斯坦提供了 1 100 万美元、年利率仅为 0.8% 的贷款。

长期以来，塔吉克斯坦偿还本息时，基本上是以还本为主，付息为辅的偿债结构，其中 70% 资金用于偿还本金，30% 的资金用于偿还利息。2006 年塔吉克斯坦政府支出 4 000 万美元归还外债，2006 年 3 月末已经归还 2 800 万美元，其中本金 2 200 万美元，占比 78.57%，利息 600 万美元，占比 21.43%。2009 年塔吉克斯坦政府拨款 1.23 亿美元还本付息，其中还本 9 300 万美元，占比 75.61%，支付利息 3 000 万美元，占比 24.39%。2012 年塔吉克斯坦共偿还 1.092 亿美元的本息，其中本金 7 580 万美元，本金占比 70%，利息 3 340 万美元，利息占比 30%。2013 年塔吉克斯坦共偿还 1.33 亿美元的本息，其中本金 1 亿美元，占比 75.19%，利息 3 300 万美元，利息占比 24.81%。

（三）塔吉克斯坦外债负担过重

独立以来的 25 年间，塔吉克斯坦外债负担经历了由沉重到减轻、再到沉重的过程。独立初期的前十年其外债负担沉重，其外债负债率超过 20% 国际警戒线的 5~8 倍（1997 年 151%，1998 年 138%，1999 年 91.2%，2000 年 108.2%）。2001—2005 年其外债负债率控制在 100%~40% 以内，是 20% 国际警戒线的 2~5 倍（2000 年 108.2%，2001 年 98%，2002 年 82%，2003 年 66% 和 2005 年 42%）。

2007 年以来，塔吉克斯坦政府严格执行国际货币基金组织为塔吉克斯坦专门制定的外债负债率不得超过 40% 的标准，外债负债率都控制在 40% 之内，但是依然超过 20% 国际警戒线的 1~1.8 倍，在 22%~35.8%，其中最高的年份是 2009 年的 35.8%，最低的年份是 2014 年的 22.6%。

虽然，自 2007 年以来塔吉克斯坦政府将外债负债率严格控制在了

IMF制定的40%控制界限以内，但是由于塔吉克斯坦出口创汇途径单一，外汇收入总是赶不上日益增加的外债规模，塔吉克斯坦的外债债务率除了2006年以外，其余年份均超过100%的国际警戒线1~2.5倍，1997—2006年，塔吉克斯坦外债债务率不断降低（1997年134%，1998年230%，1999年190%，2002年136%，2003年120%，2006年62%是塔吉克斯坦独立以来的最低债务率）。但是自2009年起，其外债债务率又开始攀升，由2009年的167%一路上升至2015年的247%，说明塔吉克斯坦偿还外债本息的负担不断加强，外债负担沉重问题在加深。

（四）塔吉克斯坦拖欠外债问题严重

1. 塔吉克斯坦棉农拖欠外债问题引起国际社会关注

由于塔吉克斯坦棉花产业创造了占全国GDP的22%的产值，完成了全国税收的39%，解决了全国50%的就业，创造了全国15%的出口外汇收入，而成为塔吉克斯坦的支柱产业，为了发展棉花产业，塔吉克斯坦吸引了大量的外国贷款，棉农承担了2.4亿美元的外债，占全国GDP的20.1%。1996年第一笔棉花贷款资金没有全部到位，造成投资方负债经营，由此年复一年，形成巨额债务，棉花种植业债务危机重重，投资方信心受挫，从业人员流失严重。2002年塔吉克斯坦农业部门因为棉花产量低产，国际棉花价格急剧下跌，缺少新的棉花生产技术，外国投资者贷款年利率高达20%及棉花销售中为进口商提供7%的价格折扣等原因而拖欠外国投资者债务1.5亿美元不能偿还。2004年棉农拖欠外国投资者债务增加至2.3亿美元，引发国际社会的关注。

2002年9月8日亚洲开发银行召开专门会议讨论解决塔吉克斯坦农业部门拖欠外国投资者债务问题。2004年12月亚洲开发银行对塔吉克斯坦政府实施削减贫困战略所采取的方法提出批评，要求塔吉克斯坦政府将解决农户债务问题作为实施削减贫困战略的突破口。虽然2003

年 4 月 15 日塔吉克斯坦政府颁布了《关于农村企业和单位重组过程中新生债务调整机制》总统令和 2003 年 12 月 25 日塔吉克斯坦政府通过了《关于调整已经重组和正在重组农村企业和单位债务》的决议，但是塔吉克斯坦政府解决农业部门债务问题时，并没有采取根本措施解决棉农的土地问题，棉花加工工业的经营管理问题，棉花产品的产、供、销体制问题以及政府过多行政干预棉花生产等根本问题，而是将重点放在如何通过国际社会进行债务重组和依赖国际援助解决债务危机问题。

2. 塔吉克斯坦政府依靠借新补旧方式偿还外债

塔吉克斯坦独立不久即爆发连年内战，国家经济遭到破坏，战后塔吉克斯坦主要依靠国际社会援助和大量举债恢复生产并发展经济，经过多年的努力，塔吉克斯坦经济开始步入恢复性增长阶段，但是也形成了巨大的外债，在处理 2002 年和 2004 年农业部门拖欠外国投资者贷款事件，在面临严重的外债负担和还债高峰困境时，塔吉克斯坦政府一方面积极与国际金融机构和债权国协商债务重组的问题，另一方面不得不继续举借新的外债，通过"拆东墙补西墙"的办法，维持经济正常的运转。

2001 年以来塔吉克斯坦过度举借外债，导致 2004 年塔吉克斯坦必须偿还 3 700 万美元本息的外债，而塔吉克斯坦政府只能拨款 2 000 万美元偿还外债本息，其余的 1 700 万美元的外债缺口，塔吉克斯坦政府只能再次向国际金融机构和外国政府筹借，国际金融机构和外国政府再次为塔吉克斯坦政府提供了 5 000 万美元新的贷款，用于偿还到期的外债。

（五）塔吉克斯坦政府依靠国际社会摆脱外债危机

2005 年塔吉克斯坦无法偿还累计贷款本息 1.32 亿美元的外债，引起了债权国家和国际金融机构的极大关注，2005 年底，国际货币基金组织召开专门会议讨论解决塔吉克斯坦债务重组问题，美国、加拿大、英国、法国、德国、意大利、日本和俄罗斯组成的八国集团（G8）决定免除20个重债贫困国所欠世界银行、国际货币基金组织和非洲发展银行全部400亿美元的债务,根据世界银行、国际货币基金组织通过的"重债穷国减债计划"(HIPC)进行,2006年初塔吉克斯坦首批获得了国际货币基金组织9 900万美元债务的减免。

2005年随着债务重组和国家经济的恢复性发展,塔吉克斯坦的外债状况不断好转,国家外债占国内生产总值的比率从2000年的100%左右,减低到了2005年的42%,在获得债务重组机会的同时,国际社会扩大了对塔吉克斯坦的贷款规模,2007年塔吉克斯坦政府通过举借新的外债,再次偿还4 000万美元的旧债。

2008年起,为了防止塔吉克斯坦外债恶化,亚洲开发银行停止向塔吉克斯坦贷款,而改为一次性援助来帮助塔吉克斯坦偿还到期的外债。

2009年由于受国际金融危机影响,塔吉克斯坦遭遇了严重困境,面对塔吉克斯坦在俄罗斯劳务收入大幅度削减,外汇收入大幅度减少,偿还外债收入减少的现实,国际货币基金组织给塔吉克斯坦拨款3 000万美元,帮助塔吉克斯坦归还到期的外债。

2016年2月塔吉克斯坦向多家国际金融机构寻求贷款支持,再次举借大规模的外债,向国际货币基金组织借款5亿美元、向世界银行借款3 000万美元、向欧亚基金借款2 000万美元、向亚洲开发银行借款6 000万美元,用于塔吉克斯坦经济发展,但更重要的是用于偿还到期的外债本息。

(六)塔吉克斯坦外债安全的分析结论

长期以来,塔吉克斯坦政府通过请求国际金融机构援助,利用国际社会债务减免等方式进行到期债务的偿还。2007年塔吉克斯坦用国家预算资金拨款和国际援助款,全部归还了吉尔吉斯斯坦2 200万美元的欠款。2008年塔吉克斯坦政府利用国家预算资金拨款和国际金融机构的新贷款归还乌兹别克斯坦 1 000 万美元的欠款,还有 1 380 万美元以乌兹别克斯坦火车过境费用形式抵补到期债务。2011—2014 年塔吉克斯坦利用国家预算资金、国际援助款和国际金融机构新贷款偿还了乌兹别克斯坦年利率 0.8% 的 1 100 万美元外债。2015 年塔吉克斯坦利用国家预算资金、国际援助款和国际金融机构新贷款全部还清了对乌兹别克斯坦的所有欠款,同时偿还了对哈萨克斯坦的 61 万美元的欠款。

然而在塔吉克斯坦寻求国际援助时,不是每次都能够获得帮助,内战结束后,日本东京曾表示为塔吉克斯坦提供 10 亿美元援助款,解决塔吉克斯坦恢复经济建设、提高就业率和减少贫困所需要大量资金的困难,但是日本东京真正落实的资金只占 10 亿美元的一小部分。

塔吉克斯坦为了争取贷款向国际货币基金组织提供了国家外汇储备、中央银行净资产以及中央银行信贷政策的虚假信息。2008 年 3 月国际货币基金组织宣布要求塔吉克斯坦退还 2004 年 1 月至 2006 年 2 月两年间向塔吉克斯坦提供的实施减贫计划和促进发展 5 笔贷款中的 3 笔共计 4 800 万美元的贷款,按照惯例,国际货币基金组织发现提供贷款虚假信息时,贷款国必须在 30 日内将贷款退回,考虑到塔吉克斯坦严峻的经济状况和紧急人道危机,国际货币基金组织放宽了塔吉克斯坦归还贷款的期限,允许塔吉克斯坦在 6 个月内分批偿还。但是塔吉克斯坦并没有能够按期偿还所欠债务,而是在经历了 11 个月后,于 2009 年 2 月才全部还清国际货币基金组织的 4 800 万美元贷款。

除了依靠国际社会以外,塔吉克斯坦中央银行不断增加货币性黄金和外汇储备的规模,以增强偿还外债本息的能力,虽然,塔吉克斯坦黄金外汇储备由 2006 年的 1.8 亿美元,增加到了 2015 年的 20.05 亿美元,相应的塔吉克斯坦外债占其货币性黄金和外汇储备的比重在不断减少,由 2006—2010 年的 300% ~ 500%,减少到了 2011 年的 265%,减少到了 2012—2015 年的 100% ~ 140%,但是塔吉克斯坦外债占外汇储备的比重依然很高。

以上分析表明，塔吉克斯坦在借助国际力量的同时，通过发展经济、增加出口等方式，积极寻找偿还外债的途径，但是由于外债负担沉重，偿还外债风险的隐患依然存在。

四、土库曼斯坦的外债安全分析

（一）土库曼斯坦的外债规模迅速增长

土库曼斯坦对外债务是伴随着土库曼斯坦经济的快速发展而形成的，特别是1998—2012年土库曼斯坦追求高速的经济增长，年均经济增长率高达13.4%，高速的经济增长需要大量的资金投入，从而推动了土库曼斯坦对外举借债务的增长，1997—2003年土库曼斯坦的外债规模基本保持在23亿~25亿美元，2012年土库曼斯坦的外债规模仅有5.98亿美元，而2013年猛增到了87.85亿美元，2014年为80.53亿美元，2015年创历史最高水平达103.36亿美元。

（二）土库曼斯坦的外债负担不重

虽然土库曼斯坦的外债规模在不断增长，但是由于土库曼斯坦经济稳定发展、GDP总量不断提高、贸易和经常项目顺差不断增长、出口创汇能力大大增强、外汇储备增长、政府偿还债务的能力不断增强，使得土库曼斯坦偿还外债的负担大大降低。

长期以来，土库曼斯坦的外债负担相对哈萨克斯坦、吉尔吉斯斯坦、塔吉克斯坦和乌兹别克斯坦国家的外债负担而言较轻，其较低的负债率居于中亚五国之首，不仅如此，其负债率呈现由高到低的发展趋势。土库曼斯坦外债负债率由1997年的99%降低到了2015年的23.3%，同1997年和1999年的负债率99%和73%相比，2003年和2011年的负债率大幅度降低至15%和1.7%，虽然2013年的负债率上升至 21.42%，2014 年下降至 16.8%，2015 年又上升至 23.3%，但是，2003—2015 年的负债率基本控制在 20% 的国际警戒线以内。

土库曼斯坦的外债债务率由 1997 年的 330%，降低到了 2003 年的 64%，降低到了 2013 年的 40.56%，降低到了 2014 年的 40.59%，虽然 2015 年的外债债务率同 2013 年和 2014 年的外债债务率相比有所增加，达到了 84.72%，但是同 1997 年高达 330% 的水平相比还是出现了大幅度的下降，而且在 2003—2015 年，土库曼斯坦外债债务率均控制在 100% 的国际警戒线以内。

（三）土库曼斯坦外债安全的分析结论

虽然土库曼斯坦的外债规模在不断增加，但是土库曼斯坦的外债负担在国家可以承受的范围之内，外债负债率和债务率都在国际警戒线之内，然而，由于受国际能源价格大跌及俄罗斯经济金融危机的影响，土库曼斯坦天然气出口收入锐减，2015 年其经常项目出现了 18 亿美元的逆差，出口收入由 2013 年的 216.6 亿美元，下降到了 2014 年的 198.38 亿美元，下降到了 2015 年的 122 亿美元，土库曼斯坦外债偿付能力有所减弱。但是土库曼斯坦长期坚持以吸引外国直接投资为主的金融项目顺差和充裕的外汇储备（2014 年外汇储备 293.34 亿美元是 2015 年外债 103.36 亿美元的 2.84 倍），这为土库曼斯坦偿还外债提供了坚实的保障，因此土库曼斯坦不存在外债偿还的风险隐患，外债处于安全状态。

五、乌兹别克斯坦的外债安全分析

（一）乌兹别克斯坦外债迅速增长

独立后的乌兹别克斯坦国内储蓄匮乏，国内资金不能满足国内经济发展的需要，只有通过向国际金融机构、外国政府举借外债或者吸引外资的方式筹集资金用于国内经济的发展,实现由计划经济向市场经济的转轨。

刚刚独立的乌兹别克斯坦所借外债不到1亿美元,从1997年起乌兹别克斯坦的外债规模才开始不断增加,但是外债规模基本稳定,1997年至2013年乌兹别克斯坦外债规模在32亿~48.59亿美元,2015年突破100亿美元至108.25亿美元。

虽然乌兹别克斯坦外债规模迅速增加,但是乌兹别克斯坦外债期限结构合理,短期外债占比很低,2013年短期外债占外债总额的8.15%,2015年短期债务占外债总额的24.99%,在25%的国际警戒线以内,而且85%以上的外债是具有优惠性质的期限超过15年以上的国际金融机构和外国政府的贷款。

(二)乌兹别克斯坦外债负担较轻

虽然乌兹别克斯坦外债规模在不断增加,特别是2015年外债规模突破100亿美元,但是乌兹别克斯坦经济发展中对外债的依赖程度却在逐渐减弱,其外债负债率控制在8%~85%,外债负债率最高的年份是2003年,其负债率高达85%,是国际警戒线20%的4.25倍;1998年、2004年和2005年这三年的外债负债率在31.3%~37.3%,是国际警戒线20%的1.55~1.87倍;1997年、1999年、2006年和2007年这四年的外债负债率在21.3%~28%,是国际警戒线的1.07~1.4倍;2008年、2009年和2015年这三年的外债负债率在11.2%~16%,2010年和2013年的外债负债率仅有8.3%和8.6%,自2008年以来,乌兹别克斯坦外债负债率就被控制在了20%的国际警戒线之内。

从乌兹别克斯坦外债债务率指标的变化不难发现,1999年和2003年其外债债务率超过了100%的国际警戒线(1999年的110%和2003年的130%),其他年份的外债债务率全都控制在100%的国际警戒线之内,在31%~85%,其中最高的年份是1997年的85%,最低的年份是

2008 年的 32.06%。

(三) 乌兹别克斯坦外债安全的分析结论

乌兹别克斯坦独立 22 年来，人口增长了 50%，经济增长了 400%，人均收入增长了 770 倍，外债增长了 150%，几乎没有内债，出口和黄金外汇储备稳定增长，连续十年保持 GDP 增长率在 10% 以上，在 2008 年国际金融危机、世界经济下滑、许多国家的对外贸易出现负增长的背景下，乌兹别克斯坦对外贸易并没有受到明显的影响，国内经济依然保持快速而平稳的发展状态。

不仅如此，乌兹别克斯坦积累了长期的贸易顺差（2007 年 37.56 亿美元，2008 年 40.69 亿美元，2009 年 23.3 亿美元，2013 年 12.9 亿美元），同时乌兹别克斯坦央行不断增加黄金外汇储备，2006 年乌兹别克斯坦黄金外汇储备仅有 26 亿美元，2009 年就达到了 90 亿美元，2010 年突破 100 亿美元至 130 亿美元，2014 年较 2013 年增加 16 亿美元。长期积累的贸易顺差和可以完全覆盖外债存量的黄金外汇储备，为乌兹别克斯坦政府偿还外债本息提供了强有力的经济保障。

与此同时，乌兹别克斯坦政府严格按照国际货币基金组织和世界银行制订的还款计划归还对外债务，世界银行的调查报告称"乌兹别克斯坦是唯一按时归还世界银行债务的国家"。乌兹别克斯坦有举借外国贷款的能力，高速的经济增长率和严格归还外债的纪律性，为乌兹别克斯坦提供了制度保障。

以上分析表明，乌兹别克斯坦外债安全性较高，没有无法按期偿还外债本息的隐患。

第六章

研究结论及对策建议

第一节 研究结论

一、中国与中亚资本流动研究结论

(一) 中国从中亚资本净流入

1999—2015年,中国从中亚五国的资本流入总额为58.05亿美元,中国对中亚五国的资本流出总额为51.9亿美元,中国对中亚五国的资本流出小于中亚五国向中国的资本流入,表现为中国从中亚五国的资本净流入,规模为6.15亿美元。其中,中国与中亚五国:在资本账户项下的资本净流入规模为67.04万美元;在直接投资项下的资本净流入为0.45亿美元;在证券投资项下的资本净流入规模为18.82万美元;在其他投资项下的资本净流入规模为5.69亿美元,总体结果为中国从中亚五国净流入资本6.15亿美元。

(二) 中国85%的中亚资本来自哈萨克斯坦、吉尔吉斯斯坦和乌兹别克斯坦

1999—2015年,中国从中亚五国资本流入中,哈萨克斯坦、吉尔吉斯斯坦和乌兹别克斯坦占比高达85%,土库曼斯坦和塔吉克斯坦只占15%。其中,哈萨克斯坦占53.58%、吉尔吉斯斯坦占16.73%、乌兹别克斯坦占14.8%、土库曼斯坦占10.86%、塔吉克斯坦占4.03%。

(三) 中国82%的资本流进哈萨克斯坦、土库曼斯坦和吉尔吉斯斯坦

1999—2015年,中国对中亚五国的资本流出中,哈萨克斯坦、土

库曼斯坦和吉尔吉斯斯坦占比高达82%，塔吉克斯坦和乌兹别克斯坦仅占18%。其中，哈萨克斯坦占36.28%、土库曼斯坦占24.69%、吉尔吉斯斯坦占20.86%、塔吉克斯坦占15.52%、乌兹别克斯坦占2.65%。

（四）中国与中亚资本流动中99%依靠金融账户

1999—2015年，中国从中亚五国的资本流入中，资本账户下的资本流入仅占0.01%，金融账户下的资本流入占比高达99.99%。

1999—2015年，中国对中亚五国的资本流出中，资本账户下的资本流出仅占0.000806%，四舍五入之后占比为零，金融账户下的资本流出占比几乎为100%。

（五）中国与中亚资本流动中92%通过直接投资

1999—2015年，中国从中亚五国的资本流入中直接投资占82.18%，其他投资占17.81%，证券投资几乎处于空白，没有发生金融衍生工具项下的投资。其中：哈萨克斯坦的直接投资占75%，其他投资占25%；吉尔吉斯斯坦的直接投资占79%，其他投资占21%；塔吉克斯坦的直接投资占95%，其他投资占5%；土库曼斯坦的直接投资占97%，其他投资占3%；乌兹别克斯坦的直接投资占96%，其他投资占4%。

1999—2015年，中国对中亚五国的资本流出中直接投资占91.04%，其他投资占8.96%，证券投资几乎处于空白，没有发生金融衍生工具项下的投资。其中：哈萨克斯坦的直接投资占84%，其他投资占16%；吉尔吉斯斯坦的直接投资占90%，其他投资占10%；塔吉克斯坦的直接投资占97%，其他投资占3%；土库曼斯坦的直接投资占99%，其他投资占1%；乌兹别克斯坦的直接投资占74%，其他投资占26%。

（六）中国83%的直接投资来自哈萨克斯坦、乌兹别克斯坦和吉尔吉斯斯坦

1999—2015年，中亚五国对中国的直接投资中，哈萨克斯坦、乌兹别克斯坦和吉尔吉斯斯坦占比高达83%，土库曼斯坦和塔吉克斯坦仅占17%。其中，哈萨克斯坦占49.05%，乌兹别克斯坦占17.36%，吉尔吉斯斯坦占16.15%，土库曼斯坦占12.79%，塔吉克斯坦占4.65%。

（七）中国81%的直接投资投向哈萨克斯坦、土库曼斯坦和吉尔吉斯斯坦

1999—2015年，中国对中亚五国的直接投资中，81%投向了哈萨克斯坦、土库曼斯坦和吉尔吉斯斯坦，塔吉克斯坦和乌兹别克斯坦仅占19%。其中，哈萨克斯坦占33.61%，土库曼斯坦占26.9%，吉尔吉斯斯坦占20.71%，塔吉克斯坦占16.61%，乌兹别克斯坦占2.16%。

（八）中国93.33%的资本转移来自哈萨克斯坦

1999—2015年，中国从中亚五国在资本项目下的资本流入中，93.33%来自哈萨克斯坦，乌兹别克斯坦仅占4.23%，塔吉克斯坦仅占2.11%，吉尔吉斯斯坦仅占0.34%，土库曼斯坦没有在此项目下的资本流入。

（九）中国91%的资本转移流向哈萨克斯坦

1999—2015年，中国对中亚五国在资本项目下的资本流出中，91%流向了哈萨克斯坦，2.39%流向了吉尔吉斯斯坦，0.19%流向了塔吉克斯坦，6.65%流向了乌兹别克斯坦，中国没有对土库曼斯坦在此项目下的资本流出。

（十）哈萨克斯坦是中国与中亚五国资本流出入中规模最大的国家

1999—2015 年，哈萨克斯坦是中亚五国中与中国资本流出入规模最大的国家，其中，资本流入规模占中亚五国的 53.58%，资本流出规模占中亚五国的 36.28%，无论是资本账户项下，还是金融账户项下的直接投资和其他投资的流出入规模都是中亚五国中最大的。

二、中国的金融安全分析结论

（一）银行业系统性风险总体可控

近年来，针对中国金融业面临或有风险隐患，防范和化解金融风险成为中央经济工作屡次、重点提到的"更加重要"和"坚决处置"的大事。经过一年多的治理整顿，重点领域风险管控得到了加强，银行业总体保持稳健运行，资产充足率较高，资产和负债规模稳步增长，盈利能力不断增强，不良贷款率保持平稳，风险抵补能力提高，流动性充足，处于国际同业良好水平。

总体而言，中国银行业金融机构的资产、负债规模稳定增长，利润规模保持稳定、资产利润率和资本利润率不断提高，信贷资产质量总体可控，针对信用风险计提的减值准备较为充足，流动性水平比较充裕，在国际同行业中具有良好水平，中国银行业系统性风险总体可控。

（二）股票市场风险较大

中国股市经过 20 多年的发展，经历了从无到有、从小到大不断壮大的过程，无论是上市公司，还是股票发行规模、股票交易规模、股票总市值等各项指标都发生了翻天覆地的变化，对于中国经济的发展，特别是国有企业股份制改造,中国现代企业制度的建立发挥了至关重要的作用,但是由于中国股票市场存在的政策市、消息市和投机市的特征,导致中国股票价格波动频繁,股市大起大落、跌宕起伏的现象时有发生,给广大股民带来了很大的不确定性,对广大股民的投资带来了一定的影响,德国商报评论称中国股市是世界上投资者损失最大的股市,中国股市的安全性较弱。

(三)人民币币值稳定

自人民币发行以来,除了个别年份发生了较高的通货膨胀以外,人民币对内价值保持基本稳定,国内物价水平基本上控制在目标区以内。改革开放以前,人民币对外价值基本处于高估状态,1994—2005年人民币实行盯住美元的、单一的、固定汇率制度,这一阶段人民币兑换美元的汇率基本保持在1美元兑换8.7~8.27元人民币的固定状态,2005年7月21日以后,人民币对美元开始逐渐升值,由1美元兑换8.27元人民币,升值到了2014年的1美元兑换6.1421元人民币,人民币累计升值40.33%,虽然从2014年末至2016年末开始人民币兑美元出现贬值趋势,但是,在这一时期,人民币对美元双边汇率弹性进一步增强,双向浮动的特征更加显著。

相对而言,2014—2016年人民币对美元累计贬值8.02%的幅度,远远低于2005—2014年人民币对美元升值40.33%的幅度,加上中国政府具有很强的应对国际金融危机的能力,以及我国3万亿美元的外汇储备,不断增加的国际收支顺差等基本因素,保证了人民币对美元汇率保持相对稳定状态,同中亚五国货币相比,人民币对外价值坚挺,货币处于安全状态。

(四)外债安全稳定

尽管2001年以来,中国外债发展中存在规模大幅度增长、短期外债占比过高、美元外债规模较大、优惠贷款占比过小等问题，但是综观中国外债余额变动、结构变化、潜在风险、外债偿还能力、外债承受能力，以及深入分析全球主要经济体的发展情况后得出，中国外债各项指标均在国际警戒线以内，优于很多发达国家和经济规模较大的发展中国家的外债风险指标，特别是2015年起中国外债规模呈现减少状态，同中国庞大的经济体量和外汇储备规模相比，外债规模合理、外债水平不高，中国外债风险处于总体可控的安全状态，在中国经济转型升级向好的基础上，外债与中国经济的良性互动进一步加深，IMF中国研究部主管詹姆斯·丹尼尔认为：中国在外部再平衡、内部再平衡、环境再平衡及收入分配再平衡等方面都取得了进展，中国经济增速令人赞赏，说明中国决策者积极推动改革的成果，国际社会对中国经济发展和外债偿还能力信心十足。

三、中亚五国的金融安全分析结论

（一）哈萨克斯坦银行业信用风险突出

哈萨克斯坦银行业信用风险问题是中亚五国银行体系中最为严重的，由于国际金融危机、俄罗斯经济金融危机给哈萨克斯坦银行体系带来了巨大的冲击，哈萨克斯坦银行业不良贷款剧增，银行业面临经营困难等问题，在哈萨克斯坦有8家银行亏损，25%的银行收不抵支，一些银行的利润急速下降，甚至出现亏损。2013年标准普尔对哈萨克斯坦第一大银行——哈萨克斯坦商业银行的信用再次降级，惠誉对拥有哈萨克斯坦银行业20%份额的ATΦ银行信用连降六级，昭示着哈萨克斯坦一些大银行，并没有完全摆脱国际金融危机的影响。2015年哈萨克斯坦银行业贷款负增长使得过去4~5年迅速发展的银行面临贷款组合质量恶化的问题。在标准普尔《2015—2016年国家风险水平》报告的银行业风险指数级别中,哈萨克斯坦是 8 级,接近标准普尔最高风险 10 级。哈萨克斯坦银行业以大银行经营状况欠佳、利润下降、不良贷款增加、国际信用评级降低的格局,昭示着哈萨克斯坦银行业信用风险问题突出,银行业存在不容忽视的安全隐患。

与哈萨克斯坦银行业信用风险突出问题相比,吉尔吉斯斯坦、塔吉克斯坦、土库曼斯坦和乌兹别克斯坦的银行业发展比较稳定,不存在系统性金融风险和信用危机,银行业处于安全状态。

由于吉尔吉斯斯坦、塔吉克斯坦、土库曼斯坦和乌兹别克斯坦银行业发展比较落后,主要从事吸收存款,发放贷款及转账结算等传统金融业务,业务经营范围狭窄,银行体系比较封闭,很少利用国际金融市场融资,没有涉足美国次级贷款,没有参与任何金融衍生产品的交易,任何一次金融危机或经济危机都没有冲击到这些国家的银行业,吉尔吉斯斯坦银行业不仅没有遭受历次金融危机的冲击,反而在西方主流金融机构纷纷宣布重组兼并之际,表现出利润率大增,资产规模迅速发展,资本充足,风险小,安全性强,稳健经营的状态;国际金融危机对塔吉克斯坦银行业没有造成任何负面影响,塔吉克斯坦国内的银行、金融机构以及金融市场都显示出稳定的发展状态,特别是那些在塔吉克斯坦银行业中具有举足轻重的大银行反而表现出相当程度的稳定性和增长性,这对塔吉克斯坦银行业的稳定发展起到了至关重要的作用;土库曼斯坦银行业资产规模小、银行体系不健全、但是其违约贷款、不良贷款的规模非常小,银行业的发展比较平稳,土库曼斯坦银行业在国际金融危机中没有出现任何信用违约问题;乌兹别克斯坦银行业因经营稳健,在历次国际机构信用评级中所有银行都获得"稳定"等级,没有信用违约现象。

(二)中亚国家股票市场处于初级发展状态

相对而言,哈萨克斯坦的股票市场在中亚五国中的规模最大,但是股票市场的流动性较弱，对国民经济的贡献较低，股票市场具有一定的波动性。但是，哈萨克斯坦以机构投资为主的市场结构，以及哈萨克斯坦政府作为股票市场最大的股东，对股票市场的控制和影响力很强，政府处理市场危机和突发事件的能力较强，哈萨克斯坦的股票市场处于相对安全状态。

吉尔吉斯斯坦、塔吉克斯坦和乌兹别克斯坦的股票市场主要以股票发行一级市场为主，股票交易市场规模较小，流动性较弱，成长性较差，对股票投机交易排斥，具有一定的脆弱性，这三个国家的股票市场处于安全稳定的初级发展状态。

土库曼斯坦股票市场的建立仅仅停留在独立后最初几年制定的《土库曼斯坦有价证券和证券交易所法》《土库曼斯坦股份公司法》法律条文和准备筹建土库曼斯坦证券交易市场的计划状态，土库曼斯坦股票市场的建设没有得到实质性的进展。

在世界经济论坛《2015—2016年全球金融市场竞争力》排名中哈萨克斯坦第91位、塔吉克斯坦第110位、吉尔吉斯斯坦第102位，表明这些国家的金融市场制度不健全、金融市场运行机制不完善，金融市场处于初级发展水平。

（三）中亚国家的货币汇率急剧波动

受俄罗斯经济危机、卢布贬值、国际油价、金价、铝价、棉花价格大跌的影响，中亚五国货币对美元出现了不同程度的贬值，哈萨克斯坦货币坚戈对美元大幅度贬值，1美元兑换坚戈的价格由2014年的185坚戈，贬值到了2015年的301坚戈，2016年的378坚戈。吉尔吉斯斯坦货币索姆对美元贬值，1美元兑换索姆的价格由2014年的58索姆，贬值到了2015年的76索姆。塔吉克斯坦货币索莫尼对美元贬值，1美元兑换索莫尼的价格由2014年的4.7索莫尼，贬值到了2015年的6.9索莫尼，2016年的7.1索莫尼，2017年的7.9索莫尼。土库曼斯坦货币玛纳特对美元贬值,2015年1月1日土库曼斯坦中央银行宣布将实施了六年的1美元兑换2.85玛纳特的官方汇率调整为1美元兑换3.5玛纳特。乌兹别克斯坦货币苏姆对美元贬值,1美元兑换苏姆的价格由2014年的2 418苏姆,贬值到了2016年的2 949苏姆,2017年3月的3 500苏姆。

随着俄罗斯经济危机趋缓、卢布升值及国际油价、金价的上涨,哈萨克斯坦货币坚戈对美元升值,由2016年的1美元兑换378坚戈升值到了2017年的1美元兑换318坚戈,吉尔吉斯斯坦货币索姆对美元升值,由2015年的1美元兑换76索姆升值到了2017年的1美元兑换69索姆。

相对而言,哈萨克斯坦坚戈汇率呈现从贬值52%,再到升值19%的大起大落剧烈波动的特点;塔吉克斯坦索莫尼呈现持续贬值状态,贬值幅度41%;乌兹别克斯坦苏姆呈现持续贬值状态,贬值幅度31%;吉尔吉斯斯坦索姆汇率呈现从贬值24%再到升值10%的小起小落的特点;土库曼斯坦玛纳特汇率呈现稳定状态,一次性贬值19%之后,保持了28个月汇率水平不变的状态。

(四)中亚60%的国家存在外债风险隐患

哈萨克斯坦、吉尔吉斯斯坦和塔吉克斯坦外债负担沉重,是中亚五国中外债风险隐患最大的国家。中亚五国中哈萨克斯坦外债规模最大,外债负担最为沉重,外债结构脆弱,外债风险隐患最为突出;吉尔吉斯斯坦外债规模不大,但是外债使用效率不高,外债结构脆弱,外债负担沉重,外债风险隐患不容忽视;塔吉克斯坦外债规模在中亚五国中是最少的,但是其外债负担沉重,主要依靠国际金融组织和国际社会援助、债务减免等方式偿还外债本息,虽然近年来外债在外汇储备中的比重在减少,但是外债风险隐患依然存在。相对而言,土库曼斯坦和乌兹别克斯坦的外债安全性较高,没有偿还本息的外债隐患。虽然土库曼斯坦外债规模居中亚五国第三位,但是其外债负担不重,外债还本付息都在国家能够承受的范围之内;虽然乌兹别克斯坦外债规模居中亚五国第二位,但其外债负担很轻,乌兹别克斯坦高速的经济增长率和严格归还外债的纪律性,为乌兹别克斯坦提供了制度保障。

截至 2015 年末,哈萨克斯坦外债余额 1 535 亿美元,居中亚五国之首。其外债负担最为沉重,2015 年的偿债率 25%,负债率 83%,债务率 291%,全都超过国际警戒线。哈萨克斯坦是典型的"资源依赖"型国家,国际油价的变化直接影响哈萨克斯坦的外汇收入,在享受国际油价大幅度增长的"高油价福利"带来大规模外汇收入的同时,也遭受着国际油价大跌的"低油价损失"带来外汇收入骤减的危害。伴随着 2014 年以来国际油价的大跌,直接造成了哈萨克斯坦出口收入的锐减,外汇储备减少,哈萨克斯坦外债负担过重,外债结构脆弱,借助"资源依赖"发展经济等隐患随之显现,哈萨克斯坦外债风险隐患问题最为突出。

截至 2015 年末,吉尔吉斯斯坦外债余额 61.70 亿美元,居中亚五国第四位,其外债负担过重,2015 年的负债率 64.5%,债务率 214.79%,全都超过国际警戒线。吉尔吉斯斯坦外债使用效率不高,依赖俄罗斯经济发展的程度很高,政局不稳,外汇储备减少等问题依然存在,不仅如此,长期以来吉尔吉斯斯坦政府在面对历次外债还本付息困难时,主要通过国际金融机构和"巴黎俱乐部"成员国的债务减免或债务重组方式摆脱外债危机,吉尔吉斯斯坦政府依靠自身力量偿还外债本息的能力较低,特别是 2014 年以来,为了缓解乌克兰变局、俄罗斯卢布和哈萨克斯坦坚戈贬值等外部因素对吉尔吉斯斯坦货币索姆的冲击,2015 年吉尔吉斯斯坦国家银行动用了 3.3 亿美元的外汇储备对外汇市场进行了 40 次干预,外汇储备的减少,使得吉尔吉斯斯坦的国际储备由 2014 年的 19.58 亿美元,减少到了 2015 年 17.78 亿美元,仅为 2015 年吉尔吉斯斯坦 61.67 亿美元外债的 1/3 不到,吉尔吉斯斯坦政府多次采取债务减免和债务重组的做法，以及有限的国际储备规模，标志着其偿还外债本息的能力十分有限，过度举债的做法使得吉尔吉斯斯坦发生外债危机的风险加大。

截至2015年末，塔吉克斯坦外债余额21.95亿美元，居中亚五国第五位，虽然其外债规模在中亚五国中是最少的，但是其外债负担沉重，2015年的负债率27.9%，债务率247%，全都超过国际警戒线。长期以来塔吉克斯坦政府主要通过请求国际援助，利用国际社会债务减免等方式进行到期债务的偿还，与此同时，塔吉克斯坦通过发展经济、增加出口等方式，积极寻找偿还外债的途径，近年来塔吉克斯坦政府不断增加货币性黄金和外汇储备规模，使得其外债占货币性黄金和外汇储备的比重在不断减少，由2006年的500%，减少到了2015年的140%，塔吉克斯坦偿还外债的能力在提高，但是由于历史积累的问题，其外债偿还风险隐患依然存在。

截至2015年末，土库曼斯坦外债余额103.36亿美元，居中亚五国第三位，其外债负担不重，2015年的负债率23.3%，超过国际警戒线3.3个百分点，债务率84.7%，在100%国际警戒线以内。其外债负担在国家可以承受的范围之内。虽然受国际能源价格大跌及俄罗斯经济金融危机的影响，土库曼斯坦天然气出口收入锐减，2015年经常项目出现了18亿美元的逆差，出口收入由2013年的216.6亿美元，下降到了2015年的122亿美元，土库曼斯坦外债偿付能力受到了影响，但是，土库曼斯坦长期坚持以吸引外国直接投资为主的金融项目顺差和充裕的外汇储备（2014年外汇储备293.34亿美元是2015年外债103.36亿美元的2.84倍），为土库曼斯坦偿还外债提供了坚实的保障，土库曼斯坦不存在外债偿还的风险隐患。

截至2015年末，乌兹别克斯坦外债余额108.25亿美元，居中亚五国第二位，其外债负担较轻，2015年的负债率16%，债务率84.1%，负债率和债务率全都在国际警戒线范围之内。乌兹别克斯坦独立22年来，人口增长了50%，经济增长了400%，人均收入增长了770倍，外债增长了150%，几乎没有内债，出口和黄金外汇储备稳定增长，连续十年保持GDP增长率在10%以上，在2008年国际金融危机、世界经济下滑、许多国家的对外贸易出现负增长的背景下，乌兹别克斯坦对外贸易并没有受到明显的影响，国内经济依然保持快速而平稳的发展状态。不仅如此，乌兹别克斯坦长期积累的贸易顺差和可以完全覆盖外债存量的黄金外汇储备，为乌兹别克斯坦政府偿还外债本息提供了强有力的经济保障。与此同时，乌兹别克斯坦政府严格按照国际货币基金组织和世界银行制订的还款计划归还对外债务，世界银行的调查报告称"乌兹别克斯坦是唯一按时归还世界银行债务的国家"。乌兹别克斯坦有举借外国贷款的能力，高速的经济增长率和严格归还外债的纪律性，为乌兹别克斯坦提供了制度保障，乌兹别克斯坦外债安全性较高，没有偿还本息的外债隐患。

第二节　对策建议

根据中国与中亚五国的资本流动是以直接投资为主、其他投资为辅、资本转移极少、证券投资仅有20万美元的规模、没有进行金融衍生工具项下投资的项目结构特征，加上中亚国家股票市场处于初级发展阶段，股市风险不大的特点，因此，从项目本身的特点可以判断中国与中亚五国资本流动具有很强的安全性，加上中国银行业具有经营稳健、发展良好，系统性风险总体可控，人民币币值保持基本稳定，外债各项指标均在国际警戒线以内的稳定局面，中亚国家在中国的直接投资与其他投资都处于金融安全稳定状态。与之相反，中国对中亚国家的直接投资和其他投资过程中，却面临着中亚国家比较突出的银行风险、汇率风险、政治风险、经济风险和外债风险。

因此，识别、规避和处置中亚国家的银行风险、汇率风险、政治风险、经济风险和外债风险，关系到中国对中亚资本流动能否顺利进行的关键。针对中亚国家存在的银行风险、汇率风险、政治风险、经济风险和外债风险，进行相关问题的影响分析，并提出切实可行的对策与建议。

一、中亚国家银行风险的影响及对策建议

（一）影响

根据哈萨克斯坦银行业信用风险问题是中亚五国银行体系中最为严重的，而吉尔吉斯斯坦、塔吉克斯坦、土库曼斯坦和乌兹别克斯坦的银行业发展比较稳定，不存在系统性金融风险和信用危机，银行业处于安全状态的现实，重点分析哈萨克斯坦银行业信用风险对中国资本流动的影响。

1999—2015年，中国对中亚五国资本转移中，91%的资本转移流向了哈萨克斯坦，由于资本转移反映的是居民与非居民之间非生产、非金融资产所有权的放弃、豁免与转移，因此，中国在与哈萨克斯坦的资本流动中不会遭受，也没有遭受因为其银行信用风险所带来的经济损失。

1999—2015年，中国对中亚五国的直接投资中，33.61%投向了哈萨克斯坦，中国对中亚五国的其他投资中，63.41%流向了哈萨克斯坦，虽然中国对哈萨克斯坦的直接投资和其他投资是中亚五国中规模最大的，但是哈萨克斯坦银行信用风险并没有影响到中国在哈萨克斯坦进行直接投资和其他投资的正常活动，没有给中国在哈萨克斯坦的投资主体带来经济损失。

（二）对策

尽管哈萨克斯坦的银行信用风险没有对中国在哈萨克斯坦直接投资和其他投资的主体产生影响。但随着中国对哈萨克斯坦直接投资和其他投资规模的增加，业务经营活动的展开，中国在哈萨克斯坦的投资主体应该密切关注哈萨克斯坦银行信用风险，提前做好防范哈萨克斯坦银行信用风险引发系统性金融危机所带来的经济损失，最有效的做法是中国在哈萨克斯坦的投资主体将投资款项、生产利润、各种贷款及应收应付等款项存放于中国银行和工商银行在哈萨克斯坦的分行，这样可以直接规避哈萨克斯坦银行信用风险所带来的经济损失。

（三）建议

建议党中央和各级政府在中国与哈萨克斯坦、吉尔吉斯斯坦、塔吉克斯坦、土库曼斯坦和乌兹别克斯坦签订的经济金融合作协议框架基础上，提供相关的政策鼓励银行业金融机构到哈萨克斯坦、吉尔吉斯斯坦、塔吉克斯坦、土库曼斯坦和乌兹别克斯坦开办分支机构，为中国投资者提供存款、贷款、转账结算、外汇交易等金融服务，这样可以最大限度地规避中亚国家银行信用风险给中国投资者带来的经济损失。

二、中亚国家汇率风险的影响及对策建议

（一）影响

2009年以来，随着人民币跨境业务的开展，跨境人民币结算规模迅速增加，人民币国际化程度大幅度提高，据环球银行金融电信协会（SWIFT）统计，2016年12月，人民币成为全球第6大支付货币，市场

占有率1.68%[1]，人民币加入国际货币基金组织特别提款权（SDR）货币篮子后，人民币在全球发挥计价、结算和贮藏的功能进一步提高。

中国人民银行统计数据显示，2016年跨境人民币收付金额合计9.85万亿元，占同期本外币跨境收付金额的25%，人民币已经连续六年成为中国第二大跨境收付货币，其中，经常项目人民币收付金额52 274.7亿元，对外直接投资（ODI）人民币收付金额10 618.5亿元，使用人民币进行跨境结算的境内企业约24万家[2]，对于使用人民币跨境收付结算的中国企业而言，由于使用人民币计价结算，都不会遭受任何汇率变化带来的汇兑损失，有效地规避了汇率风险。

然而，中国对中亚五国直接投资和其他投资中以人民币投资的规模非常有限，2016年中国与239个国家和地区实现了人民币跨境收付业务，其中：与中国香港的人民币收付金额占53.6%，与新加坡的人民币收付金额占8.2%，与德国的人民币收付金额占4.2%，与中国台湾的人民币收付金额占4.1%，与日本的人民币收付金额占4.0%，与韩国的人民币收付金额占2.5%，与英国的人民币收付金额占2.4%，与美国的人民币收付金额占1.9%，与英属维尔京群岛的人民币收付金额占1.9%，与中国澳门的人民币收付金额占1.9%，与澳大利亚的人民币收付金额占1.5%，与开曼群岛的人民币收付金额占1.5%，与越南的人民币收付金额占1.4%，与其余226个国家或地区的人民币收付金额占10%。

以上分析表明：一是2016年跨境人民币收付金额占同期本外币跨境收付金额的比重为25%，那么还有75%的对外经济活动中并不是以人民币计价结算的；二是跨境人民币收付中经常项目占53%，对外直接投资仅占11%；三是中亚五国使用人民币跨境收付的规模太小，都没有出现在中国人民银行发布的2017年人民币国际化的公报中。

---

[1] 中国人民银行.2017年人民币国际化报告［M］.北京：中国金融出版社，2017，10.
[2] 中国人民银行.2017年人民币国际化报告［M］.北京：中国金融出版社，2017，10.

因此,中国在中亚国家的直接投资主体和其他投资主体,不仅面临着哈萨克斯坦坚戈、吉尔吉斯斯坦索姆、塔吉克斯坦索莫尼、土库曼斯坦玛纳特和乌兹别克斯坦苏姆兑换美元的汇率风险,而且面临着人民币兑换美元,人民币兑换坚戈、人民币兑换索姆、人民币兑换索莫尼、人民币兑换玛纳特和人民币兑换苏姆的汇率风险。

1. 中国对中亚国家直接投资中的汇率风险

(1) 人民币对美元贬值的汇率风险。中国对中亚国家直接投资中,首先面临的是人民币兑换美元的汇率风险,人民币兑换美元汇率由2014年末的1美元兑换6.09元人民币,贬值到2016年末的1美元兑换6.9元人民币,中国投资主体购买1美元,就要多支付0.9元人民币,使得中国投资主体的投资成本因为人民币贬值而增加。

(2) 坚戈、索姆、索莫尼、玛纳特和苏姆对美元升值的汇率风险。中国在哈萨克斯坦、吉尔吉斯斯坦、塔吉克斯坦、土库曼斯坦和乌兹别克斯坦的投资中,对方要求将美元资金兑换成所在国家货币时,会面临这些国家货币升值的风险。例如,坚戈由2016年的1美元兑换378坚戈升值到了2017年的1美元兑换318坚戈,投资主体出售1美元,所得坚戈由378减少到318,少换60坚戈,索姆由2015年的1美元兑换76索姆升值到了2017年的1美元兑换69索姆,投资主体出售1美元,所得由76索姆减少到69索姆,少换7索姆。由于坚戈和索姆对美元升值,使得中国投资主体的投资成本增加。

(3) 人民币对美元贬值,坚戈、索姆、索莫尼、玛纳特和苏姆对美元升值的汇率风险。中国投资主体在哈萨克斯坦、吉尔吉斯斯坦、塔吉克斯坦、土库曼斯坦和乌兹别克斯坦的投资中,对方要求将人民币资金兑换成本币资金时,投资主体将面临人民币贬值,坚戈、索姆、索莫尼、玛纳特和苏姆升值的风险损失,例如,按照2016年1美元兑换6.6元人民币,1美元兑换378坚戈,可以套算出人民币兑换坚戈汇率为1人民币兑换57.27坚戈,按照2017年1月1美元兑换6.9元人民币,1

美元兑换318坚戈,可以套算出人民币兑换坚戈汇率为1人民币兑换40.08坚戈,中国投资主体将1元人民币兑换成坚戈,由57.27坚戈减少到40.08坚戈,少换17.19坚戈。按照2016年1美元兑换6.6元人民币,1美元兑换76索姆,可以套算出人民币兑换索姆汇率为1人民币兑换11.52索姆,按照2017年1月1美元兑换6.9元人民币,1美元兑换69索姆,可以套算出人民币兑换索姆汇率为1人民币兑换10索姆,中国投资主体将1元人民币兑换成索姆,由11.52索姆减少到10索姆,少换1.52索姆,由于人民币对美元贬值,坚戈和索姆对美元升值,使得中国投资主体的投资成本增加。

2. 中国从中亚国家直接投资收益汇回中的汇率风险

(1) 人民币对美元升值的汇率风险。中国在中亚国家投资实现投资收益后,投资主体将赚取的美元投资收益汇回中国时,将会面临人民币对美元升值的汇兑损失,例如,按照2007年1美元兑换7.5元人民币,将在中亚国家1美元的利润汇回中国,可以换回7.5元人民币,按照2014年1美元兑换6.1元人民币,将在中亚国家1美元的利润汇回中国,可以换回6.1元人民币,少换回1.4元人民币。

(2) 坚戈、索姆、索莫尼、玛纳特和苏姆对美元贬值的汇率风险。中国在中亚国家投资实现投资收益后,中国的投资主体将坚戈、索姆、索莫尼、玛纳特和苏姆的投资收益兑换成美元汇回中国时,将会面临坚戈、索姆、索莫尼、玛纳特和苏姆对美元贬值的汇兑损失,例如,按照2014年1美元兑换49.2索姆,换算出1索姆兑换0.02美元,按照2016年1美元兑换76索姆,换算出1索姆兑换0.01美元,由于索姆贬值,中国的投资主体1索姆少换0.01美元。按照2014年1美元兑换5.1索莫尼汇率,换算出1索莫尼兑换0.2美元,按照2016年1美元兑换7.1索莫尼汇率,换算出1索莫尼兑换0.14美元,由于索莫尼贬值,中国投资主体1索莫尼少换0.06美元。

(3) 人民币对美元升值,坚戈、索姆、索莫尼、玛纳特和苏姆对美元贬值的汇率风险。按照 2007 年 1 美元兑换 7.5 元人民币，1 美元兑换 36 索姆，套算出 1 索姆兑换 0.21 元人民币，按照 2014 年 1 美元兑换 6.1 元人民币，1 美元兑换 54 索姆套算出 1 索姆兑换 0.12 元人民币，将在吉尔吉斯斯坦赚得的 1 索姆的利润汇回中国，兑换成人民币少换回 0.09 元人民币。

按照 2007 年 1 美元兑换 7.5 元人民币，1 美元兑换 3.4 索莫尼，套算出 1 索莫尼兑换 2.2 元人民币，按照 2014 年 1 美元兑换 6.1 元人民币，1 美元兑换 4.9 索莫尼套算出 1 索莫尼兑换 1.2 元人民币，将在塔吉克斯坦赚得的 1 索莫尼的利润汇回中国，兑换成人民币少换回 1 元人民币。

3. 中国与中亚国家其他投资中的汇率风险

（1）中国对中亚国家贸易贷款、应收账款中人民币对美元升值的风险。中国出口企业从中亚国家收回货款时，将会面临人民币对美元升值的汇兑损失，例如，按照 2007 年 1 美元兑换 7.5 元人民币，将在中亚国家 1 美元的出口收入汇回中国，可以换回 7.5 元人民币，按照 2014 年 1 美元兑换 6.1 元人民币，将在中亚国家 1 美元的出口收入汇回中国，可以换回 6.1 元人民币，少换回 1.4 元人民币。

（2）中国对中亚国家贸易借款、应付账款中人民币对美元贬值的风险。中国进口企业支付中亚国家货款时，将会面临人民币对美元贬值的汇兑损失，例如，人民币兑换美元汇率由 2014 年末的 1 美元兑换 6.09 元人民币，贬值到 2016 年末的 1 美元兑换 6.9 元人民币，中国进口企业购买 1 美元，就要多支付 0.9 元人民币，使得进口商的付汇成本因为人民币贬值而增加。

通过以上分析发现，由于人民币、坚戈、索姆、索莫尼、玛纳特和苏姆兑美元汇率的变化，中国在中亚五国，无论是直接投资及投资收益，还是其他投资都会面临汇率变化的风险，加强汇率风险防范，控制汇兑损失是中国直接投资和其他投资主体、银行及政府与中亚国家经济贸易投资合作中的工作重点之一。

(二) 对策

1. 利用远期外汇交易锁定汇率风险

中国在中亚国家的投资主体，应该积极利用中国工商银行、中国银行和中国建设银行推广的远期结售汇业务和双远期外汇买卖业务，根据人民币、坚戈、索姆、索莫尼、玛纳特和苏姆兑美元汇率的变化情况，结合投资、投资收益、出口收入、进口支付换汇的时间，提前将汇率变化风险通过远期外汇交易、双远期外汇交易方式锁定，这样可以有效规避汇率风险所造成的汇兑损失。

2. 利用多种途径规避汇率风险

(1) 中国进出口企业应该利用企业内部投融资部门指定专人负责预测美元、坚戈、索姆、索莫尼、玛纳特和苏姆汇率变化趋势，出口企业预计美元升值时，可以采取推后收回货款方式；预计美元贬值时，可以采取提前收回货款的方式，规避汇率变化的汇兑损失。进口企业预计美元升值时，可以采取提前支付货款方式；预计美元贬值时，可以采取推迟支付货款的方式，规避汇率变化的汇兑损失。

(2) 中国出口企业应该利用企业内部投融资部门指定专人负责，通过投资方法弥补汇兑损失。比较常用的投资方法有 BSI 和 LSI，通过 BSI 和 LSI 可以有效规避汇率风险。例如，BSI 是将借款—即期交易—投资法相结合，以规避汇率风险。即中国出口企业在与中亚进口企业签订商品赊销合同的同时，到中国银行贷一笔与赊销款相等、货币相同、期限相同的外币贷款，在取得中国银行外币贷款的同时，立马按照人民币与该种货币的即期汇率出售外币贷款并兑换成人民币资金，这样可以立即规避外币的汇率风险，为了弥补银行贷款利息成本，再将人民币资金购买国内有价证券，等到出口货款收回时直接用外币货款收入归还银行同种货币贷款，由于不需要用外币兑换本币，因此不存在汇兑损失。

3. 利用出口信贷、国际保理业务规避汇率风险

（1）中国出口企业可以争取中国进出口银行提供的卖方信贷或买方信贷业务，通过提前收回货款的方式规避汇兑损失。

（2）中国出口企业可以通过承购应收账款的公司或银行开展的国际保理业务办理票据卖断业务，提前收回货款规避汇兑损失。

4. 购买汇率风险保险单

中国在中亚国家的投资主体，应该积极利用中国出口信用保险公司提供的汇率风险保险业务，通过购买汇率风险保单方式规避汇兑损失。

（三）建议

1. 加大人民币使用规模

针对中国在中亚五国跨境贸易与投资中人民币结算规模不大，从而无法有效规避美元、坚戈、索姆、索莫尼、玛纳特和苏姆的汇率风险所带来的汇兑损失的问题，建议中国政府、中国人民银行等相关部门，通过加大跨境人民币结算点、增开转账网络、增加银行同业往来账户、开立居民及非居民结算账户、增开结算渠道等方法，以扩大中国投资主体使用人民币计价结算的规模，从而有效地规避美元、坚戈、索姆、索莫尼、玛纳特和苏姆等非人民币计价结算所引起的汇兑损失。

2. 提前预算灵活调整

建议中国集对外承包工程、生产加工、仓储物流、旅游购物为一体的综合性企业，积极争取国家外援项目，以降低税务成本及国家信用系统风险；同时加强承包工程在合同谈判及签约前的毛利测算，并适时根据项目测算因工程主要材料价格波动、中亚国家财税政策变动及汇率预期变动对工程合同毛利的影响程度作出及时的调整；对于毛利低于30%的承包工程一律采取不予承接的办法，以此弥补汇兑损失。

3. 提供更有效的规避汇率风险交易工具

建议中国银行、中国工商银行、中国建设银行等多家金融机构尽快

为中国与中亚国家进行贸易和投资的企业，提供美元期权、坚戈期权、索姆期权、索莫尼期权、玛纳特期权和苏姆期权外汇交易平台，由于外汇期权交易比外汇远期交易具有更加灵活的选择权，在锁定汇率风险的基础上，拥有行使合约或放弃合约的选择权的特点，更加有利于与中亚国家贸易与投资的中国企业规避汇率风险带来的汇兑损失。

4. 签订货币互换协议规避汇兑损失

建议中国银行、中国工商银行、中国建设银行等多家金融机构，尽快为中国与中亚国家进行贸易和投资的企业，提供货币互换业务。利用中亚国家大量使用美元结算的特点，进行人民币与美元互换，进行美元与坚戈、索姆、索莫尼、玛纳特和苏姆的互换，人民币与坚戈、索姆、索莫尼、玛纳特和苏姆互换的业务，通过签订货币互换协议，不仅可以有效规避汇兑损失，同时可以降低投资成本。

三、中亚国家政治风险的影响及对策建议

（一）影响

中亚国家存在不同程度的国有化征收、政策变更、战争内乱、外汇管制等政治风险，比较突出的政治风险有以下三点。

1. 歧视性干预影响

多年来，中国在中亚国家投资中，没有遭遇过资产被没收、征用和国有化的事件，但是中亚国家对外资管理政策的调整、不规范的政府审查等歧视性干预[①]事件却时有发生，对此给中国在中亚投资的企业带来了很多不便。

2. 政府违约影响

中亚国家的中央政府、地方政府及所属企业因为官员腐败、第三方

---

① 马斌．"丝绸之路经济带"政治风险的识别与应对［J］．国际论坛，2015（6）：20-24．

干预等影响，曾经出现拒绝按照合同约定为中国企业投资提供支持，甚至以各种借口阻碍中资企业在当地投资经营，2011年中国商务部对乌兹别克斯坦一些政府部门和企业在与中资企业合作中的违约事件表示不满，国际主要信用评级机构认为，中亚国家在履约方面仍需要做很大改善①。

3. 政治暴力影响

中亚国家自20世纪90年代初独立以来，政局不稳、爆发内战等暴力风险事件时有发生，持续数年的塔吉克斯坦内战和多次爆发的吉尔吉斯斯坦选举动荡、打砸抢烧、流血事件、种族冲突、社会动荡，给中国在吉尔吉斯斯坦的商人和企业带来了一定的经济损失②，特别是中亚国家极端势力数次发动的对外资企业的袭击事件，成为威胁所有中亚国家外资企业经营中的最大风险隐患。

（二）对策

1. 积极发挥政府保护作用

（1）积极利用国际货币基金组织，世界银行，政治安全区域组织——上海合作组织，区域全面经济伙伴国、金融合作区域组织——亚洲基础设施投资银行及上合组织开发银行颁布实施的有关双边多边投资便利化公约、投资担保机构公约、国际合作机制、风险担保机制、风险保险机制、风险补偿机制、法律法规保障机制、双边利益协定机制、贸易及投资机构协调机制、安全及财产保障机制等国际投资规则，维护中国企业在中亚国家投资的正当权益。

（2）积极利用中国政府与中亚国家签订的经济金融合作协议、投资保护协议中有关中资企业在中亚国家的待遇、征收、国有化的补偿、

---

① 马斌. "丝绸之路经济带"政治风险的识别与应对 [J]. 国际论坛, 2015 (6)：20-24.
② 周丽华. 中国对吉尔吉斯斯坦贸易及投资的国家风险研究 [J]. 武汉金融, 2010 (11)：34-36.

投资财产、利润和其他收益自由汇出及解决争端协议的一系列规定,最大限度地维护中国企业在中亚国家的应有权益。

(3) 积极利用中国商务部、中国驻哈萨克斯坦大使馆、中国驻吉尔吉斯斯坦大使馆、中国驻塔吉克斯坦大使馆、中国驻土库曼斯坦大使馆、中国驻乌兹别克斯坦大使馆提供的中亚国家政治、社会、军事、外交、经济、金融相关信息,对中亚国家存在的政治风险隐患进行充分的了解,并提出具体的应对措施。

2. 积极利用保险机制

中国与中亚国家开展贸易和投资的主体应该购买中国出口信用保险公司提供的有关国家风险和买方风险方面的保险,以便弥补中亚国家政治风险带来的经济损失。

与此同时,中国与中亚国家进行贸易和投资的主体应该积极利用国际多边投资担保机构、美国国际集团、美国海外私人投资公司、日本通商产业省海外投资保险协会、英国出口信贷保险部等国际著名的信用保险公司提供的承保、赔付由政治风险引起的经济损失业务,以合理有效地转移中亚国家存在的政治风险。

3. 积极加强自我保护

(1) 加强安全保卫工作。中国在中亚国家投资建厂的企业,应该雇佣中亚所在国家的保安公司,负责工作人员及厂区的安全,必要时可以雇佣当地部队加强安全警卫工作,确保中方工作人员生命和企业的财产安全。

(2) 中国在中亚国家投资的企业应该选择与中亚国家的企业,采取合资合作经营的方式,通过原材料"本土化"、员工"本土化"、融资"本土化"、投资关系"本土化"等方式,将中国企业与中亚所在国企业利益捆绑在一起,在利益共享机制作用下,约束中亚国家政治风险的发生,即使遭遇中亚国家政治风险,中亚国家企业在维护自身利益的同时也能保护中国企业的利益。

（3）中国在中亚国家投资的企业通过参加所在国家的各项公益活动，帮助中亚国家解决饥饿、教育、医疗等方面的实际困难，通过树立良好的企业形象，获得中亚国家居民对中国企业的认可，在遭遇政治暴力风险时可以得到所在国家居民的帮助。

（三）建议

1. 完善境外投资相关法律

建议国家相关部门尽快颁布实施《境外投资管理法》，尽快改变长期以来实施的《境外投资管理办法》中由国资委采用源头管理，内部审查境外企业面临风险的承受能力，而在投资责任认定等细则上没有系统立法管理制度的问题。

2. 建立政治风险信息发布机制

建议国家相关部门在已有的《对外投资合作国别（地区）指南》《对外投资合作境外安全风险预警和信息通报制度》的基础上，定期、及时发布《中亚国家投资安全指数》，特别是利用中国商务部、中国驻哈萨克斯坦大使馆、中国驻吉尔吉斯斯坦大使馆、中国驻塔吉克斯坦大使馆、中国驻土库曼斯坦大使馆、中国驻乌兹别克斯坦大使馆等平台，及时反馈中亚国家存在的政治风险隐患，建立由专人负责的信息采集、整理和公布制度，为企业、政府、高校和研究机构提供第一手资料。

3. 建立风险基金

（1）建立中国与中亚五国共同参与的风险稳定援助基金，以减缓政治风险造成的经济损失。

（2）建立由政府牵头、企业运作、利益共享、风险共担的风险补偿基金。

4. 加强管理人才队伍建设

（1）吸引在项目投资管理、跨国法律事务、国际资本运作、国际事务协调等领域具有丰富实战经验的高端人才,为中国企业控制在中亚国家投资的风险。

(2)加强投资智库建设,实现人才共享和知识共享,指导并协助中国企业更好地预防并控制在中亚国家的投资风险。

四、中亚国家经济风险的影响及对策建议

(一)影响

受俄罗斯经济金融危机的影响,中亚国家出现了经济增长速度下降、货币贬值等问题,暴露出中亚国家经济发展中的经济基础薄弱、经济结构单一、过度依赖国际能源市场、国际黄金市场、国际粮食市场、过度依赖俄罗斯经济,极易遭受国际环境及俄罗斯经济变化的影响,经济发展脆弱性突出的经济风险隐患。中国在中亚国家的投资主体不同程度受到了其经济风险的影响。2015年国家开发银行新疆分行在土库曼斯坦的两个项目出现了问题,国家开发银行新疆分行因土库曼斯坦两个项目资产质量出现问题,将其由正常类下调至关注类,是新疆关注类贷款新增额的74.5%,直接影响了新疆银行业金融机构的贷款质量。

(二)对策

1. 树立"双赢""多赢"理念

积极利用中国投资企业具有的管理优势、技术优势、生产优势和销售优势,提高中亚国家企业经营管理水平,提高中亚国家生产技术水平,提高中亚国家劳动生产率,提高中亚国家企业生产经营效益,改变中亚国家落后的生产方式,在实现"双赢""多赢"的基础上,形成企业推动经济良性发展的局面。

2. 提高企业创新能力

中国企业在提高项目投资效率基础上，要不断提高企业创新能力、提高劳动生产率，提高市场竞争力，建立起支持中国经济可持续发展内生动力的现代产业结构体系，以提高中国内生的经济发展潜力和自我发展能力。

(三) 建议

1. 投资结构多元化

投资结构多元化设计是有效降低中国经济主体在哈萨克斯坦、吉尔吉斯斯坦、塔吉克斯坦、土库曼斯坦和乌兹别克斯坦遭遇经济风险损失的重要途径，通过提高中国政府、企业、银行等主体与哈萨克斯坦、吉尔吉斯斯坦、塔吉克斯坦、土库曼斯坦和乌兹别克斯坦政府、企业及国际多边金融机构的参与程度，通过联合投资、多方投资等方式，实现投资多元化、经营多元化、财务多元化，可以有效规避中亚国家因为经济基础薄弱、经济结构单一、经济增长速度下降造成的经济损失。

2. 项目投资风险分散化

建议中国在中亚国家投资的企业可以通过项目融资的方式，实现在中亚国家的投资。

项目融资的参与者有政府、项目单位、银行集团、外国合伙人、社会资本所有者、设备供应商、设计承包公司、外国政府官方保险机构、项目设施的用户等。其中，政府出具特许经营权协议及市场价格风险担保协议；项目单位从事项目工程的投资、建设、生产和经营；银行集团通过十家以上国内或国际银行组成的银行集团为项目提供巨额贷款；外国合伙人即项目所在国的企业，为项目建设提供资金或从事部分经营管理活动；社会资本所有者通过购买项目单位发行的股票、债券等为项目提供资金；设备供应商为项目提供各种材料、机械、运输设备；设计承包公司为项目建设提供技术设计方案；外国政府官方保险机构为项目建设提供风险担保；项目设施的用户是项目的最终使用者，为项目贷款及债务的偿还提供保障。

项目融资将项目投资、建设、生产及经营过程中所有的风险全部分散给直接或间接参与项目投资及建设的所有主体。其中，政府的特许权协议为项目提供了最低收入担保和市场价格风险担保，以减轻项目单位跨国投资的政治风险；项目费用超支风险由项目单位、银行集团、政府等主体分担；不能按期完工风险由项目设计承包公司分担；中途停建风险由担保公司分担；工程停工或开工不足风险由项目单位的东道国或中央银行分担；资源能源品储藏量风险由资源能源评估机构分担；经营风险由项目单位及外国合伙人分担；市场风险由政府、项目设施的用户分担；贷款及债务本息无法收回的风险由外国政府官方保险机构分担。

项目融资的模式通常采用 BOT、PPP、TOT、PFI、ABS 等方式，项目融资方式在国际金融领域及国内东部地区的项目建设中取得了成功的经验，是一个行之有效的解决投融资缺口、规避项目生产中遭遇各种经济风险的重要途径。

五、中亚国家外债风险的影响及对策建议

（一）影响

中亚五国中哈萨克斯坦、吉尔吉斯斯坦和塔吉克斯坦的外债负担沉重，外债风险隐患突出。虽然近年来中国成为中亚国家第一大债权国，但是到目前为止没有发生过一起中亚国家对中国债权的违约事件，中亚国家都能按时偿还到期的中国外债，由于中亚国家存在不同程度的外债风险隐患，中国政府应当特别重视对中亚国家外债风险的防范。

(二) 建议

中国要积极利用"一带一路"倡议的时机，在中国政府与哈萨克斯坦、吉尔吉斯斯坦、土库曼斯坦、塔吉克斯坦和乌兹别克斯坦国家经济金融合作的基础上，加大中国与哈萨克斯坦、吉尔吉斯斯坦、塔吉克斯坦、土库曼斯坦和乌兹别克斯坦在基础设施、产能、经贸、能源、科技、信息、投融资等领域的投资，不仅可以从根本上解决哈萨克斯坦、吉尔吉斯斯坦、塔吉克斯坦、土库曼斯坦和乌兹别克斯坦国家存在的经济结构失衡、过度依赖外资、过度依赖石油能源、过度依赖俄罗斯发展国内经济的问题，增强哈萨克斯坦、吉尔吉斯斯坦、塔吉克斯坦、土库曼斯坦和乌兹别克斯坦的自主发展经济动力，从而摆脱国际油价变化、国际金融危机、俄罗斯经济危机等国际环境动荡给哈萨克斯坦、吉尔吉斯斯坦、塔吉克斯坦、土库曼斯坦和乌兹别克斯坦国家带来的不良影响，而且可以扭转哈萨克斯坦、吉尔吉斯斯坦和塔吉克斯坦所面临的偿还外债本息巨大风险的局面。同时可以树立中国与中亚"丝绸之路经济带"合作成功的典范，对进一步推动中国"一带一路"倡议的实施提供切实可行的宝贵经验，这对于顺利实现中国"一带一路"倡议具有非常重要的实践意义。

参考文献

［1］黄达．金融学［M］．北京：中国人民大学出版社，2009．

［2］陈雨露．国际金融［M］．北京：中国人民大学出版社，2001，12．

［3］姜波克．国际金融［M］．上海：复旦大学出版社，2008，10．

［4］刘仁伍．国际短期资本流动监管理论与实证［M］．北京：社会科学文献出版社，2008，10．

［5］杨海珍．国际资本流动研究［M］．北京：中国金融出版社，2011，04．

［6］杨胜刚．国际金融［M］．北京：高等教育出版社，2016，08．

［7］翁东玲．国际资本流动与中国资本账户开放［M］．北京：中国经济出版社，2010，11．

［8］王元龙．中国金融安全论［M］．北京：中国金融出版社，2003，05．

［9］刘锡良．中国经济转轨时期金融安全问题研究［M］．北京：中国金融出版社，2004，09．

［10］戴小平．金融风险与防范［M］．成都：西南财经大学出版社，1998．

［11］梁勇．开放的难题：发展中国家的金融安全［M］．北京：高等教育出版社，1999．

[12] 李光荣. 中国金融风险与经济安全论纲 [M]. 北京：中国社会科学出版社，2010，03.

[13] 许文彬. 全球化背景下金融风险跨国分摊研究 [M]. 北京：中国金融出版社，2010，10.

[14] 汤凌霄. 中国金融安全报告：预警与风险化解 [M]. 北京：红旗出版社，2009，02.

[15] 伊特韦尔约. 新帕尔格雷夫经济学大辞典 [M]. 英国：麦克米伦出版公司，1987，02.

[16] 国际货币基金组织. 国际收支手册 [M]. 美国：国际货币基金组织. 1995，12.

[17] 苏同华. 银行危机论 [M]. 北京：中国金融出版社，2000，06.

[18] 史蒂芬·赫斯特德，等，黄春媛译. 国际经济学 [M]. 北京：机械工业出版社，2011，05.

[19] 秦放鸣，等. 中国与中亚国家区域经济合作研究 [M]. 北京：科学出版社，2010，06.

[20] 孙壮志. 哈萨克斯坦有信心应对国际金融危机——哈总统纳扎巴耶夫2009年国情咨文评述 [J]. 俄罗斯中亚东欧市场，2009 (6)：20-30.

[21] 阿格纳·阿兹曼. 金融危机对经济的影响 [J]. 国际金融研究，1998 (6)：23-33.

[22] 李成，郝俊香. 基于金融安全的资本流动：理论解读与中国实证 [J]. 国际金融研究，2006 (8)：35-46.

[23] 杨海珍. 国际资本流动特点与趋势 [J]. 中国金融，2012 (2)：64-66.

[24] 杨海珍. 全球经济艰难复苏背景下国际资本流动新趋势 [J]. 中国金融，2016 (1)：46-49.

[25] 周丽华. 资本外流与人民币贬值 [J]. 市场周刊, 2016 (7): 75-76.

[26] 刘庚岑. 独立后的吉尔吉斯斯坦 [J]. 东欧中亚研究, 1995 (4): 58-64.

[27] 王海燕. 吉尔吉斯斯坦独立15年经济发展评析 [J]. 新疆社会科学, 2008 (4): 9-12.

[28] 杨建梅. 全球金融危机对塔吉克斯坦劳动移民造成的影响 [J]. 中亚信息, 2009 (6): 19-21.

[29] 张永明. 乌兹别克斯坦努力统一货币汇率 [J]. 中亚信息, 2002 (7): 8.

[30] 聂书岭. 乌兹别克斯坦的货币实现自由兑换 [J]. 中亚信息, 2003 (11): 9.

[31] 聂书岭. 吉尔吉斯斯坦的外债问题仍很严重 [J]. 中亚信息, 2003 (2): 40-41.

[32] 中亚五国2015年经济金融形势分析及未来展望 [J]. 新疆金融学会中亚研究中心课题组 金融发展评论, 2016 (9): 34-40.

[33] 周士瑞. 独联体国家的外债 [J]. 社会与经济, 2004 (5): 6-12.

[34] 潘广云. 试析独联体国家的债务问题 [J]. 俄罗斯中亚东欧市场, 2005 (9): 1-8.

[35] 王维然. 对外贸易在吉尔吉斯斯坦经济中的影响 [J]. 新疆大学学报, 2013 (11): 92-98.

[36] 赵青松. 吉尔吉斯斯坦加入俄白哈关税同盟的利弊及其影响 [J]. 国际经济合作, 2014 (10): 63-67.

[37] 张一, 郝伟. 去杠杆化过程中的政策选择 [J]. 银行家, 2016 (11): 38-41.

[38] 郑联盛, 张明. 资产管理监管笃近举远 [J]. 银行家, 2017

(4)：15 – 17.

[39] 武岩．金融风险与金融创新——2016 年第一财经峰会暨中国国际金融学会年会金融创新与银行业发展会议综述［J］．国际金融，2017（1）：18 – 20.

[40] 王增武，欧明刚．资产管理市场统一监管的要义或在"意见之外"［J］．银行家，2017（4）：11 – 14.

[41] 赵海英．要深刻反思资本市场发展历程［J］．国际融资，2016（4）：36 – 37.

[42] 饶明，何德旭．中国股票市场改革与创新发展的逻辑［J］．当代经济科学，2015（6）：1 – 8.

[43] 吴敬琏．寻求助力，克服阻力——发展证券市场，建设现代市场经济［J］．财经界，2001（3）：19.

[44] 巫梦怡．论熔断机制在中国股市的适用性［J］．财经论坛，2016（3）：176 – 188.

[45] 李超，马昀．中国的外债管理问题［J］．金融研究，2012（4）：84 – 97.

[46] 黄婉红．论中国外债问题［J］．经济研究导刊，2013（25）：119 – 120.

[47] 谭义．中国外债存在的问题及解决的方案［J］．华南金融研究，2003（5）：75 – 77.

[48] 杨惠，孙涵．中国与希腊外债使用效果对比分析［J］．税务与经济，2015（4）：27 – 34.

[49] 马斌．"丝绸之路经济带"政治风险的识别与应对［J］．国际论坛，2015（6）：20 – 24.

[50] 段秀芳．中国对哈萨克斯坦直接投资现状与问题解析［J］．欧亚经济，2014（1）：90 – 100.

[51] 周丽华．中国对吉尔吉斯斯坦贸易及投资的国家风险研究

[J]．武汉金融，2010（11）：34－36．

［52］段秀芳．中国对中亚国家直接投资区位与行业选择［J］．经贸论坛，2010（5）：37－42．

［53］段秀芳．中亚国家投资政策的共性与差异［J］．俄罗斯中亚东欧市场，2011（3）：31－35．

［54］Rodrik，Dani and Andre Velasco. 1999. "Short－term Capital Flows." NBER Working Paper No. 7346, http：//www. nber. org.

［55］Claessens. 1993. "Alternatives forms of External Finance：A Survey." The World Bank Research Observer. Vol. 8，No. 1.

［56］Hajzler C. Resource－Based FDI and Expropriation in Developing Economies［J］．Journal of International Economics，2014，92（1）：124－146．

［57］Baldwin－Edwards，Martin. Labor Immigration and Labor Markets in the GCC Countries：National Patterns and Trend［R］．Kuwait Program on Development, Governance and Globalization in the Gulf State，2011．

［58］Asiedu E，Lien D. Democracy，Foreign Direct Investment and Natural Resources［J］．Journal of International Economics. 2011，5（84）：99－111．

［59］Howel L. D. and Chaddick B. Models of Political Risk for Foreign Investment and Trade：An Assessment of Three Approaches. Columbia Journal of World Business，Vol. 29，1－91．

［60］Ali & Isse. Deteminants of Helmet Use Behavior among Employed Motorcycle Riders in Yazd，Iran based on Theory of Planned Behavior，Injury，Vol. 42，2010（9）：864－869．

［61］Thomas A. Hemphill. The Political Economy of Global－ism in South America：Strategic Implications for Foreign Direct Ln－vestment.

[J]. Commotion and Change, 2008, 12 (03): 287.

[62] Christlan W. Schmidt, The Effect of Exchange Rate Risk on U. S. Foreign Direct Investment: An Empirical Analysis, Dresden Discussion Paper in Economics, 2008.

[63] Tseng, C., Tansuhaj, P., Hallagan, W., & McCul - lough, J. Effects of firm Resources on Growth in Multinationality [J]. Journal of International Business Studies, 2007, 38 (06): 961 - 974.

[64] Buckley P. J., et al. The Determinants of Chinese Outward Foreign Direct Investment [J]. Journal of International Business Studies, 2007, 38 (4): 499 - 518.

[65] Yothin Jinjark, Foreign Direct Investment and Macroeconomic risk, [J]. Journal of Comparative Economics, 2007.

[66] Matthias Busse & Carsten Hefeker. Political Risk, Institution and Foreign Direct Investment [J]. European Journal of Political Economy, 2007 (23).

[67] Csset and Roy. Political Uncertainty and Stock Market Returns: Evidence from the 1995 Quebec Referendum. Canadian Journal of Economics, 2006, Vol. 39 (2), 621 - 642.

[68] Kevin N. Lumbila. Risk FDI and Economic Growth: A Dynamic Panel Date Analysis of the Determinants of FDI and Its Growth Impact in Africa [D]. Washington, D. C: American University, 2005.

[69] Egger P, Winner H. Evidence on Corruption as an Incentive for Foreign Direct Investment [J]. European Journal of Political Economy, 2005, 21 (4): 932 - 952.

[70] Busse M. Transnational Corporations and Repression of Political Rights and Civil Liberties: An Empirical Analysis [J]. Kyklos, 2004, 57 (1): 45 - 66.

[71] Keefer P. A Review of the Political Economy of Governance: from Properly Rights to Voice [R]. Policy Research Working Paper, 2004.

[72] Clark. Country Risk Assessment: A Guide to Global Investment Stategy [M]. NJ. Wiley Press. 2003.

[73] Sethi Deepak, Guisinger S E, Phelan S E, et al. Trends in Foreign Direct Investment Flows: A Theoretical and Empirical Analysis [J]. Journal of International Business Studies, 2003, 34 (4): 315-326.

[74] Harms P. Political Risk and Equity Investment in Developing, Countries [J]. Applied Economics Letters, 2002, 19 (3): 377-380.

[75] Robert Lensink & Niels Herines. Corruption and Growth [J]. Quarterly Journal of Economics. 2001.

[76] Kaufmann Daniel, Aart Kraay, Pablo Zoido-Lobaton. Governance Matters [R]. World Bank Policy Research Working Papers, 1999.

[77] Loree D W, Guisinger S E. Policy and Non-Policy Determinants of US Equity Foreign Direct Investment [J]. Journal of International Business Studies, 1995, 26 (2): 281-299.

[78] Woodward D, Rolfe R. The Location of Export-Oriented FDI in the Caribbean Basin [J]. Journal of International Business Studies, 1993 (24): 121-144.

[79] Schneider F, Frey B F. Economic and Political Determinants of Foreign Direct Investment [J]. World Development, 1985, 2 (13): 161-175.

[80] 驻哈萨克斯坦使馆召开在哈中国企业座谈会 [EB/OL]. 中国驻哈萨克斯坦经商参赞处, 2016-03-01.

[81] 和宜明. 稳中求进科学跨越推动新疆商务事业持续较快发展 [EB/OL]. 新疆商务厅, 2012-05-09.

[82] 侯丽军, 李硕. 吉尔吉斯斯坦驻华大使: 中国是亲密可靠的朋友 [EB/OL]. 新华网, 2011-08-31.

[83] 吉媒体积极报道吉总统访华 [EB/OL]. 中国驻吉尔吉斯斯坦经商参赞处, 2006-06-15.

[84] 国际问题专家赵鸣文谈吉尔吉斯斯坦骚乱 [EB/OL]. 中国宁波网, 2010-04-10.

[85] 与中国驻塔吉克斯坦大使馆经商参赞处李越访谈 [EB/OL]. 中国国情网, 2011-10-24.

[86] 俄媒: 中国参与塔吉克斯坦 50 个大型项目投资 [EB/OL]. 中国经济网, 2011-08-24.

[87] 塔吉克斯坦共和国总统拉赫蒙: 塔中经济合作仍有巨大发展潜力 [EB/OL]. 新华网, 2012-06-05.

[88] 中塔建交以来双边经贸发展回顾 [EB/OL]. 中国驻塔吉克斯坦经商参赞处, 2004-02-24.

[89] 王乐泉率领中国新疆代表团访问塔吉克斯坦共和国 [EB/OL]. 新疆日报, 2009-06-07.

[90] 中塔贸易新疆占 72% 张春贤与塔总统详谈深化合作 [EB/OL]. 新疆自治区人民政府, 2011-08-26.

[91] 我国对土库曼斯坦投资逾 4 亿美元 [EB/OL]. 土库曼斯坦国家统计局, 2006-04-11.

[92] 我国企业在土参与的投资项目总额逾 11 亿美元 [EB/OL]. 土库曼斯坦国家统计局, 2007-11-08.

[93] 驻土库曼斯坦经商参赞处举办中资企业迎新联谊会 [EB/OL]. 驻土库曼使馆经商参赞处, 2011-12-27.

[94] 肖清华. 中国驻土库曼斯坦大使: 两国务实合作全方位发展 [EB/OL]. 中国网, 2012-01-21.

[95] 金玉龙. 发挥优势, 推进新疆与土库曼斯坦经贸合作不断发

展［EB/OL］．亚心网，2009 - 09 - 01.

［96］谢霞．乌兹别克斯坦经济领域期待中国投资者——专访乌兹别克斯坦驻华商务参赞卡西莫夫·伊利左特［EB/OL］．亚心网，2012 - 09 - 18.

［97］陈全国．奋力实现新疆社会稳定和长治久安［EB/OL］．新疆日报，2016 - 09 - 02，第 01 版．

［98］哈萨克斯坦央行临"危"不惧［EB/OL］．中国驻哈萨克斯坦使馆经商参赞处，2012 - 05 - 14.

［99］李硕．2012 年哈萨克斯坦银行业概况［EB/OL］．中国驻哈萨克斯坦使馆经商参赞处，2013 - 04 - 07.

［100］李硕．2013 年哈商业银行资产增长 11.4%［EB/OL］．中国驻哈萨克斯坦使馆经商参赞处，2014 - 03 - 24.

［101］刘琰．截至 7 月 1 日哈萨克斯坦银行系统不良贷款比率为 13%［EB/OL］．中国驻哈萨克斯坦经商参赞处，2015 - 07 - 02.

［102］刘琰．2012 年哈萨克斯坦银行业概况［EB/OL］．中国驻哈萨克斯坦使馆经商参赞处，2013 - 04 - 07.

［103］李洁．国际评级机构上调哈萨克两银行信用等级［EB/OL］．中国驻哈萨克斯坦使馆经商参赞处，2012 - 06 - 14.

［104］李洁．今年上半年哈萨克斯坦商业银行盈利上升 9.1%［EB/OL］．中国驻哈萨克斯坦使馆经商参赞处，2012 - 12 - 06.

［105］蒋小林．2013 年上半年哈商业银行纯利润增长 18.1%［EB/OL］．中国驻哈萨克斯坦使馆经商参赞处，2013 - 08 - 05.

［106］刘琰．哈商业银行 2014 年净利润缩减 55%［EB/OL］．中国驻哈萨克斯坦使馆经商参赞处，2015 - 05 - 11.

［107］舒艳．哈萨克斯坦商业银行与 BTA 银行完成资产交换［EB/OL］．中国驻哈萨克斯坦使馆经商参赞处，2015 - 06 - 22.

［108］李洁．哈人民银行自 9 月起将中小企业贷款最低利率降为

10%［EB/OL］. 中国驻哈萨克斯坦使馆经商参赞处，2012 – 08 – 27.

［109］舒艳. 2015 年上半年哈萨克斯坦人民银行净利润同比下降 13.7%［EB/OL］. 中国驻哈萨克斯坦使馆经商参赞处，2015 – 08 – 24.

［110］蒋小林. 2013 年哈人民银行纯利润 724 亿坚戈，同比增长 3.5%［EB/OL］. 中国驻哈萨克斯坦使馆经商参赞处，2014 – 03 – 27.

［111］刘博. 2014 年哈萨克斯坦人民银行净利润增长 58%［EB/OL］. 中国驻哈萨克斯坦使馆经商参赞处，2015 – 03 – 19.

［112］舒艳. 2015 年上半年哈萨克斯坦人民银行净利润同比下降 13.7%［EB/OL］. 中国驻哈萨克斯坦使馆经商参赞处，2015 – 08 – 24.

［113］舒艳. 哈人民银行预测 2016 年银行利润将减少三分之一甚至一半［EB/OL］. 中国驻哈萨克斯坦使馆经商参赞处，2016 – 03 – 19.

［114］刘琰. 第一季度哈萨克斯坦人民银行净利润减少 28.9%［EB/OL］. 中国驻哈萨克斯坦使馆经商参赞处，2015 – 05 – 26.

［115］刘博. 2014 年哈人民银行计划以 120 亿坚戈的价格出售不良贷款［EB/OL］. 中国驻哈萨克斯坦使馆经商参赞处，2014 – 03 – 31.

［116］蒋小林. 2008 年哈 3 家商业银行资产及利润变化情况［EB/OL］. 中国驻哈萨克斯坦使馆经商参赞处，2009 – 03 – 03.

［117］蒋小林. 采斯纳银行被《欧洲货币》杂志评为哈最佳银行［EB/OL］. 中国驻哈萨克斯坦使馆经商参赞处，2013 – 08 – 07.

［118］张圣鹏. 2014 年哈萨克斯坦采斯纳银行资产增长 50%［EB/OL］. 中国驻哈萨克斯坦使馆经商参赞处，2015 – 05 – 04.

［119］李硕. 2013 年"采斯纳银行"资产增长 41.9%［EB/OL］. 中国驻哈萨克斯坦使馆经商参赞处，2014 – 02 – 18.

［120］舒艳. 第一季度哈萨克斯坦采斯纳银行资产减少 1%［EB/

OL］. 中国驻哈萨克斯坦使馆经商参赞处，2015 – 05 – 15.

［121］舒艳. 2014年俄罗斯储蓄银行哈萨克斯坦子行资产同比增长24%［EB/OL］. 中国驻哈萨克斯坦使馆经商参赞处，2015 – 05 – 04.

［122］李硕. 2014年中央贷款银行资产增长2.8%［EB/OL］. 中国驻哈萨克斯坦使馆经商参赞处，2015 – 04 – 27.

［123］李硕. 哈萨克最大银行上半年亏损100亿美元［EB/OL］. 中国驻哈萨克斯坦使馆经商参赞处，2009 – 08 – 12.

［124］李硕. 哈萨克最大"问题银行"重组后国家控股81.5%［EB/OL］. 中国驻哈萨克斯坦使馆经商参赞处，2010 – 04 – 23.

［125］张圣鹏. 1—9月哈萨克斯坦BTA银行净利润超过240亿坚戈［EB/OL］. 中国驻哈萨克斯坦使馆经商参赞处，2013 – 11 – 26.

［126］舒艳. 哈萨克斯坦商业银行与BTA银行完成资产交换［EB/OL］. 中国驻哈萨克斯坦使馆经商参赞处，2015 – 06 – 22.

［127］李硕. 哈萨克斯坦商业银行和BTA银行宣布拆分［EB/OL］. 中国驻哈萨克斯坦使馆经商参赞处，2015 – 07 – 01.

［128］舒艳. 哈萨克斯坦商业银行和BTA银行完成资产和债务相互移交［EB/OL］. 中国驻哈萨克斯坦使馆经商参赞处，2015 – 12 – 29.

［129］张圣鹏. 2014年Kaspi银行资产增长18.6%［EB/OL］. 中国驻哈萨克斯坦使馆经商参赞处，2015 – 05 – 04.

［130］舒艳. 2015年第一季度Kaspi银行资产同比下降0.3%［EB/OL］. 中国驻哈萨克斯坦使馆经商参赞处，2015 – 05 – 05.

［131］舒艳. 2015年上半年哈萨克斯坦"Kaspi"资产增长1.7%［EB/OL］. 中国驻哈萨克斯坦使馆经商参赞处，2015 – 08 – 04.

［132］李硕. 2014年第一季度ATФ银行利润8 680万坚戈［EB/OL］. 中国驻哈萨克斯坦使馆经商参赞处，2014 – 05 – 21.

［133］舒艳. 2015年上半年哈萨克斯坦ATФ银行资产同比增长

4.6% [EB/OL]. 中国驻哈萨克斯坦使馆经商参赞处, 2015 - 08 - 20.

[134] 张圣鹏. 2013 年欧亚银行净利润增长 33.7% [EB/OL]. 中国驻哈萨克斯坦使馆经商参赞处, 2014 - 05 - 16.

[135] 刘博. 第一季度欧亚银行资产增长了 5% [EB/OL]. 中国驻哈萨克斯坦使馆经商参赞处, 2015 - 05 - 11.

[136] 李硕. 哈萨克斯坦欧亚银行第一季度资产及经营状况 [EB/OL]. 中国驻哈萨克斯坦使馆经商参赞处, 2009 - 05 - 05.

[137] 周浩. 哈萨克斯坦欧亚银行 2011 年净利润增长了 7 倍多 [EB/OL]. 中国驻哈萨克斯坦使馆经商参赞处, 2012 - 02 - 17.

[138] 刘博. 哈萨克斯坦商人乌杰穆拉特收购铁米尔银行 79.88% 股份 [EB/OL]. 中国驻哈萨克斯坦使馆经商参赞处, 2014 - 05 - 21.

[139] 李硕. 铁米尔银行 1~2 季度净利润增长 2.8 倍 [EB/OL]. 中国驻哈萨克斯坦使馆经商参赞处, 2014 - 06 - 06.

[140] 刘博. 2013 年哈铁米尔银行净亏损 56 亿坚戈 [EB/OL]. 中国驻哈萨克斯坦使馆经商参赞处, 2014 - 05 - 19.

[141] 刘博. 2014 年努尔银行资产增长了 20.5% [EB/OL]. 中国驻哈萨克斯坦使馆经商参赞处, 2015 - 05 - 11.

[142] 刘博. 2013 年努尔银行净亏损 323 亿坚戈 [EB/OL]. 中国驻哈萨克斯坦使馆经商参赞处, 2014 - 05 - 19.

[143] 刘博. 第一季度努尔银行资产减少了 0.6% [EB/OL]. 中国驻哈萨克斯坦使馆经商参赞处, 2015 - 05 - 12.

[144] 2013 年哈萨克斯坦 RBK 银行计划达到资产增长 80%~90% 的目标 [EB/OL]. 国际文传电讯社. 2013 - 06 - 21.

[145] 刘博. 上半年"RBK"银行资产质量增长 45.3% [EB/OL]. 中国驻哈萨克斯坦使馆经商参赞处, 2014 - 07 - 14.

[146] 舒艳. 2014 年上半年哈萨克斯坦 VTB 银行资产增长 36.67% [EB/OL]. 中国驻哈萨克斯坦使馆经商参赞处, 2014 - 08 - 06.

[147] 刘博. Delta 银行 1~9 月净利润增长 2 倍 [EB/OL]. 中国驻哈萨克斯坦使馆经商参赞处,2013-11-06.

[148] 刘博. Delta 银行上半年利润增长 130% [EB/OL]. 中国驻哈萨克斯坦使馆经商参赞处,2014-07-23.

[149] 舒艳.2014 年俄罗斯 BTB 银行哈萨克斯坦子行资产同比增长 6.3% [EB/OL]. 中国驻哈萨克斯坦使馆经商参赞处,2015-05-11.

[150] 张圣鹏. 第一季度 BTB 哈萨克斯坦子行资产减少 7% [EB/OL]. 中国驻哈萨克斯坦使馆经商参赞处,2015-05-11.

[151] 哈萨克斯坦联合银行将进行债务重组 [EB/OL]. 哈萨克斯坦银行监管委员会,2009-04-13.

[152] 国际评级机构上调哈萨克两银行信用等级 [EB/OL]. 中国驻哈萨克斯坦使馆经商参赞处,2010-06-13.

[153] 舒艳.2013 年哈萨克斯坦投资银行净利润收入 1.79 亿坚戈 [EB/OL]. 中国驻哈萨克斯坦使馆经商参赞处,2014-05-16.

[154] 张圣鹏.2014 年哈萨克斯坦投资银行资产减少 3% [EB/OL]. 中国驻哈萨克斯坦使馆经商参赞处,2015-05-11.

[155] 刘琰.2015 年上半年哈萨克斯坦投资银行资产增长 14.6% [EB/OL]. 中国驻哈萨克斯坦使馆经商参赞处,2015-08-07.

[156] 张圣鹏.1—9 月哈萨克斯坦投资银行资产增长 60% [EB/OL]. 中国驻哈萨克斯坦使馆经商参赞处,2015-11-11.

[157] 刘博.2013 年哈进出口银行净利润大幅度下降 [EB/OL]. 中国驻哈萨克斯坦使馆经商参赞处,2014-03-03.

[158] 舒艳.2014 年第一季度哈进出口银行净利润增长 50% [EB/OL]. 中国驻哈萨克斯坦使馆经商参赞处,2014-05-16.

[159] 刘琰.1—9 月哈萨克斯坦进出口银行资产增长 14.1% [EB/OL]. 中国驻哈萨克斯坦使馆经商参赞处,2015-11-04.

[160] 刘博. 上半年"Qazaq"银行资产增至 760 亿坚戈 [EB/

OL］．中国驻哈萨克斯坦使馆经商参赞处，2014 – 08 – 08．

［161］舒艳．第一季度哈萨克斯坦 PNB 银行资产降低 0.4%［EB/OL］．中国驻哈萨克斯坦使馆经商参赞处，2015 – 05 – 04．

［162］标普将哈银行业国家风险评级下调至组别 9［EB/OL］．标准普尔国际信用评级报告，2009 – 07 – 29．

［163］标普上调哈银行体系国家风险评级［EB/OL］．标准普尔国际信用评级报告，2011 – 11 – 09．

［164］陈桂英．标普认为哈萨克斯坦银行业国家风险缩小［EB/OL］．中国驻哈萨克斯坦使馆经商参赞处，2012 – 04 – 05．

［165］陈桂英．哈萨克斯坦信贷市场发展状况［EB/OL］．中国驻哈萨克斯坦使馆经商参赞处，2015 – 11 – 25．

［166］刘博．坚戈贬值将促使哈银行业贷款风险增加［EB/OL］．中国驻哈萨克斯坦使馆经商参赞处，2014 – 03 – 21．

［167］刘琰．标普预测 2016 年哈萨克斯坦银行负面展望将更多［EB/OL］．中国驻哈萨克斯坦使馆经商参赞处，2016 – 02 – 01．

［168］刘博．穆迪对哈银行业给出负面预测［EB/OL］．中国驻哈萨克斯坦使馆经商参赞处，2014 – 04 – 10．

［169］陈桂英．穆迪维持对哈萨克斯坦银行业的"负面"展望评级［EB/OL］．中国驻哈萨克斯坦使馆经商参赞处，2010 – 07 – 12．

［170］陈桂英．穆迪对哈萨克斯坦银行业维持"负面"评级预测［EB/OL］．中国驻哈萨克斯坦使馆经商参赞处，2012 – 06 – 29．

［171］李硕．穆迪——2013 年哈银行系统评级展望为"负"［EB/OL］．中国商务部，2013 – 04 – 02．

［172］李硕．穆迪维持对哈萨克斯坦银行系统的负面展望［EB/OL］．中国驻哈萨克斯坦使馆经商参赞处，2016 – 03 – 18．

［173］刘博．惠誉认为哈萨克斯坦银行业呈现复苏迹象［EB/OL］．中国驻哈萨克斯坦使馆经商参赞处，2012 – 06 – 01．

[174] 刘博. 惠誉保持对哈银行业"稳定"评级 [EB/OL]. 中国驻哈萨克斯坦使馆经商参赞处，2014 – 04 – 16.

[175] 李硕. 惠誉评估贬值对银行业的影响 [EB/OL]. 中国驻哈萨克斯坦使馆经商参赞处，2015 – 04 – 14.

[176] 艾吉尔古丽. 惠誉下调哈萨克斯坦银行信用评级 [EB/OL]. 亚心网，2009 – 05 – 04.

[177] "RD"：表明一个实体没有能够，在"宽限期内"按期偿付部分而不是所有的重要金融债务，同时仍然能够偿付其他级别的债务。

[178] 刘博. 惠誉调高了 BTA 银行评级 [EB/OL]. 中国驻哈萨克斯坦使馆经商参赞处，2014 – 08 – 25.

[179] 标准普尔将哈联合银行信用评级降为"选择性违约" [EB/OL]. 中国驻哈萨克斯坦使馆经商参赞处，2009 – 04 – 17.

[180] 国际评级机构上调哈萨克两银行信用等级 [EB/OL]. 中国驻哈萨克斯坦使馆经商参赞处，2010 – 04 – 14.

[181] 穆迪降低对哈萨克斯坦四家商业银行的长期债务评级 [EB/OL]. 中国驻哈萨克斯坦使馆经商参赞处，2010 – 10 – 22.

[182] 刘博. 标准下调哈联合银行评级 [EB/OL]. 中国驻哈萨克斯坦使馆经商参赞处，2013 – 09 – 27.

[183] 国际评级机构下调哈萨克斯坦部分金融机构评级 [EB/OL]. 中国驻哈萨克斯坦使馆经商参赞处，2009 – 05 – 08.

[184] 标普再次下调哈萨克斯坦 2 家银行评级 [EB/OL]. 中国驻哈萨克斯坦使馆经商参赞处，2009 – 06 – 12.

[185] 惠誉修改哈萨克三家银行评级 [EB/OL]. 中国驻哈萨克斯坦使馆经商参赞处，2010 – 01 – 25.

[186] 穆迪降低对哈萨克四家银行的长期债务评级 [EB/OL]. 中国驻哈萨克斯坦使馆经商参赞处，2010 – 10 – 22.

[187] 张圣鹏. 标准普尔下调哈萨克斯坦人民银行评级，展望为

负［EB/OL］. 中国驻哈萨克斯坦使馆经商参赞处, 2015 - 02 - 17.

［188］国际评级机构上调哈萨克两银行信用等级［EB/OL］. 中国驻哈萨克斯坦使馆经商参赞处, 2010 - 06 - 14.

［189］穆迪降低哈萨克斯坦三家银行的评级［EB/OL］. 中国驻哈萨克斯坦使馆经商参赞处, 2010 - 01 - 29.

［190］李硕. 标准普尔下调哈商业银行评级［EB/OL］. 中国驻哈萨克斯坦使馆经商参赞处, 2013 - 09 - 26.

［191］李硕. 标准普尔确定哈 RBK 银行信用评级为 B - /C 级, 展望稳定［EB/OL］. 中国驻哈萨克斯坦使馆经商参赞处, 2013 - 06 - 13.

［192］周浩. "惠誉"将欧亚开发银行长期发行人违约评级定为"BBB"级［EB/OL］. 中国商务部网站, 2012 - 01 - 16.

［193］刘博. 标准普尔确定欧亚银行信用评级为 B + 级, 展望积极［EB/OL］. 中国驻哈萨克斯坦使馆经商参赞处, 2013 - 07 - 26.

［194］李硕. 标准普尔确定欧亚开发银行评级为"BBB/A - 2"级, 展望为"负"［EB/OL］. 中国驻哈萨克斯坦使馆经商参赞处, 2015 - 06 - 29.

［195］李硕. 惠誉将哈国家发展银行评级定为"BBB"级, 展望未来"稳定"［EB/OL］. 中国驻哈萨克斯坦使馆经商参赞处, 2013 - 11 - 28.

［196］舒艳. 惠誉国际公布哈萨克斯坦进出口银行长期信用评级 B - 级［EB/OL］. 中国驻哈萨克斯坦使馆经商参赞处, 2015 - 09 - 29.

［197］刘博. 标准普尔调整哈萨克斯坦进出口银行评级［EB/OL］. 中国驻哈萨克斯坦使馆经商参赞处, 2016 - 03 - 17.

［198］刘博. 标准普尔调高了哈萨克斯坦采斯纳银行评级［EB/OL］. 中国驻哈萨克斯坦使馆经商参赞处, 2014 - 06 - 23.

［199］舒艳. 惠誉国际确认哈萨克斯坦采纳斯银行长期本外发行人违约评级 B + 级, 评级展望为稳定［EB/OL］. 中国驻哈萨克斯坦使

馆经商参赞处,2015-10-30.

[200] 刘博. 标准普尔上调了阿斯塔纳银行的评级[EB/OL]. 中国驻哈萨克斯坦使馆经商参赞处,2015-08-12.

[201] 刘博. 穆迪将Kaspi银行储蓄评级调制"B1/非优质"[EB/OL]. 中国驻哈萨克斯坦使馆经商参赞处,2014-07-14.

[202] 李硕. 穆迪下调Kaspi银行债务评级[EB/OL]. 中国驻哈萨克斯坦使馆经商参赞处,2015-05-04.

[203] 刘博. 惠誉降低哈联盟银行评级[EB/OL]. 中国驻哈萨克斯坦使馆经商参赞处,2014-04-03.

[204] 李硕. "农业信贷集团"标准普尔评级为"BB+/B"级,展望为"稳定"[EB/OL]. 中国驻哈萨克斯坦使馆经商参赞处,2014-06-10.

[205] 李硕. 标准普尔下调哈萨克斯坦铁米尔银行信用评级[EB/OL]. 中国驻哈萨克斯坦使馆经商参赞处,2014-09-24.

[206] 李硕. 穆迪调整数家企业和银行排名[EB/OL]. 中国驻哈萨克斯坦使馆经商参赞处,2016-05-16.

[207] 刘博. 1—9月哈萨克斯坦进出口银行净利润下降逾2倍[EB/OL]. 中国驻哈萨克斯坦使馆经商参赞处,2013-11-04.

[208] 张圣鹏. 1—9月哈萨克斯坦铁米尔银行净亏损41亿坚戈[EB/OL]. 中国驻哈萨克斯坦使馆经商参赞处,2013-10-24.

[209] 张圣鹏. 哈萨克斯坦中央银行20年不平凡的历程[EB/OL]. 中国驻哈萨克斯坦使馆经商参赞处,2013-04-17.

[210] 周浩. 哈萨克斯坦近年来经济发展成就引人瞩目[EB/OL]. 中国驻哈萨克斯坦使馆经商参赞处,2012-01-31.

[211] 2012年哈萨克斯坦银行业概况[EB/OL]. 中国驻哈萨克斯坦使馆经商参赞处,2013-04-07.

[212] 李硕. 哈萨克斯坦人民银行存款流入30亿美元[EB/OL].

中国驻哈萨克斯坦使馆经商参赞处, 2014 - 03 - 06.

［213］张圣鹏. 哈萨克斯坦央行希望 2015 年贷款额增长 10%［EB/OL］. 中国驻哈萨克斯坦使馆经商参赞处, 2015 - 02 - 16.

［214］蒋小林. 哈萨克斯坦央行要求从 2016 年 1 月 1 日起银行坏账占比不得高于 10%［EB/OL］. 中国驻哈萨克斯坦使馆经商参赞处, 2014 - 04 - 18.

［215］刘博. 哈萨克斯坦央行称约 15% 的抵押贷款不具备偿还能力［EB/OL］. 中国驻哈萨克斯坦使馆经商参赞处, 2014 - 07 - 24.

［216］李硕. 2014 年哈萨克斯坦政府将出资解决银行不良资产问题［EB/OL］. 中国驻哈萨克斯坦使馆经商参赞处, 2014 - 04 - 28.

［217］刘博. 哈萨克斯坦将再次动用国家基金支持国内商业银行发展［EB/OL］. 中国驻哈萨克斯坦使馆经商参赞处, 2014 - 03 - 05.

［218］刘博. 哈萨克斯坦央行增加了不良贷款基金的法定股本［EB/OL］. 中国驻哈萨克斯坦使馆经商参赞处, 2015 - 04 - 21.

［219］蒋小林. 到 2019 年哈萨克斯坦商业银行最低资本金不得低于 1 000 亿坚戈［EB/OL］. 中国驻哈萨克斯坦使馆经商参赞处, 2014 - 04 - 21.

［220］奥西博夫. 哈萨克斯坦银行储蓄情况表明哈居民信任国家银行体系［EB/OL］. 中国驻哈萨克斯坦使馆经商参赞处, 2012 - 06 - 20.

［221］蒋小林. 存款在哈萨克斯坦债务中占比达 75%［EB/OL］. 中国驻哈萨克斯坦使馆经商参赞处, 2013 - 09 - 27.

［222］蒋小林. 哈萨克斯坦银行外债逐步回落［EB/OL］. 中国驻哈萨克斯坦使馆经商参赞处, 2010 - 08 - 31.

［223］蒋小林. 近 6 年哈萨克斯坦商业银行外债减少 380 亿美元［EB/OL］. 中国驻哈萨克斯坦使馆经商参赞处, 2013 - 05 - 24.

［224］李硕. 标准普尔预计 2015—2016 年哈贷款增速下降到 2% ~

5%［EB/OL］. 中国驻哈萨克斯坦使馆经商参赞处, 2015 – 05 – 22.

［225］土库曼斯坦私营经济份额大幅增长［EB/OL］. 土库曼斯坦中立报, 2016 – 04 – 21, 第 03 版.

［226］沈忱. 吉尔吉斯斯坦纪念索姆发行 8 周年［EB/OL］. 哈萨克斯坦全景报, 2001 – 06 – 21.

［227］2014 年全年吉尔吉斯斯坦通货膨胀率为 10.5%［EB/OL］. 吉尔吉斯斯坦国家统计委员会, 2015 – 01 – 23.

［228］2015 年吉尔吉斯斯坦经济增长 3.5%、通胀 3.4%, 系欧亚经济联盟最佳［EB/OL］. 吉尔吉斯斯坦国家统计委员会, 2016 – 01 – 29.

［229］库鲁巴耶夫. 吉尔吉斯斯坦独立 20 周年回顾与展望［EB/OL］. 现代国际关系, 2011 (8): 58 – 61.

［230］李付岩. 吉尔吉斯斯坦货币索姆的官方汇率［EB/OL］. 吉尔吉斯斯坦信息分析中心, 2002 – 05 – 04.

［231］2014 年吉尔吉斯斯坦索姆对美元贬值 19.71%［EB/OL］. 吉尔吉斯斯坦中央银行, 2015 – 01 – 15.

［232］吉尔吉斯斯坦陷入食品价格快速上涨危机［EB/OL］. 吉尔吉斯斯坦国家统计委员会, 2007 – 09 – 14.

［233］吉尔吉斯斯坦专家分析近期美元对索姆升值原因［EB/OL］. 吉尔吉斯斯坦国家银行, 2014 – 01 – 17.

［234］西方对俄罗斯的制裁对吉尔吉斯斯坦货币索姆贬值产生影响［EB/OL］. 吉尔吉斯斯坦国家银行, 2014 – 10 – 24.

［235］吉尔吉斯斯坦采取多种措施抑制通胀［EB/OL］. 吉尔吉斯斯坦媒体, 2008 – 04 – 07.

［236］吉尔吉斯斯坦央行实施适度紧缩的货币政策拟将通货膨胀率控制在 7% ~ 8%［EB/OL］. 日本日报, 2013 – 07 – 08.

［237］受全球性金融危机影响, 今年吉尔吉斯斯坦大批劳务自俄

返乡［EB/OL］. 吉尔吉斯斯坦媒体，2009 - 08 - 14.

［238］今年第一季度吉尔吉斯斯坦本币汇率对美元贬值 10%［EB/OL］. 吉尔吉斯斯坦媒体，2009 - 04 - 16.

［239］吉尔吉斯斯坦央行抛售 985 万美元稳定本币兑美元汇价［EB/OL］. 吉尔吉斯斯坦媒体，2010 - 09 - 08.

［240］吉尔吉斯斯坦议员称索姆继续贬值将为吉尔吉斯斯坦国民经济带来潜在风险［EB/OL］. 吉尔吉斯斯坦卡巴尔国家通讯社，2015 - 01 - 29.

［241］自年初以来吉尔吉斯斯坦央行出售外汇逾 5 600 万美元仍未能遏制索姆贬值［EB/OL］. 吉尔吉斯斯坦卡巴尔国家通讯社，2015 - 01 - 23.

［242］吉尔吉斯斯坦国家银行屡屡出手干预外汇市场，谨防索姆汇率剧跌［EB/OL］. 吉尔吉斯斯坦卡巴尔国家通讯社，2016 - 01 - 22.

［243］2016 年塔吉克斯坦通胀率为 6.1%［EB/OL］. Avesta 通讯社，2017 - 01 - 13.

［244］国际货币基金组织指出在中亚国家中塔吉斯坦克经济对俄最为依赖［EB/OL］. 塔吉克 Avesta 网站，2014 - 11 - 14.

［245］塔吉克斯坦在俄人数呈下降趋势［EB/OL］. 中国驻塔吉克斯坦使馆经商参赞处，2014 - 09 - 05.

［246］2015 年底塔吉克斯坦在俄罗斯劳务移民总数为 86.23 万人［EB/OL］. 塔吉克斯坦 Toptj 通信社，2016 - 01 - 15.

［247］今年内塔吉克斯坦本币索莫尼贬值 7.28%［EB/OL］. 塔吉克斯坦 Asia - plus 通信社，2016 - 01 - 21.

［248］塔吉克斯坦是世界上最依赖汇款的国家［EB/OL］. 塔吉斯坦 Avesta 通讯社，2015 - 04 - 15.

［249］2014 年塔吉克斯坦劳务移民汇款总额为 39 亿美元［EB/

OL］．塔吉克斯坦 Avesta 通讯社，2015 – 02 – 12.

［250］塔央行：2015 年塔吉克斯坦自俄罗斯侨汇收入下降 42.4% ［EB/OL］．塔吉克斯坦 Avesta 通讯社，2016 – 04 – 02.

［251］2015 年塔吉克斯坦 GDP 增长 6% ［EB/OL］．塔吉克斯坦 Avesta 通讯社，2016 – 01 – 25.

［252］索莫尼 2015 年 1 月上半月贬值 0.8% ［EB/OL］．塔吉克斯坦中央银行，2015 – 01 – 16.

［253］今年内塔吉克斯坦本币索莫尼贬值 7.28% ［EB/OL］．塔吉克斯坦 Asia – plus 通信社，2016 – 01 – 21.

［254］塔吉克斯坦铝业全力应对金融危机 ［EB/OL］．中国驻塔吉克斯坦使馆经商参赞处，2009 – 04 – 30.

［255］2012 年塔吉克斯坦外贸情况 ［EB/OL］．塔吉克斯坦国家统计委员会，2013 – 02 – 24.

［256］塔吉克斯坦 2014 年主要经济数据 ［EB/OL］．塔吉克斯坦统计署，2015 – 01 – 15.

［257］塔吉克斯坦成立食品安全委员会 ［EB/OL］．亚洲快讯，2011 – 08 – 06.

［258］塔吉克斯坦粮食尚不能自给自足 ［EB/OL］．塔吉克斯坦国家统计署，2013 – 02 – 13.

［259］塔吉克斯坦石油产品严重依赖进口 ［EB/OL］．Avesta 通讯社，2014 – 12 – 01.

［260］塔吉克斯坦的对外贸易 ［EB/OL］．塔吉克斯坦国家统计署，2014 – 07 – 27.

［261］2014 年塔吉克斯坦对外贸易额超过 53 亿美元 ［EB/OL］．亚洲快讯，2015 – 01 – 15.

［262］塔吉克斯坦 2015 年对外贸易额下降了 18% ［EB/OL］．Avesta 通讯社，2016 – 01 – 27.

［263］2016 年塔吉克斯坦通胀率为 6.1%［EB/OL］. Avesta 通讯社，2017 – 01 – 13.

［264］塔吉克斯坦央行继续打击外汇市场违法行为［EB/OL］. Avesta 通讯社，2015 – 12 – 04.

［265］刘博. 标普下调哈萨克斯坦"图兰 – 阿列姆银行"评级为"D"级［EB/OL］. 中国驻哈萨克斯坦使馆经商参赞处，2009 – 04 – 30.

［266］塔吉克斯坦央行宣布非官方渠道外币交易视为违法行为［EB/OL］. Avesta 通讯社，2017 – 02 – 10.

［267］2020 年以前土库曼政治、经济和文化发展战略［EB/OL］. Avesta 通讯社，2003 – 12 – 23.

［268］乌兹别克斯坦 2016 年经济增长 7.8%［EB/OL］. 中国驻乌兹别克斯坦使馆经商参赞处，2017 – 01 – 16.

［269］乌兹别克斯坦本币兑换美元汇率首次跌破 2 000 大关［EB/OL］. 乌兹别克斯坦央行，2013 – 02 – 05.

［270］乌兹别克斯坦货币苏姆兑美元官方汇率跌破 3 000［EB/OL］. 乌兹别克斯坦中央银行，2016 – 09 – 14.

［271］国际货币基金组织专家组对乌兹别克斯坦经济发展予以积极评价［EB/OL］. Uzdaily. UZ，2011 – 11 – 18.

［272］2005 年乌兹别克斯坦宏观经济指标［EB/OL］. 乌兹别克斯坦国家统计局，2006 – 02 – 16.

［273］乌兹别克斯坦外债 41.7 亿美元［EB/OL］. 国际货币基金组织，2006 – 11 – 20.

［274］IMF 派团对乌兹别克斯坦考察情况［EB/OL］. 国际货币基金组织，2008 – 06 – 10.

［275］乌兹别克斯坦外债 41.7 亿美元［EB/OL］. 国际货币基金组织，2006 – 11 – 20.

［276］2007 年乌兹别克斯坦 CPI 比上年下降 1.9 个百分点［EB/OL］. 国际货币基金组织，2008 – 10 – 17.

［277］国际货币基金组织下调对乌兹别克斯坦的经济预期［EB/OL］. 国际货币基金组织，2013 – 10 – 20.

［278］2012 年乌兹别克斯坦通胀率为 7%［EB/OL］. 乌兹别克斯坦国家统计局，2013 – 01 – 23.

［279］乌兹别克斯坦 2014 年国内生产总值 627.8 亿美元［EB/OL］. 乌兹别克斯坦国家统计局，2015 – 01 – 26.

［280］乌兹别克斯坦 2015 年国内生产总值 171.369 万亿苏姆［EB/OL］. 乌兹别克斯坦国家统计局，2016 – 04 – 23.

［281］乌兹别克斯坦 2016 年经济增长 7.8%［EB/OL］. 乌兹别克斯坦国家统计局，2017 – 01 – 16.

［282］欧亚开发银行报告评价乌兹别克斯坦经济快速增长、财政平衡［EB/OL］. 欧亚开发银行，2016 – 04 – 08.

［283］2015 年中亚国家自俄罗斯侨汇收入骤减 60%［EB/OL］. 中国驻乌兹别克斯坦使馆经商参赞处，2016 – 04 – 23.

［284］乌兹别克斯坦本币继续贬值，兑美元官方汇率首次突破 2 300［EB/OL］. 乌兹别克斯坦央行，2014 – 06 – 06.

［285］俄罗斯和中亚国家货币急剧贬值［EB/OL］. 中国驻乌兹别克斯坦使馆经商参赞处，2016 – 01 – 14.

［286］李凌帆. 受卢布贬值影响，近乌兹别克斯坦本币苏姆 10 日内贬值 8%［EB/OL］. 中亚新闻网，2015 – 01 – 27.

［287］俄罗斯和中亚货币急剧贬值［EB/OL］. 中国驻乌兹别克斯坦使馆经商参赞处，2016 – 01 – 14.

［288］乌兹别克斯坦严禁零售和服务领域外汇结算［EB/OL］. 乌兹别克斯坦国家税务委员会，2013 – 01 – 28.

［289］乌兹别克斯坦外汇管制力度进一步加强［EB/OL］. 乌兹别

克斯坦中央银行，2013 – 02 – 01.

[290] 乌兹别克斯坦购买机票和国产汽车须用外汇 [EB/OL]. 乌兹别克斯坦中央银行，2013 – 02 – 01.

[291] 刘亚莹. 乌兹别克斯坦严控法人开设海外账户 [EB/OL]. 中国驻乌兹别克斯坦使馆经商参赞处，2014 – 03 – 29.

[292] 乌兹别克斯坦从 7 月 1 日起限制使用还会卡兑换现金 [EB/OL]. 中国驻乌兹别克斯坦使馆经商参赞处，2016 – 07 – 01.

[293] 乌苏姆兑换美元官方汇率持续贬值 [EB/OL]. 中国驻乌兹别克斯坦使馆经商参赞处，2017 – 03 – 10.

[294] 乌兹别克斯坦总统谈金融危机对国家经济的影响 [EB/OL]. 乌兹别克斯坦政府，2008 – 12 – 13.

[295] 乌兹别克斯坦 2009 年 GDP 增长 8.1% [EB/OL]. 中国驻乌兹别克斯坦使馆经商参赞处，2010 – 01 – 28.

[296] 2012 年乌兹别克斯坦宏观经济向好 [EB/OL]. 中国驻乌兹别克斯坦使馆经商参赞处，2013 – 01 – 23.

[297] 李凌帆. 2013 年乌兹别克斯坦外贸顺差达 13 亿美元 [EB/OL]. 中国驻乌兹别克斯坦使馆经商参赞处，2014 – 02 – 08.

[298] 2015 年乌兹别克斯坦外贸额 252.83 亿美元 [EB/OL]. 乌兹别克斯坦国家统计委员会，2016 – 04 – 01.

[299] 吉尔吉斯斯坦议会拟提高外债占国内生产总值的限制比例 [EB/OL]. 吉尔吉斯斯坦中央银行，2016 – 05 – 17.

[300] IMF 评估称吉尔吉斯斯坦外债总额或允达国内生产总值的 80% [EB/OL]. 中国驻吉尔吉斯斯坦使馆经商参赞处，2013 – 12 – 17.

[301] 白丽. 吉尔吉斯斯坦外债数额超过警戒线 [EB/OL]. 哈萨克斯坦《全景报》，2000 – 09 – 22.

[302] 吉尔吉斯斯坦外债占国内生产总值的比例已越过"红线"

［EB/OL］．吉尔吉斯斯坦财政部，2016－01－15．

［303］中方贷款在吉尔吉斯斯坦外债占比不断提高，截至2016年8月底已达38.3%［EB/OL］．吉尔吉斯斯坦财政部，2016－10－28．

［304］世界银行与吉尔吉斯斯坦拟订未来4年合作规划［EB/OL］．中国驻吉尔吉斯斯坦使馆经商参赞处，2013－06－05．

［305］亚洲开发银行拟向吉尔吉斯斯坦投入4.72亿美元推动其经济包容性增长［EB/OL］．中国驻吉尔吉斯斯坦使馆经商参赞处，2013－08－29．

［306］世界银行将向吉尔吉斯斯坦提供2 500万美元资金支持吉尔吉斯斯坦发展［EB/OL］．世界银行集团，2014－06－10．

［307］国际货币基金组织向吉尔吉斯斯坦提供1 460万美元财政支持资金［EB/OL］．国际货币基金组织，2014－01－02．

［308］吉尔吉斯斯坦加强与国际货币基金组织联系合作［EB/OL］．中国驻吉尔吉斯斯坦使馆经商参赞处，2012－03－25．

［309］美国拟加强对吉尔吉斯斯坦建立议会民主体制的援助力度［EB/OL］．中国驻吉尔吉斯斯坦使馆经商参赞处，2010－09－24．

［310］土耳其将再为吉尔吉斯斯坦提供2 100万美元援助［EB/OL］．吉尔吉斯斯坦媒体，2010－06－29．

［311］吉尔吉斯斯坦财政急需资金约11.6亿美元［EB/OL］．吉尔吉斯斯坦财政部，2010－08－22．

［312］亚洲发展银行拟向吉尔吉斯斯坦提供7 000万美元无偿援助［EB/OL］．中国驻吉尔吉斯斯坦使馆经商参赞处，2010－05－13．

［313］亚洲开发银行援助吉尔吉斯斯坦4 000万美元用于吉尔吉斯斯坦南方重建［EB/OL］．亚洲开发银行，2010－07－26．

［314］日本援助吉尔吉斯斯坦700万美元支持吉尔吉斯斯坦南方重建［EB/OL］．中国驻吉尔吉斯斯坦使馆经商参赞处，2010－09－21．

[315] 吉尔吉斯斯坦境外务工人员汇款对其社会经济发展意义重大［EB/OL］. 中国驻吉尔吉斯斯坦使馆经商参赞处, 2013 - 08 - 21.

[316] 吉尔吉斯斯坦 2005 年侨汇收入 7.5 亿美元［EB/OL］. 吉尔吉斯斯坦媒体, 2006 - 07 - 20.

[317] 吉尔吉斯斯坦侨汇收入超过外资及援助［EB/OL］. 吉尔吉斯斯坦媒体, 2007 - 10 - 23.

[318] 2016 年上半年吉尔吉斯斯坦外贸形势严峻, 进出口均大幅度下降［EB/OL］. 吉尔吉斯斯坦国家统计委员会, 2016 - 09 - 07.

[319] 普京称自俄侨汇占吉尔吉斯斯坦 GDP 三成［EB/OL］. 吉尔吉斯斯坦塔扎别克网站, 2017 - 02 - 28.

[320] 受俄罗斯经济不振影响, 2015 年吉尔吉斯斯坦侨汇收入下降 25.8%［EB/OL］. 吉尔吉斯斯坦国家银行, 2016 - 03 - 11.

[321] 2015 年吉尔吉斯斯坦外贸总额同比下降 24.6%［EB/OL］. 吉尔吉斯斯坦国家统计委员会, 2016 - 02 - 29.

[322] 截至 2015 年底吉尔吉斯斯坦外债占 GDP 的比重已达 64.6%［EB/OL］. 吉尔吉斯斯坦财政部, 2016 - 03 - 08.

[323] 国际货币基金组织向吉尔吉斯斯坦提供第三笔贷款［EB/OL］. 国际货币基金组织, 2003 - 09 - 05.

[324] 吉尔吉斯斯坦进行偿债谈判［EB/OL］. 吉尔吉斯斯坦媒体, 2002 - 09 - 08.

[325] 吉尔吉斯斯坦确定明年偿还外债规模［EB/OL］. 吉尔吉斯斯坦财政部, 2002 - 13 - 26.

[326] 吉尔吉斯斯坦新政权急需外援摆脱经济困境［EB/OL］. 吉尔吉斯斯坦媒体, 2005 - 09 - 15.

[327] 吉尔吉斯斯坦请求国际社会减免吉尔吉斯斯坦债务以支持吉尔吉斯斯坦加大环保投入［EB/OL］. 中国驻吉尔吉斯斯坦使馆经商参赞处, 2010 - 09 - 28.

[328] 吉尔吉斯斯坦偿债谈判取得进展 [EB/OL] 吉尔吉斯斯坦媒体, 2005 – 09 – 08.

[329] 吉尔吉斯斯坦努力寻求与各方外债重组 [EB/OL]. 中国驻吉尔吉斯斯坦使馆经商参赞处, 2013 – 09 – 24.

[330] 吉尔吉斯斯坦紧急情况部寻求 IMF 援助 [EB/OL]. 吉尔吉斯斯坦紧急情况部, 2006 – 03 – 03.

[331] 吉尔吉斯斯坦决定参加"重债穷国计划"(HIPC) [EB/OL]. 吉尔吉斯斯坦媒体, 2006 – 03 – 27.

[332] 吉尔吉斯斯坦民间资助政府偿还外债 [EB/OL]. 吉尔吉斯斯坦媒体, 2007 – 05 – 08.

[333] 吉尔吉斯斯坦希望就减债问题与发达国家展开谈判 [EB/OL]. 吉尔吉斯斯坦媒体, 2007 – 07 – 26.

[334] 国际援助机构无意重组吉尔吉斯斯坦欠债务 [EB/OL]. 联合国驻吉尔吉斯斯坦代表处, 2007 – 07 – 26.

[335] 自 1993 年以来吉尔吉斯斯坦外汇储备增长 17 倍 [EB/OL]. 吉尔吉斯斯坦国家银行, 2014 – 09 – 23.

[336] 吉尔吉斯斯坦国家银行屡屡出手干预汇市,谨防索姆汇率剧跌 [EB/OL]. 吉尔吉斯斯坦"TAZABEK"网站, 2016 – 01 – 22.

[337] 中国银行业监督管理委员会 2015 年报 [EB/OL]. 中国银行业监督管理委员会, 2016 – 06 – 05.

[338] 李静瑕. 中国银行业总资产独霸全球 风险暴露企稳 [EB/OL]. 第一财经日报, 2017 – 3 – 17, 第 A05 版.

[339] 曹力水. 银监会主席尚福林称商业银行要严控四类风险 [EB/OL]. 经济日报, 2016 – 12 – 14, 第 07 版.

[340] 赵晓. 当前经济形势及"供给测改革"的提出 [EB/OL]. 人民网, 2016 – 01 – 05.

[341] 郭子源. 银监会回应市场关注热点——银行业系统性风险

总体可控将更主动支持和参与供给侧结构性改革［EB/OL］．经济日报，2017－03－03，第03版．

［342］刘丽．郭树清"首秀"剑指金融风险［EB/OL］．经济参考报，2017－03－03，第03版．

［343］刘彦．将金融创新置于严格监管之下［EB/OL］．21世纪经济报，2017－03－03，第06版．

［344］中国金融稳定报告［EB/OL］．中国银行业监督管理委员会，2017－02－05.

［345］欧阳洁．银监会负责人回应银行业热点——防跨市场风险统一监管标准优先［EB/OL］．人民日报，2017－03－03，第06版．

［346］郭子源．押品管理纳入全面风险管理［EB/OL］．经济日报，2016－11－28，第07版．

［347］李延霞．银监会要求商业银行将交易对手信用风险纳入全面风险管理［EB/OL］．新华社，2016－11－28.

［348］郭子源．银监会发布商业银行表外业务新指引［EB/OL］．经济日报，2016－11－24，第07版．

［349］中国股市一年来总市值蒸发超过20万亿元［EB/OL］．中国经济网，2008－10－15.

［350］沪深股市大跌股民本周人均损失10万元［EB/OL］．新民晚报2015－06－20，第02版．

［351］中国股市3周跌掉10个希腊GDP市值蒸发2.3万亿美元［EB/OL］．天下财经．2015－07－03，第03版．

［352］曹卫．熔断致股市蒸发6.7亿 股民人均浮亏10万［EB/OL］．天下财经．2016－01－08，第03版．

［353］单日成交量及融资融券余额突破2万亿［EB/OL］．中国证券报，2015－05－31，第03版．

［354］吴敬琏：中国股市很像一个赌场 而且很不规范［EB/OL］

中央电视台，对话，2002-01-13.

［355］松风. 中国股市成交活跃全球第一 远超美国［EB/OL］. 新浪财经，2014-07-15.

［356］曹凤岐. 中国股市年换手率全球第一［EB/OL］. 凤凰财经，2010-05-29.

［357］中国外债发展报告［EB/OL］. 国家外汇管理局，1997-01-05.

［358］王俊岭. 国家外汇管理局：中国外债风险总体可控［EB/OL］. 人民日报海外版，2016-07-03.

［359］王俊岭."中国外债危机论"缺乏依据［EB/OL］. 人民日报海外版，2016-08-26.

［360］肖君. 新疆跨境人民币结算业务增势喜人［EB/OL］. 新疆经济报，2017-03-28，第02版.

［361］秦放鸣. 中国与中亚国家金融合作研究［M］. 北京：中国经济出版社，2017.